瓮安县纪检监察志

（1950—2016）

《瓮安县纪检监察志》编纂委员会　编

方志出版社
Publishing House of Local Records

《瓮安县纪检监察志》审验

初　　审：《瓮安县纪检监察志》编辑部

罗　亚　冉丽娟　赵启安　彭华先　夏德伦　王　松

邓仙迪　聂　宁　龙夏晗　刘锡华　岑忠仙　刘文华

倪邦华　周雅雯　袁严富　童　松　刘泓妍　王大其

复　　审：《瓮安县纪检监察志》编纂委员会

兰昌福　孙志清　毛全安　吴应忠　罗晓璐　王　华

陈　刚　罗　亚　石　毅　郑南兵　冉丽娟　冷国辉

赵启安　黄枭勇　徐艳红　周　祥　杨国熙　韩真旗

肖林君　黄国兴　汤兴明　犹　飞　沈茂均　彭华先

吴岳军　王大其　杨红梅　蔡　端　李　岚　曹礼明

终　　审：瓮安县地方志编纂委员会办公室

范祖贵　谢崇禄　谢兴贵　刘德权　王明江

验　　收：瓮安县地方志编纂委员会办公室

瓮安县行政区划现状图

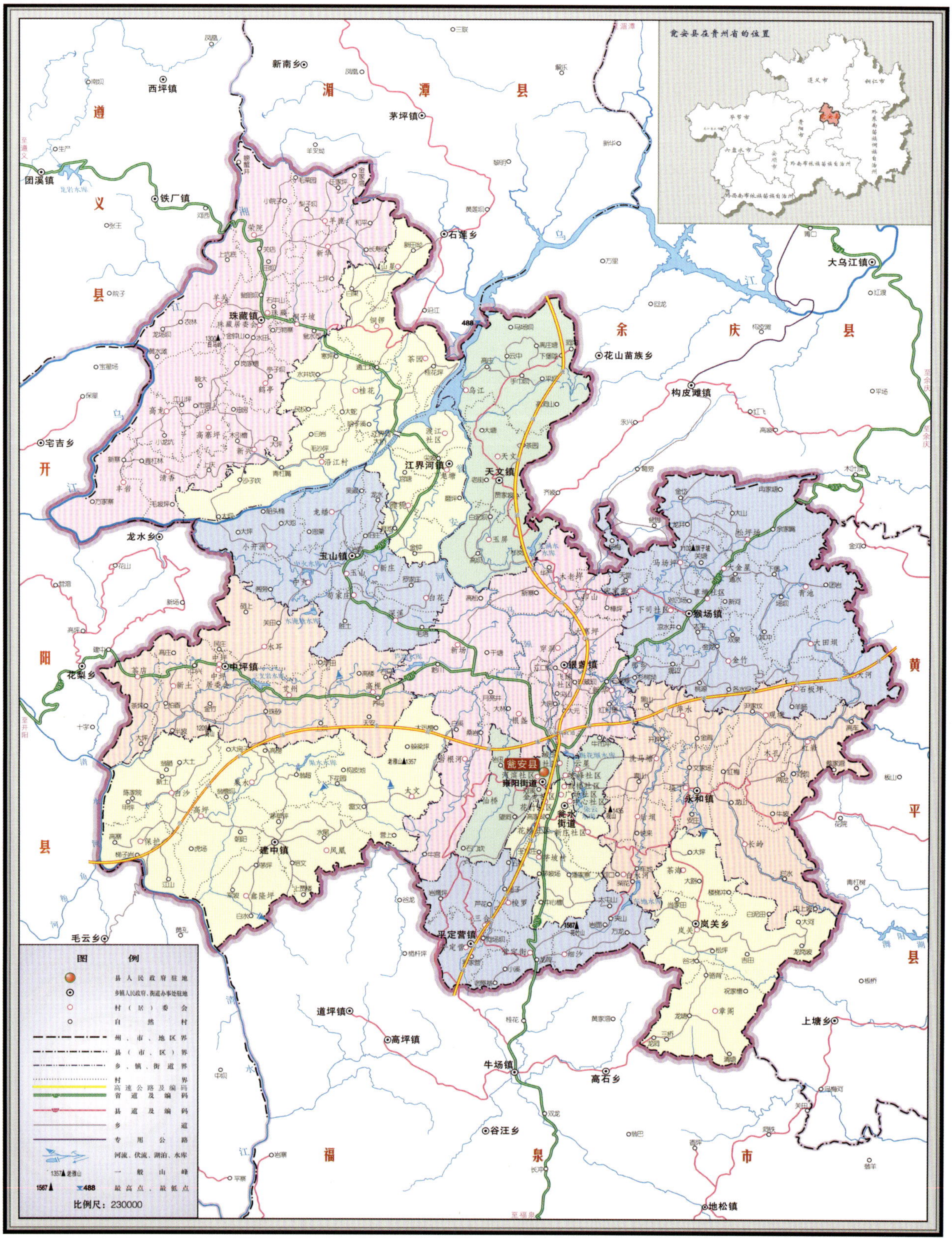

审图号:黔S(2017)014号

二○一七年十二月

贵州省瓮安县国土资源局
贵州省第三测绘院
编制

2010年8月，中央纪委调研组到瓮安调研党风廉政建设和反腐败工作

2013年8月，省委书记赵克志(前排左二)率省委常委会班子成员到瓮安“6·28”事件警示教育基地调研

1998年8月，省委常委、省纪委书记夏国华（前排左五）到瓮安调研时与县委、县政府领导、县纪委干部合影

2010年11月，省委常委、省纪委书记宋璇涛（前排左六）到瓮安调研与县纪委干部职工合影

2010年7月，省纪委调研组到瓮安调研

2014年11月，州委常委、州纪委书记魏明禄（右排二）一行到瓮安调研

1990年6月，县委书记付绍斌（前排左六）、县长徐银芳（前排左五）、县纪委书记雷兆发（前排左七）等县领导与参加县纪检监察培训会的学员合影

1992年6月，全州监察工作会在瓮安召开，州监察局局长吴春礼(二排左六)及12个县市监察局长合影

1993年6月，县纪委监察局合署，县委常委、县纪委书记刘仕刚（二排左五）与县纪委监察局全体干部职工合影

2002年，县委副书记、县纪委书记兰昌福（前排左四）调离瓮安时与县纪委监察局干部合影

2006年8月，县纪律检查委员会常委班子合影（左起：罗亚、张兴贵、孙志清、肖天祥、黄廷忠、吴定能）

2007年3月，瓮安县举办纪检监察工作业务知识培训会，州纪委授课领导黎祖群、陈国庆、王帮群、杨华祥等与参加培训会的同志合影

2008年7月，州委常委、瓮安县委书记龙长春（左二）接待来访群众

2008年7月，县委副书记、县纪委书记孙志清（右三）接待来访群众

2008年7月，全县进行“四风”检查

2009年3月，州委常委、县委书记龙长春（前排左五）与县第十届纪律检查委员会第三次全体会议参会人员合影

2009年4月，省纪委监察厅派驻省财政厅正厅级干部龚晓烈在瓮安对全县党员干部进行党性教育

2009年，组织全县副科级以上干部到北斗山听取服刑人员现身说法

2010年4月27日，黔南州纪委在瓮安县组织召开涉黑案件违法犯罪人员纪律处分座谈会

2010年5月20日，召开廉政风险点防范机制建设暨基层站所行风评议安排部署会

2010年7月，县纪委监察局机关党支部党员“重走长征路”出征人员合影

2011年2月，州委常委、县委书记龙长春（左四）与纪委班子合影

2011年4月20日，召开“三个建设年”工作推进会

2011年6月，县纪委监察局机关党支部与玉山镇党委联合组织开展庆祝建党90周年系列活动

2011年6月，建党90周年之际，县纪委监察局党支部在玉山镇玉山村召开困难党员座谈会

2011年8月，县委常委、县纪委书记毛全安接待上访群众

2011年10月，县第十一届纪律检查委员会常委班子合影（左起：冉丽娟、瞿远伏、罗亚、毛全安、罗晓璐、王天伦、赵启安）

2012年7月，州委副书记、县委书记陈昌旭（前排左四）调离瓮安时与县纪委监察局干部合影

廉政文化进社区

为200余名农村基层党风政风行风义务监督员颁发聘书

2013年3月，在高水乡给群众现场清退被村干部贪污的烟水池补助款

2013年8月，对全县高中、初中校长进行集体廉政约谈

2014年5月，县纪委监察局机关党员与玉山镇小开洲村党支部党员一起过双向组织生活

2014年7月，县民生特派组深入农村开展危房改造项目专项调查

2014年8月，县纪委在中坪镇水木耳村委会公开审理村干部挪用公款案，70余名基层干部、群众代表参加旁听

2014年8月，县委常委、县纪委书记王华集体约谈乡镇党委主要领导和乡镇纪委书记

2014年9月，州委常委、州政府副州长、瓮安县委书记蒋映生就“两个责任”集体约谈

2014年11月，县民生特派组深入农户开展家电下乡项目专项调查

2015年5月14日，县委常委、县纪委书记王华为全县纪检监察系统干部上“三严三实”专题教育党课

2015年8月，全州纪检监察系统公开审理观摩会在瓮安召开

2015年6月，纪检监察干部手把手教群众使用民生资金查询机

2015年8月21日，州委常委、州纪委书记魏明禄（左三），州委常委、州政府副州长、瓮安县委书记蒋映生（左四）等领导共同启动"两个责任"落实暨干部正风监督网络平台

2015年10月，州委常委、县委书记张文强（中）到社区调研基层党风廉政建设

2015年11月25日，瓮安县反腐倡廉警示教育基地建成并对外开放

2016年10月，新当选的瓮安县第十二届纪律检查委员会常委班子合影（左起：徐艳红、赵启安、冉丽娟、陈刚、郑南兵、冷国辉、黄枭勇）

2016年10月18日，县委书记、县纪委书记陈刚（左三）在玉山镇梦想家园易地扶贫安置点检查工作

2016年11月，县委常委、县纪委书记陈刚（左一）在县警示教育基地检查工作

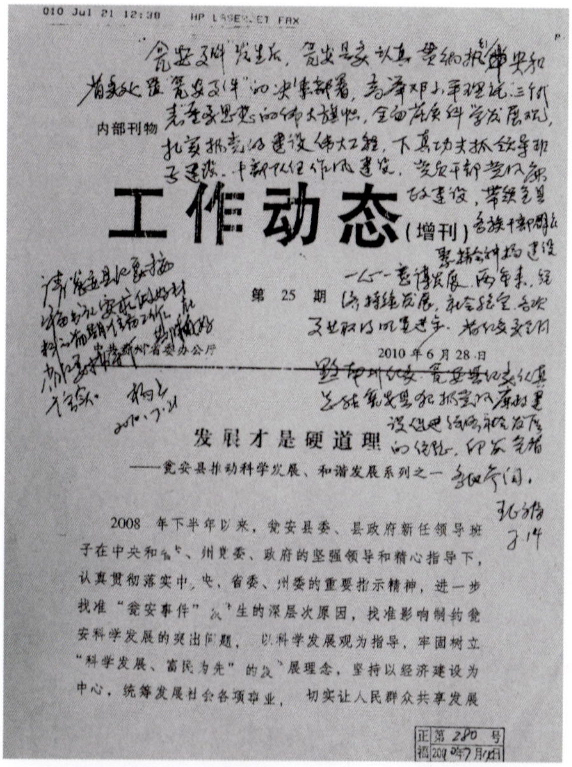

010 Jul 21 12:38 HP LASERJET FAX

内部刊物

工作动态（增刊）

第 25 期

中共黔南州委办公厅 2010年6月28日

发展才是硬道理

——瓮安县推动科学发展、和谐发展系列之一

2008 年下半年以来，瓮安县委、县政府新任领导班子在中央和省、州党委、政府的坚强领导和精心指导下，认真贯彻落实中央、省委、州委的重要指示精神，进一步找准“瓮安事件”发生的深层次原因，找准影响制约瓮安科学发展的突出问题，以科学发展观为指导，牢固树立“科学发展、富民为先”的发展理念，坚持以经济建设为中心，统筹发展社会各项事业，切实让人民群众共享发展

2010年7月，省委常委、省政协主席、省纪委书记王正福对瓮安党风廉政建设工作进行批示

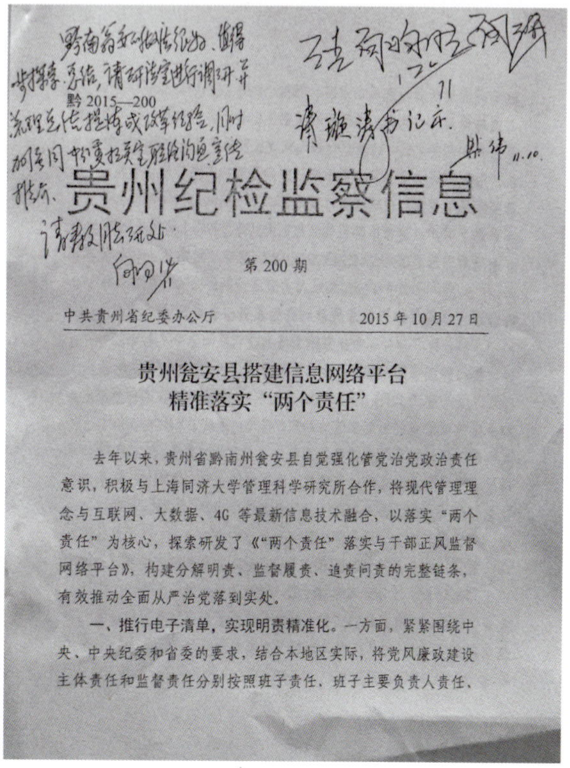

黔 2015—200

贵州纪检监察信息

第200期

中共贵州省纪委办公厅 2015年10月27日

贵州瓮安县搭建信息网络平台 精准落实“两个责任”

去年以来，贵州省黔南州瓮安县自觉强化管党治党政治责任意识，积极与上海同济大学管理科学研究所合作，将现代管理理念与互联网、大数据、4G 等最新信息技术融合，以落实“两个责任”为核心，探索研发了《“两个责任”落实与干部正风监督网络平台》，构建分解明责、监督履责、追责问责的完整链条，有效推动全面从严治党落到实处。

一、推行电子清单，实现明责精准化。一方面，紧紧围绕中央、中央纪委和省委的要求，结合本地区实际，将党风廉政建设主体责任和监督责任分别按照班子责任、班子主要负责人责任、

2015年11月 省委常委、省纪委书记宋璇涛对瓮安落实“两个责任”进行批示

受省监察厅表彰

受省档案局表彰

受省委党建工作领导小组表彰

受州纪委表彰

受州纪委表彰

受州纪委表彰

受州纪委表彰

受州纪委表彰

受州监察局表彰

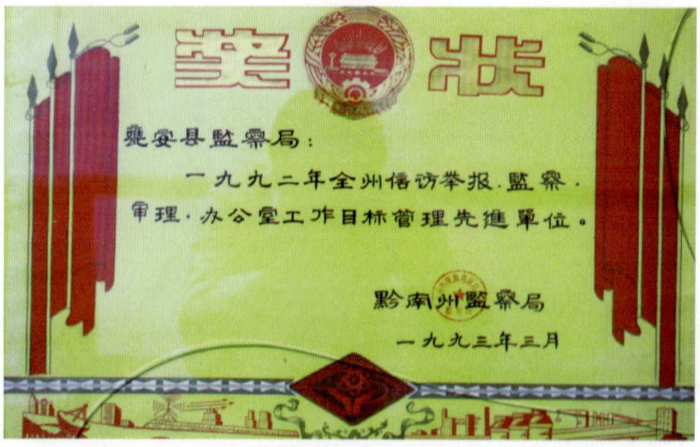

受州监察局表彰

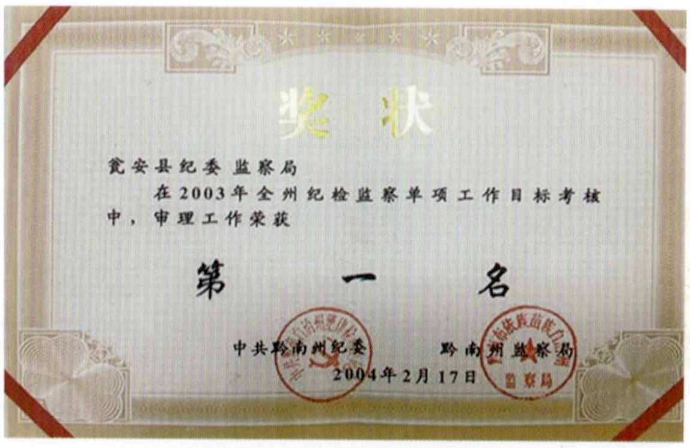

受州纪委、监察局表彰

受州纪委、监察局表彰

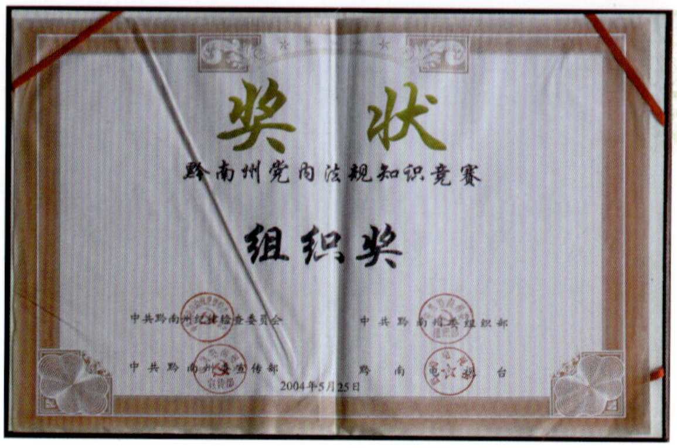

受州纪委、州委宣传部、州委组织部表彰

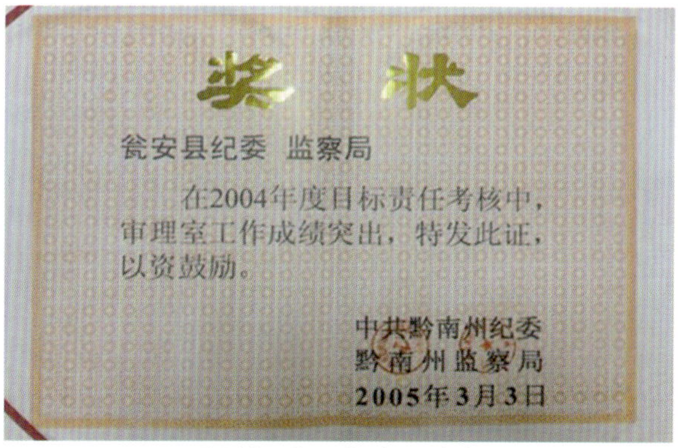

受州纪委、监察局表彰

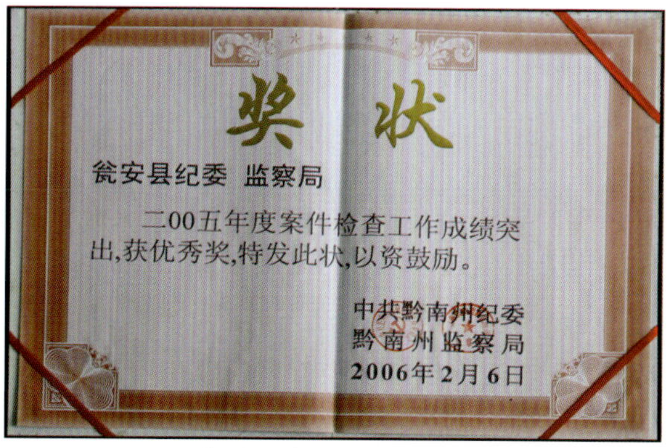

受州纪委、监察局表彰

2018年10月24—26日，县纪委副书记、县监委副主任冉丽娟（左二），县委党史研究室主任、县地方志办公室主任范祖贵（右二），县纪委信访室主任刘文华（左一），县党史方志馆馆长王明江（右一）在四川天隆文化公司对《瓮安县纪检监察志》交付印刷出版前作最终修改定稿

序 一

王 华*

“欲知大道，必先知史。”编修地方志是中华民族的优秀文化传统。县纪委监察局秉承这一传统，于2015年启动《瓮安县纪检监察志（1950—2016）》编修，这是我县纪检监察工作的一件大事、喜事，可喜可贺。

纪检监察工作是党和国家工作全局的重要组成部分。实践充分证明，党的纪检监察工作是贯彻落实科学发展观的纪律保证，是构建社会主义和谐社会的政治保障，是建设社会主义政治文明的重要任务，是全面推进党的建设新的伟大工程的必然要求，对于新时期党要管党、从严治党，加强党的执政能力建设和先进性建设具有重大意义。

瓮安县纪检监察机关自设立以来，特别是恢复重建以来，始终坚持围绕中心，服务大局，在继承中发展，在改革中创新，不断探索和把握反腐倡廉建设规律，不断坚持和完善反腐倡廉工作理念、思路、方法、体制机制创新，形成了自己的特色和亮点，为推动全县经济社会更好更快发展和社会和谐稳定提供了坚强保证，为深入推进反腐倡廉建设积累了丰富经验。

《瓮安县纪检监察志（1950—2016）》是瓮安县历史上编修的第一部纪检监察志书，以1950年为记事起点，纵贯瓮安县纪检监察66年的历史，涵盖全县纪检监察工作的方方面面，体例完备、章节明晰、资料翔实，融思想性、科学性、资料性于一体，集存史、资政、教化功能于一书。可以说，它既是一本纪检监察工作的教科书，又是一本反腐倡廉教育的好教材，对于保存纪检监察工作史料，总结反腐倡廉工作规律，进一步推进全县党风廉政建设和反腐败工作具有重要的历史意义和现实意义。

编纂《瓮安县纪检监察志（1950—2016）》是一项浩繁的廉政文化建设工程，志书编纂人员、县纪委监察局领导及全体同志为此付出了艰辛的劳动。在此，谨向同志们表示衷心的感谢！

“雄关漫道真如铁，而今迈步从头越。”让我们继承发扬光荣传统，以史为鉴，开拓创新，沿着中国特色社会主义道路续写党风廉政建设和反腐败工作更加辉煌的新篇章！

2016年10月

---

* 王华：贵州省瓮安县委原常委、纪委书记，现任贵州省黔南州纪委常委、第五纪工委书记。

序　二

中共瓮安县委常委
中共瓮安县纪委书记　陈　刚
瓮安县监察委员会主任

经过两年多的辛苦和努力，《瓮安县纪检监察志（1950—2016）》终于定稿付印出版。该志书系统全面地反映了瓮安县纪检监察机关的机构沿革、体制调整、主要工作和发展历程，详细记录了几代纪检监察人的辛勤付出和反腐倡廉工作的丰硕成果。对于研究纪检监察工作的内在规律，具有借鉴意义。

修志以存史，知史而鉴今。《瓮安县纪检监察志（1950—2016）》为我们回顾和总结历史经验提供了大量可考的依据，充分发挥了志书资政借鉴、激励教育和批评监督的重要作用，是教育和启迪广大纪检监察干部借鉴经验，吸取教训，坚定信念，激发斗志，积极进取，全力推进反腐倡廉建设的一本好教材。

回顾66年的历程，瓮安县纪检监察机关从成立以来，始终同党中央保持高度一致，在上级纪委和县委的领导下，紧紧围绕党委和政府的中心工作，全面履行党章及行政监察法赋予的职责，认真贯彻党的反腐倡廉方针和工作部署，不断适应新形势、新要求，把反腐倡廉建设融入到经济建设、政治建设、文化建设、社会建设和生态文明建设的全过程，为推动全县经济社会健康快速发展和社会和谐稳定提供坚强组织保障、纪律保障、制度保障。

编纂志书是一项浩大的文化工程，《瓮安县纪检监察志（1950—2016）》在编纂委员会和编辑部以及广大纪检监察干部的参与下，在县地方志办公室和方志出版社的大力支持下，通过收集史料、拟稿、改稿、评审等多道程序，反复修改，数易其稿，最终定稿成文，其间得到了许多老领导、老同志的悉心指导。在此，我谨代表中共瓮安县纪委、瓮安县监察委员会向为志书编纂给予大力支持的各级领导、各界人士和付出辛勤劳动的各位编辑同志表示衷心的感谢和崇高的敬意！

全面从严治党永远在路上。回顾历史，我们心潮澎湃，展望未来，我们任重道远。作为纪检监察机关，我们必须抓牢管党治党的监督责任，用好纪律利剑，切实履行好监督、执纪、问责三大职能，更加自觉地坚持与时俱进、开拓创新，努力走好具有瓮安特色的反腐倡廉之路，把瓮安纪检监察事业推上新的台阶。

是为序。

2018年10月

凡　例

一、本志以马列主义、毛泽东思想、邓小平理论、“三个代表”重要思想、科学发展观和习近平新时代中国特色社会主义思想为指导，运用辩证唯物主义和历史唯物主义观点，坚持求实存真的原则，客观、全面、系统地记述瓮安县纪检监察工作的历史和现状。

二、时间断限，上限起于1950年，下限断至2016年，个别内容适当上溯或下延。

三、本志由述、记、志、传、图（照）、表、录组成，以文字记述为主。

四、本志依据国务院《地方志工作条例》、中国地方志指导小组《地方志书质量规定》以及《贵州省地方志工作条例》，并参照《瓮安县地方志书编纂行文规范》编著。编纂采取横排门类，纵述史实的方法，顺时记叙，以章节目为层次。

五、志中机构称谓沿用历史阶段的法定称谓，第一次出现用全称，重复出现用简称。人物称谓直呼其名，地名称谓按时期用名称呼。

六、本志收录人物分人物传略、人物简介和先进个人三部分。遵循志书“生不立传”的原则，在世人物以简介的形式记述。

七、本志收录的干部职务均以党委、政府或组织、人事部门正式任命为准。

八、本志收录的“荣誉称号”或“奖项”均为从事纪检监察工作期间，县级以上部门授予的表彰奖励。

九、按照保密工作要求，一些人物名称只用姓，名字用“某”或“××”代替。

十、志书资料以瓮安县纪律检查委员会、瓮安县监察局、瓮安县史志部门提供的资料为主，部分资料由从事纪检监察工作的老领导、老同志和有关单位提供。

目 录

概 述 …… 1
大事记 …… 6
第一章 组织机构 …… 44
第一节 县纪检监察机构 …… 44
第二节 内设机构 …… 52
第三节 下属机构 …… 57
第四节 派出（驻）机构及其他县直部门纪检监察机构 …… 58
第五节 乡镇纪检监察机构 …… 67
第二章 反腐倡廉宣传教育 …… 78
第一节 宣传教育 …… 78
第二节 廉政文化建设 …… 85
第三节 网站建设 …… 91
第三章 党风廉政建设 …… 94
第一节 党风廉政建设责任制 …… 94
第二节 规范领导干部廉洁从政 …… 96
第三节 农村基层党风廉政建设 …… 107
第四章 违纪违法案件查处 …… 110
第一节 信访举报工作 …… 110
第二节 案件查办 …… 118
第三节 案件审理 …… 133
第五章 行政监察 …… 140
第一节 执法监察 …… 140
第二节 效能监察 …… 143
第三节 纠风治乱 …… 146
第四节 优化经济发展环境 …… 150
第五节 民生监督 …… 151
第六章 干部队伍建设 …… 155
第一节 组织建设 …… 155
第二节 思想作风建设 …… 170
第三节 制度建设 …… 174

人　物 …… 178
一、人物传略 …… 178
二、人物简介 …… 181
三、先进个人 …… 201
附　录 …… 203
一、工作报告 …… 203
二、特色工作摘录 …… 260
三、刊文荟萃 …… 276
四、重要文件摘编 …… 299
五、先进集体 …… 333

后　记 …… 335

概述

一

瓮安县位于贵州省中部、乌江中游、黔南布依族苗族自治州北端，与播州、湄潭、余庆、黄平、福泉、开阳6县（市、区）接壤。属黔中经济区次中心城市。南北最长56千米，东西最宽51千米，国土面积1962.74平方千米，辖10镇1乡2街道，总人口53万人，其中少数民族人口占6.9%。

瓮安是生命起源之地，千年文明古邑。这里曾发现距今5.8亿年前的动物群化石，是迄今为止发现最早的动物群化石。自唐置建安县以来，至今已有1300多年的历史。水东土司夫人刘淑珍与水西土司夫人奢香，曾在这里书写了维护祖国统一和民族团结的历史传奇。

瓮安是人文毓秀之域，崇文尚礼家园。千余年前，唐代诗人王勃的老师牛腾，就曾官任建安县丞，开启斯域一代文风。清代文人傅玉书所著的《鸳鸯镜》，开创了贵州戏剧创作之先河，所撰《桑梓述闻》，成为全国第一部私家志书；明清500年间，瓮安共有111人高中举子，19人及第。瓮安是“全国民间文化艺术之乡”“中国辞赋之乡”和“全国文化先进县”。

瓮安是红色革命老区，豪杰壮士摇篮。红军长征曾四过瓮安，在这里召开了彪炳史册的猴场会议，彻底解决了路线方向问题，重申恢复了党指挥枪的光辉原则，赢得了长征以来的战略主动，被周恩来同志喻为“伟大转折的前夜”。这里是孕育英雄的摇篮，有投身辛亥革命的任承纪先生；有红色特工冷少农、黔中雄杰舒葆初、抗日将领熊正诗、“三亲”红军陈靖等。

瓮安是投资兴业热土，休闲旅游胜地。瓮安物华天宝，资源富饶，已探明磷矿储量36亿吨，占全国总量的五分之一，煤矿资源10亿吨。瓮安交通优势明显，已建成的马场坪至瓮安、道真至瓮安、江口至瓮安、贵阳至瓮安四条高速在此形成了“黔中大十字”的交通格局，随着瓮马铁路、乌江航运瓮安港和瓮安至黄平、余庆至遵义经瓮安境高速公路的快速推进，瓮安水陆互济的综合交通枢纽即将形成。瓮安生态良好，气候宜人，有朱家山国家森林公园、江界河国家级风景名胜区、草塘千年古邑4A级旅游景区等一批文化旅游精品，是一个宜居、宜业、宜游的好地方。

近年来，县委、县政府紧紧围绕中央和省、州战略部署，主动适应新常态，奋力抢抓新机遇，攻坚克难、锐意进取，全县经济和社会各项事业取得新进步。2016 年，全县实现 GDP115.09 亿元，财政收入 21.35 亿元，城镇居民人均可支配收入 26343 元，农民人均可支配收入 9156 元。

二

1921 年 7 月，中国共产党第一次全国代表大会召开，宣告中国共产党的成立，同时确立了党的各项重大原则，制定了党的纪律。一年后，中共二大制定的党章有了关于纪律检查的条文，并作了对违纪党员处分的决定。

1927 年 4 月，中共五大通过的《中国共产党第三次修正章程决议案》，决定在全国代表大会、省代表大会选举中央和省两级监察委员会，并选举产生了中央监察委员会。这是党的历史上首次设立纪律检查机构，标志着党的纪律检查制度的初步创立，为以后党的纪律检查机构发展和完善奠定了基础。

1949 年 9 月，中国人民政治协商会议第一届全体会议通过的《中国人民政治协商会议共同纲领》规定："在县市以上的各级人民政府，设立人民监察机关"。同年 10 月 19 日举行的中央人民政府第三次会议决定，成立中央人民政府政务院人民监察委员会，任命谭平山为中监委主任。中监委建立后，根据中央人民政府组织法的规定，制定了各级人民监察委员会组织通则，并经政务院批准，各大行政区、省（市）、省辖市、县（市）人民政府均设立人民监察委员会。

1949 年 11 月，中共中央作出《关于成立中央及各级党的纪律检查委员会的决定》，并成立以朱德为书记的中央纪律检查委员会。

1954 年 9 月 21 日，第一届全国人民代表大会第一次会议通过《中华人民共和国国务院组织法》，政务院改为国务院，原政务院人民监察委员会改为国务院监察部。同时通过的《中华人民共和国地方各级人民代表大会和地方各级人民委员会组织法》，对地方各级监察机构的设置作了新的规定，即在不设区的市、县、市辖区的人民委员会内不设监察机构。

1955 年 3 月，中国共产党全国代表会议通过《关于成立中央和地方监察委员会的决定》，并选举以董必武为书记的中央监察委员会。

1959 年 4 月 28 日，第二届全国人民代表大会第一次会议通过了国务院关于撤销监察部的议案。对于国家行政机关工作人员的监督工作，一律由各有关国家机关负责进行。从此，监察机关被撤销达 28 年。

"文化大革命"开始后，全盘否定党的纪检监察工作。1969 年 7 月，党的中央监察委员会被撤销。1969 年 4 月中共九大和 1973 年 8 月中共十大修订的两部党章都取消了关于党的监察机关的有关条款。

中共瓮安县委遵照中央决定和上级指示，于 1951 年成立瓮安县委纪律检查委员会，卢雪圃、胡俊经、丁富金先后任书记。1955 年 11 月，遵照中央决定和上级指示，撤销县委纪律检查委员会，成立县委监察委员会，秦鸣皋、胡俊经先后任书记。1967 年 3 月，"文化大革命”中，瓮安县委监察委员会被迫停止工作。后来成立的瓮安县革命委员会及其党的核心领导小组均未设纪检监察组织机构。

中共第十一次全国代表大会修订的党章明确规定，中央和县以上党委设立纪律检查委员会。中共十一届三中全会决定重建党的纪律检查委员会。1983 年，中共中央、国务院下发《关于县级党政机关机构改革若干问题的通知》（中发〔1983〕39 号），明确县纪委是县级党政领导班子之一。1985 年中纪委下发《中共中央纪律检查委员会关于贯彻执行中办发〔1984〕33 号文件的通知》（中纪发〔1985〕28 号），明确规定：“县级纪委是同级党政领导机关的几套班子之一”。同时规定县级党的纪律检查委员会常务委员会是同级党的纪律检查委员会的领导机构，由县纪律检查委员会全体会议选举产生，接受本级党委和上级纪委的双重领导。

遵照中共党章规定和上级党组织的指示，1979 年 10 月中共瓮安县委纪律检查委员会正式恢复重建。1984 年 2 月，中共瓮安县委纪律检查委员会改称为中共瓮安县纪律检查委员会。从 1981 年 6 月中共瓮安县第四次代表大会选举产生中共瓮安县第四届纪律检查委员会起，历届县纪律检查委员会均由县党员代表大会选举产生。1985 年 5 月选举产生中共瓮安县第五届纪律检查委员会；1988 年 7 月选举产生中共瓮安县第六届纪律检查委员会；1991 年 6 月选举产生中共瓮安县第七届纪律检查委员会；1996 年 10 月选举产生中共瓮安县第八届纪律检查委员会；2001 年 6 月选举产生中共瓮安县第九届纪律检查委员会；2006 年 10 月选举产生中共瓮安县第十届纪律检查委员会；2011 年 10 月选举产生中共瓮安县第十一届纪律检查委员会；2016 年 10 月选举产生中共瓮安县第十二届纪律检查委员会。恢复建制以来，张昇江、雷诗亮、王洪飞、雷兆发、刘仕刚、兰昌福、孙志清、毛全安、王华、陈刚先后任书记。

1986 年 11 月 18 日，国务院向第六届全国人民代表大会常务委员会提请批准设立监察部。1987 年 6 月，中华人民共和国监察部成立，尉健行任部长。根据上级指示，瓮安县人民政府提请县人大常委会批准，于 1987 年 11 月成立瓮安县监察局，自此以来，刘仕刚、王儒德、杨安军、周学林、王登华、肖天祥、吴应忠、石毅、郑南兵先后任局长。

1992 年 10 月，中共中央、国务院决定，中央纪律检查委员会与监察部合署办公。1993 年 2 月，中共中央、国务院批转中央纪委、监察部《关于中央纪委监察机关合署办公和机构设置有关问题的请示》，明确中央纪委、监察部合署办公，实行一套工作机构、两个机关名称的体制，履行两种职能。

1993 年 6 月，根据中共中央、国务院决定和上级部署，中共瓮安县纪委、县监察局正式合署办公，确立了“一个机构、两个牌子”，一套班子两种职能的新体制。

三

66 年来，在同级党委、政府和上级纪检监察机关的领导下，全县纪检监察组织紧紧围绕党委、政府各个时期的中心任务开展工作。

强化党风廉政建设责任制 县委、县政府高度重视反腐倡廉工作，从 1998 年起，把落实党风廉政建设责任制纳入党委、政府的总体工作格局，把惩治和预防腐败体系建设纳入经济社会发展的总体规划，把从严治党、加强廉政建设的要求贯穿于党的建设伟大工程之中，形成“一把手”负总责、一级抓一级、层层抓落实的工作格局。2013年后，借助党风廉政建设平台信息化系统的现代科学手段，细化责任清单，固化工作流程，实现网上留痕、责任可追，全面推进党委主体责任和纪委监督责任落地生根。

开展党风廉政宣传教育　始终把加强党风廉政宣传教育作为促进党员干部廉洁自律的一项工作常抓不懈，从1980年起，县纪委、县委组织部、县委宣传部、县委党校、县直属机关党委等部门密切配合，把反腐倡廉教育作为各级领导干部理论学习、党员干部培训的必修课，组织党员干部学习马列主义、毛泽东思想、邓小平理论、“三个代表”重要思想、科学发展观、习近平新时代中国特色社会主义思想、党的路线方针政策、党规党纪和中央领导同志的系列重要讲话等，构建起部门统一分工、共同参与、各负其责的大宣教格局。2000年后，以廉政文化“六进”（进机关、进社区、进家庭、进学校、进企业、进农村）为抓手，大力加强廉政文化建设，着力抓好省级廉政文化示范点、县级警示教育基地、廉政文化教育基地的建设，认真开展“廉洁勤政从我做起”“家庭助廉”、廉政文艺汇演、知识竞赛、演讲比赛等一系列丰富多彩的廉政教育活动，积极构建全方位、多层次、立体式、宽领域的党风廉政宣传教育新平台，营造廉荣贪耻的社会氛围。

加强领导干部廉洁自律工作　注重用制度规范约束党员干部的行为，严格落实《党员领导干部廉洁从政若干准则》，认真执行领导干部报告个人重大事项、民主生活会、任前财产公示、述责述廉述德、廉政约谈、“一把手”访谈等一系列监督制度，加强廉政风险防范机制建设，开展执行廉洁自律规定专项清理检查，着力创建党风廉政建设示范村，推行农村“三资”委托管理制度，规范党务、政务、厂务、村务公开工作，使党风廉政建设走上制度化、规范化、科学化轨道。

认真做好群众信访举报工作　县纪检监察机关自机构建制以来，就把群众来信来访来电工作纳入重要议事日程，及时处理群众反映问题。进入21世纪，进一步健全完善了信访工作各项制度，探索信访工作新路子，发挥信访举报发现问题线索的“主渠道”作用，对问题线索实行归口管理，按照拟立案、初核、谈话、函询、暂存和了结6类处置标准，确保件件有着落，事事有回音。同时，实行领导轮流接访制度，建立信访举报网站、“书记县长信箱”和“清廉瓮安网站”、手机APP随手拍等网络互动平台，拓宽了群众诉求表达渠道。

严肃查处各类违纪违法案件　始终把查案执纪作为纪检监察工作的首要任务，围绕党的任务开展党员干部违纪违法案件查处工作，50年代后期开展的“反右派”“反右倾”等运动，由于错误路线和极左思想的影响，办案轻率，搞扩大化，一大批基层干部受到错误批判和处分。60年代初，对受到错误批判和处分的党员干部实事求是地进行甄别平反。随后，围绕党的中心工作，配合整风整社和各项政治运动，对党员违纪违法案件开展检查，对党员干部违反党章、违反国家政策法令等案件进行严肃处理。80年代后，以端正党风、严肃党纪为中心，对滥发奖金、违纪建房分房、弄虚作假搞“农转非”等案件进行重点查处。2000年后，建立实名举报奖励制度，突出对经济类大案要案的查处，强化案件审理“二十四字”方针，确保经得起历史的检验。2010年后，把纪律挺在法律前面，正确运用和把握监督执纪“四种形态”，对党员干部身上存在的问题早发现、早提醒、早制止，把

《准则》和《条例》作为监督执纪问责的重要依据，不片面追求案值大小，把主要违纪事实查清后，做到“纪律的归纪律”“法律的归法律”，尽快作出纪律处分，涉嫌犯罪的及时移送司法机关。

加强纠风治理与执法监察 紧紧抓住社会议论的热点、群众关心的焦点，坚持不懈地开展执法监察与政风行风评议工作，先后把单位滥发奖金补贴和实物、乱提工资、截留利税以及在大中专招生、招工选干等工作中的不正之风列为重点查处和纠正，同时进一步规范行政执法部门的收费、罚款行为，取消不合理收费项目，减轻企业负担。加大对减轻农民负担情况的检查，对中小学乱收费、有形建筑市场、药品采购回扣、社保资金使用等方面开展执法监察。2010 年后，纠风与监察工作在深度和广度上不断有新的发展，重点抓了经济发展软环境的优化，围绕加强机关行政效能建设，每年确定一个主题，组织开展“环境建设年”活动，形成以主题活动造声势、以专项监察促提升、以效能问责作保障的良性运行体系，实现经济发展环境建设工作由专项治理向系统建设的转变。同时，注重运用网上审批和电子监察系统等高科技手段，解决改革进程中制约或影响经济发展环境的问题，为经济社会发展保驾护航。党的十八大后，把民生监督作为县、乡两级纪检监察机关履行监督责任的具体实践，集中开展家电下乡补贴、农村危房改造、城乡低保、小微企业扶持等民生专项监察工作，着力提高拍“苍蝇”的频率和效率。

重视和加强队伍建设 高度重视机关和干部队伍自身建设，按照“忠诚可靠，服务人民，刚正不阿，秉公执纪”的要求，致力于实现建一流班子、带一流队伍、创一流业绩的目标，不断加强组织建设、思想作风建设和规章制度建设。县纪检监察机关自恢复重建以来，先后受到 5 次省级表彰，21 次州级表彰，一些干部被省委、省纪委、州委、州纪委授予先进称号，全县纪检监察工作充满生机和活力，不断开创新局面、取得新成效。

大事记

1949 年

12 月 11 日　瓮安县解放。

12 月下旬　中国共产党瓮安县委员会成立。同时组建县机关党支部，为县境内第一个党支部，时有党员 11 名。

1950 年

5 月　县机关干部张辉加入中国共产党，为瓮安县解放后发展的第一名党员。

9 月 15—22 日　县委召开整风会议，对少数党员和干部违纪违法、居功自傲、命令主义等错误进行批判和处理。

1951 年

4 月 13—16 日　县委召开青年工作座谈会。会议讨论解决青年工作与土地改革运动相结合、重点村建团组织、青年团争取党委领导、改进工作作风等问题。

5 月 5—16 日　县委召开干部整风大会。到会干部 537 人、农民积极分子 822 人。会议从总结工作入手，开展批评与自我批评，解决干部作风上的官僚主义、包办代替和强迫命令，执行党的方针政策上的糊涂观念，少数干部的贪污腐化、居功自傲、消极怠工、阶级立场不稳定等问题。

7 月 20 日—8 月 7 日　县委在县城西郊观音堂举办首期党员和团员培训班。参加学习的党员 40 人、团员 135 人。培训内容为：进行系统的党的知识教育，在学习提高思想认识的基础上进行整党，布置建党建团工作。此次培训，为 1952 年建党建团工作打下了基础。

10 月　县政府明令取缔一贯道、归根道等反动会道门。

11 月　设立县委纪律检查委员会。

1952 年

1 月 28 日—7 月 31 日　全县行政企事业单位开展反贪污、反浪费、反官僚主义的“三反”运动。参加运动的干部 339 人，占全县干部总数 427 人的 79.39%，其中党员 16 人、团员 35 人、接管留用人员 59 人。运动分四步进行：第一步，学习文件，提高认识，统一思想，端正态度；第二步，自我反省，坦白交待，检举揭发；第三步，核实、定案、追赃；第四步，总结鉴定，建立制度。运动中检举揭发出有大小贪污行为的 263 人（党员 5 人、团员 27 人），贪污金额 12.68 万元。经过运动，有力地抵制了资产阶级思想对革命队伍的腐蚀，清除了内部的一批腐败分子，教育挽救了一批干部，纯洁了革命队伍，树立了廉洁朴素的社会风尚，加强了党和国家机关的建设。

8 月 11—31 日　针对“三反”运动揭发出来的问题，以办训练班形式开展整党运动，对党员进行教育、审查、登记，对违纪党员进行处理。参加整党 39 人（正式党员 30 人、候补党员 9 人），处理 3 人（开除党籍、留党察看、警告各 1 人）。

1953 年

1 月 7—16 日　县委召开干部整风会议。到会县、区、乡、村干部 433 人。会议开展批评与自我批评，重点对部分干部的官僚主义、强迫命令、违法乱纪等错误进行批判。通过整风，提高了干部的政治觉悟，密切了干部和群众的关系。

5 月 4 日　县委针对农村干部思想混乱、区级机关民主生活差、领导方法有盲目性等问题，发出《关于改进区乡领导转变作风的意见》。

11 月　全县开始宣传党在过渡时期的总路线。

是年　县长卢雪圃兼任纪委书记，组织部部长张建民（女）兼任纪委副书记。

1954 年

6 月 8—12 日　县委召开全委（扩大）会议，贯彻中共七届四中全会《关于增强党的团结的决议》，并对前段工作中报喜不报忧、政治思想麻痹、经济工作不力、对集体领导的重要性认识不足、放松党的组织生活等问题作了检查。会议要求全体党员认真学习四中全会决议，反对和克服个人主义、骄傲自满情绪，遵守民主集中制，严格集体领导，与一切破坏党的团结的现象作斗争。会议还强调，党的负责人必须以普通党员身份参加支部组织生活，接受党员监督，自觉加强组织纪律性，做维护党的团结的模范。

8 月　建立县直属机关党总支部。

10 月初　县委召开重点乡镇工作会议。会议提出：要发挥党的核心领导作用，通过党员进行思想政治工作，团结合作社内外群众，提高社员的生产积极性和责任心，遵守劳动纪律，树立爱国主义、集体主义思想。

10 月 26—31 日　县委召开全县党员会议。到会党员 416 人。会议开展批评与自我批评，解决小农经济服从国家计划问题。

11 月　县委组织部部长胡俊经兼任纪委书记。

12月　设立中国共产党瓮安县委员会常务委员会。

1955年

1月8—15日　县委召开首次党员代表大会。出席会议代表353人，候补代表169人，代表全县1057名党员。列席会议489人。

3月13—22日　县委召开劳模大会，其中表彰党、团员38名。

5月15日　县委书记马诚乙对草塘区整顿巩固农业生产合作社工作提出七点意见中强调，乡党支部全力加强集体领导、支委要明确分工、支书要掌握一个重点社。

6月19日—7月6日　县委举办建社培训班，培训干部956人。主要学习在过渡时期的总路线和对农业的社会主义改造、发展农业生产合作社的方针政策。

7月　县委纪律检查委员会设专职书记。

10月27日—11月4日　县委召开党员代表大会。出席会议代表503人，代表全县1604名党员。列席会议311人。

11月　撤销县委纪律检查委员会，成立县委监察委员会。

12月　县委贯彻中共中央关于审查干部的指示，成立审干委员会及其办公室，对全县干部进行审查。审查的主要对象是政治历史不清、来历不明、隐瞒历史问题，有违法乱纪行为、反动言论，以及表现不好的干部。审查步骤为先党内后党外、先领导干部后一般干部、先政治面貌不清的干部后有其他问题的干部。共审查干部902人，对重点审查的109名干部作出了政治结论。

1956年

3月14日　县委批转县委宣传部《关于整顿巩固农业生产合作社中政治教育工作的意见》。《意见》要求各社党支部副书记、生产队党小组长负责政治教育工作；整顿宣传网组织，以社为单位建立宣传队或宣传组，通过夜校、识字组、读报组、黑板报等形式开展业余文化学习活动，系统地对社员进行政治教育。

5月　经中共瓮安县第一届委员会第一次会议选举，县委监察委员会书记由县委副书记兼任。

7月初　全县肃清暗藏反革命运动开始，1958年10月底结束。运动通过发动群众检举揭发、学习政策、自己坦白、内外调查、甄别定案、全面复查，最后根据法规甄别不同情况，对查出的问题进行处理。判处徒刑27人、管制31人、劳动教养22人，开除公职8人、行政记过2人、训诫1人。

11月6—8日　县委组织工作组到区乡检查干部思想上的主观主义，作风上的官僚主义和强迫命令。针对区乡干部调查研究差、思想上左右摇摆、忽视社会利益、只搞按劳分配、提不切实际的口号等问题，提出改正意见：要经常性地认真检查纠正工作中的错误，用工作中的错误造成危害的实例教育党员、干部；加强调查研究，学会对客观事物的具体分析；保持谦虚谨慎、戒骄戒躁的作风，关心群众疾苦，遇事同群众商量，倾听群众意见，走好群众路线；认真学好“八大”文件，提高政治思想水平。

12月28—31日　县委召开县、区、乡三级干部会议，到会742人。会议学习党的“八大”文件，总结全年工作。会议强调，在工作中注意防止单纯的整干部、整社员的做法。

1957年

8月13—21日　县委召开三级干部会议，布置在全县农村开展打击现行破坏活动的镇反运动。至10月，依法斗争181人、管制47人、判处徒刑11人，重新戴上地主、富农、反革命、坏分子帽子62人，监管生产58人。

8月　在行政、企事业单位党内开展反对官僚主义、宗派主义、主观主义的整风运动。10月初转为反右派斗争。1958年7月，运动基本结束。全县共划“右派分子”38名，并分别作出处理：判处徒刑3名，开除公职由农村监管劳动8名，保留公职送劳动教养13名，降职、降级、降薪14名。1959年11月—1962年12月，根据中共中央有关政策，先后摘掉16人的“右派分子”帽子。1979年4月，根据中共中央文件精神，对原划的38名“右派分子”进行复查。到1982年，已全部纠正，恢复名誉，妥善安置。

12月12日—1958年1月3日　县委召开四级干部会议。到会1200人。会议开展大鸣、大放、大字报、大辩论，张贴大字报3488张，提意见19601条，对有“错误言论”的80人进行重点批判。

1958年

1月5日　县委、县人委首批下放17名干部到农村基层任职。7日下放314名干部到农村当社员，进行劳动锻炼。

4月25—29日　县委召开四级干部会议。到会300余人。会议传达地委召开的县委书记会议精神，批判“右倾保守”思想。

9月22—24日　中共瓮安县第二次代表大会第一次会议召开。出席会议代表183人，列席代表40人，代表全县2829名党员。

1959年

1月3—8日　中共瓮安县第二次代表大会第二次会议召开，出席会议代表340人，列席代表1人。

3月22—30日　县委召开五级干部会议，县、公社、管理区、生产大队、生产队干部10578人参会。会后，开展清理旧账工作，对无偿调拨生产队的劳力、土地、资金、物资进行退赔。

9月24日—10月10日　县委召开全委（扩大）会议。县委委员、候补委员，县属机关、企事业单位党员领导干部，公社党委书记117人参加会议。12名党员领导干部被定为“右倾机会主义反党分子”进行批判。会后，各公社召开为期一周的党委扩大会议，重点批判“右倾思想严重的干部”29人，揭发出“瞒产私分”粮食4050万公斤。

11月19日—12月3日　县委召开五级干部会议，3414人参会。会议在鸣放的基础上进行大辩论，重点批判121人。会后，县委布置开展整风运动。12月上旬，运动全面铺开，全县共批判各级干部157人，其中受党纪处分的党员50人（开除党籍13人、留党察看15人、撤销党内职务4人、严重警告8人、警告10人）。党内批评教育1人、免予党纪处分6人；受行政处分6人中，行政撤职3人、留用察看1人、行政降级2人。

是年　县委举办党员培训班3期，培训公社党委委员和管理区党总支部书记、党支部书记、委员213人。各公社分别举办培训班2期，共培训党员干部及党员发展对象1289人。

1960年

1月12日　中共瓮安县第二次代表大会第三次会议召开，出席会议代表185人，代表全县5390名党员。会议指出，必须划清“大是大非”界限和“安居中游或下游的错误思想”，发扬“敢想、敢说、敢作的共产主义风格”。

4月12—19日　县委召开五级干部会议。高指标、浮夸风继续泛滥。

7—8月　全县农村开展反贪污、反浪费、反官僚主义运动。在运动中，清查5770人，处理356人（判刑37人、管制18人、劳动教养216人、党纪处分54人、政纪处分31人），死亡25人，伤残128人。1961年作复查甄别。

12月13日　省委工作团270人抵瓮安指导开展整风整社运动，反“五风一化”（共产风、高指标风、瞎指挥风、浮夸风、强迫命令风和干部特殊化）。

12月17—25日　县委召开五级干部会议。会议贯彻中共中央“十二条”，“五风一化”错误，部署整风整社运动。之后，组织800名干部分赴各公社开展运动，至1961年5月结束。运动中被定为“地主、富农、反革命、坏分子”156人，“蜕化变质分子”32人，“违法乱纪分子”42人，“贪污盗窃者”47人，“死官僚主义者”15人，其他186人，“犯有一般错误”441人；被开除党籍41人，留党察看2人，撤销党内职务5人，开除工作籍41人；被“特别集训”70人，送劳动教养1人，逮捕入狱44人。1962年开始对这些干部进行甄别、平反。

1961年

2月25日　省委书记苗春亭到瓮安视察工作，对党员干部作风提出要求。

7月14—21日　县委召开三级干部会议。会后，各地进一步纠正“一平二调”，彻底进行退赔。

11月　县委建立甄别小组，对在“大跃进”、大炼钢铁、人民公社化、大办食堂和反“右倾”、反“瞒产私分”粮食、整风整社等运动中，受到各种纪律处分的2166人（脱产干部375人）的案件进行复审甄别，对1760人处分作纠正。党的十一届三中全会后，经再次复审，予以全部平反。

12月8—20日　县委召开全委（扩大）会议，部署开展农村社会主义教育运动。

1962 年

1月 中共中央召开 7000 人参加的中央工作会议，县委第一书记吴近仁和书记处书记卓子意参加盛会。

2月 县委贯彻中央“七千人大会”精神，发扬党内民主，纠正“左”倾错误，切实贯彻执行中央对国民经济“调整、巩固、充实、提高”的八字方针。纠正“一平二调”，开展增产节约和生产自救，渡过 1959—1961 年的 3 年人民生活极度困难的难关（称为粮食关），城乡经济迅速好转，干部作风、干群关系、党群关系有所改善。

12月8日 县委组织召开三级干部会议，学习中共八届十中全会《关于进一步巩固人民公社集体经济、发展农业生产的决定》，学习毛泽东关于阶级、形势、矛盾和党内团结问题的讲话，批判“单干风”（包产到户）、“翻案风”。

12月15日 县委制定生产队十条工作职责，把“加强党支部领导，树立其堡垒核心作用”“加强对社员进行社会主义教育”列入其中。

是年 县委举办党员培训班 9 期，共培训党员领导干部 585 人。培训以整风的形式，针对“五风”的危害性和部分党员干部经不起暂时困难的考验、怨工资低、擅离职守、贪污盗窃、蜕化变质等问题进行教育。经过培训，弄清了所犯错误的思想根源，提高了思想觉悟，消除了怨气，调动了生产和工作积极性。

1963 年

3月 全县广泛开展学习雷锋的活动，并迅速形成高潮。这一活动使良好的社会风尚进一步得到发扬。

4月1日 县委建立增产节约和“五反”（反贪污盗窃、投机倒把、铺张浪费、分散主义、官僚主义）运动领导小组。22 日，抽调 78 名党员、团员、积极分子进行为期 15 天的培训，作为指导运动的骨干力量。5 月 10 日起，到 1964 年 6 月，共查出有贪污、盗窃、投机倒把行为的职工 77 人，违法违纪金额 2.95 万元，挽回损失 72.5 万元。

6—9月 县委组织 200 余人的工作队，在平定营、营定、茅坡 3 个公社，次年 1—5 月在城关、玉华、垛丁、长岭、岚关等 10 个公社开展“清理工分、清理账目、清理财物、清理仓库”为内容的社会主义教育运动，清出粮食 6.93 万公斤、现金 12.48 万元（含物资折款）、工分 16.3 万分。

1964 年

2月13日—3月17日 县委宣传部、雍阳区委在县城举办社会主义教育展览。展览以实物、图片展现农民解放前的血泪史和解放后的翻身史，参观群众 15000 多人。

7月13日—8月16日 县人委文教科组织全县中小学教职员工集中到县城开展社会主义教育运动。

11月19日—12月2日 县委召开三级干部会议，要求对照检查“组织不纯”等问题，提出“要在干部和群众中贯彻彻底的革命精神，要发动群众把坏人篡夺的领导权夺回来”。

1965 年

2 月 18—28 日　县委组织召开三级干部会议，贯彻中共中央《关于社会主义教育运动中目前提出的一些问题》，开展批评与自我批评。

3 月 27 日　县委发出《关于县、区、社各级干部学习毛主席著作的安排意见》。县委常委会建立中心学习组。

7 月 17—25 日　各区委先后举办党员培训班，培训农村党员 2721 人（次）。培训内容：毛泽东《为人民服务》《纪念白求恩》《反对自由主义》3 篇文章，树立“三大作风”（理论和实践相结合的作风、和人民群众紧密地联系在一起的作风、开展批评与自我批评的作风），建立“三大制度”（学习毛主席著作的制度、联系群众的制度、开展批评与自我批评的制度）。

8 月 1 日—9 月 25 日　县直机关、企事业单位开展以“清政治、清经济、清组织、清思想”为内容的社会主义教育运动。参加运动单位 77 个、1201 人。运动在解决部分科局长“不问政治、重才轻德、重业务轻政治、骄傲自满、故步自封、贪图享受”等错误思想的基础上，掀起群众性的“洗手洗澡、放包袱”热潮。共清出隐瞒家庭出身和政治历史问题的 62 人，“阶级异己分子”“蜕化变质分子”5 人，有“破坏活动”的 8 人，有“贪污盗窃、投机倒把行为”的 68 人；贪污盗窃现金 48420 元、粮食 900 公斤、布票 37 米。这一运动，解决了干部作风和经济管理等方面的一些问题。

1966 年

1 月　全县兴起“一心为集体、不计较个人得失、处处为群众着想、事事吃苦在前、学好人、做好事”的政治风气。

2 月　全县开展查物资、查资金、重节约、反浪费运动，各单位召开职工代表大会民主讨论建立健全管理制度。

是月　县委号召学习县委书记的好榜样、毛主席的好学生焦裕禄，大搞调查研究，坚持从群众中来到群众中去的领导方法，一心为革命，一心为人民。

3 月 10 日　县委批转县委组织部《关于加强农村党的基层组织建设的工作报告》。要求农村党支部把树立“三大作风”作为支部建设的一项最重要的经常性的工作；坚持“三会一课”制度，坚持用高标准教育党员，认真贯彻民主集中制；充分发挥行政组织和群众组织的作用，克服包办代替作风。

7 月 6 日　省委书记李立到瓮安视察工作，责成县委查处下司社教工作队对群众进行非法搜家、关押、吊打和严重违法乱纪事件。县委通过调查，于 8 月 2 日作出处理决定，对违法乱纪人员分别给予了党纪、政纪处分。

12 月—1967 年 1 月　县、区行政企事业单位和各公社、生产大队，先后成立各种名目的“造反”组织，造所谓“资产阶级反动路线”“走资本主义道路当权派”的反。各级领导通过大会、小会、口头、书面等形式检查执行“资反路线”的错误，给“文化大革命”初期被批判和被整材料的群众平反。

1967 年

1 月 4 日　县委、县人委建立徒步串联委员会，接待全国各地沿着红军长征路线串联经过瓮安的红卫兵。接着，县内红卫兵、“造反派”勒令县委、县人委领导批钱批粮给其进行“革命大串联”。县委、县人委先后共开支串联经费 11 万余元，粮票 2.5 万公斤。

3 月 22 日　县城部分“造反派”组建“毛泽东思想瓮安县无产阶级革命派总指挥部”，夺取县委、县人委党政财文大权，县委、县人委办事机构和群众团体被撤销。之后，一些行政企事业单位相继被夺权。

4 月 8 日　“毛泽东思想瓮安县无产阶级革命派总指挥部”集中部分职工、民兵组成“四八兵团”，执行“群众专政”任务。

4 月 9 日　毛泽东思想瓮安县革命委员会成立（称“前革委”）。县革委由军队代表、领导干部代表、群众组织代表共 31 人组成。

4 月 13 日　县革委设办公室和文化革命、生产、治安保卫领导小组。

4 月 27—29 日　县革委召开区社夺权问题座谈会。到会 20 人。会议要求实现“革命大联合”；不搞和平交印的夺权；对“当权派”采取“一抓、二罢、三提、四留、五调”的方针。之后多数区、社、生产大队、生产队被夺权，建立革命委员会或革命生产领导小组。

7 月 26 日—8 月 1 日　县革委召开全县学习毛泽东著作积极分子代表大会。到会代表 662 人，列席代表 124 人。

1968 年

3 月　全县开展“忠于毛主席、忠于毛泽东思想、忠于毛主席的革命路线”的“三忠于”活动。具体做法是：在毛主席像前早请示、晚汇报，上下班、出工收工唱《毛主席语录》歌，业余时间跳“忠”字舞，在房门上定写“忠”字、画“红心”等。

4 月　全县开展反对“右倾机会主义”“左倾分裂主义”“右倾投降主义”和粉碎“右倾翻案风”的“三反一粉碎”运动。停发“叛徒、特务、顽固不化的走资派”和“资产阶级反动学术派权威”以及“混进革命队伍的一切阶级敌人”的工资，每月只发给生活费 15 元。

9 月 14 日　重建瓮安县革命委员会（称“后革委”）。县革委由 33 人组成。

9 月 25 日　中共瓮安县革命委员会核心领导小组建立，由 5 人组成。

1969 年

1 月中旬　县革委组织动员高、初中毕业生“上山下乡”插队落户“接受贫下中农的再教育”。至 1978 年 4 月，共安置县境和上海、贵阳、都匀等城镇知识青年 3300 多人到农村落户。后通过招生、招工、招干等渠道陆续安排“知青”返回城镇。

1 月 28 日　县革委组织县、区、公社、生产大队干部 220 人赴山西省昔阳县大寨参观农田基本建设。

12月16日　省、县抽调干部400人组成“毛泽东思想宣传队”，分赴工厂、农村、机关、学校举办学习班，促进两派群众联合。

1970年

1月3—21日　县革委补台代表大会（后定为县第七届人民代表大会）召开。到会代表566人。会议协商推荐县革委成员47人（军代表5人、领导干部代表8人、群众代表34人）。会议要求全县人民进一步掀起学习毛泽东著作群众运动的高潮。

2月　县革委建立“一打三反”办公室，全县开始开展打击反革命破坏活动，反对贪污盗窃、投机倒把、铺张浪费运动。到年底，共揭发出贪污盗窃、投机倒把、铺张浪费等案件3520件，查证落实2070件，退赔、补税、罚款89万元。

5月5日23时—6日9时，对城关、草塘2公社实行军事警戒、清查户口、重点搜查。此次行动搜出鸦片75克、银元16块和部分现金、粮票、棉布。

8月1—22日　全县城乡开展“补税罚款”运动，共清缴漏税、欠税款34.48万元。

12月　各区革委建立党的核心领导小组。1972年11月至1973年3月，各区先后恢复区委。

1971年

1月15日　县革委建立整党建党领导小组办公室。1月中旬至8月下旬，组织力量在城关公社进行整党建党试点。

1月21日—3月8日　中共瓮安县革委领导核心小组采取“走出去，请进来”的办法进行开门整风。整风运动先后接触群众6万多人（次）。

1月　各公社革委建立党的核心领导小组。1972年11月至1973年3月，各区先后恢复区委。

4月26—30日　中共瓮安县第三次代表大会召开。到会代表432人，特邀代表11人，列席代表46人。会议选举第三届县委委员32名、候补委员3名。三届一次全会选出常委11名。

5月11—16日　县委、县革委召开第三次活学活用毛泽东思想积极分子代表大会。到会代表891人。

5月21日—8月　全县分三批举办学习班，开展“批修整风”学习。县直机关、企事业单位22级以上的党员干部，区、社党委书记或党的核心领导小组组长215人参加学习。

10月　召开区、社党的核心领导小组负责人会议。部署整党建党工作，同时抽调干部组成毛泽东思想宣传队赴各公社帮助整党建党。

1972年

3月3日　县委发出《关于加强纪律性，进行党的纪律教育的通知》。将对个别道德败坏、腐化堕落、贪污盗窃、挪用公款的党员的处分决定印发至支部，要求组织广大党员、干部讨论，从中吸取教训；联系实际狠批资产阶级庸俗腐朽的思想作风，树立社会主义新风尚，提高党的战斗力；加强党的纪律教育，开展反腐蚀反违法乱纪的群众运动；严格组织生活，加强党管干部的工作。

是年　全县突击发展党员1612名，占党员总数的29.3%，与往年相比为发展党员最多的一年。

1973年

3月5—9日　县革委召开全县教育工作会议，到会98人。会议要求认真落实党的干部政策和知识分子政策，正确对待有历史问题和家庭出身不好的教师。

3月　全县整党建党结束。整党建党期间，恢复党支部387个、党总支部2个、党委48个，发展党员2258名，对犯有严重错误的党员49名给予处分（开除党籍16名、留党察看15名、撤销党内职务5名、严重警告5名、警告8名），劝其退党3名，取消预备党员资格6名。

3—5月　县委组织部、县委党校、县委办公室、县委宣传部陆续恢复。

1974年

5月　县革委政法党的核心小组，计委党的核心小组，农林水、财贸、教卫、工交办公室党的核心小组建立。

11月　县委发出《关于进一步加强党的基层组织建设的意见》，要求加强党的思想建设，严格组织生活，坚持“三会一课”制度，积极慎重地发展新党员，发挥党组织的战斗堡垒作用。

1975年

1月17—23日　县委召开全委（扩大）会议。到会192人。会议学习毛泽东关于无产阶级专政理论的谈话和省委有关文件。

7月中旬　全县农村开展党的基本路线教育运动。

1976年

1月6—15日　县委在草塘召开开门整风会议。139人参会。会议要求转变领导作风，解决县委的“软、散、懒”等问题。

10月24日　全县各地举行集会，庆祝粉碎“四人帮”篡党夺权阴谋的伟大历史性胜利。

1977年

11月　县委贯彻党的“十一”大精神，开始组织开展整党整风运动。全县整党整风运动分三批进行，其步骤为：（一）学习文件，提高认识，端正态度；（二）联系实际，深揭狠批“四人帮”，肃清其影响；（三）开展批评与自我批评，总结经验教训，搞好党员教育和鉴定；（四）按照无产阶级事业接班人的五项条件和“老中青”三结合的原则选举党委、党支部班子，搞好整改，进行处理，建立健全各种制度。

1978 年

5 月　全县开始组织开展揭批“四人帮”罪行、打击现行反革命、打击经济犯罪活动的运动。到 1979 年 8 月，共查证落实各种经济案件 119 件、281 人，现金和实物折款 62321 元、布票 5630 米、粮票 12650 公斤。刑事处分 2 人，开除党籍、开除公职留用 1 人，留党察看 1 人，行政记过 8 人，免予刑事处分 24 人，宽大处理 245 人。通过这场运动，挽救了犯错误的职工，树立了廉洁奉公的社会风尚。

6 月　全县整党整风运动结束，共处理违纪党员 37 名（开除党籍 13 名、留党察看 15 名、撤销党内职务 4 名、警告 2 名、劝其退党 2 名、取消预备党员资格 1 名）。

7 月 29 日—8 月 1 日　县委、县革委召开信访、档案工作会议。会议提出要求：不得将控告信转到被告人手里，明确专职或兼职信访工作人员，建立健全信访、档案工作制度。

10 月　恢复县委纪律检查委员会机构，由李家祥代理副书记主持工作。

1979 年

2 月　县委开始在全县范围内组织开展“四类分子”（地主、富农、反革命、坏分子）摘帽工作。到 5 月底，全县纠正错戴帽子的 115 人、摘掉帽子的 3263 人；继续监督改造的 293 人，到 1980 年底已全部摘帽。

8 月 5—30 日　县委抽调干部 389 人组成 30 个工作队到各公社举办党训班。共培训党员 4534 人、非党员干部 2039 人。党训班主要学习中共十一届三中全会文件，开展“实践是检验真理的唯一标准”的讨论，整顿党风，健全党内民主生活会制度。

10 月　经县委第三届第三次全委会议选举产生中共瓮安县委第三届纪律检查委员会委员 8 人，纪委一次全会选举书记 1 人、副书记 2 人。书记为张昇江。

11 月　县委开始对历次运动及历史老案中处理的干部档案进行复查，对其中的冤假错案进行平反纠正。到 1987 年底，已作出复查结论的 348 人，其中全错全纠正的 201 人、部分错部分纠正的 83 人、维持原处理结论的 64 人。收回安排工作的 144 人，恢复工作作离休、退休、退职安置的 39 人，恢复党籍的 29 人，补发“文化大革命”中被错误停发、扣发工资的 65 人（总金额 95446 元），对生活困难的 76 人给予一次性补助（总金额 18196 元），对因被错误处理而影响晋升工资的 77 人上调一级工资，对受株连而下放去农村的家属 33 人办理农业户口转非农业户口。

1980 年

是年春　全县各公社革命委员会先后改为管理委员会。

4 月 12—16 日　召开县第八届人民代表大会第一次会议。会议决定设立县人民代表大会常务委员会，将县革命委员会改为县人民政府。

是年　县委落实政策办公室给被错误处理的原国民党军政起义投诚人员 10 人落实政

策，其中作退休处理3人、安排工作5人、给予民政救济1人、对已死亡的1人改正结论。

1981年

2月17—21日　县委召开工作会议，到会391人。会议贯彻中央确定的“在经济上实行进一步调整，政治上实行进一步安定的方针”。会上，县委书记陈光辉作了题为《坚决贯彻执行中央的重大方针，无条件地同中央在政治上保持一致》的讲话。《讲话》概述了放宽农业政策以来的大好形势，也列举了党风不正的种种表现，要求从领导做起，从自己做起，端正党风，转变社会风气。

4月　全县开展讲文明、讲礼貌、讲卫生、讲秩序、讲道德和心灵美、语言美、行为美、环境美的“五讲四美”文明礼貌活动。

6月　召开中共瓮安县第四次代表大会，选举产生中共瓮安县第四届纪律检查委员会委员8人。四届一次纪委全会选举纪委常委6人，常委会选举纪委书记1人、副书记2人。书记张昇江。

是年　县委、县政府改变封闭式的选拔干部办法，采取群众推荐、组织考察、党委集体讨论与上级党委审批相结合的办法，自下而上、自上而下地选拔干部。全县调整县管干部157名，其中提拔充实各级领导班子的优秀中青年干部65人，加强了24个部、办、委、局和4个区、48个公社、2所中学及部分企事业单位的领导班子建设。

1982年

3月8日　县委发出《关于建设社会主义精神文明的意见》。《意见》要求坚持用马列主义、毛泽东思想教育干部，提高理论水平，坚定共产主义信念；经常不断地做好思想政治工作；开展“五讲四美”活动，解决“脏、乱、差”问题；表彰先进，扶正压邪；切实抓好党风；把精神文明建设列入党委的重要议事日程。

7月25日—8月3日　县委分区集中区社干部510人进行整训。整训以思想整顿为主，同时进行必要的组织整顿。通过学习文件，总结工作，交流经验，开展批评与自我批评，统一了对农村形势和加强思想政治工作重要性的认识，明确了下步农村工作任务，端正了党风，提高了党组织的战斗力，加强了领导班子和干部队伍的思想建设。同时评选表彰了219名干部。

8月9—25日　各公社分别举办农村党员培训班，共培训党员4809人。培训期间，还整顿和改选了生产大队党支部140个。

是年　县委、县政府贯彻中共中央、国务院《关于打击经济领域中严重犯罪活动的决定》，组织力量查处经济犯罪案件42起，追缴赃款9.8万元。

1983年

2月3日　县委、县政府开始采取有力措施处理滥占耕地建房问题。实行“占田还田，占土还土”，占地多又是好田的搬迁还田，占地少属劣地的以宅基地或自留地还地。共处理239起，收回耕地160亩。

2月4日　县委发出《关于加强农村思想政治工作的意见》。《意见》要求对广大农民进行马列主义毛泽东思想的基本理论和基本知识教育；进行形势、任务和党的路线方针政策教育；进行学习科学文化，反对封建迷信的教育等。强调抓好党员和干部的教育是搞好农村思想政治工作的关键，使党员、干部经过教育，面貌一新，实现党风、社会风气根本好转。

2月9日—3月2日　县委抽调24名局级干部分赴各区协助区委举办区、社干部培训班。共培训干部691人。

5月4日　县委、县政府组织党员、干部开展“六对照、六带头”活动。强调党员、干部要对照检查自己是否有违纪违法行为，要带头遵纪守法，同坏人坏事作斗争。

8月　县委、县政府贯彻中共中央《关于严厉打击刑事犯罪活动的决定》，开始组织公安、司法部门联合行动，依法从重从快从严打击杀人、纵火、强奸、抢劫、重大盗窃、流氓团伙等严重危害社会治安的刑事犯罪分子。

11月16—19日　县委召开常委（扩大）会议，传达《中共中央关于整党的决定》。会议对抵制、清除污染工作作了安排。

1984年

1月27日　县委、县政府作出《关于加强县级党政领导班子建设，努力开创新局面的决定》。

2月　县委纪律检查委员会升格为县纪律检查委员会。县纪委升格后，设常务委员会，下设办公室、纪检科、审理科等办事机构，并在各区（镇）和政府部分委、局设纪检组和专职纪检员。

3月　县委建立核查“三种人”（追随林彪、江青反革命集团起家的人，帮派思想严重的人，打砸抢分子）领导小组及其办公室。抽调专案人员146人参与工作。到1987年8月，对涉及重大事件的50人全部清查结案，并分别进行定性处理。

6月20日　县委、县政府发出《关于建立和实行岗位责任制的意见》。之后，县属党政部门实行因事定岗、以岗定人、权利到人、奖惩分明的岗位责任制，区、乡实行任务包干经济责任制，企业管理部门实行联系经济指标计分考核责任制，业务部门技术人员实行技术承包责任制。

8月3日　县委、县政府制定《关于贯彻落实知识分子政策的暂行办法》。到1987年，共安排知识分子家属、子女就业137人，农业人口转非农业人口100户、362人，解决夫妻两地分居21户，办理知识分子补贴2454人，补调工资7人，平反冤假错案140人，在知识分子中发展党员696人，安排知识分子进入各级领导班子513人。

1985年

5月17—21日　召开中共瓮安县第五次代表大会。大会选举产生县第五届纪律检查委员会委员15名。五届纪委一次全会选举常委8名，选举书记1名、副书记2名。书记雷诗亮。

6月24日　县委作出《关于加强自身建设为实现我县第五次党代会确定的奋斗目标而拼搏的决定》。

7月1日　县委开始组织整党。全县整党分三批进行，到1987年结束。基本任务是：统一思想，整顿作风，加强党的纪律，纯洁组织。全县党员7747名，参加整党7722名，予以登记7593名，缓期登记52名，暂未登记62名，不予登记40名。组织处理142名（开除党籍11名、留党察看4名、严重警告10名、警告29名，取消预备党员资格7名），劝其退党10名。

是年　县纪委查处超发奖金的企业18个（金额41万余元），补交奖金税金19万余元；滥发服装的单位21个、1500多件，收回价款5.7万余元；拖欠公款的职工1240人，金额57万元。

1986年

1月23日　县委、县政府发出《关于严格控制会议和各种活动的通知》。

1月24日　县委发出《关于认真学习、坚决贯彻中央领导同志在中央机关干部大会上的重要讲话的通知》。《通知》要求边学习，边贯彻，边对照，边整改；联系实际分析党风现状；查处党政干部挥霍公款旅游、铺张浪费、请客送礼等违纪案件；加强思想教育，整顿纪律，健全党内生活制度和其他制度；县级机关要以高尚的精神面貌和优良的工作作风做好全县的表率。

3月5—10日　召开县第九届人民代表大会第三次会议。会议要求各级政府大力倡导扎扎实实的工作作风，少讲空话，多干实事，深入实际，发现新情况，解决新问题，踏踏实实地为人民办成几件有益的事情。

7月8日　县委批转县纪委《关于划分正常经济活动与不正之风若干问题的界限》。《界限》指出：端正党风，纠正不正之风，是各级党组织的一项重大任务。凡违反党和国家的政策规定，谋取个人或小团体的利益而损害党和人民的利益、集体利益，都是不正之风和违法乱纪的表现，必须坚决纠正，严肃查办。

9月15日—10月上旬　县委组织部对区、乡456名党政干部进行“德、能、勤、绩”考察。

10月8日　县委常委会制定《“约法”六则》：（一）端正党风，不以权谋私；（二）尽职尽责，合作共事；（三）以诚相待，谈心交心；（四）谦虚谨慎，联系群众；（五）加强学习，提高领导艺术；（六）保守机密，不搞自由主义。

12月25—27日　县委召开党员代表大会，到会代表226人，代表全县8165名党员。会议号召全县各级党组织和全体党员要提高认识，统一思想，坚持四项基本原则，坚决贯彻《中共中央关于社会主义精神文明建设指导方针的决议》，切实制定本地区、本单位加强精神文明建设的具体计划和措施，扎扎实实地办成几件实事，为提高全县人民的思想道德素质和科学文化素质，成为有理想、有道德、有文化、有纪律的社会主义公民而奋斗。

1987年

1月　县政府抽调有关部门人员组成调查组，对一些烟叶收购点压级压价收购，提级提价调出，非法牟取“经济效益”，引起群众愤慨的事件进行查处，没收其全部非法收入13.6万余元。

2月10日　县委发出《关于贯彻〈中共中央关于当前反对资产阶级自由化若干问题的通知〉的意见》。《意见》要求各级党委认真抓好对《通知》的学习和传达。在党员、干部和群众中深入开展坚持四项基本原则的教育，加强思想政治工作，反对企图摆脱党的领导，否定社会主义道路的错误思潮。

4月　从1983年8月起，经过3个战役12仗，共依法逮捕548人、收容740人，摧毁犯罪团伙111个、查处团伙成员549人，缴获各种凶器468件、炸药33公斤、雷管355个、各种赃物折款8万余元。审查结案462件、633人，其中判处死刑25人。

5月25—26日　县委、县政府召开“双增双节”财税财务工作会议。会议要求：深入开展增产节约、增收节支运动；努力发展生产，多方开辟财源；加强征收征管，促进税费增收；严格控制行政管理经费开支，加强对预算外资金、企业自有资金管理；加强对机关车辆管理，保证工作用车需要；组织力量清理结算往来款项。

7月16日　县委下发通知，聘请辛广和、许云堂、张昇江三位老同志担任瓮安县纪委巡视员。

8月4—10日　县委召开思想政治工作会议，到会181人。会议讨论县委《关于坚持四项基本原则，加强和改进思想政治工作的意见（草案）》，明确思想政治工作的重要性和根本任务。县纪委等部门就如何搞好思想政治工作作了发言。

9月　县委组织党纪党风报告团赴县直机关和7区1镇巡回作报告。举行报告会18场，6000多名党员、干部参加听报告。

11月　县政府设监察局。

是年　县委抽调21名干部组成7个考察组，对全县120名区局级干部的“德、能、勤、绩”进行考察，并组织职工民主评议。之后，按照“强升，能留，弱帮，劣换”的原则及时进行处理：升职43名、留职61名、降职7名、免职5名、撤职1名、批准辞职1名、退居二线2名。

1988年

2月　县第十届人大常委会第三次会议召开，任命刘仕刚为县监察局第一任局长。

4月　县劳动人事局任命金正祥为县监察局副局长。

7月12—15日　召开中共瓮安县第六次代表大会。大会选举产生县纪律检查委员会委员15名。县纪委六届一次全会选举常务委员6名，选举书记1名、副书记2名。书记雷兆发。

8月　县委组织工作组在中坪乡进行民主评议党员试点工作。之后，全县普遍推行，1989年底结束。全县除26名党员外出未参加评议，其余8381名党员均参加评议。评议结果：优秀933名、合格7119名、基本合格201名、不合格128名。

是年　县纪委共受理党员违纪案件27件、27人，党内警告2人、严重警告4人、留党察看13人、开除党籍8人。县监察局全年受理违纪案件9件、9人，给予行政警告处分2

人、行政记大过 2 人、行政撤职 1 人、开除公职 2 人、开除留用察看 2 人。

1989 年

1 月 10 日　县委发出《关于开展党员标准再教育，妥善处置不合格党员的意见》。《意见》要求 2—3 月在农村、3—4 月在机关开展相关工作。

5 月　县纪委内设机构改科为室，设置办公室、检查室、审理室，增设信访室。共设 4 个工作机构。

6 月 16 日　县纪委作出决定，对珠藏乡原党政领导为首的集体贪污案进行处理，给予 6 人开除党籍、2 人留党察看、3 人党内严重警告、1 人党内警告处分。

11 月 3—4 日　县委召开全县党建工作会议。县直机关各部门党总支部、党支部书记，各区（镇）委分管党建工作的书记、组织委员、纪检员，各乡（镇）党委书记，共 200 多人参会。

是年　县纪委共查处党员违纪案件 167 件、182 人（开除党籍 47 人、留党察看 96 人、撤销党内职务 1 人、党内严重警告 17 人、警告 21 人）。县监察局全年共受理违纪案件 50 件、50 人，给予行政警告 1 人，行政记过 4 人，记大过 12 人，降级 2 人，撤职 6 人，开除公职 13 人、停止公职 6 年、处分 6 人。

1990 年

3 月　县委召开各部门负责人会议，传达学习《中共中央关于加强党同人民群众联系的决定》，整顿机关作风。

6 月 21—29 日　对全县纪检监察干部 65 人进行为期 9 天的业务培训。

是年　对全县党风党纪情况进行 2 次检查。县纪委全年共受理违纪案件 39 件、39 人，给予党内警告处分 3 人、党内严重警告 2 人、撤销党内职务 2 人、留党察看 17 人、开除党籍 15 人。县监察局全年受理违纪案件 17 件、17 人，给予行政警告处分 3 人，行政记过 2 人，行政撤职 3 人，开除公职 3 人、开除留用察看 4 人。

1991 年

3 月 18 日　县委下发《关于加强村级组织建设的实施意见》。以洗马塘乡为试点对村级组织进行整顿，然后全县铺开，8 月底结束。

5 月 3 日　县委下发《关于对副局级以上干部纪律约束的若干规定（试行）》。

6 月 26—29 日　召开中共瓮安县第七次代表大会。大会选举产生县第七届纪律检查委员会委员 15 名。纪委七届一次全会选举常务委员 5 名，选举书记 1 名、副书记 2 名。书记雷兆发。

6 月　县、区、乡建立农村社会主义思想教育领导小组及其办公室。抽调 1128 人组成工作队深入农村开展工作。

9 月 12 日　省政府批复瓮安建镇并乡撤区行政区域变更，将原 7 区 1 区级镇、46 个乡 1 乡级镇建并为 8 个镇 15 个乡。10 月，各乡（镇）设置纪律检查委员会，为副科局级机构。

是年　成立县政府纠正行业不正之风办公室，办公室设在县监察局，在66个乡、镇、局单位设立“纠风”领导小组。

▲　全县开展第三次民主评议基层党组织和党员工作，共评议党支部552个、党员8720名，评出先进党支部90个、优秀党员1602名、后进党支部7个、不合格党员43名。

▲　县纪委全年共受理违纪案件29件、29人，给予党内警告处分3人、党内严重警告3人、留党察看10人、开除党籍13人。

▲　县监察局全年受理违纪案件8件、8人，给予行政警告处分1人，行政记过4人，开除公职2人、开除留用察看1人。

1992年

5—11月　全县首期副局级干部时事政治理论函授培训班开班。参加学习的58名干部经统一考试，成绩合格，获得结业证书。

6月10日　全州监察工作会在瓮安召开。

7月　县纪委、县委组织部、县委宣传部、县直属机关党委联合举办组织县直机关党支部开展党的基本知识竞赛活动。

是年　县党风廉政建设检查组对全县党风廉政建设情况进行2次检查。

▲　县纪委全年共受理违纪案件39件、39人，给予党内警告处分2人、党内严重警告2人、留党察看14人、开除党籍21人。

▲　县监察局全年受理违纪案件8件、8人，给予行政警告处分3人，行政记过1人，行政降级1人，开除公职3人。

1993年

6月23日　县纪委、监察局合署办公。1994年2月，内设办公室、执法监察室、信访室、纪检监察室、案件审理室、党风廉政建设室、教育研究室7个工作机构。

6月29日　县政府下发《瓮安县预算外资金管理实施细则》。对预算外资金收入、支出、管理和监督、奖惩等作了规定。

9月中旬　县委、县政府对全县开展反腐败工作作出部署。至11月15日，共立案查处各类违法违纪案件53件、81人（贪污2件、13人，挪用公款9件、11人，受贿6件、13人，抗税3件、3人，诈骗1件、1人，弄虚作假2件、11人，以权谋私3件、6人，违反计划生育政策5件、5人，其他17件、18人）。经县检察院查清结案11件、34人，追回各类赃款289758元；县纪委、监察局查清结案42件、47人，给予党政纪处分47人（开除党籍13人、留党察看7人），政纪处分15人（开除公职1人、开除留用2人、行政降工资级别2人、行政记大过5人、行政记过2人、行政警告2人、辞聘1人、批评教育6人）。

是年　在县城和有条件的乡镇组织党员收看《儆戒》《护航》《晚秋》《夕阳在晚秋中沉沦》《百万特大贪污案的反思》等党风廉政教育片。

▲　县公安局3次组织全局干警开展“为警清廉教育”，制定《为警清廉教育十条规

定》。

▲ 县供销社清查出系统内干部职工利用工作之便差欠、拖用、挪用公款100多万元。

▲ 全年受理违纪案件47件、47人，给予党纪处分25人，给予政纪处分14人。

1994年

3月 在全县党员干部中开展“我要工作，还是要我工作”大讨论活动。

是年 在各部门、单位建立“纠风”组织和制度，对一些专项工作进行直接纠处。

▲ 对党政机关无偿占用企业资金2420元和到企业报销办公用品3543元，限期进行纠正。

▲ 对党员、干部的执法执纪情况开展经常性的监督检查，对干部违纪购房和计划生育工作中“打白条”行为进行专项监察。

▲ 全年立案查处党员干部违纪案件31件（检查对象24件、监察对象7件）、31人（检查对象24人、监察对象7人），挽回经济损失21万元，给予党政纪处分31件、44人（含双重处分9人）。

1995年

7月 县纪委、县公安局等单位的党员干部参加中纪委监察部和《中国纪检监察报》联合举办的“民主集中制百题知识”竞赛活动。

10月 从县机关抽派163名、乡镇276名干部围绕“领导班子好、党员队伍好、工作机制好、工作业绩好、群众反映好”抓农村基层组织建设。

12月 公安、金融、税务等部门建立健全规范行为制度51条。

是年 侧重对有行业优势的公安、工商、税务、金融、计生等部门进行监督，对38个乡科级单位进行2次检查，对纠风中暴露出来的问题作及时处理。

▲ 全年受理违纪案件15件、15人，给予党纪处分9人，给予行政处分5人。

1996年

3月 县纪委、县委组织部联合下发《关于开好领导干部廉洁自律民主生活会的通知》。各基层党委按照领导干部廉洁自律“十四条规定”“三十一个不准”，开展自查自纠。

7月 全县组织2万余人观看电影《孔繁森》。

10月23—25日 召开中共瓮安县第八次代表大会。大会选举产生县第八届纪律检查委员会委员15名。纪委八届一次全会选举常委6名，选举书记1名、副书记2名。书记刘仕刚。

是年 全县按照“四个一”（建设一个好班子、探索一条好路子、形成一个好机制、培养一支好队伍）和“五个好”（领导班子好、党员队伍好、工作机制好、工作业绩好、群众反映好）要求，着力抓好基层组织建设。

▲ 纪检、公安、交通等部门对县境公路“三乱”问题进行清理。对江界河大桥收费站集体侵吞公款案进行查处，追回赃款8万元。

▲　全年受理违纪案件35件、35人，给予党纪处分12人，给予行政处分9人。

1997年

1月6日　县纪委、县委组织部、县委宣传部发出《关于组织党员、干部理论学习考试考核的通知》。全县各级各部门干部、广大党员、入党积极分子9000多人参加学习和考试，对获优异成绩者，分别评为一、二、三等奖和纪念奖。

4月28日　县委、县政府制定《关于加强干部管理工作的暂行办法》。

11月下旬—12月上旬　全县23个乡（镇）召开党代表大会，进行党委、纪委换届选举，选出纪委委员69名、纪委书记23名。

是年　全县完成91个单位、3382人的住房清理，责成超标准的4名县级干部、187名科级干部补交了超标准部分价款，对32户占用2套住房的作退房处理。

▲　全年受理各种违纪违法案件47件、47人（检查对象23件、23人，监察对象24件、24人），给予党纪处分23人、政纪处分24人。

1998年

10月　开展清理通信工具工作，收缴用公款购置的移动电话44部，占用企业资金购置或借用企业的13部，清理传呼机157部、公费安装住宅电话330门，并按照相关规定进行处理。

10月下旬　对工商、电力系统开展民主评议行风工作。

是年　宣教室主任张兴贵荣获全国纠政监法知识竞赛纪念奖。

▲　全年受理各种违纪违法案件28件、28人，给予党、政纪处分25件、25人，查清待结3件、3人。

1999年

3月　对全县中小学收费进行清理检查，查出不合理收取的资料费、补习费、集资费共5.64万元，督促退还学生家长。

8月　省委常委、纪委书记夏国华同志到瓮安县调研。

是年　购置《中国共产党纪律处分条例》系列电教片一套10盒，在县城和各乡镇进行播放，参加收看的党员、干部、群众达5万余人（次）。

▲　揭批邪教组织歪理邪说，对参与修炼人员进行清理教育。

▲　全县立案查处非法收购运销粮食案件30件，查收粮食245.9吨，罚款15.2万元。

▲　全年检查违纪违法案件线索64件、64人，作信访了结26件、26人，立案38件、38人（检查对象22人、监察对象16人），给予党纪处分21人、政纪处分17人。

2000年

3月　对部分中小学自立乱收费项目、加重学生负担、在社会上造成不良影响的行为进行检查，共清退乱收费资金5万余元，并督促相关学校将资金退还给学生家长。

3月26日—10月18日　县委组织开展“三讲”（讲学习、讲政治、讲正气）教育活动，县纪委领导班子成员参加教育活动。

4月26日　对卫生医疗系统开展行风评议，对往年开展行风评议的国税、邮政、工商等8个部门进行纠风评议“回头看”工作。

9月11日　出台《关于严禁非专职驾驶员驾驶公车的通知》《关于禁止党员干部以各种形式赌博的规定》《关于严格控制招待费和招待费的规定》《关于禁止党员干部大操大办酒席的规定》。

是年　查处党员、干部违纪案件54件、54人，给予党纪处分22人、政纪处分34人（含双重处分2人）。

2001年

1—5月　开展药品医疗价格检查，打击制售假冒伪劣商品活动。

2—4月　开展农村教育基金专项管理使用和中小学收费情况的执法监察，对中小学不合理收费5.8万元进行清退。

6月15—17日　召开中共瓮安县第九次代表大会，选举产生县第九届纪律检查委员会委员15名。九届纪委一次全会选举常委7名，选举书记1名、副书记2名。书记兰昌福。

6月　组织党员、干部观看《沈阳慕马大案》电教纪实片。

6—7月　对涉农价格和涉农收费进行执法监察，开展粮食清仓清库工作。

8—9月　对医药卫生、地税、国税、邮政、电信行业进行行风民主评议，重点对卫生医疗系统开大处方、搭车开药、乱收费和收受“红包”等不正之风进行纠正处理。

12月29日　县纪委监察局设综合室、党风廉政教育研究室、纠风室（县政府纠正部门行业不正之风办公室）、执法监察室、纪检监察室、案件审理室、信访室7个工作机构。

12月　机构改革中撤销县直机关纪检组。

是年　立案查处党员、干部违纪案件59件、59人（检查对象16件、16人，监察对象43件、43人）。

2002年

1月15日　出台《瓮安县政府采购实施办法》。

1—6月　检查整顿建筑市场招投标情况，杜绝“领导工程”“纸条工程”和“违纪工程”。

3—5月　对社保资金缴纳情况进行专项检查，全县有30个单位未按时缴纳2001年社保资金，涉及金额30余万元，责成限期缴清。

4月　组织全县23个乡镇和机关、厂矿播放收看《胡长清案件警示录》124场（次），参加观看的干部、职工、群众达4万余人（次）。

5—7月　分别对县城防洪一期工程400万元、牛银公路匹配资金400万元、中小学危房改造工程58万元、退耕还林还草工程75万元、公安局戒毒所工程120万元的国债资金使用情况进行检查。

7月　在全县23个乡镇和县直机关发放警示教育读本《邓小平论党员领导干部廉洁自律》《以案施教、警钟长鸣》1000册。

是月　成立县行风评议领导小组，选聘行风评议代表。

7—9月　对卫生系统开展纠风评议，纠正卫生系统行风，转变医疗工作作风，组织医务人员下乡为民义诊。

9月25日　在县电影院举行《生死抉择》首映式，1000余人观看。

10—11月　对地税、国税等8个部门民主行风评议开展“回头看”工作。

是年　受理违纪案件39件、39人，给予党纪处分17人，给予行政处分20人。

2003年

3—5月　对全县药品经营中的不正之风进行大检查，共检查药品经营使用单位435户（次），查获假劣药品184批（次），治理非法采购药品19起，特制定规范药品公开招标采购制度。

4月10日　出台《关于开展行政效能监察工作的实施方案》。

5月15日　出台《关于制止乡镇干部“走读”现象的有关规定》，纠正乡镇干部“走读”现象，各乡镇政府开始建立“廉政食堂”。

6月1日　出台《瓮安县党风廉政建设巡视制度试行办法》，县委文件聘请4名德高望重的老干部为巡视组成员，开展巡视工作。

7月　出台《瓮安县党风廉政建设责任分解表》，推行《党风廉政建设责任书》制度，制定《党风廉政建设责任制考评办法》。

8月11日　在23个乡镇全面实行收费项目标准公示制度，规范涉农价格和税费行为。

9月　组织各乡镇、县直机关各部门360余名干部参观由县纪委监察局制作的反腐倡廉图片展。

9—11月　清理、检查、纠正超标准、超编制配备使用小汽车，对县处级超标车6辆、乡科级超标车5辆作出处理。

是年　对全县70多个科局部门近400名领导干部开展领导干部接受赠送礼金、有价证券和支付凭证的清理。

▲　对有形建筑市场规范化建设和招投标方面，加强事前、事中、事后的执法检查，纠正违规违纪使用资金30万元。

▲　全县各行政事业单位财务全部实行“收支两条线”管理。

▲　全年受理违纪案件53件、53人，给予党纪处分34人，给予行政处分19人。

2004年

1月　县制定《关于开展经营性土地使用招投标拍卖挂牌出让情况执法监察工作实施方案》。

3月15日　县出台《关于进一步加强村级财务管理的规定》，实行村财乡管、零户统管。

4月22日　成立县党风廉政建设宣传教育工作领导小组，推行党政领导干部任前公示制度。

5月21日　县出台《关于实行会计集中核算的通知》，对全县“小金库”进行全面清理整顿，推行会计集中核算。

8月18日　举办党员干部和老干部145人参加的《中国共产党党内监督条例（试行）》《中国共产党纪律处分条例》“两个条例”知识竞赛。

9—10月　全县开展“进百家门、交百家友、知百家情、解百家忧”活动，以此活动为载体转变机关工作作风，活动期间共走访群众1万多户，发放相关资料1.2万份，解决群众反映的问题107件。

是年　深化政务公开，全县78个行政机关和事业单位全部推行政务公开，公开面达100%；247个村全面推行村务公开，2641个村民组建立村务公开协调小组和监督小组，公开面达100%。

▲　全年查处党员、干部违纪案件55人，给予党纪处分41人、政纪处分14人。

2005年

3—6月　全县开展学习宣传《中共中央关于建立健全教育、制度、监督并重的惩治和预防腐败体系实施纲要》活动。落实州委提出的“十个不准”“四大纪律、八项要求”。

3月20日　县成立党风廉政建设责任领导小组，县委书记任组长、县长任副组长。

4—5月　全面清理党政机关及事业单位用公款为个人购买保险的行为，清理登记县处级领导干部配偶、子女从业情况工作和党政机关及其领导干部收受或赠送礼金问题，清理纠正国家机关工作人员和国有企业负责人投资煤矿问题。通过清理登记，全县共有11人参与投资入股煤矿，对此进行纠正，其中10人先后退股撤资、1人自愿辞去公职。对投资入股煤矿人员收益进行核实，收缴入股收益43.76万元。

是年　推行部门预算工作，进一步扩大会计集中核算范围，规范房开建筑市场，落实经营性土地招标拍卖制度。

▲　全年查处党员、干部违纪案件39件、41人，给予党纪处分31人、政纪处分11人（双重处分1人）。

2006年

1月　调整党风廉政建设责任领导小组，县委书记任组长、县长任副组长。

3月　县纪委监察局下发《关于开展行政效能监察工作的通知》，重点对城建等15个机关和23个乡镇开展执法监察。

是月　县纪委监察局与妇联联合开展家庭助廉活动，订购《家庭助廉教育读本》400本发送到副科级以上干部家庭。

10月21—23日　召开中共瓮安县第十次代表大会。大会选举产生县第十届纪律检查委员会委员23名。纪委十届一次全会选举常委7名，选举书记1名、副书记2名。书记孙志清。

是年　全年查处党员、干部违纪案件13件、13人，挽回经济损失140余万元。

2007年

3月23—25日　邀请州纪委监察局相关室负责人到瓮安对全县纪检监察干部进行为期3天的业务培训。

4—6月　县纪委组织开展为期3个月的干部作风整顿教育活动。

7月30日　出台《瓮安县严禁干部职工利用各种名目大操大办酒席借机敛财的规定》，开展“刹酒风”专项整治活动。

是年　严肃纠正医药购销和医疗服务中的不正之风，共出动车96辆（次），出动监督检查人员232人（次），检查药品经营使用单位445户（次），查获假劣药品32批（次），查处案件16件。

▲　治理教育乱收费，农村义务教育“两免一补”得到落实，全县为7万余名学生免除杂费金额622.34万元，为29763名学生免除书费金额139.59万元，为4751名寄宿贫困生发放生活补助费95.02万元，确保了家庭困难生不辍学。

▲　在乡镇开展打造村干部“廉政名片”，创建“勤政廉洁村”“廉洁村官”评选活动，鱼河乡新场村被评为“勤政廉洁村”。

▲　全年查处党员、干部违纪案件47件、48人，收缴违纪资金47.8万元，挽回经济损失近80万元。

2008年

1月13日—2月15日　县境遭受历史罕见的长达34天的雨雪冰冻灾害袭击，县委、县政府及时组织机关企事业单位和乡镇党员、干部到一线帮助群众抗灾救灾。

6月28日　县城发生打、砸、抢、烧群体性事件，称瓮安“6.28”事件。

7月6日　县纪委监察局、组织部、人社局等成立4个明查滚动督查组，对全县70多个县直部门、23个乡镇干部到岗、值班、治安维稳等工作进行全面督查。

7月7日　省监察厅厅长韩先平，州纪委书记杨云、纪委副书记刘国富等领导带领调查组一行进驻瓮安，对“6·28”事件发生的原因进行调查，案结后，共处理涉案干部26人（含诫勉谈话10人）。

7月11日　县委副书记、县纪委书记孙志清参加县委在县人民广场举行的“县委书记大接访”接待活动，签批信访案件26件。

7月19日　县委副书记、县纪委书记孙志清在全县机关作风教育整顿活动作动员讲话。

7月20日—10月　县纪委开展为期3个月的作风整顿活动。3482名干部参与活动。共发放《干部作风教育整顿学习资料读本》3800册，召开座谈会135次，组织个别访谈870人次，发放征求意见表20600份，征求到意见9927条。

7月30日　县纪委监察局、县委组织部成立两个督察组到雍阳镇、银盏乡、玉华乡、平定营镇，对发放《瓮安县人民政府告广大人民群众的一封信》宣传情况进行督查。

7月　县纪委组员参加全州纪检监察轮流举办的“州庆与奥运同行——纪念改革开放暨党的纪律检查机关恢复重建三十周年”演讲比赛，荣获三等奖。

8月5日　县委副书记、县纪委书记孙志清带领县纪委班子6名常委在县教育局院内设点，开展纪检监察机关大接访活动，共接待上访群众100余人（次）、上访件45件，并对每一件案件批转相关单位及时办理。

8月　毛全安任中共瓮安县委常委，县纪委委员、常委、书记。

9月　县委、县政府对“6·28”事件发生的深层次原因进行分析，决定开展为期3个月的干部作风整顿教育活动。活动结束后，为进一步形成干部作风转变的长效机制，提高工作效率，县委出台《瓮安县科级领导干部绩效考核办法（试行）》，并成立工作领导小组，由县纪委监察局、县委组织部牵头实施考核。年终，共评出“十佳”科级领导干部10名，优秀科级领导干部32名进行表彰，并归入个人档案。对倒数的10名干部进行警示谈话、督促整改。

11月20日　县纪委监察局行政编制从14名增加到15名。

11月　县委、县政府为切实加强纪检监察工作，决定由县纪委监察局在16个县直部门设置派驻纪检监察机构并实行统一管理，分别设立副科级纪检组长1人、监察室主任1人。另设纪检监察一组、纪检监察二组，由正科级干部担任。

是年　瓮安“6·28”事件后，县纪检监察、组织人事部门成立4个干部作风督查组，对全县23个乡镇、70余个县直部门在县城、乡镇值班上岗抓治安、进村（社区）入户疏导群众、大力宣传维护社会稳定工作情况进行督促检查。

▲　“6·28”事件发生后，组织2次“县乡纪委书记大接访”活动，在廉政网上开设举报邮箱。全县纪检监察机关共收到来信445件（次）、接访467人（次），件件作了查实回复。

▲　全年查处党员、干部违纪案件37件、41人，给予党纪处分24人、政纪处分19人（双重处分2人），收缴违纪资金73.83万元，挽回经济损失80余万元。

2009年

3月8日　县委召开深入学习实践科学发展观动员大会。把党风廉政建设工作与业务工作同安排、同部署、同落实、同检查、同考核，严格实行一把手“一岗双责”制度。将廉政建设工作纳入全县综合目标管理，实行“一票否决”制，年终对4个因考核达不到标准的单位实行党风廉政建设“一票否决”。

7月3日　进一步拓宽社会监督渠道，面向社会各界聘请19名党风、行风义务监督员。

7月16日　制定《瓮安县清理违法建设规范房地产市场秩序的纪律规定》《瓮安县专项整治县城规划区内非法经营房地产和违法建设清查处置活动实施方案》《瓮安县整治非法经营房地产及违法建设暂行规定》。

11月3日　县纪委监察局将北斗山监狱列为县反腐倡廉宣传警示教育基地，首次警示教育活动让职务犯罪服刑人员为县直部门80余名党员领导干部现身说法。

11 月 21 日　县组建违规配备公务用车清理领导小组，开展为期 7 个月的党政机关违规配备公务用车管理清理活动，共查出 6 个单位超标配备公务车 7 辆；公车私挂车牌号 10 辆；长期借用或用企业车辆共计 8 辆。均按瓮纪通〔2009〕37 号（通知）规定，分别作没收，续办车辆过户手续、清退等处理。

是年　查处党员、干部违纪案件 31 件、46 人（含双重处分 10 人），收缴违纪款 77 万余元，挽回经济损失 2300 余万元。

2010 年

3 月　县纪委监察局切实推行干部职工全员廉政承诺考核制，对认识不到位、责任不明确、工作流于形式、资料收集管理不规范的 9 个单位进行全县通报批评，责令党风廉政建设第一责任人向县党风廉政建设领导小组作出深刻书面检查。年终对 5 个因党风廉政建设考核不达标的单位实行“一票否决”。

5 月　加强源头治腐工作，在 19 个部门推行廉政风险防范机制建设试点。执行涉农专项资金公开、备案和责任追究“三项制度”。

6 月　由县纪委监察局牵头对全县行政事业单位在编在岗的工作人员进行核查清理，共清查出在编不在岗人员 376 人。均按有关政策规定进行了处理。

7 月 14 日　省委常委、省纪委书记王正福同志在省委办公厅《工作动态（增刊）》第五期上批示：“瓮安事件”发生后瓮安县委贯彻执行中央和省委处置“瓮安事件”的决策部署，高举邓小平理论，“三个代表”重要思想伟大旗帜，全面落实科学发展观，在扎实抓党的建设伟大工程下真功夫，抓领导班子建设，干部队伍作风建设，党员干部党风建设，带领全县各族干部群众聚精会神搞建设，一心一意谋发展，两年来，经济持续发展、社会稳定。各项事业取得明显进步，省纪委要会同黔南州纪委、瓮安县纪委总结狠抓党风廉政建设促进经济社会发展的经验，印发全省各地参阅。

8—9 月　县纪委监察局牵头与县财政局、县政府纠风办、县审计局等部门组成 5 个调查组，对 2007 年至 2009 年期间安排用于“三资”的各项资金的使用管理情况，重点检查对农民的补贴资金、农业和农村基础设施投入，农村社会事业投入和其他重点专项资金使用管理进行核查清理。查出的问题，及时报县领导小组，并按组织程序进行查办，绝不姑息迁就。对全县涉农资金单位以警示教育。

11 月 13 日　省纪委研法室主任方晓明同志对全县副科级以上领导干部和村干部共 600 余人进行廉政准则“八个方面”“五十二个不准”专题讲座。

11 月 20 日　省纪委常委季森到瓮安调研纪检监察工作。

11 月 23 日　省委常委、省纪委书记宋璇涛到瓮安调研。

12 月　开展全县基层诊所、村两委负责人面向监管服务对象进行述职述廉民主评议。

是年　查处党员、干部违纪案件 68 件、68 人，挽回经济损失 350 余万元。

2011 年

4 月 12 日　县动物疫病控制中心被评为全省廉政先进典型集体，并在全省进行巡回报告，县纪委副书记、县监察局局长吴应忠，县人民检察院反渎局局长、反贪局局长郑光杰2名同志被评为州勤政廉政先进个人。

4月　县纪委监察局牵头对全县各乡镇，县委各部、办、委、局，县级国家机关各工作部门，各人民团体公务用车进行专项清理，共清理违规配置公务用车17辆，均按有关政策规定进行处理。

4—5月　县纪委监察局开展“三项清理”（房地产开发中违规变更规划、调整容积率问题以及土地出让、探矿权采矿权出让制度）及“师德师风”专项整治活动。

10月11—30日　县纪委监察局牵头，审计、农工、民政、林业等部门配合参与，对全县各试点乡镇村级“三资”（资产、资源、资金）委托管理服务试点工作进行检查验收，对存在问题，责令单位按相关规定进行整改。

10月29—31日　召开中共瓮安县第十一次代表大会，选举产生县第十一届纪律检查委员会委员23名。十一届县纪委一次全会选举常委7名，选举书记1名、副书记2名。书记毛全安。

是年　重点加强乡镇抗旱救灾应急款物、一事一议、小农水项目、社保、低保、住房公积金、救灾救济、政务公开和财务公开等“民生专项资金”拨付发放情况的监督检查，发现并及时纠正问题11个。

▲　开展医药购销、教育收费、公路收费等专项检查，当场处罚109件，纠正整改问题3个，发放监督检查建议书49份，清退教育乱收费131万元。

▲　制定《瓮安县廉政风险防范机制建设实施方案》，以22个政府部门、23个乡镇为重点推行廉政风险防范工作。

▲　全年查处党员、干部违纪案件40件、42人，挽回经济损失2300余万元。

2012年

2月21日　召开县纪委十一届二次全会。会上，传达贯彻中央、省、州纪委全会精神，全面总结2011年党风廉政建设和反腐败工作，安排部署2012年党风廉政建设和反腐败工作，签订党风廉政建设责任书；对各乡镇纪委、部门纪检组2011年工作进行通报和表彰，并对案件查办、信访、信息等业务进行培训。

2月29日　安排部署行政许可、非行政许可行政收费、经营性收费清理执行情况督查工作。

3月1—30日　县纪委组织乡镇纪委书记参加全省乡（镇、街道）纪委书记培训班。

3月12—13日　召开全县整治工作作风、严明工作纪律督查通报会。县委常委、纪委书记毛全安主持会议。

3月25日　县纪委牵头组织相关职能部门制定《瓮安县党政机关、事业单位公务用车配备使用管理实施办法》，制定瓮安县配备编制方案提请县政府研究后上报州公车办。

4月17日　县纪委组织2个督查组共6次对各单位和乡镇执行工作纪律、公车规定等情况进行督查，12个部门、5个乡镇的27名干部因上班迟到、上班打麻将、外出吃早餐、上网看电视、上网玩游戏、上网购物等违纪现象被全县通报批评，并在县电视台公开曝光。

4月20日　县纪委组织6个调研组深入乡镇、村（居）对治理农村乱办、滥办酒席工作开展抽样调查，草拟《瓮安县规范群众操办酒席工作指导意见》呈报县委。

4月27日　完成行政区域变更后相关乡镇（街道）的资产清理监督检查工作。

4月28日　开通县纪委监察局廉政短信平台。

4月　王华任县委常委、县纪委书记，石毅任县纪委副书记。

5月3日　召开全县规范群众操办酒席工作动员会，下发《瓮安县规范群众操办酒席工作指导意见》。

5月6日　县人大常委会任命石毅为县监察局局长。

5月10日　出台《瓮安县领导干部及工作人员有错无为责任追究暂行办法》。

5月25日　县纪委组织全县100余名2011年以来新任领导干部到桐州监狱和州委党校开展警示教育活动。

5月29日　下发《关于推进廉政承诺全覆盖有关事宜的通知》。

5月31日　县委下发《瓮安县派驻纪检监察机构统一管理工作实施方案》，将现有的县政府工作部门派驻纪检组长全部纳入县纪委监察局统一管理，设立3个派驻纪工委监察分局，为县纪委监察局下设的正科级机构，分系统负责派驻工作部门的纪检监察工作，并明确一系列干部管理和工作机制。

6月22日　县纪委组织人员深入乡镇对规范群众操办酒席工作进行督查，切实纠正不正之风。

6月27日　县纪委组织开展全县反腐倡廉曲艺大赛暨优秀作品汇报演出活动。

7月1—30日　县纪委组织人员深入乡镇对乡镇落实规范群众操办酒席工作进行督查，切实纠正不正之风。

7月3日　县纪委组织召开涉农资金电子监管系统培训会。各乡镇（街道）纪委（纪工委）书记、县直各部门纪检组长、监督员参加培训。

7月5日　印发《瓮安县党政机关、企事业单位主要负责人、班子成员、重点岗位工作人员勤政廉政约谈暂行规定（试行）》，自7月起分期分批对乡镇（街道）、县直部门党政正职100余人进行专项考试和警示教育勤政廉政约谈，约谈党政领导15人。

7月9日　印发《在全县纪检监察系统中开展“加强党性修养，强化履职能力”专项教育活动的实施方案的通知》《中共瓮安县纪委监察局“解放思想、推动跨越”大讨论活动实施方案》，同时启动全县纪检监察系统“加强党性修养，强化履职能力”专项教育活动和“解放思想、推动跨越”大讨论活动。

8月1日　“瓮安廉政网”改版后正式上线运行。

8月9日　县政府印发《瓮安县重大工程项目派驻监督员制度》。

8月10日　县纪委对28名党政一把手进行专项考试和警示教育勤政廉政约谈。

8月17日　参加全州反腐倡廉曲艺大赛，获三等奖。

8月20日　对全县2009年以来保障性安居工程进行督查检查，加强保障性住房监管，对比排查302户，入户调查98户。

9月17日　启动《瓮安纪检监察》杂志创办工作。

9月20日　县纪委监察局出台《关于建立委局机关各室及纪工委监察分局挂点联系乡

镇（街道）党风廉政建设工作制度的通知》《关于明确纪工委监察分局工作机制的通知》《关于印发纪工委监察分局相关工作制度的通知》。

9月27日　县编办下发成立瓮安县督促检查局，为瓮安县纪委监察局管理的正科级行政机构，受县委、县政府的委托，负责工作督查、目标管理和绩效考核等工作，于2014年6月5日调整至县委办公室管理。

9月29日　县督查局正式挂牌。

9月30日　成立4个纪工委监察分局，每个纪工委监察分局配备人员10~11名，设书记1名、副书记1名（兼任监察分局局长，正科长级），纪检组长6~7名、工勤人员2名。

11月15日　县委办、县政府办联合下发《瓮安县党政机关事业单位公务用车配备使用管理实施办法》。

12月6日　县委下发《关于进一步健全和完善领导干部谈心谈话制度的意见》。

是年　全县查处党员、干部违纪案件43件、43人，党纪处分31人、免予党纪处分1人、政纪处分11人。

2013年

1月4日　县委出台《关于改进工作作风密切联系群众的八项规定》。

1月15日　县纪委监察局召开解放思想“十破十立”暨“解放思想，助推跨越”大讨论活动动员会，并组织学习党的十八大报告，邀请党校教师为纪检监察干部职工解读十八大报告。

1月21日—2月28日　23名乡镇党委、街道党工委和单位、部门主要负责人在瓮安电视台、瓮安时讯、瓮安人民广播电台“一把手廉政访谈”电视专栏上接受访谈。

1月28日　县委出台《关于推进清廉瓮安建设的实施意见》。

2月5日　由县纪委、县检察院共同建设的瓮安县反腐倡廉警示教育基地开馆，县四家班子领导出席开馆仪式。

2月6日　“黔南州优良传统教育基地”（猴场会议会址）暨“黔南州作风教育基地”（“6·28”警示教育馆）挂牌。州委常委、州纪委书记魏明禄为基地挂牌。县委常委、县纪委书记王华，县委常委、县委组织部部长杨华祥，县纪委监察局机关干部参加挂牌仪式。

3月2日　召开县纪委十一届三次全会，研究纪检监察体制改革意见。全县52名党委（党组）书记采取书面报告和部分现场报告相结合的方式，将2012年来落实党风廉政建设责任制情况、重点工作完成情况、工作中的主要做法和取得的经验以及自身廉洁情况等向会议作汇报。

3月11日　县纪委下发《关于开展反腐倡廉警示教育活动的通知》，组织114家机关、企事业单位党员干部分66批到瓮安县反腐倡廉警示教育基地接受警示教育。

3月14日　县纪委监察局到高水乡召开群众大会，通报群众反映“高水乡2006年、2007年烟水工程项目补助费未全额兑现”问题的调查及处理情况，现场监督退还群众烟水池补助金74550元，涉及群众72人。

3月25—26日　召开洗马煤矿“1·17”意外事故第一、二次分析、结案工作会。

3月28日　下发《关于认真落实省委领导同志批示坚决整治国家工作人员上班时间打麻将问题的通知》，对国家工作人员上班时间打麻将问题进行严肃整治。

3月　出台《关于在全县开展治庸治懒治散治赌治奢活动进一步加强党员干部作风建设的意见》和《瓮安县治庸治懒治散治赌治奢实施方案》，在全县开展治庸、治懒、治散、治赌、治奢“五治”活动，着力解决影响事业发展、影响队伍形象和群众反映强烈的突出问题。

4月11日　出台《科级拟提拔人选个人财产公示制度》。

4月16日　召开全县纪检监察系统2013年第一季度工作推进会。

4月22—29日　组织全县42名纪检监察干部赴中央纪委监察部海南培训中心进行综合业务学习培训。

4月　对81个乡镇和部门一季度“三公”经费进行专项督查。

5月20日　举办瓮安县学习党的十八大精神和“铭记党章，践行宗旨”活动电视竞答赛。

5月24日　召开瓮安县纪委解放思想大讨论活动动员会。

5月28—29日　对全县乡镇（街道）公务用车配备及党政办公大楼建设、装修进行督查。

5月30日　下发《关于在全县纪检监察系统开展会员卡专项清退活动的通知》。

6月7—8日　县纪委组织代表队参加州“铭记党章，践行宗旨”活动电视竞答赛，获二等奖。

6月8—12日　县督查局督查黔南州2013年5亿元以上领导挂帮重点项目及5亿元以下领导班子挂帮重点项目进展情况。

6月9日　县督查局牵头组织相关部门对水利局2011—2013年水利改革发展重大决定贯彻落实情况进行监督检查。

6月10日　各乡镇（街道）、县直各部门对2013年工作承诺和工作亮点开展半年自查，并形成自查报告。县督查局随后跟踪督促。

6月13—14日　县督查局对贵瓮高速公路项目驻地建设及拌合站修建情况进行督查。

6月17—20日　对全县深入推进解放思想大讨论活动开展情况进行督促检查。

6月24日　组织各涉农单位参加全县涉农资金电子监管系统二次业务培训。

6月24—25日　县督查局督查全县涉及全州“5个20”工程项目推进情况，形成督查专报，提出意见和建议。

6月26日　县纪委监察局全体党员参加玉山镇2013年“七一”表彰大会暨城乡双向组织生活活动，并慰问困难党员。

6月27日—7月3日　县督查局对2013年十项重点工作6月份项目推进情况进行专项督查。

7月2—5日　县督查局督查各乡镇（街道）及县直部门2013年争资、固定资产投资项目建设完成情况。

7月9—17日　县督查局对各乡镇（街道）第二季度承诺工作完成情况进行督查考核。

7月10日　县委下发《关于切实加强纪检监察干部队伍建设的通知》，明确了20项加强纪检监察干部队伍建设措施。

7月17—24日　县督查局督查2013年十项重点工作7月份项目推进及质量兴县工作完成情况。

7月19日　县督查局下发《关于2013年目标管理考核工作第二季度督查考核结果的通报》，对工作完成情况和存在问题进行通报，并提出下一步工作建议。

7月24日　参与县政府关于金银花、土地流转资金兑现讨论会。

7月25—26日　会同政法委、信访局对各乡镇（街道）涉军群体开展维护稳定工作。

7月25—30日　组织全县纪委监察局机关干部职工赴浙江大学继续教育学院学习纪检监察干部业务知识。

7月29日　县委召开全县深入推进解放思想大讨论活动总结表彰大会。县纪委获先进单位荣誉称号。

7月　下发《关于在城镇建设和重大项目建设工作中对单位部门和干部职工不履职等行为实行责任追究的规定（试行）》。

8月22日　召开全县纪检半年工作暨建设"清廉瓮安"工作推进会。

8月26日　召开全县高、初中校长廉政约谈会，对全县25所中学校长进行廉政约谈，及时打"预防针"。

9月10日　县纪检监察系统干部职工开展反腐倡廉警示教育"三个一"（读一本警示教育读本、看一部警示教育片、写一篇心得体会）活动。

9月25—26日　县纪委会同财政、审计等相关部门对全县2010—2012年财政专项扶贫（发展）资金自查自纠工作开展情况进行督查。

10月1—7日　组建2个督查组对国庆期间公车私用和公款吃喝问题进行了明察暗访，对发现的违规违纪问题进行了查处和通报。

10月10日　县纪委到雍阳街道河滨社区、平定营镇、实验小学、瓮福黄磷有限公司督促指导廉政文化"六进六增"示范点创建工作。

10月29—31日　对"四风"问题先查先改做好党的群众路线教育实践活动准备工作情况进行专项督查。

11月4—8日　县纪委会同督查局对县政府部门公职人员"占编制、不上班、吃空饷"和党务政务服务中心规范化运行情况、十项重点工作10月份项目推进情况进行专项检查。

11月15日　对6起违反"八项规定"典型问题进行了通报。

11月　县纪委监察局在县内企业设立27个经济发展环境监测点、11个监察点、聘请6名监督员，切实为企业解难题、办实事。

12月11日　县纪委转发黔南州纪委《关于严禁冬至、元旦、春节期间公款吃狗肉（羊肉）、杀年猪、吃疱汤和购买烟花炮竹、贺年卡、明信片、年历等年货节礼的通知》，要求严肃纪律，遵照执行。

是日　县纪委下发《关于开展"一把手公开述廉"活动的通知》，组织78名单位一把手通过电视录播向全县人民公开述廉。

12月27日　下发《关于进一步严明纪律强化管理的通知》，采取上班签到制、去向登记制、人事借用（借调）公函备案制、扣罚年终奖、通报批评、扣减编制等措施，重拳打击执行工作纪律不严、擅自借用借调工作人员和吃空饷等现象。

是年　县纪委牵头成立瓮安县公务用车专项治理办公室，开展2011年5月至2013年8月期间全县党政机关违规公务用车专项清理专项整治，规范了公务用车。

▲　全县查处党员、干部违纪案件48件、48人，党纪处分32人、政纪处分18人。

2014年

1月6日　县纪委监察局对各监管部门工作作风进行明察暗访。

1月8日　县督查局对2013年十项重点工作进行专项考核。

1月10—20日　全县组织开展2013年度基层站所、村（居）两委面向监管服务对象述职述廉及民主评议工作。

1月13日　县督查局对2013年度中央、省、州下达项目建设资金及实施落实情况进行考核检查。

1月17日　县委办公室、县人民政府办公室下发《关于进一步开展党政机关办公用房清理工作的紧急通知》。

1月19日　县委办公室、县人民政府办公室下发《关于严控公务接待严禁公款吃喝的通知》。

1月22日　县纪委监察局下发《关于进一步加强春节期间公车管理的通知》。

1月24日　县委办公室、县人民政府办公室下发《关于印发〈瓮安县开展集中打击赌博违法犯罪活动专项行动方案〉的通知》。

1月27日　县委组织县四家班子领导干部开展“反对四风·清廉过节”廉政承诺活动。

2月10日　县委出台《关于印发〈中共瓮安县委常委会深入开展党的群众路线教育实践活动实施方案〉的通知》。

2月11日　中央电视台综合频道《新闻联播》栏目播出瓮安新闻《贵州瓮安——以心换心破“坚冰”》，播放县纪委查处县烟草公司四名公职人员违反工作纪律的情况。

3月3日　召开县纪委十一届四次全会，县委常委会和34名县级领导干部向县纪委全会述职述廉并接受民主评议。

3月9日　县纪委与县委组织部、县人力资源和社会保障局联合下发《瓮安县国家工作人员行为规范》，明确全县国家工作人员必须带头做到“八带头、八不准”。

3月15日　县委办公室、县人民政府办公室下发《关于进一步精简会议和文件的规定》。

3月20日　县纪委监察局下发《关于进一步规范群众操办酒席的通知》，针对群众巧立名目办酒敛财等不良风气再次悄然兴起提出规范指导意见。

是日　县委下发《关于进一步选好配强纪检监察干部的通知》，明确乡镇和街道办事处纪委（纪工委）设置专职纪委（纪工委）副书记和监察室主任各1名（不得兼任其他职务），派驻部门纪检组各设置监察室主任1名。

3月21日　县纪委监察局下发《关于设立瓮安县民生项目监督特派组的实施方案》。

把除银盏镇与瓮安经济开发区合并单独设立纪工委外的12个乡镇和街道办事处分片区设立4个民生项目监督特派组，与县纪委监察局派驻第一、二、三、四纪工委监察分局合署办公。明确职责和管理方式。

3月24日—6月30日　县纪委监察局组织五个民生项目监督特派组对全县2010~2013年度农村危房改造资金进行专项检查，发现违法线索1条、违纪线索13条，发现监管、执行有关管理制度和资料归档等问题22个。

3月29日　县纪委监察局印发《关于加大政务公开建立瓮安县阳光政务平台的实施方案》《关于进一步选好配强纪检监察干部的通知》《关于进一步规范群众操办酒席工作的通知》《关于设立瓮安县民生项目监督特派组的实施方案》。

4月3日　县委办公室、县人民政府办公室下发《关于印发〈关于设立瓮安县民生项目监督选派组的实施方案〉的通知》。

4月14日　县纪委监察局组织全县58名纪检监察干部赴浙江大学培训中心学习培训。

4月25日　举办“瓮安县党纪党规党法知识竞赛”。8个单位分获一、二、三等奖，5个单位获组织奖。

4月26日　举办“瓮安县党纪党规党法专题讲座”。邀请省纪委研法室主任吴寿文为讲座授课，全县400余名科级干部参加讲座。

5月5日　县纪委监察局下发《瓮安县集中整治“走读风、赌博风、衙门风、庸懒风、滥办酒席风、优亲厚友风”实施方案》，开展为期1个月的专项整治活动。

5月16日　召开全县纪检监察系统“三转”（转职能、转方式、转作风）工作会，全县100余名纪检监察干部参加会议。

5月21日　开展廉政党课教育。80余名村（社区）主任听取县纪委常委、宣教室主任赵启安授课。

5月30日　县纪委监察局下发《案件公开审理的实施意见（试行）》。

6月18日　在全县各乡镇（街道）安装23台阳光政务平台一体查询机，方便群众查询并监督。

是日　县纪委监察局下发《关于严明乡镇（街道）工作纪律的通知》。进一步严明上下班、住夜、节假日值班、公车管理等纪律。

6月24日　县纪委监察局制发《关于严禁党员干部和国家公职人员违规大操大办酒席借机敛财补充规定的通知》《奖励实名举报有功人员暂行办法》。

6月30日　县委出台《关于严格落实党风廉政建设党委主体责任和纪委监督责任的实施意见（试行）》。《意见》明确党委主体责任9项、纪委监督责任5项。

7月3日　县委出台《关于印发〈瓮安县贯彻落实建立健全惩治腐败和预防腐败体系2013—2017年工作规划〉2014年工作计划的通知》。

7月8日　县纪委监察局组织县工商局、县卫生局、县公安局等17家单位对县城内会所、茶室、俱乐部、会员卡发放等消费场所进行专项整治。

7月10日　通报县纪委监察局牵头或参与议事协调机构清理调整情况。经县纪委监察局研究并报经县委、县政府同意，县纪委监察局牵头或参与的议事协调机构从122个调整至19个。

7月30日　县纪委监察局下发《关于严肃整治升学期间违规操办升学宴及公车私用等不正之风的通知》。

8月4日　县委、县政府出台《关于深入实施“5531”工程扎实推进治理体系和治理能力现代化的实施意见》。

是日　召开纪检监察半年工作推进会。

8月30日　县纪委监察局下发《关于建立健全作风监督检查常态化机制的通知》。

是日　县纪委监察局下发《瓮安县一案双查制度》。

8月—9月15日　各民生项目监督特派组检查村级集体经济组织收款收据使用情况，同时检查收费情况。

9月1日　聘任229名党风政风义务监督员。

9月4日　成立瓮安县纪委监察局纪律体制改革领导小组。

是日　制定《瓮安县村（居、社区）干部违反廉洁履行职责若干规定责任追究办法（试行）》。

9月5日　县纪委监察局与县委组织部、县人力资源和社会保障局联合下发《开展领导干部、科级干部拟提拔人选报告个人有关事项抽查核实工作的实施办法（试行）》。随即成立瓮安县领导干部报告个人有关事项抽查核实工作联席会议领导小组，开展抽查核实工作。

9月17日　县纪委监察局下发《瓮安县机关单位工作作风和效能行为问责办法（试行）》。

9月20日　县纪委监察局聘任农村基层党风政风义务监督员229名，每届聘期两年。

9月23日　县委常委、纪委书记王华对全县13个乡镇（街道）26名党政主要负责人就党委主体责任、纪委监督责任“两个责任”的落实进行约谈。

9月24日　县委、县政府出台《关于瓮安县人民政府职能转变和机构改革的实施意见》。

9月　县政府公布《瓮安县村（居）权利清单》。

10月12日　县纪委监察局下发《瓮安县纪检监察机关问题线索监督管理规定》。

10月18日　召开全县家电下乡补贴资金管理使用情况专项检查阳光行动动员会，启动家电下乡补贴资金专项监察。

10月31日　县纪委监察局下发《瓮安县纪检监察机关信访举报工作责任追究办法（试行）》。

11月14日　召开“瓮安纪检监察文艺奖”颁奖暨座谈会。

11月19日　州纪委副书记、州监察局局长邱世栋到瓮安调研，并听取纪检监察工作专题汇报。

11月20日　州委常委、州纪委书记魏明禄一行领导对瓮安“三转”“两个责任”和“一案双查”工作进行调研。

11月25日　县委办公室、县政府办公室下发《关于印发〈瓮安县作风效能建设动态监测评估实施方案〉的通知》。

11月29日　县编委下发文件调整县纪委监察局内设机构。整合5个内设机构。调整后，县纪委监察局内设机构为10个，即：办公室、干部室、宣传教育室、党风政风监督室（县政府纠正行业不正之风办公室）、信访室、案件监督管理室、第一纪检监察室至第三纪检监察室、案件审理室（案件申诉复查复议办公室）。

12月10日　县委办公室下发《关于转发省委办公厅关于修订〈党员干部政治纪律“十严禁”〉和〈党员干部作风“十不准”〉的通知》。

12月12日　县纪委监察局印发《瓮安县纪检监察系统工作规范》。

12月23日　县纪委组织11个检查组对全县各乡镇（街道）、县直各部门落实“两个责任”进行全面检查。

是年　全县查处违纪案件53件、57人，给予党纪处分31人、免予党纪处分1人，政纪处分19人，免予政纪处分6人。

2015年

1月6日　县委下发《瓮安县党风廉政建设第一责任人述责暂行办法（试行）》。

1月12日—3月27日　全县开展“作风建设重点整治八类突出问题专项行动”，整治收送红包、公款购买和收送购物卡、违反规定公款吃喝、公款送礼、公车私用、违规发放津补贴和奢侈浪费、多占住房、交友不慎八类问题。

1月20日　县委办公室、县政府办公室下发《关于贯彻落实厉行节约反对浪费的实施意见》。

1月26日　县委作出《关于进一步加强县委常委会自身建设的意见》。

是日　州纪委副书记、州监察局局长邱世栋率检查组对瓮安县纪委落实“五项重点”、落实中央“八项规定”精神、信访工作、案件查办、民生项目检查、财政资金运行工作以及民生项目监督工作完成情况进行检查。

1月　全县62个部门、乡镇（街道）8774人向所在单位党组织作出廉洁自律承诺。

2月4日　县委下发《关于落实“三重一大”事项集体决策制度的通知》。

2月16日　召开县纪委十一届五次全会。全会听取和讨论州委常委、副州长、县委书记蒋映生的讲话及县委常委、纪委书记王华作《坚持政治定力，从严依规治党，深入推进党风廉政建设和反腐败斗争》的工作报告。

3月28日　县委下发《关于在全县党政机关实行监督巡查的暂行办法》。

4月3日　县纪委组织在中纪委监察部海南培训中心举办2015年贵州省瓮安县领导干部“两个责任”专题培训班。县四家班子分管领导、贵州瓮安经济开发区、县直各有关部门负责人、各乡镇党委（街道）党委书记（党工委书记）、纪检监察干部61人参加培训。

4月7—14日　对13个乡镇（街道）、56个部门落实贯彻中央八项规定、省委十项、州委九项规定和县委八项规定贯彻落实情况进行实地督促检查。

4月12—30日　省委第二巡视组对瓮安开展巡视。

4月15—30日　各民生特派组对全县2013—2015年度农村饮水安全项目进行专项监察。专项监察涉及投资964.77万元的27个饮水安全工程项目。

5月14日　县委常委、县纪委书记王华为全县纪检监察系统干部上“三严三实”专题党课，启动“三严三实”专题教育活动。

5月19日—9月　开展津补贴专项清理工作。清理出无依据、超标准、自制政策发放的经费500余万元。

5月20日　完成对全县普通高中生和中等职业学校2013—2014年度国家资助金使用情况专项巡查，涉及金额3517.28万元、学生5591名。

5月29日　县纪委举办党规知识讲座。

6月1日　县委县政府下发《瓮安县党员干部违反殡葬管理规定处理暂行办法（试行）》。

6月10日—8月1日　对2013年度、2014年度全县城乡低保资金发放情况开展专项监察。

6月23日　召开全县2015年纪检监察半年工作总结推进会，启动城乡低保监察工作。

6月25日　县纪委监察局举办庆祝建党94周年暨“建设清廉瓮安·和谐幸福平安”廉政文艺汇演活动。全县33个单位、40支代表队、308余名干部职工观看了演出。

6月26日　县纪委监察局组织《瓮安县纪检监察志》编纂人员赴山东省利津县学习纪检监察志编纂工作的做法和经验。

7月17日　省委第二巡视组反馈巡视情况。

7月24日　县委办印发《〈省委巡视组关于向瓮安县委反馈巡视情况的意见〉责任分解方案》。

8月21日　县委县政府召开“两个责任落实与干部正风监督网络平台”启动会。

8月25日　州纪委在瓮安县召开全州纪检监察机关党政纪案件公开审理现场会。

8月26日　县委办下发《省委巡视组关于向瓮安县委反馈巡视情况整改落实方案》。

8月28日　州纪委在瓮安召开民生项目监督工作现场会。

9月12日　县委办公室、县政府办公室下发《关于重申规范津贴补贴工作纪律的通知》。

9月15日　县纪委、县委组织部组织开展全县科级干部个人事项报告抽查工作。

9月15—20日　县纪委组织开展党风廉政大约谈工作。

9月24日　县纪委对县委政法委、县文化和旅游局违反规定发放津补贴行为进行全县通报批评，责令单位相关负责人、会计、纪检组负责人向县纪委作书面深刻检讨，并由县专项清理领导小组对上述5名同志进行廉政约谈。

9月30日　县委办公室、县政府办公室下发《关于切实规范职工食堂管理的通知》。

10月15日　启动全县2013—2014年农机补贴政策实施情况专项监察工作。

10月15—28日　县纪委抽调103人，分13个组，对全县13个乡镇（街道）2013—2014年农机补贴资金政策实施情况进行检查。2013—2014年，瓮安县共争取中央农机购置补贴资金1014.85万元，两年共实施完成补贴资金总计1386.79万元，共补贴农户5175人，补贴农机具5997台套。

11月10日　省纪委常委向昀带领省纪委第四纪检监察室主任舒代贤等一行3人到瓮安调研党风廉政建设工作，对“两个责任”与干部正风监督网络平台给予充分肯定，州委常委、州纪委书记魏明禄陪同调研，州委常委、县委书记张文强参加调研。

11 月 25 日　“瓮安县反腐倡廉警示教育基地”正式开馆，全县 40 余名在职副县级及以上领导干部参加开馆仪式。反腐倡廉警示教育基地位于县委党校一楼，总投资 150 余万元，以“扬正气、反贪腐、倡勤廉”为主题，大量采用全电子演示、多媒体播放等现代科技技术，多角度、全方位展现一个数字化、鲜活的教育平台。

11 月 26 日　州纪委宣传部部长张冬玲一行 3 人对瓮安一小、瓮安县河滨社区、瓮安县平定营镇营定街村 3 个“省级廉政文化示范点”进行实地调研。张冬玲部长对全县 3 个“省级廉政文化示范点”给予肯定，指出：廉政文化建设是长期艰巨的系统工程，需要各示范单位在前期工作上再加码、再升级，进一步发挥示范优势的示范带动，最终形成全社会共同倡廉、崇廉氛围。

12 月 1 日　县监察局开始对 2012—2014 年度全县微型企业扶持对象和资金进行专项检查。

12 月 10 日　省纪委监察厅调研法规室主任吴寿文一行就县利用互联网+搭建信息网络平台精准落实“两个责任”工作进行专题调研，州纪委副书记犹永芬等陪同调研，部分乡镇党委书记、街道党工委书记、纪工委、纪工委书记，部门纪检组长参加座谈会。

12 月 15—18 日　县纪委在县委党校举办全县纪检监察干部学习贯彻《中国共产党廉洁自律准则》《中国共产党纪律处分条例》两部法规专题培训班、专题研讨班，全县 137 名纪检监察干部参加培训。

12 月 17 日　县纪委监察局决定在全县 99 个村（居、社区）党总支部各设置一名村级专职纪检员，并明确为村（居、社区）民生监督员。

是年　“两个责任”平台共上报落实责任目标 5939 条，各级纪检干部共上报日常工作纪实 6262 条，各级领导共开展党风廉政约谈 1075 条，百姓“随手拍”举报 27 条。

▲　出台《瓮安县进一步做好纪检监察信访举报工作的意见》《关于对案件报送实行规范化管理的通知》《关于进一步加强和规范办案工作的意见》等，规范信访举报工作，加强案件监督管理。

▲　全县违纪违法案件立案审结 96 件、116 人，给予党纪处分 64 人、免予党纪处分 3 人，政纪处分 48 人，免于政纪处分 1 人。

2016 年

1 月 8—9 日　州委书记龙长春率领黔南州全面从严治党目标任务考核组到瓮安考核党建工作，州委常委、县委书记张文强，县委常委、纪委书记王华，县委常委、宣传部部长曾薇，县委常委、组织部部长屈芳参加汇报会。

1 月 12 日　县委常委、县纪委书记王华就落实党委主体责任同 13 个乡镇（街道）党委（党工委）书记进行集体约谈，传导压力和责任，指导并督促“两个责任”的落实。

1 月 13 日　召开纪检监察约谈会，全县 13 个乡镇（街道）纪委（纪工委）书记参加约谈。会上，各纪委（纪工委）书记汇报 2015 年以来开展党风廉政建设工作情况，总结工作中存在的问题与不足，并对 2016 年工作提出意见和建议。

1 月 15—17 日　县委成立 14 个检查组，由县委常委带队对全县 79 个单位党风廉政建设“两个责任”落实情况进行考核。

1月21日　召开城乡居民社会养老保险基金管理情况专项监察启动会，启动全县2011—2015年城乡居民社会养老保险基金管理情况专项监察工作，组织调查人员参加各种培训25次，入户调查284646人，发现问题805人，涉及资金19.8万元。

1月23日　县纪委监察局全体干部职工专题学习十一届省纪委五次全体会议精神。会议指出，全县纪检干部要迅速行动起来，把深入传达学习十八届中纪委六次全会精神，特别是习近平总书记在中央纪委全会上的重要讲话和王岐山所作的工作报告与省纪委五次全会精神有机结合起来，持之以恒抓好全县党风廉政建设和反腐败斗争，确保中央、省、州各项部署和要求不折不扣落到实处。

1—7月　全县开展学习《党章》《条例》《准则》和习近平系列重要讲话暨“双学双比”系列活动。

2月15日　县委印发《瓮安县县管干部任前党纪党规考试工作实施意见（试行）》。

2月　县委常委会和县人大常委会等5个党组、32名县级领导和69名“一把手”向十一届县纪委五次全会述责述廉述德并接受评议。同时，连续3年在瓮安电视台、瓮安周讯、瓮安人民广播电台开办“一把手”“公开述责述廉述德”专栏，65名“一把手”公开述责述廉述德，接受社会监督。

3月1日　召开中共瓮安县第十一届纪律检查委员会第六次全体会议。会议回顾总结全县2015年党风廉政建设和反腐败工作，安排部署2016年工作。

3月28日　全县140名纪检干部接受“两学一做”集中封闭考试。

4月7日　县纪委监察局组队参加“全州纪检监察系统‘两学一做’电视竞答演讲大赛”，荣获全州第一名。

是日　在县反腐倡廉警示教育基地开展“廉洁的你　幸福的家”家庭助廉活动。全县60余名“一把手”亲属参加活动。

4月10—23日　县纪委分别在扬州市委党校和上海同济大学举办2期瓮安县纪检监察干部“监督责任”专题培训班。参加培训的121名纪检监察干部重点对党风廉政建设、信访工作、案件查办、党章党规、党性修养、社交礼仪等与纪检监察机关息息相关的业务知识进行集中“充电”。

4月28日—6月10日　县监察局对信贷扶贫资金管理和使用情况开展专项监察工作。

4月29日—9月31日　县监察局对农村饮水安全项目资金开展专项监察工作。

5月10日　县纪委监察局举办首期村级纪检员（民生监督员）培训班。全县118名村级纪检员、乡镇（街道）纪委（纪工委）副书记、监察室主任在县委党校接受为期2天的集中封闭培训。

5月10日—8月31日　县监察局对2013—2015年全县财政性扶贫（发展）项目（优质蔬菜类）资金发展进行专项监察。

6月27日　县纪委监察局举办全县“学《党章》《条例》《准则》和习近平系列重要讲话系列活动”演讲比赛。

6月30日　县纪委副书记罗亚被省委评为优秀党务工作者。

7月6日　县纪委监察局制发《瓮安县民生案件一周查结工作制度》。

是日　县纪委监察局召开全县民生监督工作推进会。县委副书记钟旻，县委常委、纪委书记王华到会作讲话。会议强调：一要提高认识、找准定位，树立大局意识，服务脱贫攻坚，坚持“干部要干”，增强履责担当；二要正视症结，改进工作方法；三要贯彻落实“四要五严谨”行为规范，发挥民生监督员作用；四要注重宣传、提高群众知晓率；五要用好乡镇教育谈话室，加大问责力度和案件查办审结力度；六要全面整合力量，发挥反腐败协调小组作用。

7月21—23日　全县开展国家公职人员申报其配偶及其直系亲属和两代以内旁系亲属享受非普惠制惠民政策工作。

7—8月　对全县各单位、各乡镇（街道）以及社区服务中心干部作风开展暗访督查。

8月15日—9月30日　县监察局对公益林生态效益补偿资金开展专项监察。

9月21日—11月30日　县监察局对新型农村合作医疗审核情况开展专项监察。

9月23日　命名县烟草局等9个单位为瓮安县廉政文化“六进六增”示范点。

10月13日　陈刚任县委常委，县纪委委员、常委、书记。

10月24—26日　开展“四风”问题专项督查。

10月25日　广西壮族自治区河池市环江县纪委一行4人到县警示教育基地参观学习。

10月25—27日　中国共产党瓮安县第十二次代表大会选举产生十二届县纪委委员23名。县纪委十二届一次全会选举常委7名，选举书记1名、副书记2名。书记陈刚。

11月5—30日　县监察局对民贸民品企业贷款贴息对象和资金开展专项监察。

11月7日　对国庆期间发现的10起公车私用、23起违反公车报备使用制度处理情况进行通报。

11月17日　州委常委、州纪委书记杨光杰到瓮安调研纪检监察工作，张文强、曾薇、陈刚等县领导陪同调研。

12月1日　县纪委监察局制发《瓮安县纪检监察干部监督工作制度》。

12月2日　河南省淮阳县纪委一行6人到瓮安学习“两个责任”信息网络平台工作。

12月15—25日　县监察局对农村公益性公墓建设及管理开展专项监察。

12月21日　全县开展“访村寨、重监督、助攻坚”专项行动。

12月23日　县纪委监察局举办“党风廉政建设主体责任暨增强廉洁自律意识，提高拒腐防变能力”专题讲座。全县副科级及以上领导干部500余人听了讲座。

是年　全县各单位上报“两个责任”与干部正风监督网络平台责任目标1.12万条，上报日常工作纪实4605条，周检查524次，上报问题线索257条，群众举报13条，群众“随手拍”下载340次。

▲　制定纪检监察系统《瓮安县乡镇（街道）纪委（纪工委）书记、副书记、监察室主任提名考察办法（试行）》《瓮安县派驻纪检组长、监察室主任提名考察办法（试行）》两个提名考察办法。同时，成立4个片区纪工委、教育纪工委、县委主体办、县委巡察办，在村（居、社区）配备99名村级纪检员（民生监督员），建立13个教育谈话室。

▲　全县违纪违法案件立案审结153件、169人，给予党纪处分128人、政纪处分38人，免于党纪处分3人。

第一章
组织机构

中共瓮安县纪律检查委员会，是中国共产党的地方纪律检查机关。其主要任务：维护党的章程和其他党内法规，检查党的路线、方针、政策和决议的执行情况，协助党的委员会加强党风廉政建设和组织协调反腐败工作。领导班子成员由县纪委书记、副书记、常委组成。

1951年，设立瓮安县委纪律检查委员会。1955年撤销瓮安县委纪律检查委员会，成立瓮安县委监察委员会。1966年5月开始至1967年3月，党的建设遭到全面破坏，瓮安县委工作机构陷于瘫痪状态。1976年10月，粉碎“四人帮”，结束“文化大革命”。1978年10月，恢复瓮安县委纪律检查委员会机构。1979年10月，组建中共瓮安县委纪律检查委员会。1984年2月，升格为中共瓮安县纪律检查委员会，县纪委成为县的领导机构之一。1987年11月，组建瓮安县监察局。1993年6月，县纪委与县监察局合署办公，行使纪律检查和行政监察两项职能。其行政监察的任务是：对本级人民政府各部门及其国家公务员、本级人民政府各部门任命的其他人员、下级人民政府及其领导人员实施监察。

第一节　县纪检监察机构

瓮安县纪委与县监察局合署办公，一个工作机构，两个机关名称，分别记述其机构沿革及人员任职情况。

一、中共瓮安县纪律检查委员会

○瓮安县委纪律检查委员会（1951—1955.7）

1951年，设立县委纪律检查委员会，当时缺书记。1953年，由县长卢雪圃兼任书记，组织部部长张健民兼任副书记。1954年11月，经中共贵定地委批准，由组织部部长胡俊经兼任书记。1955 年 7 月，设专职书记。

书　　记：卢雪圃（1953—1954. 11，兼）
　　　　　胡俊经（1954. 11—1955. 7，兼）
　　　　　丁富金（1955. 7—1956. 5）
副 书 记：张健民（女，1953—1954. 8，兼）

○瓮安县委监察委员会（1955. 11—1967. 3）

1955 年 11 月，撤销县委纪律检查委员会，成立县委监察委员会。1956 年 5 月，经中共瓮安县委第一届全体委员会选举，书记由县委副书记兼任。

书　　记：秦鸣皋（1956. 5—1958. 8，兼）
　　　　　胡俊经（1963. 7—1966. 4，兼）
副 书 记：刘开金（1956. 8—1957. 6）
　　　　　张昇江（1957. 7—1958. 9）
　　　　　刘开金（1958. 9—1959. 3），主持工作
　　　　　武学文（1959. 3—1961. 8），主持工作
　　　　　曹传才（1960. 2—1961. 12）
　　　　　宁纯武（1962. 1—1967. 3，1963 年 7 月前主持工作）

“文化大革命”结束后，1978 年 10 月恢复县委纪委机构，由李家祥代理副书记主持工作，直至 1979 年 10 月。

○中共瓮安县委第三届纪律检查委员会（1979. 10—1981. 6）

1979 年 10 月，经中共瓮安县委第三届全体委员会选举产生中共瓮安县委第三届纪律检查委员会委员 8 名（按州委组织部批复为序）：张昇江、李家祥、郑之源、郤文治、兰才高、张毓真、赵正培、张兴群。届中增补金秉福、刘仕刚、王大志（为委员）、陆安银（为委员、副书记）。

书　　记：张昇江（1979. 10—1981. 6）
副 书 记：李家祥（1979. 10—1981. 6）
　　　　　陆安银（1981. 2—1981. 6）

○中共瓮安县委第四届纪律检查委员会（1981. 6—1985. 5）

1981 年 6 月 29 日，经中共瓮安县第四次代表大会选举产生中共瓮安县委第四届纪律检查委员会委员 8 名（按姓氏笔划为序）：王大志、兰才高、刘仕刚、郑之源、陆安银、李家祥、张昇江、金秉福。届中增补宋锡爱、罗真明（为委员），文淑云（为委员、副书记）。1984 年 2 月升格为中共瓮安县纪律检查委员会，设常务委员会。任命陆安银、文淑云、宋锡爱、罗真明（为常委），增补罗兴炎（为委员、常委），雷诗亮（为委员、常委、书记）。

常务委员：雷诗亮（1984. 3—1985. 5）
　　　　　陆安银（1984. 2—1985. 5）
　　　　　文淑云（1984. 2—1984. 12）
　　　　　宋锡爱（1984. 2—1985. 5）
　　　　　罗真明（1984. 2—1985. 5）

罗兴炎（1984. 2—1985. 5）

书　　记：张昇江（1981. 6—1984. 2）

雷诗亮（1984. 3—1985. 5）

副 书 记：李家祥（1981. 6—1984. 2）

陆安银（1981. 6—1985. 5）

文淑云（1983. 7—1984. 12）

○中共瓮安县第五届纪律检查委员会（1985. 5—1988. 7）

1985 年 5 月 21 日，经中共瓮安县第五次代表大会选举产生中共瓮安县第五届纪律检查委员会委员 15 名（按姓氏笔划为序）：包孔泽、张玉林、张毓真、陆安银、宋锡爱、郑之源、罗兴炎、罗真明、罗登国（苗族）、周启义、夏德伦、梁素琴（女）、董德宽、雷志烈（苗族）、雷诗亮。县纪委第五届一次全会选举产生常务委员 7 名；选举产生书记 1 名、副书记 2 名。届中增补王洪飞（为委员、常委、书记）、雷兆发（苗族，为委员、常委、副书记）、张毓真（为常委）、聂启文（为委员、常委）。

书记更迭一次，增补 1 人；副书记更迭一次，增补 1 人；常委更迭两次，增补 2 人。

常务委员（按州委批复为序）：

雷诗亮（1985. 5—1987. 5）

陆安银（1985. 5—1988. 7）

雷志烈（1985. 5—1986. 12）

罗兴炎（1985. 5—1988. 7）

董德宽（1985. 5—1988. 7）

宋锡爱（1985. 5—1988. 4）

罗真明（1985. 5—1987. 8）

王洪飞（1987. 5—1987. 10）

雷兆发（1987. 10—1988. 7）

张毓真（1987. 11—1988. 7）

聂启文（1988. 3—1988. 7）

书　　记：雷诗亮（1985. 5—1987. 5）

王洪飞（1987. 5—1987. 10）

副 书 记：陆安银（1985. 5—1988. 7）

雷志烈（1985. 5—1986. 12）

雷兆发（1987. 10—1988. 7），主持工作

○中共瓮安县第六届纪律检查委员会（1988. 7—1991. 6）

1988 年 7 月 15 日，经中共瓮安县第六次代表大会选举产生中共瓮安县第六届纪律检查委员会委员 15 名（按姓氏笔划为序）：王儒德、刘仕刚、刘仕林、朱明先、张玉林、张毓真、陆安银、李辅珍（女）、郑之源、罗登国（苗族）、周启义、聂启文、夏德伦、董德宽、雷兆发（苗族）。县纪委第六届一次全委会议选举产生常务委员 5 名；选举产生书记 1 名、副书记 2 名。届中增补黄政武（为委员、常委）。

常委更迭一次，增补 1 人。

常务委员（按州委批复为序）：

陆安银（1988.7—1991.6）
张毓真（1988.7—1991.6）
聂启文（1988.7—1991.4）
董德宽（1988.7—1991.6）
雷兆发（1988.7—1991.6）
黄政武（1991.4—1991.6）

书　　记：雷兆发（1988.7—1991.6）

副 书 记：陆安银（1988.7—1991.6）
张毓真（1988.7—1991.6）

○中共瓮安县第七届纪律检查委员会（1991.6—1996.10）

1991年6月29日，经中共瓮安县第七次代表大会选举产生中共瓮安县第七届纪律检查委员会委员15名（按姓氏笔划为序）：王元学、王儒德、刘仕刚、刘仕林、朱臣光、陆安银、李报忠、李辅珍（女）、周启义、罗登国、胡先明、夏德伦、黄政武、董德宽、雷兆发（苗族）。县纪委第七届一次全会选举产生常务委员6名；选举产生书记1名，副书记2名。届中增补刘仕刚（为常委、书记）、杨安军（为委员、常委、副书记）、李仕华、肖天祥（为委员、常委）。

书记更迭一次，增补1人；副书记更迭一次，增补1人；常委更迭两次，增补2人。

常务委员（按州委批复为序）：

王儒德（1991.6—1996.7）
陆安银（1991.6—1996.10）
夏德伦（1991.6—1996.10）
董德宽（1991.6—1996.10）
黄政武（1991.6—1996.6）
雷兆发（1991.6—1993.4）
刘仕刚（1993.6—1996.10）
李仕华（1993.6—1995.12）
肖天祥（1996.6—1996.10）
杨安军（1996.7—1996.10）

书　　记：雷兆发（1991.6—1993.4）
刘仕刚（1993.6—1996.10）

副 书 记：陆安银（1991.6—1996.10）
王儒德（1991.6—1996.7）
杨安军（1996.7—1996.10）

○中共瓮安县第八届纪律检查委员会（1996.10—2001.6）

1996年10月24日，经中共瓮安县第八次代表大会选举产生中共瓮安县第八届纪律检查委员会委员15名（按州委批复为序）：刘仕刚、杨安军、邓国江、段仕杯、高昌国、罗登国、余家治、罗惠蓉（女）、肖天祥、夏德伦、梁大丽（女）、王春泉、张兴贵、董德宽、黄廷忠。县纪委第八届一次全会选举产生常务委员7名；选举产生书记1名、副书记1名。届中增补兰昌福（为委员、常委、书记）、周学林（为委员、常委、副书记）、段仕杯（为副书记）。

书记更迭一次，增补1人；副书记更迭两次，增补2人。

常务委员（以州委批复为序）：

刘仕刚（1996. 10—1997. 9）
杨安军（1996. 10—1998. 5）
董德宽（1996. 10—1997. 6）
段仕杯（1996. 10—2001. 6）
肖天祥（1996. 10—2001. 6）
夏德伦（1996. 10—2001. 6）
王春泉（1996. 10—1999. 12）
兰昌福（1998. 5—2001. 6）
周学林（1998. 5—2001. 2）

书　　记：刘仕刚（1996. 10—1997. 9）
兰昌福（1998. 5—2001. 6）

副 书 记：杨安军（1996. 10—1998. 5）
周学林（1998. 5—2001. 2）
段仕杯（2000. 6—2001. 6）

○中共瓮安县第九届纪律检查委员会（2001. 6—2006. 10）

2001年6月17日，经中共瓮安县第九次代表大会选举产生中共瓮安县第九届纪律检查委员会委员15名（按得票多少为序）：兰昌福、王小谦、罗亚（女，仡佬族）、刘蓉（女）、王登华、王群兴、段仕杯、肖天祥、张兴贵、黄先菊（女）、黄廷忠、高昌国、夏德伦、商玉章（女）、王泽宽。县纪委第九届一次全会选举产生常务委员7名；选举产生书记1名、副书记2名。届中增补孙志清（满族，为委员、常委、书记）、肖天祥（为副书记）、吴应忠（为委员、常委、副书记）、罗亚（女、仡佬族，为常委）、吴定能（为委员、常委）。

书记更迭一次，增补1人；副书记更迭两次，增补2人；常委更迭一次，增补2人。

常务委员（按州委批复为序）：

兰昌福（2001. 6—2002. 7）
王登华（2001. 6—2003. 5）
段仕杯（2001. 6—2001. 12）
肖天祥（2001. 6—2006. 9）
夏德伦（2001. 6—2006. 1）
张兴贵（2001. 6—2006. 10）
黄廷忠（2001. 6—2006. 10）
孙志清（2002. 7—2006. 10）
罗　亚（2004. 3—2006. 10）

吴定能（2004.3—2006.10）
吴应忠（2006.7—2006.10）
书　　记：兰昌福（2001.6—2002.7）
孙志清（2002.7—2006.10）
副 书 记：王登华（2001.6—2003.5）
段仕杯（2001.6—2001.12）
肖天祥（2002.3—2006.9）
吴应忠（2006.7—2006.10）

○中共瓮安县第十届纪律检查委员会（2006.10—2011.10）

2006年10月22日，经中共瓮安县第十次代表大会选举产生中共瓮安县第十届纪律检查委员会委员23名（按州委批复为序）：孙志清（满族）、商玉章（女）、罗晓璐（女）、吴应忠、罗亚（女，仡佬族）、黄廷忠、王小谦、夏光忠、吴定能、张世才、邓太华、龙增刚、陈定祥、杜向阳、雷安林（苗族）、吴红（女）、潘飞、余乐金、龙继锋（侗族）、廖斌、犹永光、金建华、胡乾飞。县纪委第十届一次全会选举产生常务委员7名；选举产生书记1名、副书记2名。届中增补毛全安（为委员、常委、书记）、瞿远伏（苗族，为委员、常委）、王天伦（为委员、常委）、冉丽娟（女，为委员、常委）。

书记更迭一次，增补1人；常委更迭两次，增补3人。

常务委员（按州委批复为序）：
孙志清（2006.10—2008.8）
吴应忠（2006.10—2011.9）
罗　亚（2006.10—2011.10）
吴定能（2006.10—2010.4）
罗晓璐（2006.10—2011.10）
商玉章（2006.10—2010.11）
潘　飞（2006.10—2007.8）
瞿远伏（2007.11—2011.10）
毛全安（2008.8—2011.10）
王天伦（2010.5—2011.10）
冉丽娟（2010.5—2011.10）
书　　记：孙志清（2006.10—2008.8）
毛全安（2008.8—2011.10）
副 书 记：吴应忠（2006.10—2011.9）
罗　亚（2006.10—2011.10）

○中共瓮安县第十一届纪律检查委员会（2011.10—2016.10）

2011年10月29日，经中共瓮安县第十一次代表大会选举产生中共瓮安县第十一届纪律检查委员会委员23名（按姓氏笔划为序）：王天伦、毛全安、邓江凌、龙继锋（侗族）、冉丽娟（女）、兰明奎、朱世江、肖云、吴岳军、张慧（女）、张德舜、陈安源、罗亚（女，仡佬族）、罗晓璐（女）、郑光杰、赵守菊（女）、赵启安（苗族）、胡乾飞、彭小洪、曾宪嵩、颜可利、戴欣娟、瞿远伏（苗族）。县纪委第十一届一次全会选举产生常务委员会委员7名；选举产生书记1名、副书记2名。届中增补王华（为委员、常委、书记）、陈刚（为委员、常委、书记）、石毅、夏俊、郑南兵（为委员、常委、副书记）、冉丽娟（为副书记）、冷国辉、黄枭勇（苗族，为委员、常委）。

书记更迭两次，增补2人；副书记更迭四次，增补4人；常委更迭两次，增补2人。

常务委员（按州委批复为序）：

毛全安（2011.10—2012.4）
罗　亚（2011.10—2016.7）
罗晓璐（2011.10—2012.4）
瞿远伏（2011.10—2012.3）
王天伦（2011.10—2012.10）
冉丽娟（2011.10—2016.10）
赵启安（2011.10—2016.10）
王　华（2012.4—2016.10）
石　毅（2012.4—2016.7）
冷国辉（2012.9—2016.10）
夏　俊（2014.1—2014.6）
黄枭勇（2015.11—2016.10）
郑南兵（2016.7—2016.10）
陈　刚（2016.10—2016.10）

书　　记：毛全安（2011.10—2012.4）
王　华（2012.4—2016.10）
陈　刚（2016.10—2016.10）

副 书 记：罗　亚（2011.10—2016.7）
罗晓璐（2011.10—2012.4）
石　毅（2012.4—2016.7）
夏　俊（2014.1—2014.6）
郑南兵（2016.7—2016.10）
冉丽娟（2016.7—2016.10）

○中共瓮安县第十二届纪律检查委员会（2016.10—　）

2016年10月27日，经中共瓮安县第十二次代表大会选举产生中共瓮安县第十二届纪律检查委员会委员24名（按姓氏笔划为序）：王资刚、龙继锋（侗族）、田进（土家族）、冉丽娟（女）、兰明奎、兰银锋、邬培杰（女）、刘开建、刘永州、刘林瀚、杜明菊（女）、杨国熙（女）、冷国辉、陈刚、罗民兵、郑光杰、郑南兵、赵启安（苗族）、徐艳红（女）、黄枭勇（苗族）、彭华先（女）、曾宪嵩、廖斌。县纪委第十二届一次全会选举产生常务委员7名；选举产生书记1名、副书记2名。

常务委员（按州委批复为序）：

陈　刚（2016.10—　）

郑南兵（2016. 10—　）
冉丽娟（2016. 10—　）
冷国辉（2016. 10—　）
赵启安（2016. 10—　）
黄枭勇（2016. 10—　）
徐艳红（2016. 10—　）
书　　记：陈　刚（2016. 10—　）
副 书 记：郑南兵（2016. 10—　）
冉丽娟（2016. 10—　）

二、瓮安县监察局

根据国务院国发〔1987〕4号及贵州省人民政府黔发〔1987〕70号文件精神，1987年11月组建瓮安县监察局。1988年2月，县十届人大常委会第三次会议通过任命刘仕刚为县监察局局长。1993年6月，县监察局与县纪委合署办公。

局　　长：刘仕刚（1988. 2—1993. 6）
王儒德（1993. 6—1996. 7）
杨安军（1996. 10—1998. 5）
周学林（1998. 5—2001. 2）
王登华（2001. 6—2003. 5）
肖天祥（2003. 5—2006. 8）
吴应忠（2007. 2—2011. 9）
石　毅（2012. 4—2016. 7）
郑南兵（2016. 7—　）
常务副局长：冷国辉（2012. 9—　）
副 局 长：金正祥（1988. 4—1992. 1）
李仕华（1992. 1—1995. 12）
段仕杯（1996. 7—2000. 6）
郭　豫（1998. 5—2003. 3）
肖天祥（2000. 4—2003. 5）
黄廷忠（2003. 3—2007. 2）
罗　亚（2005. 9—2007. 7）
吴定能（2007. 7—2010. 4）
罗晓璐（2010. 6—2012. 4）
周　艺（2011. 12—2014. 12）
周　祥（2014. 12—　）

第二节　内设机构

一、合署前中共瓮安县纪律检查委员会内设机构设立及任职情况

1978 年 10 月，中共瓮安县委纪律检查委员会机构建制恢复后，未设内设机构，纪委机关内部明确 1 名干部负责办公室工作。

○办公室（负责人）

刘仕刚（1979. 1—1984. 3）

刘仕林（1984. 10—1985. 7）

管道英（1985. 8—1986. 3）

1986 年 10 月 29 日，中共瓮安县纪律检查委员会内设办公室、纪律检查科、案件审理科。

○办公室

主　任：董德宽（1986. 10—1989. 5），常委兼任

○纪律检查科

科　长：宋锡爱（1986. 10—1988. 4），常委兼任

○案件审理科

科　长：罗兴炎（1986. 10—1988. 8）

1989 年 5 月 9 日，中共瓮安县纪律检查委员会内设机构改科为室，办公室、纪律检查室、案件审理室和新增设信访室，均为副局级机构。

○办公室

主　任：王元学（1989. 5—1993. 6）

○纪律检查室

主　任：聂启文（1989. 5—1991. 4），常委兼任

黄政武（1991. 6—1993. 6），常委兼任

○案件审理室

主　任：董德宽（1989. 5—1991. 6），常委兼任

夏德伦（1991. 6—1993. 6），常委兼任

○信访室

主　任：李辅珍（1989. 5—1993. 6）

1982 年 3 月，瓮安县设立打击经济领域严重犯罪领导小组，办公室设在县纪委，1987 年 6 月并入县检察院经检科。

二、合署前瓮安县监察局内设机构设立及任职情况

1987 年 11 月，组建瓮安县监察局，内设办公室、监察股、审理股。1989 年 5 月 9 日，县监察局改股为科，监察科、审理股和新增举报站，均为股级机构。

〇办公室

主　任：李仕华（1988.7—1993.6）

〇监察科

科　长：段仕杯（1989.1—1993.6）

副科长：黄廷忠（1989.1—1993.6）

〇审理科

科　长：缺

副科长：王春泉（1988.4—1993.6），主持工作

〇信访举报站

站　长：缺

副站长：杨维琼（1989.5—1993.6），主持工作

三、合署后瓮安县纪委监察局内设机构设立及任职情况

1993年6月，瓮安县纪委、县监察局合署，实行一套工作机构、两个机关名称的体制，内设办公室、信访室（含举报中心）、纪检监察室、案件审理室、执法监察室、教育研究室、党风廉政建设室7个职能室，设主任或副主任1名。

〇办公室

主　任：王元学（1993.6—2000.1）

副主任：廖　斌（2001.1—2001.12），主持工作

〇执法监察室

主　任：李仕华（1994.3—1995.12），常委、副局长兼任

　　　　黄廷忠（1997.5—2001.12）

〇信访室

主　任：李辅珍（1993.6—1997.4）

　　　　罗　亚（2000.1—2001.12）

副主任：罗　亚（1997.5—2000.1），主持工作

〇纪检监察室

主　任：段仕杯（1993.6—1996.7）

　　　　肖天祥：（1997.5—2001.12）

〇案件审理室

主　任：夏德伦（1993.6—2001.12，其间：1996.10—2001.12常委兼任）

副主任：王春泉（1993.6—1997.5，其间：1996.10—1997.5常委兼任）

〇党风廉政建设室

主　任：黄政武（1993.6—1996.6），常委兼任

　　　　王泉春（1997.5—1999.12），常委兼任

　　　　副主任：商玉章（1999.12—2001.12），主持工作

〇教育研究室

主　任：董德宽（1994.2—1997.6），常委兼任

张兴贵（1997. 6—2001. 12）

2001 年 12 月 29 日，瓮安县纪委监察局内设综合室、党风廉政教育研究室、纠风室（县政府纠正部门和行业不正之风办公室）、执法监察室、纪检监察室、审理室、信访室等 7 个职能室，设主任或副主任 7 名，高配为副科级。

○综合室

主　任：罗晓璐（2003. 12—2007. 6，其间：2006. 10—2007. 6 常委兼任）

王天伦（2010. 5—2010. 12），常委兼任

党风廉政教育研究室

主　任：张兴贵（2001. 12—2007. 8，其间：2001. 12—2006. 10 常委兼任）

瞿远伏（2007. 8—2008. 11，其间：2007. 11—2008. 11 常委兼任）

冉丽娟（2008. 11—2010. 12，其间：2010. 5—2010. 12 常委兼任）

纠风室（县政府纠正部门和行业不正之风办公室）

主　任：商玉章（2001. 12—2008. 11，其间：2006. 10—2008. 11 常委兼任）

瞿远伏（2008. 11—2010. 12），常委兼任

○执法监察室

主　任：黄廷忠（2001. 12—2007. 2，其间：2001. 6—2003. 3 常委兼任；2003. 3—2006. 10 常委、监察局副局长兼任；2006. 10—2007. 2 监察局副局长兼任）

周　艺（2008. 11—2010. 12）

○纪检监察室

主　任：肖天祥（2001. 12—2004. 1），常委兼任

吴定能（2004. 1—2008. 11，其间：2004. 3—2007. 7 常委兼任、2007. 7—2008. 11 常委、监察局副局长兼任）

黄枭勇（2008. 11—2010. 12）

○审理室

主　任：夏德伦（2001. 12—2006. 1），常委兼任

罗晓璐（2007. 6—2008. 11），常委兼任

罗继文（2008. 11—2010. 12）

副主任：潘　飞（2006. 4—2007. 6 主持工作，其间：2006. 10—2007. 6 常委兼任）

○信访室

主　任：罗　亚（2001. 12—2008. 11，其间：2004. 3—2005. 9 常委兼任；2005. 9—2006. 10 常委、监察局副局长兼任；2006. 10—2007. 7 县纪委副书记、监察局副局长兼任；2007. 7—2008. 11 县纪委副书记兼任）

赵启安（2008. 11—2010. 12）

2010 年 6 月 3 日，设瓮安县举报中心、加挂瓮安县非公有制经济发展侵权投诉中心牌子。设主任、副主任各 1 名。

主　任：缺

副主任：缺

2010 年 12 月 31 日，瓮安县纪委监察局内设办公室（监察综合室、干部室）、党风廉

政建设室（县党风廉政建设责任制领导小组办公室）、宣传教育室、纠风室（县政府纠正部门和行业不正之风办公室）、执法监察室、纪检监察室、案件审理室、信访室、纪检监察综合室、案件管理复查复议室等10个职能室，设室主任10名（副科级）。

○办公室（监察综合室、干部室）

主　任：王天伦（2010.12—2011.8）

彭华先（2013.2—2014.3）

○党风廉政建设室（县党风廉政建设责任制领导小组办公室）

主　任：冉丽娟（2011.5—2014.3），常委兼任

○宣传教育室

主　任：邓仙迪（2011.10—2013.2）

彭小洪（2013.2—2014.3）

○纠风室（县政府纠正部门和行业不正之风办公室）

主　任：瞿远伏（2010.12—2012.3），常委兼任

刘晓昀（2012.7—2014.3）

○执法监察室

主　任：周　艺（2010.12—2012.6，其间：2011.12—2012.6副局长兼任）

陈瑞杰（2012.7—2014.3）

○纪检监察室

主　任：黄枭勇（2010.12—2014.3）

○案件审理室

主　任：罗继文（2010.12—2014.3）

○信访室

主　任：赵启安（2010.12—2014.3，其间：2011.10—2014.3常委兼任）

○案件管理复查复议室

主　任：彭华先（2011.10—2013.2）

邓仙迪（2013.2—2014.3）

2012年9月17日，将办公室（监察综合室、干部室）的干部室职责划转到纪检监察综合室，加挂干部室牌子。

○纪检监察综合室

主　任：杨润发（2013.8—2014.3）

2014年3月19日，瓮安县纪委监察局内设机构撤销党风廉政建设室、纠风室、执法监察室、纪检监察室，设党风政风监督室、执法和效能监督室、纪检监察一室、纪检监察二室。调整后，内设机构为办公室（监察综合室）、宣传教育室、案件审理室、信访室、党风政风监督室、执法和效能监督室、纪检监察一室、纪检监察二室、纪检监察综合室（干部室）、案件管理复查复议室等10个职能室。

○办公室（监察综合室）

主　任：彭华先（2014.3—2014.10）

○宣传教育室

主　任：赵启安（2014.4—2014.10），常委兼任

○案件审理室

主　任：罗继文（2014.3—2014.10）

○信访室

主　任：王大其（2014.4—2014.10）

○党风政风监督室

主　任：徐艳红（2014.3—2014.10）

○执法和效能监察室

主　任：陈瑞杰（2014.3—2014.4）

　　　　吴岳军（2014.4—2014.10）

○纪检监察一室

主　任：黄枭勇（2014.3—2014.10）

○纪检监察二室

主　任：缺

○纪检监察综合室（干部室）

主　任：杨润发（2014.3—2014.10）

○案件管理复查复议室

主　任：邓仙迪（2014.3—2014.10）

2014年10月29日，瓮安县纪委监察局内设机构调整整合5个室，撤销办公室（监察综合室），设立办公室；撤销纪检监察综合室（干部室），设立干部室；撤销党风政风监督室、执法和效能监督室，设立党风政风监督室（县政府纠正行业不正之风办公室）；撤销案件管理复查复议室，设立案件监督管理室；纪检监察一、二室更名为第一、第二纪检监察室，增设第三纪检监察室；案件审理室加挂案件申诉复查复议办公室牌子。调整后，内设机构为办公室、干部室、宣传教育室、党风政风监督室（县政府纠正行业不正之风办公室）、信访室、案件监督管理室、第一至第三纪检监察室、案件审理室（案件申诉复查复议办公室）等10个职能室。

○办公室

主　任：彭华先（2014.10—　）

○干部室

主　任：杨润发（2014.10—2014.11）

　　　　杨红梅（2014.11—　）

○宣传教育室

主　任：赵启安（2014.10—2016.6）

　　　　张显勋（2016.6—　）

○党风政风监督室（县政府纠正行业不正之风办公室）

主　任：徐艳红（2014.10—2015.11）

　　　　邓云久（2016.5—　）

○信访室

主　任：王大其（2014. 10—　）

○案件监督管理室

主　任：邓仙迪（2014. 10—2015. 2）
　　　　李　岚（2015. 2—　）

○第一纪检监察室

主　任：黄枭勇（2014. 10—，其间 2014. 10—2015. 9 第三纪工委副书记、监察分局长兼任，2015. 9—2015. 11 正科级干部兼任，2015. 11 至今常委兼任）

○第二纪检监察室

主　任：杨　涛（2015. 1—　）

○第三纪检监察室

主　任：吴岳军（2014. 10—　）

○案件审理室（案件申诉复查复议室）

主　任：罗继文（2014. 10—2015. 2）
　　　　蔡　端（2015. 2—　）

第三节　下属机构

一、瓮安县督促检查局

2012 年 9 月，成立瓮安县督促检查局，建立“督查、考核、奖惩”三位一体的大督查机制。督促检查局核定行政编制 5 名，设局长 1 名，副局长 2 名，科长（主任）3 名，内设办公室、督查科、目标办（绩效办）等 3 个科室。2014 年 6 月归口县委办公室管理。

局　长：王　华（2012. 10—2013. 9），县委常委、纪委书记兼
　　　　夏　俊（2013. 9—2014. 6，其间：2014. 9—2014. 6 县纪委副书记兼）

副局长：金正安（2012. 10—2014. 6）
　　　　代前梅（2012. 10—2014. 6）

二、瓮安县行政投诉中心

2010 年 6 月 3 日，设立瓮安县举报中心，加挂县非公有制经济发展侵权投诉中心牌子，为县纪委监察局管理的副科级事业单位，设主任、副主任各 1 名。主任、副主任缺。

2010 年 12 月 31 日，瓮安县举报中心（县非公有制经济发展侵权投诉中心）更名为县行政投诉中心，为县纪委监察局管理的副科级事业单位，设主任、副主任各 1 名。

主　任：汪　元（2016. 5—　）

副主任：汪　元（2015. 5—2016. 5）

三、瓮安县电子监察信息中心

2015 年 3 月 8 日，设立瓮安县电子监察信息中心，为县纪委监察局管理的股级事业单位，设主任 1 名。主任缺。

第四节　派出（驻）机构及其他县直部门纪检监察机构

一、派驻部门纪检组机构设立及任职情况

1984 年 2 月，中共瓮安县委纪律检查委员会升格为中共瓮安县纪律检查委员会，先后在县教育局、计生局、粮食局、公安局、商业局、经委等部门设立纪检组。1993 年 9 月，在更多县直部门设立纪检组。2008 年 11 月 10 日，县纪委监察局在县发展和改革局、经济贸易局、教育局、人事劳动和社会保障局、建设局、交通局、水利局、农业局、林业局、卫生局、人口和计划生育局、民政局、文体广播电视局、农业办公室（农业综合开发办公室、扶贫开发办公室）等部门派驻纪检组，设置纪检组长 1 名，由副科（局）级干部担任；监察室主任 1 名，由正股级干部担任。直至 2016 年 12 月，县纪委派驻县直部门纪检组共 28 个。

○瓮安县教育局（1984 年 8 月设纪检组）

纪 检 组 长：王天合（1984. 8—1995. 3）
　　　　　　陈光富（1995. 3—2003. 4）
　　　　　　陈光富（2008. 11—2010. 11）
　　　　　　犹品璋（2010. 11—2011. 11）
　　　　　　郑书祥（2011. 11—2014. 12）
　　　　　　罗继文（2014. 12—　）

监察室主任：岑　参（2012. 4—　）

○瓮安县发展和改革局（2010 年 11 月，粮食局并入县发展和改革局）

○瓮安县粮食局（1984 年 9 月设纪检组）

纪 检 组 长：夏义德（1984. 9—1987. 10）
　　　　　　宋泽贵（1996. 1—2001. 12）

○瓮安县发展和改革局（2008 年 11 月设纪检组）

纪 检 组 长：李华刚（2008. 11—2012. 4）
　　　　　　李文兰（2012. 4—2014. 11）
　　　　　　余登海洋（2014. 11—　）

监察室主任：陈仕群（2013. 1—2015. 5）
　　　　　　王富艳（2015. 5—2016. 4）
　　　　　　陈　敏（2016. 4—　）

○瓮安县卫生和计划生育局（2014 年 11 月，县人口和计划生育局与县卫生和食品药

品监督管理局合并为县卫生和计划生育局）

○瓮安县人口和计划生育局（原计划生育局，2004 年更名为县人口和计划生育局，1984 年 9 月设纪检组长）

纪 检 组 长：徐世登（1984. 9—1987. 10）

兰大林（2000. 4—2000. 10）

蔡正权（2008. 11—2014. 11）

监察室主任：罗　湧（2012. 9—2014. 11）

○瓮安县卫生和食品药品监督管理局（2010 年 11 月，县卫生局与药品监督管理局合并成卫生和食品药品监督管理局）

○瓮安县卫生局（2000 年 1 月设纪检组长）

纪 检 组 长：王元学（2000. 1—2002. 10）

黄应萍（2008. 11—2010. 11）

监察室主任：罗劲松（2013. 1—2014. 11）

○瓮安县食品和药品监督管理局（2001 年设专职纪检监察员）

专职纪检监察员：吴超平（2001. 11—2008. 12）

○瓮安县卫生和计划生育局（2014 年 11 月设立纪检组）

纪 检 组 长：蔡正权（2014. 11—　）

监察室主任：罗劲松（2014. 11—2015. 12）

罗　湧（2014. 11—2016. 6）

○瓮安县商业局（1992 年 11 月更名为县商业总公司，未派驻纪检组。1987 年 5 月设纪检组）

纪 检 组 长：张新群（1987. 5—1991. 12）

○瓮安县工业和信息化局（2010 年 11 月，县经济贸易局与县乡镇企业局合并为县工业和信息化局）

○瓮安县经济贸易局（原县经委，2001 年 11 月更名为县经济贸易局，1987 年设纪检组）

纪 检 组 长：刁汉权（1987. 11—1991. 12）

刘惠玲（2008. 11—2010. 11）

○瓮安县乡镇企业局（2001 年 1 月设纪检组）

纪 检 组 长：秦明武（2001. 1—2008. 9）

廖　斌（2008. 11—2010. 11）

○瓮安县工业和信息化局（2010 年 11 月设纪检组）

纪 检 组 长：刘惠玲（2010. 11—2014. 3）

刘晓昀（2014. 3—2016. 9）

监察室主任：胡德秀（2011. 3—2015. 7）

曾庆伟（2015. 7—2015. 12）

李延竹（2015. 12—　）

○瓮安县市场监管局（2014 年 11 月，县工商局与县质量技术监督管理局划归县直管

理，合并为县市场监督管理局）

○瓮安县工商局（1994 年 3 月设立纪检组）

纪 检 组 长：王成宽（1994. 3—1996. 5）
万兴林（1996. 5—1998. 8）
熊兴国（1998. 8—2001. 12）
何　如（2004. 7—2007. 12）
龙沛雨（2007. 12—2014. 11）

监察室主任：刘朝进（2001. 3—2001. 10）
吴吉梅（2004. 3—2014. 11）

○瓮安县质量技术监督局（2004 年 1 月成立纪检组）

纪检监察员：兰安建（2004. 1—2004. 12）
郭贵南（2004. 12—2006. 11）
李晓红（2006. 11—2008. 3）
廖冬海（2008. 3—2012. 9）
龚娅芬（2012. 9—2014. 11）

○瓮安县市场监督管理局（2014 年 11 月设纪检组）

纪 检 组 长：龙沛雨（2014. 11—　）

监察室主任：吴吉梅（2014. 11—　）

○瓮安县林业局（1996 年 6 月设纪检组）

纪 检 组 长：黄政武（1996. 6—2002. 10）
李　旭（2008. 11—2013. 1）
郭　娟（2013. 7—　）

监察室主任：李建军（2013. 1—2015. 5）
晏定坤（2015. 5—　）

○瓮安县农村工作局（2010 年 11 月，由县农业局、畜牧局、农机局合并为县农村工作局）

○瓮安县农业局（1996 年 6 月设纪检组）

纪 检 组 长：肖堂斌（1996. 6—2001. 11）
黄国兴（2008. 11—2010. 11）

监察室主任：龚晓辉（2012. 2—2010. 11）

○瓮安县畜牧局（2000 年 1 月设纪检组）

纪 检 组 长：王忠碧（2000. 1—2001. 12）

○瓮安县农机局（2000 年 6 月设纪检组）

纪检组长：付仕刚（2000. 6—2003. 9）

○瓮安县农村工作局（2010 年 11 月设纪检组）

纪 检 组 长：黄国兴（2010. 11—2014. 11）
张　慧（2014. 11—　）

监察室主任：龚晓辉（2010. 11—2015. 5）

肖　波（2015. 5—　）

○瓮安县水务局（原瓮安县水电局，2001 年 11 月更名为水利局，2014 年 11 月水利局更名为水务局，1996 年 6 月设纪检组）

纪 检 组 长：周启义（1996. 6—1999. 3）
廖　斌（2010. 11—2014. 9）
王天伦（2014. 9—2016. 3）
王华亮（2016. 6—　）
监察室主任：黄家权（2009. 12—2012. 7）
费　晖（2013. 2—　）

○瓮安县国土资源局（原国土局，2001 年 11 月更名为县国土资源局，1997 年 3 月设纪检组）

纪 检 组 长：聂启文（1997. 3—2001. 11）
张　勇（2011. 11—2014. 1）
乔　毅（2014. 3—　）
监察室主任：乔　毅（2012. 6—2014. 3）
杨小翠（2014. 4—2015. 12）
邱　静（2016. 7—　）

○瓮安县交通运输局（原交通局，2010 年 11 月与县城管局城市客运指导和管理职责合并，整合为县交通运输局，1997 年 6 月设纪检组）

纪 检 组 长：董德宽（1997. 6—2001. 3）
秦明武（2008. 11—2010. 3）
李洪江（2010. 11—2014. 12）
张　松（2014. 12—　）
监察室主任：杨　梅（2014. 4—　）

○瓮安县人民法院（1997 年 10 月设纪检组）

纪 检 组 长：李德华（1997. 10—2010. 1）
林　凯（2010. 11—　）
监察室主任：段仕礼（2010. 4—2014. 12）
曾祥军（2015. 2—2016. 2）
田维龙（2016. 2—　）

○瓮安县财政局（1999 年 12 月设纪检组）

纪 检 组 长：王春权（1999. 12—2003. 6）
贺川菊（2010. 5—　）
监察室主任：胡道军（2013. 1—2014. 8）
成焱飞（2014. 8—2015. 2）
杨仕先（2015. 2—　）

○瓮安县文化和旅游局（原瓮安县文体广电局，2010 年 11 月更名为瓮安县文体广电旅游局；2014 年 11 月更名为文化和旅游局，2008 年 11 月设纪检组）

纪 检 组 长：温光全（2008. 11—2016. 3）
杨思英（2016. 5— ）
监察室主任：田维华（2014. 11—2016. 3）
张　璐（2016. 3— ）

○瓮安县人力资源和社会保障局（原人事劳动和社会保障局，2010 年 11 月更名为人力资源和社会保障局，2008 年 11 月设纪检组）

纪 检 组 长：商玉章（2008. 11—2010. 11）
丁纪生（2010. 11—2014. 12）
罗民兵（2015. 6— ）
监察室主任：沈琳琼（2013. 3— ）

○瓮安县民政和民族宗教事务局（原县民政局，2010 年 11 月与县民族宗教事务局合并为县民政和民族宗教事务局，2008 年 11 月设纪检组）

纪 检 组 长：陈金云（2008. 11—2014. 11）
陈明洪（2014. 11— ）
监察室主任：邱成林（2012. 9—2015. 1）
李小映（2015. 1— ）

○瓮安县住房和城乡建设局（原县建设局，2010 年 11 月更名为住房和城乡建设局，2008 年 11 月设纪检组）

纪 检 组 长：袁永书（2010. 11—2013. 6）
兰银峰（2013. 7— ）
监察室主任：黎　涛（2014. 4—2016. 8）
赵　庆（2016. 8— ）

○瓮安县水利水电工程移民局（2010 年 11 月设纪检组）

纪 检 组 长：游　狮（2010. 11—2012. 2）
龚凤萍（2012. 4— ）
监察室主任：唐高平（2013. 1—2015. 11）
岑忠生（2015. 11— ）

○瓮安县安全生产监督管理局（2010 年 11 月设纪检组）

纪 检 组 长：罗锡忠（2010. 11—2011. 12）
杨　杰（2012. 1—2014. 3）
陈瑞杰（2014. 3— ）
监察室主任：熊高全（2013. 8—2016. 3）
张　勇（2016. 3— ）

○瓮安县环境保护局（2011 年 9 月设纪检组）

纪 检 组 长：宋泽会（2011. 9— ）
监察室主任：王秀荣（2012. 4— ）

○瓮安县统计局（2011 年 9 月设纪检组）

纪 检 组 长：郭　娟（2011. 9—2013. 7）

李仕莲（2013.7—　）
监察室主任：夏开美（2012.4—2014.3）
何永丽（2014.3—　）
○瓮安县司法局（2011年9月设纪检组）
纪检组长：付家群（2011.9—2015.11）
陈　明（2015.11—　）
监察室主任：陈远忠（2012.2—2014.4）
肖　杨（2014.4—2015.5）
倪元梅（2015.5—　）
○瓮安县审计局（2011年12月设纪检组）
纪检组长：罗锡忠（2011.12—2012.5）
宋纯江（2012.5—2013.12）
朱　红（2015.3—2016.9）
监察室主任：田　湖（2013.1—2015.5）
陈仕崎（2015.5—　）
○瓮安县人民检察院（2012年6月设纪检组）
纪检组长：陶孟昌（2012.6—　）
监察室主任：刘　序（2014.12—2015.6）
○瓮安县政府办公室（2013年1月设纪检组）
纪检组长：徐艳红（2013.1—2014.3）
刘惠玲（2014.3—　）
监察室主任：宋应萍（2013.8—　）
○瓮安县城市管理局（2013年1月设纪检组）
纪检组长：邓顺菊（2013.7—　）
监察室主任：周仕坤（2013.1—2014.11）
吴秀兵（2014.11—2016.11）
钱家宇（2016.11—　）
○瓮安县扶贫开发局（2015年2月设纪检组）
纪检组长：宋纯华（2015.2—　）
监察室主任：吴定慧（2015.5—2015.12）
彭　松（2016.9—　）
○瓮安县商务局（2015年2月设纪检组）
纪检组长：邓仙迪（2015.2—　）
监察室主任：余香琴（2015.9—　）
○瓮安县交易中心（2015年2月设纪检组）
纪检组长：成焱飞（2015.2—　）
监察室主任：冯正贵（2015.4—2016.12）
杜婷婷（2016.12—　）

二、派出纪工委机构设立及任职情况

2012年5月31日，瓮安县纪委监察局设立第一、二、三纪工委（监察分局），分系统管理派驻部门纪检监察机构。2012年7月16日，增设第四纪工委（监察分局）。2016年8月17日，增设第五纪工委（监察分局）。第一至第五纪工委（监察分局）为瓮安县纪委监察局派出正科级机构，设纪工委书记1名，副书记1名（兼任监察分局局长），均为正科长级。

2014年3月22日，设立瓮安经济开发区纪工委，为县纪委派出机构，与瓮安经济开发区监察审计局合署办公，与银盏镇纪委实行两块牌子、一套班子。设书记1名（正科长级，兼任监察审计局局长）、监察审计局副局长2名（副科长级）。

2015年6月11日，进一步深化统派工作，除瓮安经济开发区和银盏镇合并独立设立纪工委外，其余12个乡镇和街道分片区增设4个片区纪工委，为县纪委监察局派出机构。每个片区纪工委设书记1名，由原第一至第四纪工委副书记（监察分局局长）担任。原第一至第四纪工委（监察分局）更名为第一至第四纪工委，不再设监察分局局长。

○第一纪工委（监察分局）

书　记：夏　俊（2012.7—2013.9）
　　　　李　旭（2014.10—2015.9）
　　　　杨国熙（2015.9—　）

副书记：肖林君（2012.7—2012.12），兼监察分局局长
　　　　李　旭（2012.12—2014.10），兼监察分局局长
　　　　汤兴明（2014.11—2016.5），兼监察分局局长

○第二纪工委（监察分局）

书　记：江　洪（2012.7—2012.12）
　　　　冉丽娟（2012.12—2016.7）
　　　　犹　飞（2016.7—　）

副书记：沈茂均（2012.7—2015.9），兼监察分局局长

○第三纪工委（监察分局）

书　记：蔡吉安（2012.7—2014.10）
　　　　韩真旗（2014.10—2016.7）

副书记：冉丽娟（女，2012.7—2012.12），兼监察分局局长
　　　　韩真旗（2012.12—2014.10），兼监察分局局长
　　　　黄枭勇（2014.10—2015.9），兼监察分局局长

○第四纪工委（监察分局）

书　记：江　洪（2012.12—2014.10）
　　　　肖林君（2014.10—　）

副书记：肖林君（2012.12—2014.10），兼监察分局局长
　　　　黄国兴（2014.11—2015.6），兼监察分局局长

○第五纪工委（监察分局）

书　记：缺
副书记：缺
○瓮安经济开发区纪工委（监察审计局）
书　记：廖　斌（2014.9—　），兼任局长
副局长：刘元康（2015.3—　）
○瓮水片区纪工委
书　记：黄国兴（2015.6—　）
○玉山片区纪工委
书　记：沈茂均（2015.6—2015.9）
　　　　徐艳红（2015.11—　）
○珠藏片区纪工委
书　记：汤兴明（2015.11—2016.5）
○猴场片区纪工委
书　记：赵启安（2015.11—　）

三、其他县直属党委纪检监察机构及任职情况

○瓮安县直属机关纪委、纪工委

1980 年 7 月，恢复瓮安县直机关党委机构，1981 年 4 月组建县直属机关党委；1991 年 4 月设立县直属机关纪委。2009 年 4 月，县直属机关党委更名为县直属机关党工委，2009 年 7 月设立县直属机关纪工委。

纪委书记：赵忠林（1991.4—1997.2），党委副书记兼任
　　　　　王泽宽（1997.2—2002.1），党委副书记兼任
　　　　　黄先忠（2002.1—2007.6），党委副书记兼任
　　　　　何克禄（2007.6—2009.7），党委副书记兼任
纪工委书记：何克禄（2009.7—2009.12），党工委副书记兼任
　　　　　游　皎（2010.1—2013.1），党工委副书记兼任
　　　　　李永群（2013.1—2014.12），党工委副书记兼任

○瓮安县公安局纪委

1978 年，建立瓮安县公安局党组。1982 年 6 月，将县公安局党组改建为县公安局党委。1985 年 3 月，撤销县公安局党委，同年 9 月建立县公安局党组。1992 年 6 月撤销县公安局党组，建立县公安局党委。1993 年 9 月，设立县公安局纪委。

纪检组长：夏余富（1984.10—1993.9）
纪委书记：毛荣光（1993.10—2000.1）
　　　　　邱清华（2000.1—2009.10）
　　　　　赵守菊（2009.10—2016.12）
副书记：王成华（2012.4—2015.11）
　　　　　宋泽军（2015.11—　）
监察室主任：周芳沁（2012.10—　）

教　导　员：徐　进（2012. 10—　）

○瓮安县人民医院纪委（2015 年 3 月设纪委）

纪 委 书 记：况月怀（2015. 3—　）

○瓮安县中医院纪委（2015 年 3 月设纪检委）

纪 委 书 记：肖兴勇（2015. 3—　）

瓮安县花竹山集团公司（2015 年 3 月设纪检组）

纪 委 书 记：胡道军（2015. 3—　）

○瓮安县教育纪工委

2016 年 8 月，设立瓮安县教育纪律检查工作委员会，与县纪委派驻县教育局纪检组合署办公，接受县教育党工委和县纪委分管纪工委双重领导。设纪工委书记 1 名，纪工委委员 8 名。

书　　　记：罗继文（2016. 12—　），教育局纪检组长兼

副　书　记：岑　参（2016. 12—　），教育局监察室主任兼

委　　　员：雷　轶（2016. 12—　）

黄　山（2016. 12—　）

唐仕宇（2016. 12—　）

黄晓峰（2016. 12—　）

吴秀兵（2016. 12—　）

冯正贵（2016. 12—　）

邓安平（2016. 12—　）

李　林（2016. 12—　）

四、垂管部门纪检监察机构设立及任职情况

○瓮安县烟草局（1993 年 3 月设纪检组）

纪 检 组 长：文　斌（1993. 3—1999. 4）

潘嵘华（1999. 4—2003. 12）

陆正华（2003. 12—2008. 9）

黄　焰（2008. 9—2010. 2）

吴晓彤（2010. 2—　）

○瓮安县国税局（1995 年 7 月设纪检组）

纪 检 组 长：向宇萍（1995. 7—1999. 6）

丁昌志（2000. 10—2010. 6）

刘武武（2010. 6—2014. 3）

王书法（2014. 3—2016. 3）

袁盛龙（2016. 3—　）

监察室主任：肖德伦（2001. 6—2009. 11）

葛明开（2009. 11—2010. 12）

曾春英（2011. 8—　）

○瓮安县地税局（2001 年 10 月设纪检组）
纪 检 组 长：龙绪波（2001. 10—2004. 5）
黄吉斌（2004. 5—2007. 12）
龙绪波（2007. 12—2008. 12）
王成坤（2008. 12—2015. 2）
犹和平（2015. 2— ）
监察室主任：犹和平（2004. 3—2009. 3）
安兴贵（2009. 3— ）

第五节 乡镇纪检监察机构

一、7 区 1 镇纪律检查员（1984—1991. 11）

1984 年 2 月，瓮安县委纪委升格为县纪委后，在 7 个区委和 1 个区级镇委设专职纪检员。

雍阳区：周锡利（1984. 4—1991. 11）
草塘区：王开和（1984. 4—1991. 11）
中坪区：杨任平（1984. 4—1985. 7）
刘忠富（1985. 7—1986. 12）
黄政武（1986. 12—1989. 12）
聂友才（1990. 1—1991. 11）
永和区：熊得伦（1984. 4—1991. 10）
珠藏区：段其兴（1984. 5—1988. 9）
向昌志（1988. 9—1989. 3）
犹永芬（1989. 3—1990. 3）
李德华（1990. 3—1991. 11）
玉山区：魏舜祥（1984. 4—1987. 8）
罗真明（1987. 8—1991. 11）
天文区：范信祥（1984. 4—1984. 12）
李文国（1985. 1—1986. 12）
瞿仁忠（1986. 12—1991. 11）
雍阳镇：吴安惠（1984. 6—1990. 4）
张永凡（1990. 4—1991. 10）

二、23 个乡镇纪委书记、副书记（1991. 11—2012. 4）

1991 年 10 月，瓮安县进行了建镇并乡撤区的机构改革，将原 7 区 1 区级镇 46 个乡 1 乡级镇建并为 8 个镇 15 个乡，建立党委，为科局级机构；同时设立纪律检查委员会，为副科局级机构，设书记 1 名。2007 年 3 月，各乡镇增设专职纪委副书记 1 名，为正股级。

○雍阳镇纪委

书　记：周锡利（1991. 11—2001. 2）
　　　　喻　松（2001. 3—2003. 10）
　　　　黄亚华（2003. 12—2006. 6）
　　　　吴　红（2006. 7—2011. 9），党委副书记兼任
　　　　肖　云（2011. 9—2012. 4）

副书记：胡桂萍（2007. 3—2009. 7）
　　　　刘　松（2009. 7—2010. 1）
　　　　张　弘（2010. 1—2012. 4）

○猴场镇纪委（2010 年 2 月草塘镇更名为猴场镇）

书　记：王开和（1991. 11—1998. 4）
　　　　潘胜华（1998. 5—2001. 2）
　　　　黄亚华（2001. 2—2003. 12）
　　　　宋纯华（2003. 12—2006. 6）
　　　　雷安林（2006. 6—2007. 8），党委副书记兼任
　　　　张军宽（2007. 8—2008. 3），党委副书记兼任
　　　　宋纯华（2008. 3—2011. 8），党委副书记兼任
　　　　邓云久（2011. 8—2012. 4）

副书记：邓云久（2007. 3—2011. 8）
　　　　张福敏（2011. 9—2012. 4）

○平定营镇纪委

书　记：龚绍明（1991. 11—1996. 8）
　　　　唐广富（1996. 9—2001. 2）
　　　　王绪俊（2001. 3—2005. 7）
　　　　徐晓鹏（2005. 8—2006. 1），党委副书记兼任
　　　　杜向阳（2006. 1—2007. 8），党委副书记兼任
　　　　李长贵（2007. 9—2008. 8），党委副书记兼任
　　　　徐晓鹏（2008. 8—2011. 8），党委副书记兼任
　　　　彭小洪（2011. 8—2012. 4）

副书记：彭华先（2007. 3—2011. 1）
　　　　倪祖军（2011. 2—2011. 8）
　　　　冷小梅（2011. 9—2012. 4）

○中坪镇纪委

书　记：王达芳（1991. 11—2001. 2）
　　　　肖林君（2001. 2—2001. 12）
　　　　杨兆明（2001. 12—2004. 1）
　　　　王志春（2004. 1—2006. 7）

龙增刚（2006. 7—2008. 3），党委副书记兼任
余登海洋（2008. 3—2011. 8），党委副书记兼任
张　慧（2011. 8—2012. 4）
副书记：王华亮（2007. 3—2008. 11）
况君莲（2011. 8—2011. 10）

○玉山镇纪委

书　记：魏舜祥（1991. 11—1997. 3）
刁建忠（1997. 12—2001. 2）
刘汉发（2001. 2—2004. 1）
罗继文（2004. 1—2006. 6）
夏光忠（2006. 6—2007. 7），党委副书记兼任
孙　造（2007. 9—2008. 11），党委副书记兼任
王元伦（2008. 11—2011. 8），党委副书记兼任
吴岳军（2011. 8—2012. 4）
副书记：李永群（2007. 3—2008. 8）
张　慧（2008. 8—2009. 5）
袁仁丽（2009. 5—2010. 8）
戴林忠（2010. 8—2012. 4）

○珠藏镇纪委

书　记：李成嵘（1991. 11—1994. 12）
陈禄忠（1995. 1—1996. 6）
胡仁先（1996. 6—2004. 1）
刘仁志（2004. 1—2006. 6）
陈定祥（2006. 6—2009. 12），党委副书记兼任
邓江陵（2010. 1—2011. 8）
李侑泉（2011. 8—2012. 4）
副书记：马顺才（2008. 3—2010. 8）
李侑泉（2010. 8—2011. 8）
马顺才（2011. 9—2012. 4）

○建中镇纪委（2000 年 6 月撤乡建镇）

书　记：陈善芳（1991. 11—2000. 2）
罗继文（2000. 2—2004. 1）
夏　俊（2004. 1—2006. 6），党委副书记兼任
张世才（2006. 6—2009. 10），党委副书记兼任
王兴奎（2010. 1—2011. 8），党委副书记兼任
兰明奎（2011. 8—2012. 4）
副书记：兰明奎（2008. 3—2011. 8）
况明军（2011. 9—2012. 4）

○永和镇纪委

书　记：余乐金（1991.11—2001.2，2001.12—2003.12），党委副书记兼任
　　　　兰登勇（2003.12—2006.6）
　　　　余乐金（2006.6—2008.4），党委副书记兼任
　　　　王振旭（2008.4—2011.8），党委副书记兼任
　　　　朱世江（2011.8—2012.4）

副书记：黄明忠（2007.3—2007.9）
　　　　欧家坤（2008.3—2010.9）
　　　　皮禄涛（2010.8—2012.4）

○天文镇纪委

书　记：甘立森（1991.11—1998.5）
　　　　闵国兴（1998.9—2001.1）
　　　　李正伟（2001.2—2006.6）
　　　　廖　斌（2006.6—2008.11），党委副书记兼任
　　　　刘仁志（2008.11—2010.11），党委副书记兼任
　　　　戴欣娟（2010.11—2012.4）

副书记：郎永乾（2010.11—2012.4）

○银盏乡纪委

书　记：朱吉祥（1991.11—2001.2）
　　　　杨胜乾（2001.2—2006.6）
　　　　罗　强（2006.6—2008.11），党委副书记兼任
　　　　龚凤萍（2008.11—2012.4），党委副书记兼任

副书记：王绪凯（2007.2—2011.11）

○玉华乡纪委

书　记：杨树明（1991.11—1994.12）
　　　　龚有光（1994.12—1997.1）
　　　　刘汉发（1997.11—2001.2）
　　　　潘金洪（2001.2—2003.5），党委副书记兼任
　　　　蔡正权（2003.12—2006.6）
　　　　黄国兴（2006.6—2008.11），党委副书记兼任
　　　　张林才（2009.4—2010.10），党委副书记兼任
　　　　徐永梅（2010.10—2011.8），党委副书记兼任
　　　　彭正华（2011.8—2012.4）

副书记：刘兴祥（2007.4—2008.11）
　　　　兰玉钗（2011.9—2012.4）

○鱼河乡纪委

书　记：肖远祥（1991.11—2001.12）
　　　　夏光忠（2001.12—2004.1），党委副书记兼任

肖林君（2004.1—2008.8），党委副书记兼任
黄明忠（2008.8—2011.8），党委副书记兼任
张登江（2011.8—2012.4）
副书记：兰　东（2011.8—2012.4）
○木老坪乡纪委
书　记：赵昌德（1991.11—2001.2）
宋纯华（2001.2—2003.12）
龙增刚（2003.12—2006.6），党委副书记兼任
杜全林（2006.6—2007.7），党委副书记兼任
桂国全（2007.7—2008.11），党委副书记兼任
陈明洪（2008.11—2011.8），党委副书记兼任
宋锡奎（2011.8—2012.4）
副书记：邓顺菊（2007.3—2008.11）
杨兴梅（2009.5—2010.5）
李秀芳（2010.5—2012.4）
○岚关乡纪委
书　记：肖天祥（1991.11—1996.6）
胡必伦（1996.6—1997.2）
徐晓鹏（1997.2—2001.3），党委副书记兼任
朱阳平（2001.3—2006.7）
闵　端（2006.7—2008.10），党委副书记兼任
文敬友（2008.10—2010.11），党委副书记兼任
李昕奇（2010.11—2011.8），党委副书记兼任
胡生才（2011.8—2012.4）
副书记：龙河忠（2011.2—2012.4）
○老坟嘴乡纪委
书　记：胡必能（1991.11—1996.6）
王绪俊（1997.11—2001.2）
余乐金（2001.2—2001.12）
霍朝选（2002.2—2003.12），党委副书记兼任
杨必新（2003.12—2006.6）
张　杰（2006.7—2008.8），党委副书记兼任
兰银峰（2011.8—2012.4）
副书记：龙河忠（2006.7—2011.2）
龙　涛（2011.11—2012.4）
○白沙乡纪委
书　记：张启财（1991.11—1994.10）
赵成喜（1997.3—2001.10）

袁富成（2001.10—2007.6）
龙泽书（2006.6—2008.11），党委副书记兼任
吴　笛（2008.11—2011.8）
王华亮（2011.8—2012.4）
副书记：范兴林（2009.6—2011.1）
王　华（2011.8—2012.4）
○龙塘乡纪委
书　记：陈国华（1991.11—1994.10），党委副书记兼任
李成嵘（1994.10—2001.2）
张承志（2001.2—2004.1）
万吉友（2004.1—2006.6）
犹品璋（2006.6—2007.7），党委副书记兼任
肖福勇（2008.11—2009.9），党委副书记兼任
金正安（2010.1—2011.9），党委副书记兼任
唐培斌（2011.9—2012.4）
副书记：陈贵先（2009.1—2011.11）
○铜锣乡纪委
书　记：杨忠远（1996.6—1998.9）
袁常开（1998.9—2001.1）
万吉友（2001.2—2003.12）
宋　华（2004.1—2005.1），党委副书记兼任
杜全林（2005.2—2006.5），党委副书记兼任
刘仁忠（2006.6—2009.6），党委副书记兼任
龚晓衡（2009.7—2011.8），党委副书记兼任
邱定菊（2011.9—2012.4）
副书记：谷云华（1991.11—1996.5），主持工作
○高水乡纪委
书　记：易光文（1991.11—1996.6）
马志元（1996.6—2004.1）
刘仁忠（2004.1—2006.8），党委副书记兼任
郑南兵（2006.8—2008.11），党委副书记兼任
刘永忠（2008.11—2011.8），党委副书记兼任
石　明（2011.8—2012.4）
副书记：彭福洋（2010.3—2012.4）
○牛场坝乡纪委
书　记：李代华（1991.11—1995.6）
谷云华（1996.5—1998.9）
周福松（1998.9—2001.3），党委副书记兼任

杨忠远（2001.3—2004.1）
唐国春（2004.1—2006.6），党委副书记兼任
吴登辉（2006.6—2008.11），党委副书记兼任
欧阳光辉（2008.11—2011.8），党委副书记兼任
王大其（2011.8—2012.4）
副书记：谷云华（1995.6—1996.5），主持工作
○木引槽乡纪委
书　记：付仕刚（1992.12—1994.6），党委副书记兼任
涂仕祥（1994.6—1995.12）
刘仁志（1997.11—2004.1）
杨忠远（2004.1—2006.6），党委副书记兼任
王建奎（2006.6—2011.8），党委副书记兼任
杜全禄（2011.8—2012.4）
副书记：王国书（1991.11—1992.12），主持工作
袁祥忠（1996.1—1997.11），主持工作
袁祥忠（2011.8—2012.4）
○松坪乡纪委
书　记：田应海（1991.11—1994.9）
杨勋龙（1994.10—1996.11）
戎毅生（1997.2—1999.1）
刘忠珍（1999.1—2000.1）
龙增刚（2000.1—2000.2，2000.2—2003.12），党委副书记兼任
陈德伟（2003.12—2006.6）
霍朝选（2006.6—2008.10），党委副书记兼任
熊正军（2008.11—2011.8），党委副书记兼任
刘汉科（2011.8—2011.12）
秦大华（2011.12—2012.4）
副书记：王　华（2006.7—2008.12）
施家珍（2009.3—2011.8）
秦大华（2011.9—2011.12）
○小河山乡纪委
书　记：谢光明（1991.11—1993.4）
秦正祥（1995.1—1997.12）
陈德伟（2001.2—2003.12）
罗成建（2004.1—2004.12）
李旭（2004.12—2008.11）
刘德志（2008.11—2011.8），党委副书记兼任
胡登平（2011.8—2012.4）

副书记：李向琴（2011.9—2012.4）

三、21个乡镇（街道）纪委（纪工委）书记、副书记（2012.4—2013.7）

2012年4月，瓮安县乡镇机构改革，撤销5个乡镇，设瓮水和雍阳2个街道和19个乡镇。在2个街道办事处设纪工委，19个乡镇设纪委。设书记1名，为副科级；副书记1名，为正股级。

○瓮水街道纪工委

书　记：邱定菊（2012.10—2013.7）

副书记：张　弘（2012.5—2013.7）

○雍阳街道纪工委

书　记：肖　云（2012.4—2013.2）

副书记：王考群（2012.5—2013.7）

○平定营镇纪委

书　记：彭小洪（2012.4—2013.7）

副书记：冷小梅（2012.4—2013.7）

○玉华乡纪委

书　记：彭正华（2012.4—2013.7）

副书记：兰玉钗（2012.4—2013.1）

○猴场镇纪委

书　记：邓云久（2012.4—2013.7）

副书记：罗开友（2012.6—2013.7）

○小河山乡纪委

书　记：胡登平（2012.4—2013.7）

副书记：李向琴（2012.4—2013.7）

○玉山镇纪委

书　记：吴岳军（2012.4—2013.7）

副书记：王恩鹏（2012.10—2013.7）

○银盏镇纪委

书　记：刘兴祥（2012.4—2013.7）

副书记：李秀英（2012.4—2013.7）

○江界河镇纪委

书　记：唐培斌（2012.4—2013.7）

副书记：缺

○鱼河乡纪委

书　记：张登江（2012.4—2013.7）

副书记：兰　东（2012.4—2013.7）

○中坪镇纪委

书　记：张　慧（2012.4—2013.7）

副书记：缺

〇建中镇纪委

书　记：兰明奎（2012.4—2013.7）

副书记：况明军（2012.4—2013.6）

〇白沙乡纪委

书　记：王华亮（2012.4—2013.7）

副书记：王　华（2012.4—2013.7）

〇永和镇纪委

书　记：朱世江（2012.4—2013.7）

副书记：皮禄涛（2012.4—2013.7）

〇岚关乡纪委

书　记：胡生才（2012.4—2013.7）

副书记：龙河忠（2012.4—2013.7）

〇老坟嘴乡纪委

书　记：兰银锋（2012.4—2013.7）

副书记：庹玉凯（2012.12—2013.7）

〇珠藏镇纪委

书　记：李侑泉（2012.4—2013.7）

副书记：马顺才（2012.5—2013.7）

〇高水乡纪委

书　记：石　明（2012.4—2013.7）

副书记：彭福洋（2012.4—2013.7）

〇牛场坝乡纪委

书　记：王大其（2012.4—2013.7）

副书记：冉吉刚（2012.4—2013.7）

〇木引槽乡纪委

书　记：杜全禄（2012.4—2013.7）

副书记：袁祥忠（2012.4—2013.1）

　　　　李忠伦（2013.1—2013.7）

〇天文镇纪委

书　记：戴欣娟（2012.4—2013.7）

副书记：郎永乾（2012.4—2013.7）

四、13个乡镇（街道）纪委（纪工委）监察室，书记、副书记、主任（2013.7—2016.12）

2013年7月，瓮安县乡镇机构改革，撤销8个乡镇，设2个街道和11个乡镇。在2个街道办事处设纪工委，在11个乡镇设纪委、监察室。设书记1名，为副科级；副书记、监察室主任各1名，为正股级。

〇瓮水街道

纪工委书记：邱定菊（2013.7—2014.12）
秦大华（2015.3— ）
纪工委副书记：张　弘（2013.7— ）
监察室主任：李向琴（2014.5— ）
○雍阳街道
纪工委书记：肖　云（2013.7—2014.12）
石　明（2014.12—2016.6）
邬培杰（2016.6 — ）
纪工委副书记：王考群（2013.7—2015.5）
卢瑞祥（2015.5— ）
监察室主任：陈　乾（2014.5— ）
○平定营镇
纪委书记：李侑泉（2013.7 — ）
纪委副书记：冷小梅（2013.7 — 2014.10）
胡　源（2014.10— ）
监察室主任：邱　燚（2013.8— ）
○银盏镇
纪委书记：刘兴祥（2013.7— ）
纪委副书记：陆　洪（2014.4—2016.8）
向小亚（2016.8— ）
监察室主任：向小亚（2014.8—2016.8）
○猴场镇
纪委书记：邓云久（2013.7—2016.5）
杜明菊（2016.5— ）
纪委副书记：罗开友（2013.7—2016.6）
徐证芳（2016.9— ）
监察室主任：兰中海（2014.5— ）
○玉山镇
纪委书记：吴岳军（2013.7—2014.4）
杜明菊（2014.4—2016.5）
刘志坤（2016.8— ）
纪委副书记：王恩鹏（2013.7—2014.4）
张莉莎（2015.9— ）
监察室主任：彭隆俊（2016.9— ）
○江界河镇
纪委书记：唐培斌（2013.7—2014.11）
刘林瀚（2015.3— ）
纪委副书记：唐光琼（2013.7— ）

监察室主任：朱　丽（2014.4—　）

○中坪镇

纪委书记：王华亮（2013.7—2016.6）
　　　　　罗开友（2016.6—　）
纪委副书记：黄龙菊（2013.8—　）
监察室主任：王小杰（2014.5—　）

○建中镇

纪委书记：兰明奎（2013.7—　）
纪委副书记：余香琴（2014.5—2015.1）
　　　　　李义芳（2015.9—　）
监察室主任：王　华（2013.7—2013.8）
　　　　　皮贵坤（2015.5—　）

○永和镇

纪委书记：张天盛（2014.5—　）
纪委副书记：庹玉凯（2013.7—　）
监察室主任：黄　维（2014.5—　）

○岚关乡

纪委书记：胡生才（2013.7—　）
纪委副书记：龙河忠（2013.7—　）
监察室主任：蒋　倩（2014.5—　）

○珠藏镇

纪委书记：石　明（2013.7—2014.12）
　　　　　王建华（2014.12—　）
纪委副书记：朱代英（2015.5—　）
监察室主任：肖座鑫（2014.11—　）

○天文镇

纪委书记：杜全禄（2013.7—2016.6）
　　　　　罗君魁（2016.6—　）
纪委副书记：郎永乾（2013.7—2013.12）
　　　　　苏期权（2013.12—2016.4）
　　　　　潘宥全（2015.6—　）
监察室主任：彭　仟（2015.9—　）

第二章
反腐倡廉宣传教育

反腐倡廉宣传教育是党风廉政建设和反腐败斗争的基础工作，是党的思想政治工作的重要组成部分，也是纪检监察机关的一项重要职能和经常性工作。通过开展党风廉政宣传教育，着力解决党员干部在党风党纪方面存在的突出问题，促使广大党员干部树立正确的世界观、人生观、价值观，增强廉洁从政意识，提高拒腐防变能力，构筑牢固的思想道德防线。县纪委、监察局围绕党在各个时期的不同形势、不同任务，存在的不同问题，对党风廉政建设宣传教育的内容和方法也不断调整充实，从抓思想教育入手，保证各个时期党的路线方针政策得以顺利执行。

第一节　宣传教育

反腐倡廉宣传工作作为党的整体宣传工作的一部分，是指借助各种符号和手段传播党的反腐倡廉各项大政方针，党所提倡的思想、观念和各种信息，以影响包括党员干部和社会大众在内的宣传对象的思想和行为的一种社会活动。纪检机关自建立以来，自始至终注重反腐倡廉宣传，充分利用各种形式、手段、艺术等方式，以正确的舆论导向，有力地推动反腐倡廉宣传工作。

从20世纪50年代开始至60年代，县纪委（监委）主要通过党组织的有关文件以及党组织对党员个别谈话开展党性党风党纪教育；围绕党的中心工作和各项政治运动对党员进行宣传教育。除了把检查处理案件的过程作为纪律教育的过程外，还根据各个时期党内干部的不良思想倾向，选择典型案件，在认真核清事实，做出正确的处理结论后，报请县委批转有关党组织，在党员中进行学习讨论，以扩大纪律教育的效果，制止违法乱纪倾向的发生。

1951年12月至1952年10月，中央决定在党政机关工作人员开展“三反”（反贪污、反浪费、反官僚主义）和在私营工商业者中开展“五反”（反行贿、反偷税漏税、反盗骗国家财产、反偷工减料、反盗窃国家经济情报）的斗争。根据中央的指示精神和省委的要求，在县级机关和企事业单位、私营工商业者集中开展“三反”“五反”运动，促使广大党员干部自觉同贪污、浪费、官僚主义作斗争。

1964年，开展农村社教运动（社会主义教育）试点，对农村党员开展社会主义教育和“四清”（清政治、清经济、清组织、清思想）运动。

1965年，县委根据中央《关于社会主义教育运动中目前提出的一些问题》（简称《二十三条》）精神，部署社会主义教育运动。县委监委认真贯彻执行“惩前毖后、治病救人”的方针，在全县开展社会主义教育运动。通过教育，促使广大党员干部自觉同贪污、浪费、官僚主义做斗争，并抓住典型违法违纪案件，进行公开处理、通报，以教育广大党员干部。

20世纪60年代至70年代，由于“文化大革命”十年动乱造成政治上、思想上的混乱，加上“两个凡是”的错误影响，使党的工作形成两年多徘徊中前进的局面。直到党的十一届三中全会召开，随着党的工作重点的转移，正确路线的确立，党的工作进入一个新的历史时期。全县各级党组织开展真理标准的讨论，党的优良传统和作风逐步得到恢复和发扬。

1979年，中央纪委第一次全会明确提出，要把“协助各级党委对加强党的纪律和党的优良传统作风的教育”作为各级纪委的首要任务。全县各级党组织在组织广大党员干部学习、宣传、贯彻、执行新党章和新宪法的同时，开展专题教育。

1980年，县委认真学习党的十一届五中全会通过的《关于党内政治生活的若干准则》，组织举办学习《中央纪委关于党内政治生活的若干准则》轮训班7期，轮训党员6499人（次）。通过学习，对照“准则”开展批评与自我批评，纠正不正之风。

1981年，县委开展“执政党的党风问题是有关党的生死存亡的问题”的教育。同时，以党章和《关于党内政治生活的若干准则》为主要教材，对全县4600名党员进行轮训。通过学习贯彻执行《准则》和其他党内法规，对维护党的纪律，端正党风，恢复党内的正常活动，加强和改善党的领导起到重要作用。

1982年，县委深入开展党风党纪教育。围绕怎样发挥党支部的战斗堡垒作用和党员的先锋模范作用主题深入开展大讨论活动。组织举办以“七一”社论和“十二大”文献等为培训内容的党员、干部培训班3期，共培训党员、干部5000余人（次）。

1983年，县委结合学习新党章活动，与组织部、机关党委对县直机关党员干部分2批进行为期15天的培训；要求各级党组织把《全面开创社会主义现代化建设新局面》《关于建国以来党的若干历史问题的决议》等文件作为培训内容的重点，通过培训、专题教育等，加强党的作风建设。

1984年，县委根据《中共中央关于整党的决定》精神，认真贯彻“预防为主、教育为辅”的方针，开展党性党风党纪教育。全县各级党组织从增强党员的党性，提高党员的思想觉悟入手，运用会议、党课、党日活动、业务党校、广播等多种形式，对党员进行党性党风党纪教育。

1985年，县委坚决贯彻执行党的十一届三中全会和十二大的路线、方针、政策，按照新时期的要求，全面拨乱反正，清除“右”的错误影响，坚持马克思主义实事求是的思想路线，坚持党的四项基本原则，逐步把工作重点转移到经济建设上来，实施改革开放，搞活经济政策的一系列措施，经济工作有了较大发展。县纪委和县委宣传部、县委组织部，以理想、纪律为主要内容，开展党性党风党纪教育，党风、民风、社会风气有了明显好转。

1987年，县委在县、乡两级党员干部和教师中开展“坚持四项基本原则，反对资产阶级自由化”等教育。县委举办《坚持四项基本原则、反对资产阶级自由化》《建设有中国特色的社会主义》两本书的骨干培训班，共有党员1430人参训。请老干部和战斗英雄以《革命胜利来之不易、光荣传统务须继承》《难忘的李海欣高地》等为题，深入七区一镇和县直机关作巡回报告，4000名党员干部聆听报告。

1988年，县委、县政府利用召开三干会、党建工作会、政法工作会、廉政教育会等会议作党风党纪教育。县纪委领导在党校举办的党员干部培训班大会上作党风党纪教育专题辅导课，在县直机关党委举办的党员发展对象培训会和在永和区、草塘区、中坪区、教育局、公安局等单位的有关会议上对3000多人作了党风党纪教育专题报告。

1989年4月至6月，反动乱、反暴乱的政治斗争后，县委召开反对动乱、维护安定团结的政治局面报告会等对党员干部进行教育。县纪委征订《贵州党风》424份，为全县广大党员提供了学习的素材。

1990年，主要对十三届六中全会精神进行宣传，以党纪党风教育为主题，以中央关于加强党同人民群众联系的决定为重点，高度重视党员的政治教育，把提高党员的政治素质放在重要位置。县委印发《关于贯彻中央〔1990〕5号文件实施意见》，县直各单位通过讲党课等活动，组织学习《坚定走社会主义道路》《中国共产党是建设社会主义的领导核心》等文件，经常对干部进行法纪教育，鼓励党员干部为群众办实事、努力工作等，对干部进行党性教育。

1991年，主要对颁布的《监察条例》进行宣传，要求广大干部进行学习。县委利用会议、培训班、基层党校、录像片进行党风党纪教育。

1992年，县委积极组织深入开展机关作风整顿和农村社会主义思想教育活动，对党员干部进行教育，加强全县广大党员干部的作风建设。

1993年，通过党员活动日学习党的十四大精神、江泽民在党的十四大上作的报告和《党章》。通过“七一”期间召开座谈会、报告会、演讲会等纪念党的生日，对党员进行党风党纪教育。在一年一度的党员培训会上，安排党风党纪教育课，提高党员的纪律观念。在县城和有条件的乡镇组织党员观看《儆戒》《护航》《晚秋》《夕阳在晚秋中沉沦》《百万特大贪污案的反思》等党风廉政教育片7场（次），受教育党员达5600余人（次）。

1994年，主要对《邓小平文选》第三卷和党的十四届三中全会《决定》等内容进行宣传教育，下发文件要求每名党员干部要通读和办学习专栏进行宣传教育。在全县党员干部中开展“解放思想大讨论”活动，围绕“我要工作，还是要我工作”进行讨论，教育广大党员干部爱岗敬业，树立良好的工作作风，形成了积极工作的良好氛围，为加快县的经济建设献计出力。征订《反腐倡廉教育讲话》70册，《反腐倡廉教育领导读本》77册，发放给领导干部学习。

1995年7月，先后开展民主集中制，党的理想、宗旨和优良传统以及反腐倡廉主题教育等活动。组织党员干部参加中纪委监察部和《中国纪检监察报》联合举办的“民主集中制百题知识”竞赛活动，同时，运用上党课、开展民主生活会、知识测试等形式，深入进行以讲政治纪律为重点的民主集中制教育。

1996 年，根据中纪委第六次全会提出“要在全党普遍开展党风廉政建设各项规定教育”和《在全国开展党纪政纪条规教育的通知》精神，在全县范围内开展学习党纪政纪条规活动。出台《关于在全县开展党纪政纪条规教育考核的通知》，征订党纪政纪条规 520 册，发放给党员进行学习。组织全县 2500 名党员、干部参加中纪委、监察部举办的党纪政纪条规知识竞赛活动，有 16 人获奖。同时还在“七一”期间，对廉洁奉公，勤政为民，带头致富的先进集体和个人进行表彰；县纪委领导在会上作党风党纪形势报告，对党员干部进行党的知识、宗旨等教育。

1997 年，迅速掀起宣传学习贯彻党的十五大精神的热潮，共写心得体会 3000 余份。按照中纪委提出的“紧紧围绕经济建设这个中心，坚持反腐败三项工作的格局，把反腐败斗争进一步引向深入”的工作部署，在全县党员、干部中开展党风、党纪、政纪教育和反腐倡廉教育。与县委宣传部、县委组织部举办全县副局级领导干部培训班 2 期，培训干部 310 人，以《严肃党的纪律，强化党风廉政建设》为题上了专题课。播放党纪党风教育片 20 部 38 场（次），观众达 2 万余人（次），并派人参加 34 个单位的民主生活会。订购省纪委编印的《群众观点、群众路线、群众纪律》教育读本 400 册，送 23 个乡镇农村支部和机关支部进行学习。印发通知，要求全县领导干部认真学习《中国共产党党员领导干部廉洁从政若干准则》，并将《准则》印制和悬挂在县直单位、乡镇领导干部办公室，方便学习。与县直机关党委共同举办《学理论、学党章》知识竞赛活动 1 次，1016 名党员参加了竞赛。

1998 年，在全县开展“高举旗帜、增强党性、艰苦创业”主题教育活动，组织党员干部学习党的十五大精神和开展党性党风党纪教育。5 月开始，在全县 1600 名公务员及社会各界人士中开展学习《行政监察法》活动，并举行了知识竞赛。8 月，对县直机关 170 多名要求入党的干部进行党风党纪教育培训。在银盏乡对 180 名党员、干部进行党的基本知识、基本理论、基本路线和党纪政纪条规教育。全县播放党风党纪教育片 20 余部 40 余场（次），25000 余人（次）接受教育。

1999 年，在全县领导干部中深入开展以“讲学习、讲政治、讲正气”为主要内容的党性党风教育，提高干部的自身素质和政治鉴别力。建立县乡两级主要领导干部定期进行党风廉政专题教育活动制度，按照县委“三讲”教育领导小组《县委领导班子及领导干部“三讲”教育实施方案》要求，历时 3 个月完成“三讲”教育各阶段的工作任务。结合党员干部的思想实际和廉政建设状况，开展理论教育、党纪教育和典型教育。购买《中国共产党纪律处分条例》系列电视片一套 10 盒在县城和各乡镇进行播放，党员干部群众达 5 万人（次）收看。撰写《带头致富的女共产党员柏素珍》上报州纪委。组织党员对“法轮大法”这一非法邪教组织进行批判。在建中镇 2 次组织 210 名党员召开“三讲”教育座谈会。8 月，到天文镇为 48 名干部上党纪党规培训课。

2000 年，加强对《中国共产党纪律处分条例（试行）》《行政监察法》的宣传，在玉山、草塘等乡镇播放《条例》电教片。从 8 月中旬到 9 月底，开展为期 1 个半月的关于利用成克杰、胡长清等重大典型案件在全县范围内对党员干部进行警示教育。编印《邓小平论党员领导干部廉洁自律》和《以案施教、警钟长鸣》1000 余册，发放给党员干部进行学习。在23个乡镇、县直机关播放《胡长清案件警示录》100多场（次），教育党员、干部2000余人（次）。在瓮安有线电视台滚动播放《中国共产党纪律处分条例（试行）》，通过学习党和国家领导人的相关论述，党纪党规，学习典型案例，使广大党员干部充分认识到腐败行为的危害性，提高廉洁自律意识。

2001年，全县各级党组织坚持以江泽民“七一”重要讲话和“三个代表”重要思想为指导，学习贯彻党的十五届六中全会《决定》，加强党员干部的党性党风党纪教育。组织全县领导干部观看《沈阳慕马大案》纪实片。

2002年，把开展党风廉政宣传教育工作纳入重要议事日程，初步建立起纪检监察、组织、宣传、文化广播等部门和新闻单位统一分工、共同参与的党风廉政宣传教育机制。宣传贯彻落实十五届中纪委七次全会精神和九届省纪委六次全会精神、全国纪检监察宣传教育工作座谈会精神；在瓮安有线电视台播放廉政电视片《一代廉吏于成龙》和电教片《风雨乾坤》。在全县23个乡镇和县直机关发放警示教育读本《邓小平论党员领导干部廉洁自律》《以案施教、警钟长鸣》1000余册，组织23个乡镇、机关、厂矿收看《胡长清案件警示录》，全县播放124场（次），参加观看的干部、职工、群众达4万余人（次）。在县电影院放映《生死抉择》，1000余人观看。在《中国监察》上刊登了《村财乡管》《瓮安县廉政建设效果明显》2篇信息，在《贵州党风》上刊登了2篇信息。

2003年，以“三个代表”为主线，对全县党员领导干部开展党性党风党纪教育、典型示范教育，利用县财政局王成元案、县公安局李远航案撰写警示教材《在赌海颠翻的人生之船》《从公仆到囚徒》。《在赌海颠翻的人生之船》在贵州党风廉政上刊登，并在全县广大干部中进行警示教育，同时通过对郑培民等先进典型宣传，增强干部的公仆意识。举办“三个代表、党的知识及党纪条规知识竞赛”，“颂歌献给党”文艺汇演，受教育党员、干部职工3700余人。组织各乡镇、县直机关各部门360名干部参观反腐倡廉图片展。是年，撰写信息被中央级刊物采用2篇，省级刊物采用3篇，州级刊物采用20篇。

2004年，县委按照“为民、务实、清廉”的要求，4至6月，在全县党员领导干部中开展为期3个月的机关作风教育整顿活动。活动共分为学习教育、对照检查、整改落实、完善制度四个阶段，着力解决干部思想、作风、纪律方面的问题。成立县纪委、县委宣传部、县委组织部、县委党校、县监察局、县文体广播电视局共同参与宣传党风廉政教育工作的领导小组，完善了联席会、协调会、例会制度。开展《中国共产党党内监督条例（试行）》《中国共产党纪律处分条例》宣传教育活动，举办“两个条例”辅导10场次，办培训班3次，1000余人（次）听课，发放读本600余册，还通过宣讲、播放电教片、编印百题知识问答宣传材料进村入户进行宣传。举办党员干部、老干部、农村党员干部“两个条例”知识竞赛3场次。开展“勤政廉政模范人物”“优秀纪检监察人物”评选表彰活动，共评选出“勤政廉政模范人物”10人（推荐2人参加州委表彰），“优秀纪检监察人物”12人进行表彰。

2005年，深入学习宣传《中共中央关于建立健全教育、制度、监督并重的惩治和预防腐败体系实施纲要》，组织开展了“一二三四”系列活动。即：围绕“求真务实，廉政为民”这一主题；开展《实施纲要》和保持共产党员先进性教育学习两个宣传活动；组织开展了全县优秀共产党员、优秀纪检监察干部、优秀党务工作者三项评比表彰；抓好廉政党课、廉政典型、警示教育、回访教育四项教育，筑牢拒腐防变的思想道德防线。

2006年，开展加强对党员干部廉洁自律、廉洁从政教育，增强党员干部纪律意识和自觉接受监督意识。1月，县纪委、县妇联向全县2000余名党员干部发送了《构筑家庭助廉防线，创建廉洁文明家庭》倡议书，开展廉政文化进家庭活动。3月，发放400余册《家庭助廉教育读本》到副科级干部家庭中，内容有时代先锋、廉政讲课、案例剖析等，重点编印了那些发生在领导干部身边的先进典型和反面案例。通过家庭助廉教育读书活动，树立家庭助廉意识，筑牢家庭抗腐防变防线的藩篱。

2007年，县委把学习贯彻《党章》、树立社会主义荣辱观教育和学习《江泽民文选》活动作为工作重点，将三者有机结合起来，组织党员干部学深学透党章主要内容，牢固树立社会主义荣辱观，深刻领会《江泽民文选》的精髓。3月至6月，在全县各单位开展为期4个月的机关作风教育整顿活动，共分为学习动员、查找问题、整改提高、总结验收四个阶段，着力解决干部作风不实的问题。县委中心组带头学习《江泽民文选》、胡锦涛讲话文献。4月，开展了一次“加强作风建设，促进廉洁从政”的知识竞赛活动。同时，县纪委加强与新闻媒体的联系，定期开展有关反腐倡廉专题宣传。

2008年2月，瓮安遭遇百年难遇的凝冻灾害，全县加强对广大干部严格遵守工作纪律、干部作风建设、抗灾救灾的宣传教育。“6·28”事件后，针对干部作风问题，在全县各单位开展为期3个月的机关作风教育整顿活动。制定《严禁节假日腐败和奢侈浪费的有关规定》，印发各单位要求组织学习，在瓮安电视台滚动播放进行宣传，公开曝光了3名干部处分的决定。筹备了1次恢复纪检监察机关30年诗歌朗诵比赛，选送的《时代楷模》参加州级比赛获三等奖，并参加省的比赛。表彰了8个党风廉政建设先进单位和23名干部作风先进个人。在卫生、公安、国土等部门开设“党风廉政建设流动课堂”，对1000余名干部进行了教育，得到州纪委杨云书记的表扬。8月，在全县党员领导干部中开展“学习贯彻《建立健全惩治和预防腐败体系2008—2012年工作规划》知识答题活动”，共3000余名党员干部职工参加了这次答题活动。

2009年，在全县党员干部中开展“加强党性修养，坚持廉洁从政”党性党风党纪主题教育活动。3月，邀请省纪委派驻省财政厅正厅级纪检员龚晓烈为全县540余名正科级干部进行“党性、党风、党纪”教育。11月，开展反腐倡廉警示教育活动，将北斗山监狱列为警示教育基地，让服刑人员现身说法，组织县直部门党员领导干部120余人参加警示教育活动。到各学校开展警示教育活动8场（次），5000余人接受教育。

2010年，县委开展《关于开展“忠实践行宗旨、勤政廉政为民、做‘双争’表率教育，巩固和扩大深入学习实践科学发展观活动成果”》教育活动，加强党性、党风、党纪教育。以“学习《廉政准则》，争做勤廉表率”为主题，组织开展学习贯彻《中国共产党党员领导干部廉洁从政若干准则》系列活动。运用党课、专题讲座、培训班、“三会一课”、重温入党誓言、签订廉洁从政承诺书、专题讨论、征文演讲、文艺演出、知识竞赛、开辟专题专栏等多种形式，深入学习贯彻《廉政准则》。6月，组织500余名科级以上干部在北斗山监狱开展警示教育活动。7月，举办以党章、党纪、党规为主题的“党建知识竞赛”，23个乡镇和县直各部门组队参加了比赛。11月，邀请省纪委研法室主任方晓明对全县副科级以上领导干部和村干部共600余人进行廉政准则“八个方面”“五十二个不准”

专题教育。

2011年，以“学习实践科学发展观”“创先争优”“三个建设年”等活动为契机，大力开展正面示范教育，反面警示教育，教育和引导党员干部讲党性、重品行、作表率。利用身边典型案件，以案例剖析通报、处分回访、廉政流动课堂等形式开展反腐倡廉教育，提高广大党员干部廉洁自律意识和拒腐防变能力。印发平定营镇原国土所所长童某某贪污案等综合信息3期，对案件进行剖析通报，在县国土、住建等重点部门上廉政流动课5堂次。开展“勤政廉政先进典型”评选活动，瓮安县农村工作局动物疫病预防控制中心被评为“全省勤政廉政先进集体”，吴应忠、郑光杰2名干部被评为“全州勤政廉政先进个人”，瓮安县农村工作局动物疫病预防控制中心主任魏赐开代表单位在全省作巡回报告宣讲。

2012年，通过开展警示教育、廉政讲座、廉政约谈、反腐倡廉曲艺大赛，在瓮安电视台、《瓮安时讯》播放刊登廉政公益广告，开通瓮安廉政网、开设瓮安廉政短信平台、发放宣传资料等方式宣传党的章程、党纪法规，对干部进行廉政教育。6月，组织了100余名新任副科级领导干部到州警示教育基地和桐州监狱进行警示教育；举办了“加强党性修养，强化履职能力”专题讲座，对副科级以上领导干部和重点部门股级干部600余人进行了党性教育。与组织部开设了3期培训班，对农村基层干部进行廉政培训，县纪委领导到部门上廉政党课10余堂次，对全县60余名正科级干部进行了勤政廉政约谈及考试，在县举办反腐倡廉曲艺大赛1次，7月开通了“瓮安廉政”网，通过平台编发手机廉政短信60条给全县副科级以上干部，发放宣传资料2000余份。

2013年，以宣传党的十八大精神和新《党章》为载体，大力宣传县委推进建设清廉瓮安的重大举措，引导广大党员干部提高党性认识、提升党性修养，推进清廉瓮安建设。3月，新建瓮安县警示教育基地并对外开放，要求各单位组织干部职工到基地接受警示教育，全年组织117个单位6000余人（次）到基地接受警示教育。4月，制作悬挂转作风、反“四风”（形式主义、官僚主义、享乐主义、奢靡之风）大型公益广告牌45块。5月，举办了“铭记党章·践行宗旨”电视竞答赛，来自乡镇、部门的31支队伍参赛；开展瓮安县勤政廉政先进集体和个人评选活动，向省推荐1名基层勤政廉政先进个人作为全国基层干部勤廉榜样的候选人；开展一把手电视廉政访谈活动，52个县直单位的一把手在电视上进行了公开访谈。9月，在全县党员领导干部中开展为期1个月的反腐倡廉警示教育“三个一”（读一本警示教育读本、看一部警示教育片、写一篇心得体会）活动。2013年，发送廉政短信2.3万余条，县纪委领导到部门上廉政党课7堂次；向党员干部印发5000余册《瓮安县党员干部纪律手册》、选送廉政节目下乡巡演90余场次；约谈领导班子成员、中层干部、村（社区）干部1256人。

2014年，以中央《建立健全惩治和预防腐败体系2013—2017年工作规划》为主要内容进行宣传。在全县党员干部中开展党的群众路线教育实践活动，组织1000余名县直单位干部到县反腐倡廉警示教育基地、黔南州作风教育基地接受教育。2月，中央电视台13频道在《新闻联播》栏目报道了瓮安县查处县烟草局4名职工上班时间在家中打麻将违反“四风”的案例和从严执纪的做法。同月，开展“反对四风、清廉过节”主题活动，县级领导干部带头反“四风”，并在“反对四风·清廉过节”公开承诺书上集中签名。4月，在浙江大学继续教育学院举办一期纪检监察业务培训班，58名纪检监察干部参加了培训。5月，对社区（村）主任112人和2个重点部门234人开展廉政培训。是年，对83名科级拟提拔干部进行廉政测试。印制“党风政风监督卡”“整治经济发展环境监督卡”发放到5000余名机关干部、1000余名企业主、50000余名村民手中。

2015年，以宣传习近平关于党风廉政建设和反腐败斗争系列重要讲话精神，聚焦党风廉政建设和反腐败斗争为中心任务进行宣传。开展“三严三实”专题教育，通过党课教育、理论研讨、参观学习、现身说法等多种形式为有关领导干部作辅导报告，引导广大党员干部特别是领导干部把握“三严三实”的本真内涵，贯彻“三严三实”的实践要求，形成“三严三实”的新风正气。4月，在中纪委海南培训中心举办了落实“两个责任”专题培训班，4名县级领导干部和59名乡镇街道办事处、县各级党组织负责人、部分纪检监察干部参加了培训。从4月开始，先后组织了67名党政“一把手”在电视上公开述责、述廉、述德。5月，邀请省委党校教授周感华为全县600余名副科级干部上了题为《心存敬畏，手握戒尺——谈严守党的政治规矩》的专题课。同月，邀请省纪委研法室主任吴寿文为全县300余名科级以上领导干部上了《守纪律讲规矩，筑牢拒腐防线》的专题课。6月，各单位观看县纪委组织拍摄的《张兴权贪腐》警示教育片。10月，组织全县各级党员领导干部收看中央纪委宣传部、中央电视台联合制作的大型反腐专题片《永远在路上》，县纪委刻录光盘100余张，全县1.2万余名党员干部通过各种方式收看了该专题片。在省纪委监察厅组织的“走基层，看三转”主题征文活动中，王松报送的《述责述廉述德强化同级监督》征文稿件荣获三等奖。11月，县委建成总投资150余万元，占地400余平方米的警示教育基地开馆，全县40多名在职副县级以上领导干部首批接受教育。是月，赵启安报送的《瓮安搭建信息网络平台精准落实“两个责任”》得到省委常委、省纪委书记宋璇涛的批示。是年，信息采用在《中国纪检监察报》1条，《贵州日报》2条，《黔南日报》6条，中纪委监察部网站1条，省纪委监察厅网站7条。

2016年，以“两学一做”学习教育为契机，聚焦党风廉政建设和反腐败斗争中心任务，深入开展党章、党规、党纪学习。3月，县委常委会及县人大、政协等5大党组、35名副县级领导干部、77名党政一把手在县纪委全会上述责、述德、述廉；63名单位（部门）一把手在县电视台公开述责、述廉、述德，接受社会各界监督。6月，主办“两学一做”演讲比赛1次，来自各乡镇（部门）的52名代表参加比赛。翻印《纪律处分条例》《问责条例》2500份分送副科级以上领导干部，4528名党员接受“两学一做”知识测试。是年，信息采用在《中国纪检监察报》1条，《黔南日报》10条，中纪委监察部网站3条，省纪委监察厅网站14条。是年，12个省区市、125个单位及全县73个单位到新建警示教育基地接受警示教育1.5万余人（次）。

第二节　廉政文化建设

廉政文化是廉政理论和行为方式及其相互关系的文化总和，是关于廉洁的知识、理念、制度及与之相应的生活方式、行为规范的总概括。加强廉政文化建设，是纪检监察机关的一项基础性工作。

进入21世纪，特别是党的十六大以来，县纪委、县监察局充分发挥纪检监察机关在抓党风廉政建设中的组织协调作用，认真谋划，统筹兼顾，同组织、宣传、文化以及报刊、广电等部门密切配合，形成反腐倡廉教育“大宣教”格局。在开展主题教育的同时，大力开展廉政文化建设，以各种生动活泼的形式和丰富多彩的内容，在全县营造“以廉为荣、以贪为耻”的廉政文化氛围。

1997年，将《中国共产党党员领导干部廉洁从政若干准则（试行）》编成《廉政歌》，下发到各党支部，要求党员学唱。

2006年，在全县开展廉政文化进家庭活动，县纪委、县妇联向全县2000余名党员干部发放《构筑家庭助廉防线，创建廉洁文明家庭》宣传手册，向全县副科级及以上干部家属发放《家庭助廉教育读本》400余册。

2007年，通过多种形式在机关、社区、农村、工矿、企业、学校等开展廉政文化活动。4月，通过举办家庭助廉评选活动，评选勤政廉洁家庭，推荐到省、州表彰。6月，以群众喜闻乐见的形式在人民广场、金龙社区举办廉政晚会，通过小品、歌唱等宣传廉政文化；6月，举办以廉洁内容为主题的演讲比赛，创作了一批廉政主题高质量的演讲稿。10月，在岚关等乡镇学校上廉政文化课，创办廉政宣传栏，开展廉政文化进学校活动。开展廉政文化进基层，在企业中通过厂务公开进行宣传。

2008年，通过电视、广播等对廉政文化、廉政公益广告等传播。开展“构筑家庭助廉防线，创建廉洁文明家庭”活动，共发倡议书1000余份。

2009年4月，在单位开设廉政流动课堂，由县纪委领导到各单位进行授课，共到6个单位讲了6次，2600余名干部接受廉政教育。6月，举办“妇女党政纪条规知识竞赛”，开展做好家庭廉内助创建活动，各单位、各乡镇组队参加比赛。通过电视、报纸刊播廉政公益广告30条次，传播廉政文化。开展廉政文化“六进”示范点建设创建活动。

2010年，通过宣传栏、电视、专题讲座等对廉政文化进行宣传。举办廉政书画展1次。在县地税、国土、林业等重点部门开设“廉政流动课堂”。

2011年，通过宣传栏、电视、专题讲座、专题片等对廉政文化进行宣传。

2012年，在瓮安县电视台2套有线电视节目中每天滚动播放公益廉政广告10余次，在《瓮安时讯》每期刊登1则廉政公益广告。2月，开通了廉政短信平台，每周向全县副科级以上领导干部群发1条廉政短信，发送廉政短信2.3万条，上廉政党课7次。3月，开办廉政期刊《瓮安纪检》，全年编印4期，呈送州纪委监察局领导、县四家班子领导和发全县13个乡镇及70余个县直部门学习参考交流。4月，举办瓮安县反腐倡廉曲艺大赛，创作了一批廉政文化作品，编排了一批廉政文化节目。其中，7个优秀节目在全县领导干部会议上进行了汇报演出，1000余名领导干部群众观看了演出。选送小品《攻不破的堡垒》参加全州反腐倡廉曲艺大赛，荣获三等奖。4月，在瓮安电视台开设一把手廉政访谈栏目，先后对52个单位主要负责人进行了访谈。6月，开展廉政文化“六进六增”（进机关、增效能，进农村、增收入，进学校、增意识，进社区、增和谐，进企业、增效益，进家庭、增幸福）示范点创建活动，打造了猴场镇、地税局、平定营镇营定街村、实验小学、城关一小、雍阳街道河滨社区、瓮福黄磷厂等示范点，推荐到州申报省级示范点。6月，选送

《致歉》等3个廉政节目参加瓮水长歌乡村行巡回演出。10月，举办“坚决反对腐败，建设廉洁政治”理论征文活动，共征集到作品130余篇。开展瓮安县“纪检监察干部一天”图片征集和黔南州“勤廉杯”摄影大赛图片征集活动，将好的作品选送州参赛。

2014年4月，在全县范围内开展“坚决反对腐败，建设廉洁政治”暨“迎七一·树清廉”理论征文活动，将好的作品推选到中央、省、州刊登，县纪委将优秀作品汇编成集。编印纪律手册7500余册发放到全县党员领导干部手中学习。5月，举办村、社区、重点部门干部廉政培训班2期，对112名村（社区）干部和234名重点部门干部进行了培训。5月，平定营镇营定街村、县实验小学、城关一小、雍阳街道河滨社区、瓮福黄磷厂等5个单位被省纪委命名为“省级廉政文化示范点”。6月，录制了《罗甸县原副县长刘明辉违纪案》专题教育片。7月，举办“党纪党规党法”知识竞答赛，全县24支代表队参加比赛。8月，组织获省级廉政文化示范点的5个单位14人到铜仁市松桃县、碧江区学习“六进”先进经验，对示范点进行升级打造。全县“六进”活动示范点已覆盖农村、学校、社区、企业等11个地方。同时，在全县开展廉政文化“六进六增”示范点创建活动，全县13个乡镇街道，68个部门共建廉政文化走廊130余个，上墙廉政作品共4200余幅。9月，与县委宣传部举办“读廉书、思廉政、倡廉洁”征文活动，征得优秀稿件40余篇。是年在县电视台刊播廉政公益广告3000条/次。张贴廉政广告154张，向党员干部发送手机廉政短信10万条/次。11月，组织创作村级权力清单廉政漫画60余幅，印送张贴到98个村的每一个村民组。9月，组织瓮安一小学生创作廉政漫画200余幅，精选其中10余幅上报州纪委。

2015年，举行庆祝建党94周年暨“建设清廉瓮安·和谐幸福平安”廉政文艺演出，县四家班子领导和600余名干部职工观看了演出。全县各乡镇（街道）、部门自编自导自演的42个参演节目，从不同角度反映和讴歌党员干部廉洁奉公、勤政为民的好作风，用廉政文化弘扬社会正气。选取3个节目参加县“瓮水长歌乡村行”到乡镇进行巡回演出。发送廉政短信2万余条，编印《瓮安县典型违纪案例29篇》2000册。继续开展廉政文化“六进六增”示范点创建活动，印发了《关于创建县级廉政文化示范点》的通知，指导各乡镇，各单位开展县级廉政文化点创建。在县城区张贴廉政宣传广告100余张，悬挂灯杆广告牌54个。发送廉政短信40条，接受教育干部约10000余人（次）。编印完成《瓮安纪检》5期，在瓮安电视台、各单位电子广告栏播放公益广告3000余次，制作县纪委2014年度工作专题片。

2016年3月，开展“三八”妇女节家庭助廉活动一次，组织80余名“一把手”家属参观警示教育基地，通过观看警示教育片、听专题教育党课、发放《家庭助廉宣传册》，宣读《家庭助廉活动倡议书》、签名助廉条幅等形式，增强领导干部家属的廉洁意识。继续开展廉政文化“六进六增”创建活动。4月，开展“不忘初心强化监督”征文活动一次，征集作品40余篇，对部分优秀作品，陆续在《瓮安纪检》上进行刊登。6月，制作印发放民生监督卡2.6万张、宣传折页5000份、宣传海报500份，印发“四要五严禁”宣传海报10000余份，民生监督宣传标语、脱贫攻坚执纪宣传标语2700余条，“访村寨、重监督、助攻坚”宣传标语100余条。10月，命名了2015年度创建的瓮安县国税局、瓮安烟草公司、瓮安三小、江界河镇茶园村、瓮水街道中心社区等9个廉政文化示范点并授牌。

表 2-1　部分年度州级以上媒体采用瓮安县纪检监察系统稿件一览表（2014—2016 年）

序号	刊发时间	播报媒体	报道内容及其网页	作　者	第几版
1	2014. 7. 5	黔南日报	创新机制透明办案 ——瓮安县纪委监察局首次案件公开审理侧记 http：//dzb. qnz. com. cn/dzb/html/2014 - 07/05/content_ 250682. htm	王　松 石显丽	2 版
2	2014. 7. 7	新华网 贵州频道	瓮安：民生特派组争做百姓贴心人 http：//www. gz. xinhuanet. com/2014 - 07/07/c_ 1111497406. htm		
3	2014. 7. 12	黔南日报	细化主体监督责任　推进党风廉政建设——瓮安县27 人被立案调查 http：//dzb. qnz. com. cn/dzb/html/2014 - 07/12/content_ 251454. htm	王　松	1 版
4	2014. 9. 15	新华网	瓮安“两个责任”约谈狠抓党风廉政建设责任制工作　http：//www. gz. xinhuanet. com/2014 - 09/15/c_ 1112482228. htm	彭华先	
5	2014. 9. 18	黔南日报	瓮安县用制度防控村干贪腐	王 松	2 版
6	2014. 9. 27	黔南日报	http：//dzb. qnz. com. cn/dzb/html/2014 - 09/27/content_ 259135. htm 瓮安：严格“一案双查”3 名领导被追责	王　松	1 版
7	2014. 11. 7	省纪委监察厅网站	黔南瓮安强化同级监督　县委常委会定期向纪委全会述廉 http：//www. gzdis. gov. cn/art/2014/11/7/art_ 1802_ 101484. html	王　松	
8	2014. 11. 10	黔南日报	瓮安纪检干部进村入户检查家电下乡资金 http：//dzb. qnz. com. cn/dzb/html/2014 - 11/10/content_ 262413. htm	王　松	1 版
9	2014. 11. 11	黔南日报	姐弟造假谋私利　法院依法“拍苍蝇” http：//dzb. qnz. com. cn/dzb/html/2014 - 11/11/content_ 262568. htm	王　松	7 版
10	2014. 11. 13	黔南日报	廉花映瓮水　风清正当时——瓮安县建设“清廉瓮安”工作纪实 http：//dzb. qnz. com. cn/dzb/html/2014 - 11/13/content_ 262711. htm	王　松	5 版
11	2014. 11. 13	人民网	瓮安 5 家单位被命名为省级廉政文化建设示范点 http：//gz. people. com. cn/n/2014/1114/c202026-22908311. html	杨昌宇	
12	2014. 11. 15	贵州日报	瓮安推行违纪案件公开审理新模式 http：//58. 42. 249. 98/epaper/gzrb/Content/20141115/Articel03007WD. htm	王　松	3 版
13	2015. 8. 10	省纪委监察厅网站	黔南：探索案件审理公开　助推以案示警、以案促廉 http：//www. gzdis. gov. cn/art/2015/8/10/art_ 1841_ 113663. html	王　松	

续表2-1

序号	刊发时间	播报媒体	报道内容及其网页	作　者	第几版
14	2015. 8. 22	新华网	贵州瓮安："网络平台"＋"负面清单"推进党风廉政建设 http：//big5. xinhuanet. com/gate/big5/www. gz. xinhuanet. com/2015-08/22/c_ 1116339787. htm		
15	2015. 8. 23	贵阳晚报	瓮安县创新干部政风监督网络平台　群众随手拍死盯领导干部乱来 http：//epaper. gywb. cn/gywb/html/2015-08/23/content_ 441964. htm		A5 版
16	2015. 8. 22	多彩贵州网	瓮安县举行正风网络监督平台系统启动仪式 http：//wsgz. gog. cn/system/2015/08/22/014503528. shtml		
17	2015. 8. 24	黔南热线	瓮安"两个责任"落实与干部正风监督网络平台启动 http：//www. qnz. com. cn/news/NewsShow. aspx？ id＝20752		
18	2015. 8. 23	贵州商报	瓮安开发干部职工网络监督平台　293 条负面清单严管党员"小节" http：//www. gzqss. cn/e/gzsb/html/2015-08/23/content_ 209420. htm？ div＝-1		第三版
19	2015. 8. 24	贵州都市报	瓮安推出干部正风监督网络平台　党员干部 8 小时外也要监督 http：//dsb. gzdsw. com/html/2015 － 08/24/content_ 94746. htm		G5 版
20	2015. 8. 24	大公网	贵州瓮安县利用手机"随手拍"强化对干部监督 http：//news. takungpao. com/mainland/topnews/2015-08/3142928. html		
21	2015. 8. 24	黔南日报	管住"小事小节"规范举止行为 ——瓮安出台 293 条负面清单推进作风建设常态化	王　松	第 4 版
22	2015. 8. 24	黔南日报	瓮安"两个责任"暨正风网络监督平台系统启用		第 1 版
23	2015. 8. 31	黔南日报	瓮安县党政纪案件公开审理将在全州推广试行	王　松	第 4 版
24	2015. 8. 30	贵州商报	黔南纪检办案　推行公开审理 http：//www. gzqss. cn/e/gzsb/html/2015-08/30/content_ 210240. htm？ div＝-1	王　松	A4 版
25	2015. 9. 7	省纪委监察厅网站	黔南：积极引导探索新举措　力推进"两个责任"落实 http：//www. gzdis. gov. cn/art/2015/9/7/art _ 1841_ 115127. html	王　松	
26	2015. 9. 8	省纪委监察厅网站	黔南瓮安：党委履行主体责任用数据说话 http：//www. gzdis. gov. cn/art/2015/9/8/art _ 1841_ 114626. html	王　松	

续表2-1

序号	刊发时间	播报媒体	报道内容及其网页	作　者	第几版
27	2015.9.10	黔南日报	多管“闲事”少当摆设——瓮安县纪委集体约谈侧记 http：//dzb.qnz.com.cn/dzb/html/2015 - 09/10/content_ 283727.htm	王　松	第6版
28	2015.9.13	贵州日报	瓮安党风廉政建设实现网上留痕责任可追 http：//58.42.249.98/epaper/gzrb/Content/20150913/Articel01007WD.htm		第1版
29	2015.10.21	贵州都市报	职称评审造假瓮安4教师受处分 http：//dsb.gzdsw.com/html/2015 - 10/21/content_ 106541.htm	王　松	G03版
30	2015.10.27	黔南日报	瓮安4名教师职称评审造假被处理 http：//dzb.qnz.com.cn/dzb/html/2015 - 10/27/content_ 286069.htm	冉丽娟　王松	第4版
31	2015.11.9	黔南日报	瓮安：一台乔迁酒　三方被通报 http：//dzb.qnz.com.cn/dzb/html/2015 - 11/09/content_ 287061.htm	王　松	第4版
32	2015.11.10	贵阳晚报	违规赴乔迁宴　30余人遭了 http：//epaper.gywb.cn/gywb/html/2015-11/10/content_ 449093.htm	王　松	A10版
33	2015.11.12	贵州都市报	一场乔迁酒　33人被通报 http：//dsb.gzdsw.com/html/2015 - 11/12/content_ 111861.htm	王　松	G05版
34	2015.12.4	贵州日报	一条明责履责追责问责全链条 http：//58.42.249.98/epaper/gzrb/Content/20151204/Articel05003WD.htm	赵启安 李良旭	第5版
35	2015.12.4	中纪委监察部网站	赞成效　说受益　话期待 http：//www.ccdi.gov.cn/xwtt/201512/t20151204_ 69561.html	王　松	
36	2016.1.19	黔南日报	瓮安县13个乡镇将建民生监督组谈话室	王　松	第2版
37	2016.1.19	黔南日报	夫妻俩“卖”《条例》《准则》火了半条街	王　松	第4版
38	2016.6.29	黔南日报	瓮安演讲比赛交流“两学一做”学习感悟	王　松	第4版
39	2016.7.12	黔南日报	瓮安：向“升学宴”“谢师宴”说不	王　松	第4版
40	2016.7.15	黔南日报	瓮安4000余名党员参加“两学一做”知识测试	王　松	第2版
41	2016.8.24	黔南日报	瓮安：廉政文化与农业示范项目实施同部署	张显勋	第4版
42	2016.9.6	黔南日报	瓮安：1至8月查处民生案件100件	张显勋	第4版
43	2016.9.12	黔南日报	瓮安廉政文化建设促进党风政风民风持续向好	张显勋	第4版
44	2016.9.20	黔南日报	瓮安县清退违规民生资金	张显勋	第4版
45	2016.11.11	中国纪检监察报	这里的群众还记得	张显勋	第5版

续表2-1

序号	刊发时间	播报媒体	报道内容及其网页	作　者	第几版
46	2016. 11. 28	黔南日报	瓮安：财政扶贫蔬菜项目资金专项监察立案2起	张显勋	第4版

第三节　网站建设

2008年4月，“贵州瓮安廉政网（网址：http//www. walz. gov. cn）”在互联网上开通。主要设置了“重要公告”“机构设置”“勤政新闻”“乡镇部门”“专项整治”“先锋模范”“廉政文化”“关注民生”“政策法规”“八面来风”“红色瓮安”“信访举报”“宣传教育”“党风廉政”“执法监察”“纠风专栏”“源头治理”“复查复议”“商业贿赂”“经验交流”“政务公开”“案件聚焦”等20多个栏目。开设初期，网站主要由县纪委党风廉政教育研究室负责，定期发布本县党风廉政建设工作动态，宣传县委、县纪委监察局及各乡镇、部门党风廉政建设和反腐败工作好的经验做法及举措。

2013年7月，对瓮安廉政网进行改版，网站主要由县纪委宣教室负责，由瓮安县时代科技有限责任公司负责维护，适时更新党的理论方针、政策法规、廉政知识和瓮安县党风廉政建设及反腐败工作动态，不断丰富网站内容、优化栏目设置、增强网站特色、规范网站管理，网站建设取得较快发展，当年更新接近10万字内容，浏览总量达5000余次。建立60人的网评员队伍，针对中央、省关于反腐倡廉重大决策部署和重大案件查办开展评论和跟帖，正面引导社会舆情，全年发表各类网评文章33篇，舆情信息50条，跟帖300余条，转发微博10条。

2014年，不断丰富网站内容、优化栏目设置、增强网站特色、规范网站管理，新设了“曝光台”一栏，将委局立案查处的违纪违法典型案例在网上进行曝光，增加警示教育作用和浏览量。全年更新文章235篇，曝光查处的案件10个，浏览量达2.5万余次。

2015年4月，再次对“瓮安廉政”网进行改版，更名为“清廉瓮安”网，2015年7月正式在互联网上开通运行，由县纪委监察局宣教室负责维护管理。开设初期，委托贵州慈恩软件开发有限公司进行网站维护，2016年10月起由贵州星空间科技有限公司负责维护和更新。域名为http：//www. wajw. gov. cn/ 。

网站版面严肃活泼，栏目简介齐全，内容丰富，信息维护及时，运行公开安全。现设高层声音、信息公开、党纪法律、业务工作、廉政教育、置曝光台、媒体聚焦等栏目。其中“曝光台”一项为广大干部群众提供一个网上交流、网上举报的服务平台，以有效加强全县党风廉政建设和机关效能建设的社会监督。“清廉瓮安”网站是瓮安县党风廉政建设和反腐败工作宣传教育的重要平台及窗口。

一、功能定位

“清廉瓮安”网是由瓮安县纪委、县监察局建立的非营利性的专门网站，其主要功能是：

1. 对中央、省、州及全县各级党委、政府关于党风廉政建设和反腐败的方针、政策、决策做宣传。

2. 对新时期勤廉精神进行宣传，扎实开展正面典型教育，对深刻剖析重大典型案例和本县违纪违法案件，及时开展反面警示教育。

3. 提供党风廉政建设信息及学习教育材料。

4. 提供政务公开、政策法规和网上举报平台，拓宽党委、政府与群众的联系渠道。

5. 对外宣传全县各乡（镇）纪委、部门纪检组深入推进反腐倡廉建设所取得的成效和成果。

“清廉瓮安”网站的建设在于服务基层干部群众，面向全国纪检监察同行，做有特色、有影响的反腐倡廉网站。

二、栏目设置

“清廉瓮安”共设置一级栏目 8 个。

1. 高层声音。主要宣传中央、省、州、县各级党委、政府、纪检监察机关及相关部门有关反腐倡廉建设的重要方针、政策和重大举措。

2. 信息公开。下设“信息公开”“通知公告”“领导简介”“组织机构”“政策法规”“信息公开指南”等栏目。

3. 党纪法律。下设“党内法规制度”“国家法律法规”“贵州法律法规”“法规解释”“业务顾问”。

4. 廉政要闻。主要宣传全县反腐倡廉开展情况。

5. 业务工作。主要展示全县基层单位、乡镇开展反腐倡廉建设的动态情况。下设党风政风、宣传工作、信访举报、组织人事、纪律审查、派驻工作、民生监督 7 个栏目。

6. 廉政教育。下设勤廉楷模、以案说纪、廉政文化 3 个栏目。“勤廉楷模”、“廉政文化”栏目主要展示勤政廉政党员干部、优秀党组织建设情况，“以案说纪”栏目主要以典型案例作警示教育。

7. 公开述廉。主要展示全县各乡镇、（街道）党委（党工委）书记，县直单位和部门主要负责人对全县人民述廉情况。

8. 媒体聚焦。主要展示全县有关反腐倡廉的宣传报道。

除上述所列的一级栏目在网页展示外，另外一些栏目在首页上反映出来：

1. 设有“两个责任监督平台”栏目。

2. 设有“涉农资金公示”栏目。

3. 设有“曝光台”，提供电话、信件等举报方式。

4. 设有举报违纪违法党员干部“随手拍”软件 APP 二维码。

三、维护建设

县纪委宣传教育室具体负责“清廉瓮安”网站的日常维护管理工作。网站信息采集更新工作采取“集中管理，归口负责”的方式，均由各相关职能室、各乡镇（街道）纪委（纪工委）、各部门（纪检组）提供内容。上传信息需经过负责人和分管领导严格把关后报送，由宣传教育室统一发布。信息内容坚持正面宣传、实事求是、遵守党和国家的保密法规。

网站相关设备和程序的日常维护工作外包给专业软件公司，定期签订合同，由宣传教育室负责沟通协调，保证设备和程序正常运转。相关网络管理员自觉执行计算机安全保密的有关规定，增强保密意识，坚持“涉密不上网、上网不涉密”，确保“清廉瓮安”网站安全、高效、稳定运行。

网站自 2014 年开通运行以来，共上传（转载）各类信息稿件 1.2 万余条，浏览量达 35 万余次。

第三章
党风廉政建设

第一节　党风廉政建设责任制

党风廉政建设责任制是深入推进反腐倡廉建设的一项基础性制度，对于强化各级领导班子和领导干部抓反腐倡廉建设的政治责任，保证党风廉政建设和反腐败斗争各项决策部署的贯彻落实，进一步提高管党治党水平，为推动科学发展、促进社会和谐提供有力的政治保障，具有十分重要的意义。自中央实施党风廉政建设责任制以来，县纪委、监察局在县委的统一领导下，在落实党风廉政建设责任制中，积极发挥组织协调、监督检查的职能作用，使党风廉政建设逐步深化、细化，工作机制不断完善，各级党组织和党员领导干部抓党风廉政建设的责任意识不断得到强化和提升。

1998 年 11 月，中共中央、国务院颁布《关于实行党风廉政建设责任制的规定》，明确提出，抓好党风廉政建设和反腐败工作是各级党政领导班子和领导干部必须切实履行的一项重大政治责任，把党风廉政建设和反腐败工作纳入了各级党委、政府的整体工作格局中，通盘考虑、统一部署，充分调动起各个方面工作的主动性、积极性。

1999 年，为保证中共中央、国务院《关于实行党风廉政建设责任制的规定》的全面贯彻落实，搞好全县党风廉政建设和反腐败工作，县委、县政府对乡镇、县直单位实行党风廉政建设工作考核，将考核结果作为评先选优、奖惩的依据。

2003 年，县委出台《瓮安县党风廉政建设责任分解任务表》，将全年党风廉政建设和纠风工作全部进行细化量化，并根据责任制规定进行逐项分解，落实了牵头单位和协办单位。推行《党风廉政建设责任书》制度，县委书记与各党委（党组）主要负责人签订党风廉政建设责任书，并制定《党风廉政建设责任制考评办法》，明确工作落实的具体要求和考评标准。

2006 年，成立瓮安县委党风廉政建设责任领导小组，由县委书记任组长，县长任副组长，县委书记与县委常委、县直各部门负责人、乡镇党委书记签订党风廉政建设责任状，县长与副县长签订廉政建设责任状。将党风廉政建设和反腐败工作重点任务分解给具体分管的县委、县政府领导及牵头部门、协办单位等，半年和年终要求上报工作完成专题报告。县委对党风廉政建设责任制考核优秀的乡镇和单位给予表彰和奖励，不合格的给予通报批评。

2009年，县委把党风廉政建设工作与业务工作同安排、同部署、同落实、同检查、同考核，严格实行“一岗双责”制度。将党风廉政建设工作纳入全县综合目标管理，占综合目标考核分值的10%，并与计划生育、安全生产、信访维稳一道实行4个“一票否决”制，受到“一票否决”的单位领导班子成员和单位不能评先选优。县委对党风廉政建设工作更加重视，年终由各常委亲自带队到各单位进行检查和调研。当年，4个因党风廉政建设考核达不到标准的单位被执行“一票否决”。

2010年，在推行党风廉政建设责任书制度的基础上，推行干部职工全员廉政承诺制度。继续推行党风廉政建设“一票否决”制度，为了落实“一岗双责”，对认识不到位、责任不明确、工作流于形式、资料收集管理不够规范的9个单位进行全县通报批评。同时，县政府1名副县长作为分管领导被通报。单位“一把手”作为单位党风廉政建设第一责任人向县委党风廉政建设领导小组作出深刻书面检查。其中5个单位因党风廉政建设考核不达标被执行“一票否决”。

2012年，县委印发了《中共瓮安县委常务委员会班子成员党风廉政建设工作职责》《瓮安县2012年党风廉政建设和惩防体系建设工作共性目标、具体目标任务分解》《瓮安县2012年党风廉政建设责任制工作考核标准》等，健全党风廉政建设和反腐败工作领导体制和工作机制，从县委书记至基层科室、村居层层签订党风廉政建设责任书，一般干部实行廉政承诺全覆盖，进一步明确党政“一把手”和各分管领导职责范围，并把责任明确到主管人和具体承办人，解决“谁来抓、抓什么、达到什么目标”的问题，做到履行职责有规定，检查考核有标准，追究责任有依据，使责任主体、责任内容、责任目标更加明确。

2013年，紧紧抓住党风廉政建设责任制这个“龙头”，制定下发《瓮安县2013年党风廉政建设责任制贯彻落实情况量化考核标准》《关于印发〈瓮安县2013年党风廉政建设责任制和惩防体系建设工作任务〉的通知》，明确县委、县政府领导班子每位成员的具体责任和牵头部门、协办单位的工作目标及任务，并采取平时检查、半年督查、年终考核相结合的方式进行跟踪，促使工作任务得到较好的落实。在领导干部党风廉政建设履职监督方面下功夫，大力开展一把手廉政访谈、履职测评、公开述职述廉等活动。年初，党委（党组）书记就党风廉政建设工作任务承诺接受电话访谈52人次，单位党风廉政建设第一责任人向县纪委全会报告上年度履职情况并接受民主评议52人次。

2014年3月3日，县四家班子率先垂范，34名县级领导干部向县十一届纪委四次全会述廉，接受同级纪委监督，这标志着瓮安县在贯彻落实党的十八大、十八届三中全会提出的关于“落实党风廉政建设责任制，党委负主体责任，纪委负监督责任，要制定实施切实可行的责任追究制度”的要求方面又迈出坚实的一步。此后，县纪委、监察局继续发挥综合协调作用，积极推动党风廉政建设责任制进一步落到实处。在全省县级层面率先于6月提请县委下发《严格落实党风廉政建设党委主体责任和纪委监督责任的实施意见（试行）》，明确党委主体责任的9项职责、纪委监督责任的5项职责。全面清理县纪委参与和牵头的议事协调机构，继续参加议事协调机构19个，突出抓好监督作风转变、预防腐败、专项治理、案件查办等主要任务。县委就“两个责任”集体约谈150余人，县纪委约谈乡镇和街道党政“一把手”26人、纪委（纪工委）书记和纪检组长40余人。同年8月，制定出台《瓮安县一案双查制度》，在案件查办工作中，既查清当事人的违纪违法问题，又查清当事人所在单位党政组织及领导干部履行党风廉政建设的主体责任、纪检监察组织及其领导干部在履行党风廉政建设监督责任方面的失职渎职问题，具体明确了10种“一案双查”的情形。次月有3名领导干部因工作疏忽失职、资金监管不力，导致下属林某某将20多万元公款用于赌博，负有不可推卸的责任被给予纪律处分，该起案件实行公开审理后，起到了很好的警醒作用。

2015年，充分发挥网络优势，县纪委、监察局与上海同济大学管理科学研究所共同研发“两个责任”落实与干部正风监督网络平台。平台以“两个责任”落实为核心，以运用现代科技为支撑，将党委（党组）的9项主体责任和纪委（纪检组）的5项监督责任演化为工作流程，分级、分层分解“责任清单”，按照《瓮安县落实党风廉政主体责任2015年度工作计划》《瓮安县落实党风廉政监督责任2015年度工作计划》《瓮安县委常委班子落实党风廉政建设主体责任任务分解表》3份年度任务清单，分组、分类设定责任目标，落实完成时间、完成标准、承担人，将责任落实到人、捆绑到人。责任清单共涉及到监管部门78个，监管人员（含各单位管理员）928人，其中，单位管理员142人，副科级以上领导干部785人，技术创新使“两个责任”找到了具体抓手。年终系统统计显示上报落实责任3536条，日常工作纪实4646条。

2016年，继续调整充实“两个责任”与干部正风监督网络平台内容，把县委9项主体责任细化为33个专项、70条标准，纪委7项监督责任细化为14个专项具体内容，各单位结合实际制定主体责任个性目标399条，形成一级抓一级、层层抓落实的责任体系和工作机制，各单位党组织主体责任进一步压紧压实。全年，全县各单位上报“两个责任”与干部正风监督网络平台责任目标1.33万条，上报日常工作纪实5185条，周检查699次，上报问题线索272条。

第二节　规范领导干部廉洁从政

领导干部廉洁自律、廉洁从政是新时期从严治党、从严治政的需要，是贯彻落实党的路线、方针、政策，促进各项事业健康发展的重要保证。规章制度的建立是党风廉政建设的重要措施，科学完备的规章可以巩固思想政治教育成果，激励和保护遵纪守法者的自觉性，堵塞违纪违法行为赖以滋生的空间，使党风廉政建设的各项工作规范化、制度化。

一、廉洁自律规定

1990年，县纪委下发《关于对“三违”占地建私房人员的党纪、政纪处理有关问题的通知》，要求凡干部职工“三违”占地建私房，各单位党组织必须按照省纪委、省监察厅《关于党政干部“三违”占地建私房的纪律处分意见》规定和干部管理权限对当事人进行处理。

1994年，县纪委下发《关于元旦春节期间严禁铺张浪费的通知》，明确严禁用公款大吃大喝，不准接受可能对公正执行公务有影响的单位和个人的宴请；严禁借元旦、春节突击花钱，不准违反规定以任何借口滥发钱物；严禁用公款互相赠送礼金和实物。不准上级单位以任何借口和理由接受下级单位的馈赠，也不准下级单位向上级单位或上级领导赠送礼金、土特产和其他礼品；不准用公款组织高消费娱乐活动，也不准参加用公款支付营业性歌厅、舞厅和其他场所的高消费娱乐活动。

1998 年，为切实纠正移动电话配置和使用过程中费用庞大和公机私用的问题，县纪委下发《瓮安县党政机关移动电话配置及管理规定》，对公费移动电话作出严格的规定：一是严格按照县委常委会议集体研究的意见，在全县党政机关及特殊工作部门配置 36 部公务移动电话，除此之外严禁任何单位和个人用公款配置移动电话。如违反本规定，严肃追究单位负责人的党政纪责任。二是配置公务移动电话的单位，必须严格实行话费限额管理办法，每部每月话费限额为 200 元。当月超支部分相应扣减下月限额，开支超过全年限额的，应停止使用。除配发的移动电话外，任何单位和个人一律不准公款报销移动电话费。如违反本规定的，严肃追究单位分管财务领导和财务人员的党政纪责任。三是配发的公务移动电话，单位必须及时到县财政局补办控购手续和进行国有资产登记。制定管理办法，严格管理制度，建档立制，记入本单位固定资产账。四是公务移动电话领用人员不得将移动电话交给家属、子女及其他人员使用。发生丢失或损坏，由本人赔偿。公费配置的移动电话，产权归公，本人工作变动或调离时，应交回原单位，造成丢失或损坏，由本人赔偿。五是凡未经批准用公款购置的移动电话，占用企业资金购置的移动电话，企业和邮局馈赠的移动电话，必须及时自觉上交县纪委，如隐瞒不交的，一经查实，从重或加重给予党政纪处分。六是对违反本规定的单位，由县财政局扣减其财政包干经费或专项经费，并追究单位负责人的违纪责任。当年，县委还针对干部中出现的滥赌、公款吃喝、办酒敛财等作风问题，出台了《关于禁止党员干部以各种形式赌博的规定》《关于严格控制接待费和招待费的规定》《关于禁止机关党员干部大操大办酒席的规定》。

1999 年，继续抓好预算外资金管理，严格执行“收支两条线”，成立县“收支两条”线管理领导小组，出台《预算外资金管理实施办法》，加强对乡镇和县直机关有收费权的单位进行监督检查。通过落实“收支两条线”规定，理顺了财政分配秩序，有利于资金的调拨，促进了廉政建设。

同年，县纪委下发《关于将〈中共中央纪律检查委员会、中共中央组织部关于对共产党员修炼“法轮大法”等问题的若干处理意见〉扩大印发范围的通知》，中纪委、中组部通知中明确通过教育帮助能够回到党的正确立场上来的共产党员，可不再作为问题提出，或不予追究。但针对参与非法集会或其他群体性事件，在组织中起骨干作用，经反复教育仍坚持不改的，劝其退党，劝而不退的予以除名，视情节轻重给予党政纪处分。

2001 年，为规范财务核销程序，建立与社会主义市场经济相适应的报销制度，抑制腐败行为发生，与县审计局联合出台《全县执行财务报销联签制》的规定，与县财政局、人行县支行等部门出台《关于进一步加强银行账户管理的通知》，与县财政局、审计局等相关部门联合出台《全县执行财务报销“联签制”》《进一步加强银行账户管理》的通知等。

2002 年，针对移动电话管理中存在的一些具体问题和少数单位在执行《瓮安县党政机关移动电话配置及管理规定》过程中出现的偏差问题，县委研究出台《关于改进党政机关事业单位移动电话传呼机管理的试行办法》，明确提出：一是自省纪委、省财政厅、省监察厅（省纪〔2000〕30号）文件下发之日起，一律不准再用公款购置、更换、维修移动电话、无线市话（小灵通）；二是凡过去用公款购置的移动电话、无线市话（经县纪委、县财政局批准购置的），一律折价过户给个人。省办发〔1998〕9号文件下发前（即1998年4月底前）购置的按不低于同类机型现价（含入网费）的15%折价；1998年5月1日至2000年4月底前，按不低于同类机型现价（含入网费）的30%折价。未经县纪委、县财政局批准购置和更换的，一律按机型的现价如数退交购机款。过户款由各乡镇、县直各单位收齐后同过户手续一并交县纪委、监察局，然后统一上交财政部门。对不愿过户的移动电话、无线市话（小灵通），统一交县财政局进行拍卖处理；三是产权过户后，对单位实行移动电话公务通话费总额控制、超支自付、节约归公的办法，认真核定各经费独立核算单位具体使用电话费人员及人数，县委书记、县长按每人每月600元核定话费，县人大主任、政协主席、县委常委、县政府副县长按每人每月400元核定话费，县人大副主任、政协副主席按每人每月150元核定电话费，县公安局、检察院、法院等特殊部门按定编人数的4%比例核定可配置电话费人数，每部每月400元，瓮纪发〔1998〕14号文件明确核定配置单位和领导（上述已定标准的除外），按每部每月300元核定话费。同时严格明确凡清理后仍用公款购置更换移动电话、无线市话（小灵通）的按顶风违纪从严处理。对在清理中用公款购置的移动电话、无线市话（小灵通）不如实登记上报的，一经查实，属单位瞒报的追究主要负责人责任，属个人瞒报的以贪污论处。对用公款报销应由个人支付的移动电话、无线市话（小灵通）通话费，一经查实，一律以贪污公款论处。

同年，县委、县政府对乡镇干部早上到乡镇工作，晚上回县城居住的“走读”现象进行了专项治理，取得了一定成效。2003年5月，为了巩固治理成果，防止“走读”现象反弹，县纪委出台《关于制止乡镇干部“走读”现象的有关规定》，要求各乡镇建立乡镇干部住宿制度、值班制度、考勤制度、学习制度、公车管理制度、查夜制度和八小时以外“行为规范”等，每周至少住乡镇5晚，每月进村住户不少于10天，进村住户期间不准打牌，不准接受特殊招待，要与村民同吃同住同劳动。

同年，《瓮安县政府采购实施办法》出台，规范政府采购行为，防止新的腐败出现。

2003年，为了贯彻党的十六大提出的“改革和完善党的纪律检查体制，建立和完善巡视制度”和州委党风廉政巡视制度试行办法，县委办公室出台《瓮安县党风廉政建设巡视制度试行办法》，组建了1个巡视组采取经常性巡视和集中巡视的方式，负责对县直各部门、乡镇等单位及领导干部进行巡视。

同年，建立了经营性土地使用权出让招标拍卖、建设工程项目公开招标、产权交易进入市场等制度。

2004年，开展全县性的“小金库”清理整顿工作，推行会计集中核算制度；全面推行政府采购制度，全年预算采购845万元，实际采购746万元，节约资金99万元；推行党政领导干部任前公示制度；加强公车管理，实行油费包干制度；全县78个行政机关和事业单位全面推行政务公开，247个村全面推行村务公开，2641个村民组建立村务公开协调小组和监督小组以及固定村（居）务公开栏，公开面达100%。在县政府信息中心开设栏目，公开政府招标情况、重大政务活动、招商引资情况等内容。开展“政务公开你点题”活动，在县政府公示栏增设点题公开栏目和意见箱，县行政服务中心及时将群众提出的意见建议整改情况公示出来。

2005 年，出台《瓮安县政府采购管理暂行办法》《瓮安县政府采购招投标管理办法》等，确保政府采购规范运作。全年共有 24 个单位实行政府采购，金额达 1136 万余元，节约资金 145 万元。推行部门预算工作，进一步扩大会计集中核算范围。

2007 年，县纪委、监察局与县委组织部、宣传部、人社局、财政局联合制定了《严禁干部职工利用各种名目大操大办酒席借机敛财的规定》，明确除婚丧嫁娶外，严禁全县干部职工操办或借他人名目变相操办其他酒席，对违规操办者，视情节给予扣缴年工资 60%、党政纪处分、年度考核不称职，规定期限内取消参与职称评定、县内公开选调和公开招考资格等严厉处理，并实行领导干部包保责任制，凡下属和亲属违规办酒的，一律追究领导干部的责任。文件出台之后，遏制住了公职人员滥办乱办酒席的歪风。

2008 年，为了加强公车管理，县纪委、监察局出台《关于严禁非专职驾驶员驾驶公车的通知》，对驾驶公车提出七条纪律要求：一是严禁非专职驾驶员驾驶公车，严禁使用公款公车学习驾驶技术、办理驾驶执照和年审。二是严禁专职驾驶员把公车交给领导干部及其他人员驾驶；严禁利用公款公车为亲属及其他人员学习驾驶技术、办理驾驶执照和年审。三是公安、检察、法院等部门的干警因工作需要驾驶公车的，必须按照干部管理权限报批，并严格控制。四是各单位（部门）都要加强对公车的管理，制定严格的管理制度，建立领导、驾驶员和群众的立体监督体制，严禁公车私用。单位因无制度或疏于管理，造成重大事故或严重损失的，要追究单位主要领导和分管领导的责任。五是各级领导干部要率先垂范，带头遵守和执行规定，不听招呼，顶风违纪的，要严肃查处；专职驾驶员不得将公车借给非专职驾驶人员驾驶，对领导干部执意要驾驶公车的，应当向上级领导或纪检监察机关报告，否则一经查实要追究专职驾驶员的失职责任。六是凡因违反规定驾驶肇事或发生交通安全事故的，一切损失费用由本人承担，单位不予核销；因此而住院的治疗费一律自理；住院治疗期间作事假处理；年度考核核定为不称职（不合格）等次。情节严重的，给予党政纪处分。构成违法的，交由司法机关依法追究相关责任。七是通报下发后，仍发生非专职驾驶员驾驶公车，特别是领导干部驾驶公车的，一经查实，从严处理。同年，县纪委还针对县内采矿秩序混乱的问题，制定了《严格禁止国家工作人员直接或间接参与开采矿产资源破坏矿业秩序行为的有关规定》，严禁国家机关工作人员和村支书、村委会主任直接或间接入股参与开采矿产资源。

同年，为了进一步完善全县各级各部门领导班子决策机制，提高决策科学化、民主化水平，避免决策失误，县委研究出台了《瓮安县领导干部重大事项决策失误责任追究制度（试行）》，对重大事项范围、责任追究原则、责任追究情形等进行了明确。在同年开展的干部作风整顿活动中，为了检验整顿成果，县纪委、监察局牵头开展科级干部绩效考核工作，县委、县政府制定出台《瓮安县科级领导干部绩效考核办法（试行）》，考核分值为 100 分，分上评下、下评上、参评三项测评分总和，即上评下 50 分，由县四家班子主要领导、县四家班子副职领导、分管联系被考核单位的县四家班子领导、被考核单位的上级业务主管部门分别用 ABCD 表对单位主要负责人和副职进行测评打分；下评上 30 分，由各乡镇、县直各单位全体干部职工使用 E 表对本单位主要负责人和副职进行测评打分；相关部门干部及各界人士代表考核20分，由站所、村居干部、“两代表一委员”、工商、企业人员代表、群众代表等用F表对乡镇主要领导和副职进行测评打分。根据得分情况评比出优秀（90分以上）、称职（70～89分）、基本称职（60～69分）、不称职（60分以下）四个等次，对排名前十位的“十佳科级干部”和优秀科级干部进行表彰，对排名后十位的干部进行诫勉谈话。绩效考核工作由县纪委、监察局牵头，2009至2011年连续实施三年，较大激发了干部工作活力。

2009年，县委下发《关于严禁在国家法定节日期间用公款相互吃请、公车旅游、借机发放钱物的通知》，坚决防止和纠正国家法定节日期间奢侈浪费、公款送礼、借机发放钱物、公车私用等节日腐败，倡导和弘扬廉洁、节俭的良好风气。

同年，县监察局出台《瓮安县监察局特约行政监察员制度》，对行政监察员权利和职责、监督方法和监察局在行政监督员制度实施过程中的具体职责进行了明确，确保监察员有效行使监察权，促进监察机关及其工作人员廉洁、公正执法。

2010年，中央纪委下发了《关于严格执行重要情况报告制度的通知》，县纪委转发中央、省、州文件通知的同时，结合实际做出以下规定：一是各乡镇纪委、各部门纪检组主要负责同志为本乡镇、本部门重要情况报告制度的主要责任人，对涉及党员领导干部的重要情况必须及时报告，重要情况即发即报；二是各乡镇、部门负责人外出必须经县委、县政府主要领导批准，乡镇纪委书记、部门纪检组长外出必须经县纪委批准；三是各级领导干部特别是党员领导干部要认真执行廉洁从政有关规定，严禁公车私用和违规驾驶公车；四是纪检监察机关要认真履行职责，加强监督检查，严格执行纪律，对因重要情况迟报、漏报、瞒报，影响及时妥善处理问题造成不良后果的，对违反中央、省、州、县纪委重要情况报告制度有关规定的，要严肃追究有关领导和相关人员的责任。

同年，为了加强工程建设领域的监督管理，全县执行涉农项目备案、公示和责任追究“三项制度”。县乡纪委严格按照项目名称，项目实施地点，项目规模、资金组成、项目批复、实施单位进行备案。严格要求项目实施部门利用本单位公示栏对每个项目进行公示，乡镇纪委在乡所在地对本乡镇实施项目进行公示，同时在项目实施点或受益地对项目进行公示。在项目建设中，严格实行项目包保责任制，明确项目包保领导，项目单位为第一责任人，相关部门为第二责任人，每个项目有具体责任人，并将项目任务细化分解，明确建设时限、工作进度、质量要求，切实做到任务明确、责任清楚。强化干部作风建设，严禁失职、渎职，行政不作为，乱作为等现象发生。

同年，在全县全面推行领导班子专题民主生活会、“三谈两述一评”、经济责任审计等制度，使党内监督工作逐步制度化。11月，县委研究下发《关于进一步规范全县各级各部门主要负责人行政行为有关事宜的通知》，明确单位主要负责人不准直接分管财务，不准直接插手基建工程，不准直接插手大宗物品采购等“三个不直接”规定。

2011年至2012年，深入推行党务公开制度，县纪委、监察局牵头制定了党务公开工作实施方案，将党务公开内容规范为党组织决议、决定及执行、思想建设、领导班子建设、干部选拔和管理、联系和服务党员、群众、党风廉政建设及其他等八个方面的内容，分别制定了县委、部门党组、乡镇党委三级公开目录，要求乡镇再结合实际制定村级公开目录。将公开程序规范为制定目录、实施公开、收集意见及反馈、立卷归档等四个步骤。将公开形式固定为情况通报、党报党刊、广播电视、手机短信、网络及公开栏公开等。明确了公开时限，要求政策规定、工作制度、组织设置等做到长期、固定公开，相对稳定而常规的工作做到每季度定期公开，动态、阶段性工作逐段分期公开，临时性工作及时公开。把党务公开工作纳入目标管理和党风廉政建设责任考核体系，85个县直机关、21个乡镇（办事处）各村（社区），55所学校、2个社会组织，46个企业，18个基层其他单位，全面实行党务公开。

2012年，为了进一步强化全县干部责任意识，促进干部作风转变，牢固树立“有错是过，无为也是过，是过必追究”的理念，防止和纠正违规行使职权，落实上级决策部署不力，管理、防范或处置失当，以及干部行为失范等现象，县纪委、监察局制定出台了《瓮安县领导干部及工作人员有错无为问责暂行办法》。

同年，为进一步贯彻落实中央《关于领导干部报告个人有关事项的规定》，加强对科级以下干部的监督管理，县委研究出台了《瓮安县科级以下干部报告个人有关事项的实施办法》，把住房、投资、配偶子女从业、操办酒席等情况列入定期报告内容，并将落实报告制度情况列入干部考核重要内容，作为干部任免、奖惩的重要依据。组织814名科级和2731名一般干部就个人事项进行集中报告。

同年，着力加强干部作风建设，优化经济发展软环境，县纪委、监察局制定出台《瓮安县重点部门、重点岗位、重点人员、重点环节管理规定》，切实解决行政“中梗阻”问题。全面加强便民服务中心（站点）建设，建立健全“首问负责制”“限时办结制”“预约服务制”和“超时默认制”等制度，设“首问责任”窗口92个，设立“服务接待”窗口149个。县纪委、县委组织部专门行文重申进一步整顿工作作风严肃工作纪律，强调一是严格执行《瓮安县关于加强执行力的若干规定》，对阳奉阴违、拒不执行县委、县政府的决定、决议、命令的，一律先予免职，视情节轻重给予纪律处分；对推诿拖拉、随意更改、执行不到位的，一律通报批评，导致工作出现重大失误的，从严处理并追究有关责任。二是严格执行首问负责制、服务承诺制、随时办结制，对作风粗暴、态度生硬、敷衍了事、限时不结、诺而不行等行为，视情节给予年度考核不合格、组织处理和纪律处分。对吃拿卡要、影响恶劣的，一律先免职再追究纪律责任。三是严格执行上下班纪律规定，对无故迟到早退、擅离岗位、上班时间炒股、购物、上网聊天、玩游戏、看电影、外出吃早餐等做与工作无关的事情的，视情节轻重给予年度考核不合格或组织处理。四是严禁参与不健康娱乐活动，对出现在工作时间打麻将、玩扑克，在公共场所赌博等行为的，一律给予年度考核不合格和组织处理；情节严重、影响恶劣的，一律给予纪律处分。五是严格执行公务用车规定，对违规驾驶公车的，一律给予通报批评，对造成严重影响的，一律给予组织处理和纪律处分；对出现利用公车旅游、接亲送丧、上坟等公车私用行为的，一律通报批评，情节严重的，给予组织处理或纪律处分。六是严格执行禁止滥办酒席的规定，对违反规定的，一经查实从重处理；婚丧嫁娶需要办酒席的，实行报告备案制度，禁止大操大办。全年有30名干部因违反纪律被通报批评和公开曝光。

同年，县纪委、监察局将监督关口前移，认真做好事前教育，印发《瓮安县党政机关、企事业单位主要负责人、班子成员、重点岗位工作人员勤政廉政约谈暂行规定》，决定对全县各级党政机关、企事业单位主要负责人及领导班子成员、重点岗位工作人员开展定期教育、帮助或提醒性约谈，规定了十八种约谈的情形：一是不能严格遵守党的政治纪律，贯彻落实党的路线方针政策和上级党组织决议、决定以及工作部署不力；二是政治态度不端正，有错误言行，造成不良影响；三是不认真执行民主集中制，作风专断，或者在领导班子中闹无原则纠纷；四是不认真履行“一岗双责”，落实党风廉政建设责任制不力；五是不严格执行《廉政准则》及中央有关廉洁自律规定，造成不良影响；六是不严格执行反腐倡廉制度，工作失误或造成恶劣影响；七是不严格执行《党政领导干部选拔任用工作条例》，用人失察失误，给工作造成一定损失和产生不良社会影响；八是搞华而不实或脱离实际“形象工程”“政绩工程”，铺张浪费，造成不良影响；九是不认真履行职责，给工作造成一定损失；十是谎报成绩，隐瞒问题，欺骗领导和群众；十一是对工作不负责任、推诿扯皮，工作效率低、质量差、完不成工作任务；十二是利用职务谋取私利；十三是滥用职权侵害群众利益；十四是包庇违纪违法行为；十五是对持不同意见者打击报复；十六是参与或支持迷信赌博活动；十七是在生活作风方面群众反映较大；十八是其他需要进行约谈的情况。制度出台当年即对单位一把手约谈 86 人，此后各年分别由县纪委领导班子成员、各纪工委监察分局领导、乡镇纪委书记和部门纪检组长分别实施对各单位“一把手”、班子成员、重点岗位人员的勤政约谈工作，形成了常态化、规范化、制度化的干部谈话教育模式。

2013 年，县纪委、监察局提出构建起具有瓮安特色的惩治和预防腐败体系的大胆构想，提请县委研究下发《关于推进清廉瓮安建设的实施意见》，明确把建设“清廉瓮安”作为今后三年瓮安县党风廉政建设工作的总目标、总抓手，通过实施“作风建设系统、廉政文化建设、体制制度创新、监督制约强化、不正之风治理、发展环境优化、滥权必究惩治、素质能力提升”八大工程，促进全县干部清正、政府清廉、政治清明。2013 年至 2015 年期间，以“实用强”的管理体系、“零容忍”的反腐倡廉理念、“全方位”的社会监督网络、“极严厉”的惩治腐败手段，加强了制度机制创新工作。

同年，出台《建立健全作风监督检查常态化机制》的通知，对党政机关、人民团体、企事业单位及其干部职工的工作作风纪律情况、执行八项规定情况、党务政务公开情况、服务效能情况、依法行政情况、重点工作重点项目推进和主要工作落实情况、群众关注的民生问题落实情况、“为官不为”情况等进行暗访督查；聘请党风政风义务监督员 229 名，实行 2 年 1 聘制度；出台《瓮安县科级干部拟提拔人选财产申报公示规定（试行）》，在州内率先以科级提拔对象为切入点开展财产公示试点工作，将收入、房产、车辆、投资、存款、债务等事项作为重要内容，由本人向组织进行申报后公示接受监督，有效预防“带病提拔”，提高领导干部的廉洁公信度；下发《关于进一步严明纪律强化管理的通知》，进一步严明硬化纪律惩治、编制核减、旷工辞退等标准，重拳整治上班懒散、人浮于事的不良风气。

2014 年，出台《严明乡镇和街道办事处工作纪律》的通知，规范基层上下班纪律、住夜纪律、节假日值班纪律、公车管理纪律，强化干部扎根基层，服务基层的宗旨意识；出台《瓮安县机关（单位）工作作风和效能行为问责办法（试行）》，本办法适用于全县各类机关（单位）及其工作人员（含借调、挂职、临聘人员）。所称的问责，是指对机关（单位）及其工作人员在机关（单位）作风和效能建设工作中违反有关法律、法规、规章、政策和工作制度，履职不力，作风不实，执纪不严，效率低下，损害国家、集体和群众利益，造成不良影响和后果的行为进行责任追究，包括 14 种问责情形、7 种追责情形、7 种问责方式、9 种加重问责情形、3 种免予问责情形；出台《严格禁止干部职工利用各种名目大操大办酒席借机敛财规定》，党员干部和国家公职人员操办允许范围内的婚丧嫁娶酒席，坚持操办酒席前10天事前备案，后10天事后报告制度，从严控制在30桌以内。严禁违规操办、借机敛财，凡出现干部职工违反规定操办酒席和参加他人违规酒席的吃请、送礼的，除点名道姓通报曝光外，还要追究单位主要负责人的责任。规定出台后，先后有8名公职人员滥办酒席受到查处，没收礼金4.2万元，扣交工资10万余元，1人被诫勉谈话，3人年度考核不合格。

2015年，干部作风建设在手段和方式上取得突破性进展，出台《瓮安县作风建设常态化监督检查暂行办法（试行）》，监督检查的主体为全县各级纪检监察机关，监督检查的对象为全县党的机关、人大机关、行政机关、政协机关、审判机关、检察机关、人民团体、国有企事业单位工作人员，重点是各级领导班子和领导干部，采取日常监督、专项检查、集中检查、社会监督、通报曝光的方式，坚决查处公款吃喝、旅游和送礼等问题，严肃查办发生在领导机关和重要岗位领导干部中插手工程建设、土地出让，侵吞国有资产，买官卖官、以权谋私、腐化堕落、失职渎职案件。把违反政治纪律、组织纪律等行为作为审查重点，对转移赃款赃物、销毁证据，搞攻守同盟、对抗组织审查的行为，纳入依规惩处的重点内容。加大对群众身边不正之风和腐败问题查处力度；出台《关于在全县党政机关实行监督巡查的暂行办法》通知，对党政机关规范权力运行情况、工程建设项目实施情况、专项资金管理使用情况、政府采购情况、惠民政策落实情况、落实党风廉政建设主体责任和推进惩防体系建设情况、干部人事任免情况和其他需要监督巡查的情况实行监督巡查，按照“组长不固定、单位不固定、监督巡查组与监督巡查对象的关系不固定，灵活机动安排监督巡查任务和监督巡查力量”的原则，及时发现问题、纠正问题；与同济大学联合研发了手机“随手拍”APP软件，让广大群众随时上传随手拍到的公职人员违规违纪和作风方面的图片，使每一名党员干部都置于群众监督之下。同时，设定293项负面清单，采取反向思维方式，将纪律作风等有关制度固化到系统程序，涵盖政治纪律、组织纪律、工作纪律、生活纪律、廉洁纪律和八项规定、工作效能等7大项293小项，建立四级触碰预警墙，做到对党员干部作风问题早发现、早提醒、早纠正、早查处。在当年系统运行中，发现问题344个，群众举报19条；进一步加强源头治腐工作，以政府部门和乡镇为重点推行廉政风险防范工作，全县65个单位共查找岗位风险点3733个，单位风险点83个，其中综合评定一级风险1531个、二级风险1932个、三级风险353个。为了加强领导班子集体领导，提高各党委（党组）抵御风险的能力，县委下发了《关于党委（党组）领导班子贯彻落实“三重一大”事项集体决策制度的若干意见》，县纪委、监察局下发了《关于落实“三重一大”事项集体决策制度的通知》，各纪工委负责督促各自监管部门制定本单位“三重一大”集体决策制度，并开展对制度落实情况的监督巡查，实行“三重一大”集体决策事项会前报备制度；推行公务用车制度改革，全县留存行政车辆110辆，执法执勤车辆121辆，事业车辆128辆，其他应急服务特种车辆142辆，拍卖187辆，报废89辆，对参加车改的77个单位发放了补贴。

领导干部廉洁自律规定随着形势的发展和政治生活、经济生活出现的新情况和新问题，不断健全、充实和完善。县纪委、监察局充分发挥监督职能，通过各种形式的检查和考核，确保各项规章制度落到实处。

二、廉洁自律专项检查

1983 年，县纪委贯彻落实中央纪委发布的《必须坚决制止党员、干部在建房分房中的歪风公开信》精神，成立工作小组，下设办公室，负责开展专项检查。

1984 年，对全县党政机关在建房、分房、调动工作和招工补员中存在不正之风的行为进行检查、纠正。

1985 年，对党政机关干部经商办企业和“公物还家”和追交拖、欠款工作。经过清理，党政机关和党政干部经商办企业已禁止，企业发放奖金、实物超过两个半月工资标准的部分都按税法规定交纳奖金税，滥发服装的单位均按政策规定扣回服装款，自行决定发放的职务补贴、岗位津贴、工龄津贴和浮动工资已停止发放，违反政策乱涨物价、损害消费者利益的受到了处理。

1986 年，组织各级党组织对本地区、本系统、本单位的组织纪律、保密纪律、人事纪律、财经纪律等进行整顿。同时出台《划分正常经济活动与不正之风问题的界限》《出台关于全县党员进行党性党风党纪教育的意见》，纠正党政机关经商办企业 1 个，干部、职工停薪留职 51 人。治理整顿行政管理收费标准偏高的行为，对部分单位以“参观学习”“购买器材”名义游山玩水报销的旅差费以及借支、挪用公款、滥发奖金、补贴、实物等进行清退。

1987 年，对党政机关进行作风整顿。建立单位领导、职工上下班、请销假制度，建立星期六下午搞环境卫生、开展文体活动制度，部办委负责人轮流值日检查，杜绝部分职工上下班迟到早退等作风问题。

1988 年至 1991 年，高度重视党纪党风的教育工作，纪委、组织部、县直属机关党委组成党风党纪检查组，每年对全县党风党纪情况进行 2 次检查。县长办公会为纠正大吃大喝不正之风，规定违心地陪吃后，自觉记账，半年生活会时向组织汇报，并按每餐一元自觉交纳伙食费，不搞下不为例。

1989 年，清理全县违控购买小汽车的不正之风，查出 20 个单位违控购买小汽车 21 辆，经县政府决定，分别给予没收、罚款、补办控购手续的处理；对全县干部职工占地营造私房情况进行清理，发现占地建房 116 人，经审批 28 人，未经审批 92 人，作罚款处理 73 人。

1990 年，对全县干部职工挪用、拖欠的公款公物进行了彻底的清理，共清出干部职工挪用、拖欠公款 77.18 万余元。

1992 年，开展机关作风整顿和农村社会主义思想教育活动，针对机关作风的问题，与县委组织部配合对机关干部职工参与打麻将赌博等问题进行清理，全县共清理出干部职工 150 人，对其中的 74 人经县政府研究分别作了降工资的处理。

1993 年，清查出县供销系统干部职工利用工作之便差欠、拖用、挪用公款达 100 多万元，依法收回各种款额 25.47 万元，其中有 83 名干部职工主动交款 6.81 万元。针对烟草局收人情烟、贿赂烟、压级压价坑农卡农的严重问题，研究制定烟草收购“六公开”“一监督”“十不准”“十坚持”制度，进一步完善 13 条廉政措施。

1994 年，针对党政机关干部职工在房改过程中是否存在违纪购房和用公款装修住房问题进行专项清理，通过清理发现集资建房的面积有超标的现象，少部分干部职工将所购住房出租。针对存在问题采取长期监督检查的方式，建立了举报制度，举报一起查处一起，严格了设计、审批和办证关，严肃房改纪律。

1995 年，对超标、违规挂公安警号牌的公车进行清理，共清理出不符合规定车辆 3 辆、违规挂公安牌车辆 15 辆。

1996 年，各基层党委按照领导干部廉洁自律“14 条规定”和“31 个不准”开展自查自纠，全县 5 个县级单位、98 个科局级单位、23 个乡镇、254 个站所和 7 个国有企业单位均按要求召开领导干部廉洁自律专题民主生活会。加强清房工作，对购买公房的 407 名科局级干部的住房情况进行清理，面积为 25935 平方米，其中有 186 名干部住房有超标现象，超标面积为 2954 平方米，并对超标面积按规定作出处理。

1997 年，清理预算外资金和“小金库”，对利用预算外资金和“小金库”进行贪污、私分、挪用行为严肃查处。清理、核实干部职工违反规定超标准住房，共清理 91 个单位 3382 人的购房。

1998 年，开展清理通信工具工作，收缴用公款购置的移动电话 44 部、传呼机 157 部、公费安装住宅电话 330 门，责令归还占用企业资金购置和借用企业移动电话 13 部，责令停止私人购机公款报销话费 15 部，清理传呼机 157 部、公费安装住宅电话 330 门。对全县各单位的接待费用作规定，节约经费 25 万余元。

1999 年，揭批“法轮功”歪理邪说，对参与修炼“法轮大法”的干部进行清理教育。

2000 年，清理行政机关不按照规定收费的项目 15 个，取消不合理收费项目 6 个，涉及金额 28 万元，清理销毁不合理票据 5 种，清理取消多头账户 18 个，取消违规账户 7 个。清理 127 名干部职工拖欠公款 75. 6 万元，清理行政事业机关临时人员，退出单位 427 人。

2003 年，纠正乡镇领导干部的“走读”现象，各乡镇在乡镇政府建立“廉政食堂”。清理检查纠正超标准、超编制配备使用小汽车，对县处级超标车 6 辆、乡科级超标车 5 辆作出处理建议。对全县 70 多个科局部门近 400 名领导干部开展领导干部接受和赠送礼金、有价证券和支付凭证的清理。

2004 年，落实严禁党政机关及其工作人员接受和赠送现金、有价证券和支付凭证的规定，通过登记清理，未发现党政机关及其工作人员接受和赠送现金、有价证券和支付凭证的情况。开展公车清理工作，共清理出超标小汽车 4 辆，报州清车办同意后，调剂使用。开展党政机关领导干部在企业兼职清理工作，清理出 1 名乡镇干部在一煤厂兼职管理员。开展党政领导干部拖欠公款清理工作，清理出 28 名党政领导干部拖欠公款 31. 52 万元，作出限期归还处理。清理整顿全县“小金库”，推行会计集中核算。

2005 年，清理党政机关及事业单位用公款为个人购买保险的行为。清理登记县处级领导干部配偶、子女从业情况和党政机关及其领导干部收受或赠送礼金问题。

2006 年，清理纠正国家机关工作人员和国有企业负责人投资煤矿问题，通过清理登记，全县共有 11 人参与投资入股煤矿，对此进行纠正，其中 10 人先后退股撤资、1 人自愿辞去公职。对国家机关工作人员和国有企业负责人投资入股煤矿资金来源、撤资退股、收益情况进行调查核实，收缴收益 43. 77 万元。

2007 年，按照中纪委《关于严格禁止利用职务上的便利谋取不正当利益的若干规定》，在全县设监督举报电话 80 个，填写《严禁利用职务上的便利谋取不正当利益自查登记表》

1587份，其中县处级领导干部34份、乡科级和股级干部1553份。

2008年，开展作风整顿活动。活动分“学习提高，统一思想”、“听取意见，深刻剖析，查摆问题，民主测评”、“强化措施，落实整改”、“巩固提高，回头检查”四个阶段进行学习整改。3482名干部参与活动。共发放《干部作风教育整顿学习资料读本》3800册，召开座谈会135次，组织个别访谈870人次，发放征求意见表20600份，征求到意见9927条。通过对全县3482名重点对象的民主测评显示，1329人被评为“优秀”，其中，副科级以上领导干部被评为“优秀”等次的有23人，没有“不称职”的干部。根据国家统计局瓮安调查队9月16日至18日对此次活动满意度的专项调查显示，群众对活动的满意率为91%，对整顿后干部作风满意率为85.6%。

同年对党政机关和事业单位领导干部公款出国（境）旅游、“小灵通”捆绑使用办公电话进行清理。通过清理，对48人49门“小灵通”捆绑使用办公电话进行处理，其中涉及县处级干部2人，科级干部31人，一般干部15人，收缴违纪资金2.44万元。对是否违反规定配备小轿车、多占住房、购买经济适用房、公款出国出境旅游以及在公务接待中是否有违反规定行为等进行廉政登记，涉及厅级干部1人，县处级干部29人，科级干部630人（含非领导职务），其中县处级干部通过登记建立个人廉政档案。瓮安“6·28”事件后，县纪委监察局、组织人事部门成立4个干部作风督查组，对全县23个乡镇、70余个县直部门在县城、乡镇值班上岗抓治安、进村（社区）入户疏导群众、大力宣传维护社会稳定工作进行督促检查，严肃查处了3名干部作风问题。

2009年，开展清理规范评比达标表彰活动，共清理出表彰项目19个，涉及金额13万元。开展公务用车专项清理工作，对违规配备、使用公务用车作出处理：对违反规定超标准配备的7辆公务用车一律没收，由县国有资产管理办公室统一处置；责令私自挂用企业和私人车号牌的10辆公务用车在规定期限内办理车辆过户手续，并进行国有资产登记；责令长期借用或占用企业和个人车辆的3个乡镇4辆车在规定期限内归还。对2名驾驶公车的领导干部进行党政纪处分。

2010年，对2008年9月全县股级干部人事任免权下放后各党委（党组）贯彻落实干部选拔任用制度、执行干部选拔任用工作程序、职数配备等情况进行检查，督促整改存在的突出问题。对各单位、部门政务公开进行监督检查。

2011年，开展“三项清理”专项整治工作，围绕“房地产开发中违规变更规划、调整容积率问题以及土地出让执行、探矿权采矿权出让制度执行情况”制定清理工作方案，层层动员部署，对153宗地、7个“房开”项目按照清理的范围、内容、目标开展检查。继续狠抓规范津补贴和“小金库”治理工作。完成对全县43个部门（含垂管单位）的行政审批（许可）、非行政许可事项、行政事业性收费的清理公布，稳步推进集中办公、联合审批，行政审批事项从398项精减至157项，缩减事项和时间均达50%以上，对所保留的行政事业性收费实行最低收费。清理违规公务用车17辆，清理研讨会2个，涉及金额2万元。

2012年，大力开展机关作风整顿，对30名干部违纪行为通报批评和公开曝光。开展公务用车突出问题专项治理，核定全县党政机关公务用车编制217辆。

2013年，把监督执行中央八项规定、省委十项规定、州委九项规定、县委八项规定作为经常性工作来抓，强化督查问责，推进作风建设常态化，以“治庸治懒治散治赌治奢”

活动为载体进一步将规定落到实处，特别是围绕“治奢”，严格“三公”经费支出，要求29家单位就公务接待超过1000元的情况进行说明，对教育局等5个单位主要负责人进行廉政约谈，“三公”经费比2012年同期减少2264.8万元，缩减24.73%。通过“五治”定点监督、定期巡查、电子监察、随机暗访、节假日重查，对违反工作纪律、公款旅游、公车私用、滥办酒席等42人进行组织处理或纪律处分，罚款7.4万元，没收或退赔违规费3.3万元。贯彻落实科级以下干部个人事项报告制度和会员卡“零持有、零报告”工作，809名科级干部、2056名科级以下干部集中报告个人事项，纪检监察系统188名干部、全县5454名党员干部进行会员卡“零持有、零报告”工作。

2014年，清理办公用房和公务用车，腾退和隔断超标办公房2346.98平方米，停建3个楼堂馆，节约资金1.35亿元。清理超编配车22辆，封存5辆。针对“三公”经费开展监督检查，责令29个单位就单次公务接待超过1000元、6个单位就节假日期间公款消费情况作出说明，廉政约谈了县教育局等6个单位主要责任人。对全县党政机关部门“吃空饷”人员进行清理，共清理出30人，对存在的问题，责成相关单位和部门进行整改。

2015年，开展严厉整治党员干部参赌、涉赌和滥办酒席“收送红包、公款购买和收送购物卡、公款吃喝、公款送礼、公车私用、违规发放津补贴和奢侈浪费、多占住房、交友不慎”等八类作风突出问题专项清理整治活动，明察暗访120次，723名科级以下领导干部签订廉政承诺书，清理出无依据、超标准、自制政策发放的经费达528万元。抽查49名新任副科级以上领导干部个人财产情况并督促整改。

2016年，切实加强对中央八项规定精神落实情况的监督检查，持续释放纠正“四风”的强烈信号，针对不同时段，狠抓元旦春节、中秋国庆等重要时间节点，采取暗访检查、随机抽查、交叉联查和个别约谈相结合的方式，强化巡视整改，重点整治公款吃喝、公款旅游、公车私用、公务接待、食堂管理、违规滥发津补贴和福利以及违规收送礼品礼金等行为。发现违反中央八项规定问题线索13条，处理23人，其中党政纪处分12人，组织处理10人，追缴清退违规津补贴310余万元，下发督查通知书15份，监察建议书2份。“国庆”“中秋”等节点向780余名科级以上干部发送提醒短信3000余条，收取各部门、乡镇“两节”纠正“四风”问题分析总结情况说明70余份。开展节假日明察暗访、专项督查9次，通报曝光节日期间公车私用等行为10人和20个单位，立案4人。

第三节　农村基层党风廉政建设

加强农村基层党风廉政建设，是构建社会主义和谐社会的重要举措，是推进社会主义新农村建设的有力保证。改革开放以来特别是党的十六大以来，瓮安县认真贯彻落实中央的部署和要求，从加强农村基层组织建设、“三资”管理、廉政监督、便民服务和“三务公开”等入手，大力推进农村基层党风廉政建设工作。

1994年，全面推行村级财务由乡镇管理制度，让农村集体资金所有权与管理权适当分离，强化了集体资金的管理约束机制。

2004年，由县监察局、县财政局、县民政局联合行文制定《关于进一步加强村级财务管理的规定》，全县247个村财务全部实行零户统管，只在乡镇财政所设立一个账户。对村级财务实行统一收支单据、统一设银行账户、统一进行会计核算、统一管理会计档案、统一管理核销程序、统一规范财务公开时间的“六统一”管理，村级账务管理机制进一步完善。

2007年，县委和县纪委更加重视农村基层党风廉政建设工作，成立了农村基层党风廉政建设联席会议领导小组，制定了联席会议制度。在雍阳镇、鱼河乡、珠藏镇等乡镇开展打造村干部“廉政名片”、创建“勤政廉洁村”“廉洁村官”等活动。通过活动，制定了一套针对性较强的“勤政廉洁村”评价管理体系，从计划生育政策落实、治安管理、党员教育管理、公民道德规范等方面实际情况进行评价。推行了一套公开、透明的量化考评程序，加强了群众监督自治管理。

2009年，以公开竞聘、公开推荐的办法，大力加强新的村支两委领导班子组织建设，通过竞聘，起用一批知识型、开拓型、能人型的村干部。通过整合财力和物力，村级办公场所得到改善，村干部待遇从200元/月提高到600~800元/月。通过安排600万财政专项资金，大力开展69个农村公益事业“一事一议”财政奖补项目试点建设，推动村级党组织科学执政、民主执政能力建设，得到广大群众的高度好评，村级班子威信得到提高，基层党组织凝聚力和战斗力增强。

2010年，以村级党组织和村委会换届为契机，在村（居）党组织中设立纪检委员，同时聘请义务监督员，重点加强对村级事务公开、财务管理、集体议事的监督，逐步建立党风廉政立体监督网络。加强基层行政效能建设，在29个部门、23个乡镇、97个村建立便民利民服务中心（站、点），接待群众75000余人次，接受群众咨询、答疑30000人次，为群众及时审批办理各类行政事务9500余件，工作效率和服务质量明显提高；加强行政事业性收费治理，查处涉企乱收费、乱罚款和各种摊派9.8万元。

2011年，进一步加强农村基层党风廉政建设，全面推行基层站所负责人“述勤述廉”制度，开展基层站所行风评议。探索村级事务管理新模式，深入开展村级集体“三资”委托管理服务试点工作，23个乡镇委托管理服务中心挂牌运行，53个村实现委托管理。通过签订委托书，将村集体所有的资源、资产、资金委托乡镇“三资”委托管理服务中心代为管理，委托管理服务中心通过制定“三资”管理的相关规章制度，严格执行相关管理程序和制度，加强“三资”管理，全面监督村级“三资”的使用、投资、承包、租赁、处置、核销等运行过程，规范村支两委经济行为。在财务管理上，继续实行“村财乡代管”的村级资金管理办法，完善财务管理相关程序和制度，严格收支管理，保证专款专用，确保资金安全。

2012年，围绕贯彻落实《农村基层干部廉洁履行职责若干规定（试行）》，扎实开展基层站所行风评议、村务监督委员会建设等专项工作。通过在21个乡镇（街道）农业服务中心、国土所、财政所、党政办开展行风评议工作，促进行风明显好转。通过在各村建立村（社）务监督委员会，在发动群众共同参与基层党风廉政建设，维护农村和谐稳定方面取得新进展。同年3月，针对群众反映强烈的滥办酒席成风的问题，县委出台了《规范群众操办酒席工作指导意见》，对办酒范围、申报程序、部门监管职责等进行了明确，要求各乡镇（街道）按《指导意见》，结合实际制定详细的实施方案，负责对辖区内发生的违规办酒行为进行查处，工作落实情况列入当年乡镇（街道）党风廉政建设工作考核内容。通过各部门和乡镇的协调配合、齐抓共管，全面推进了整治工作。当年整治中即有5000余户群众主动放弃办酒意图，有18户企图违规办酒被及时制止，违规办酒既成事实被罚款共计12500元，家庭经济支出户均减少30%，真正实现了全民参与、全民监督、全民受益的良好局面，民风得到明显净化。

2014年，制定下发《瓮安县村（居）务工作权力清单》，构建了覆盖村级集体事项15种流程、便民服务事项10种流程的权力规范体系，按照“简便易行”的原则，明确每项村务权力的事项名称、具体实施的责任主体、权力事项的来由依据、权力运行的操作流程、运行过程的公开公示、违反规定的追究办法等，让村务工作决策、运行、评估、修正良性循环，切实做到“一切工作有程序，一切程序有控制、一切控制有规范、一切规范有依据。”推进了阳光村（居）务工作，继续坚持每季度一次的农村党务、村（居）务、财务公开制度，不断深化村务公开信息平台和阳光村务网建设，积极利用公告公示、手机短信、触摸屏查询、民主听证会等途径，公开村（居）务工作特别是基础设施项目建设、救灾救助物资发放、惠民政策实施等工作情况，让群众通过电视、网络、手机、公开栏等各种途径即时查看，真正落实群众在村（居）务工作中的知情权、参与权、监督权。健全村（居）务工作权力运行日常监督机制，建立健全了乡镇（街道）重大村务工作审核制、村干部重大事项报告制、村务工作督查制、村干部年度述职述廉和绩效考核制等，不断提高村务监督工作水平。

2015年，出台《瓮安县村（居）干部违反廉洁履行职责若干规定责任追究办法（试行）》，共6章23条，分别就责任追究、调查处理、结果运用、纪律监督等方面进行了细化和规范。其中，责任追究包括履职不力、办事拖拉、违规操作、弄虚作假、包庇纵容、铺张浪费、隐瞒截留、慵懒散慢、贪污敛财及黄赌毒迷信等53项内容，处理视情况分别给予警示谈话、书面检查、书面通报、公开检讨、诫勉谈话、停职检查、引咎辞职、撤罢免职，凡受到警示谈话以上处理的，取消当年各类评先评优资格。同时，与全年绩效考核工资挂钩，最多扣发50%，对拒绝整改和辞职的，依法予以罢免，并停发所有报酬待遇。县纪委监察局、县委组织部、督查局加大了对村级权力的联合检查指导力度，对97个村的村务公开、事项公开、为民服务事项、村级票据等的抽查清理常态化，全面强化农村基层组织规范用权的意识。为完善基层民主监督，加大民生监督工作力度，督促村（居、社区）干部廉洁履职，县纪委在全县99个村（居、社区）各选配1名村级民生监督员，每人每月300元工作待遇全额纳入财政预算。

2016年，成立了4个片区纪工委，在村（居、社区）配备了99名村级纪检员（民生监督员），构建片区纪工委具体负责、民生监督组主抓落实、村组社区延伸监督的三级监督网络。建立了13个教育谈话室，扎实开展“整治铸廉”三年行动，先后开展城乡居民社会养老保险基金等9项专项监察，发现问题174个，使用教育谈话室64次谈话64人，党政纪处分63人，挽回民生资金51万余元。

第四章
违纪违法案件查处

第一节　信访举报工作

纪检监察信访举报工作，是纪检监察机关通过接收群众来信，接待群众来访，接听举报电话等渠道，受理对党员、党组织及监察对象的检举控告以及这些人员的申诉，按照纪检监察机关的职能和规定的程序处理解决信访举报问题的工作，是纪检监察机关获得案件线索的主要来源。

县纪委自1951年成立以来，对人民来信来访工作就非常重视，根据上级有关信访工作的指示精神和文件，结合本地实际，建立制度，完善措施，创新方式，不断适应新形势新要求，纪检监察信访举报工作在维护党和政府形象、查办案件、惩治腐败方面发挥了重要基础性作用。

一、信访举报制度及信访网络建设

为适应各个时期关于依法行政的要求及推动党风廉政建设和反腐败斗争工作的需求，不断提升纪检监察信访举报工作水平，县纪委监察局相继制定了一些信访工作制度，健全了信访工作网络，使信访工作不断趋向法制化、规范化、有序化，推动纪检监察信访工作全面开展。

1989年，县纪委信访室一经设立，即提出信访接待工作纪律，要做到“五要”“五办”，“五要”（一要热情接待态度和蔼；二要体谅群众心情，认真听取来访人意见；三要一视同仁，对农民与国家干部、职工、初访重访一概礼貌相待；四要坚持原则，不以感情代替政策；五要讲究语言艺术，不讽刺嘲笑）。“五办”（重要信访重点办，急信及时办，简易信访当场办，纪检信访认真办，非纪检信访抽时间配合办）。加强基层信访组织建设，采取区包乡、乡包村、支部包党员、党员包户的方法，整个区形成了一个信访网络，使信访工作责任明确，层层有人管，件件有着落。

1990 年，县委、县政府作出了《建立县委、县政府等几大班子轮流挂牌接待群众来信来访的决定》，根据这一决定，全县七区一镇都相应建立健全了信访工作 4 个方面的制度：一是星期日区委领导接待群众来访制度；二是下访制度；三是现场办公制度；四是设立区乡纪检信访举报信箱制度。建立健全了区、乡、村、组四级信访网络，明确信访组 301 个，配备信访干部 537 人（区、乡），全县共有信访员 1356 人（含村、组）。

1993 年，纪检监察合署后，将两机关的基层信访联络员归类登记注册，确保 23 个乡镇的村级和县直机关 54 个科局单位有了兼职信访联络员。

1997 年，制定《信访室工作职责》《领导处理信访工作职责》《信访室保密制度》等规章制度，下发《关于县、乡纪检监察工作中国家秘密及内部事项的规定》，明确将检举、揭发县级党政领导班子中的重要问题的有关事项界定为国家秘密类，违纪违法线索的检举、控告材料和控告人、举报人、证人的姓名、住址以及可能危害其安全的有关情况和信访、案件档案界定为内部事项，严格按照《中华人民共和国保守国家秘密法》和中纪委相关规定做好保密工作。

1999 年，根据全国纪检信访工作提出的信访工作“五项要求”“四项指标”的要求，建立健全了“四簿一档”。

2000 年以来，制定《瓮安县纪委信访接待工作制度》《瓮安县纪委处理信访举报的基本原则》《瓮安县纪委信访报结件办理制度》《瓮安县纪委信访举报保密制度》等系列信访工作制度，逐步推进信访举报制度化建设。

2009 年，印发《瓮安县纪委监察局县、乡、村、组信访网络工作制度》，进一步建立健全信访网络制度，按照“分级负责，归口办理”的原则，使信访问题解决在萌芽状态，为当地的稳定和经济的发展创造良好的环境。

2010 年，印发《瓮安县纪检监察信访举报工作办事公开办法（试行）》，在依纪依法开展信访举报工作过程中，通过一定的形式和途径，公开信访举报的受理渠道、政策法规、受理情况、办理过程和处理结果的活动，不断增强纪检监察信访举报工作的透明度。

2014 年，出台《瓮安县纪委监察局信访举报工作责任追究办法》。不断增强瓮安县纪检监察机关及其工作人员在受理、办理、处置群众信访举报中的责任意识。该《办法》明确了首办责任人、承办责任人，主管及分管责任人应当履行的工作职责及不履行或不正确履行职责应当承担的相应责任。2014 年以来，共计 5 名纪检监察干部因不履行或不正当履行信访工作职责被组织处理。

是年，为进一步提升群众信访举报积极性，出台了《瓮安县纪委监察局奖励实名举报有功人员暂行办法》，鼓励广大群众积极参与纪检监察工作，且还保护信访人合法权益，推进党风廉政建设工作深入开展。该《办法》实行以来，共计奖励举报有功人员 4 人次 2000 余元。

2015 年，为进一步强化监督执纪问责，真正聚焦主责主业，回归信访举报本职，结合“三转”工作要求，出台了《瓮安县纪委监察局关于进一步加强纪检监察机关信访举报工作的通知》，明确信访室、纪工委监察分局信访举报工作职能职责，进一步规范了全县纪检监察信访举报工作。

2016 年，印发《纪检监察机关信访举报工作实施细则（试行）》，从信访受理、处置、办理、审结、督查到归档等环节进行规范化处置。

二、信访举报渠道

1988年，县监察局设立举报站，在举报站设立接待窗口，在公开场所设立举报信箱、公布举报电话0854-2621145。1993年，县纪委、监察局合署办公后，举报站、信访室合并为信访室，统一受理群众来信来访。

2010年，县纪委监察局先后开通了瓮安廉政网网上举报信箱：www. gzwalz. cn；举报电话0854-2918000、0854-2918078，并明确专人负责网络举报查收，接听举报电话等。并在县城区、各乡镇广泛公示信访举报方式，设立举报信箱。

2012年以来，县纪委监察局采取发放宣传手册、在公交站台、广告牌、公示栏等地张贴海报，升级“清廉瓮安”网、创办《瓮安纪检》刊物，将纪检监察机关信访受理范围、举报渠道、办理程序等方式向全社会进行公开。开通瓮安县纪委信访举报邮箱：qnwaxf@126. com。

2015年，在已构建“来信、来电、来访、网络”多渠道信访举报综合受理平台的基础上，瓮安县“两个责任”落实及干部正风监督网络平台设置举报受理专栏，通过“APP”随手拍和网站受理群众信访举报，指定专门工作人员作为网站平台管理员，及时受理和处理群众信访举报。升级纪检监察信访信息管理系统，强化信访举报信息的管理。

三、受理信访举报情况

1952年，建立人民来信、来访及党员申诉案件管理和查处机制。

1954年，县委纪律检查委员会受理来访1件、1人，结案1件、1人。

1955年，县委纪律检查委员会共受理信访件43件、43人（控告41件、41人，申诉2件、2人），按“归口办理”的原则办结。

1956年，共受理信访件20件、20人（检举6件、6人，控告9件、9人，申诉4件、4人，需要平反1件），按“归口办理”的原则办结。

1957年，受理信访件26件、26人（控告20件、20人，申诉3件、3人，检举1件、1人，申请取消处分2件、2人），调查结案26件、26人。

1966年至1975年“文化大革命”期间，信访机构中断。

1979年，恢复重建瓮安县委纪律检查委员会，受理群众来信来访，共收到来信727件。其中：属于控告各级领导干部的111件，反映各级非法搜家、罚款等违反政策的53件，要求复工复职的302件，检举党员、干部违法乱纪的6件，其他问题的255件。同时接待来访近千人次，这些来信来访，按“归口原则”，都转请有关部门和基层单位调查核实，提出意见，按照组织手续和审批权限处理和做耐心细致的政治思想工作。

1980年，纪委共收到人民来信798件，其中：属于控告各级领导干部的37件，一般干部的92件，揭发检举党员干部违法乱纪的23件，反映各级非法搜家、罚款等违反政策的84件，落实政策的382件，党员申诉3件，其他问题177件。共处理674件（待处理的124件），其中：落实政策的320件，揭发检举党员干部的85件，其他的269件。

1981年，共收到人民群众来信897件，其中：属于控告各级领导干部的83件，一般干部的21件，检举党员不按《准则》办事的64件，反映各级干部违反政策的137件，党员对党纪处分不服申诉的28件，要求落实农村经济政策和解决其他纠纷的564件。这些信件均按照“归口办理”的原则，作了调查落实，促进了安定团结、密切了党群关系。

1982年，收到来信284件，其中：属于党员申诉的25件，属于控告、检举各级领导干部和一般干部的96件，属于要求复查落实政策的163件。接待人民来访120（次）。

1983年，收到人民来信373件，接待群众来访95人（次）。

1984年，受理群众来信461件，其中：重复来信来访57件，不属于纪检部门业务范围的来信来访37件，由纪检部门直接办理的367件（结案365件）。

1985年，收到群众来信290件，其中：重复来信30件，不属于纪检部门范围的37件，由纪检部门直接办理的223件；接待人民来访73人（次）。

1986年，接到群众来信155件，接到群众来访68人（次），办结223件（次）。

1987年，受理来信来访242件（次），其中：来信231件，来访11次。重信重访4件（次），越级上访3件（次），初信初访235件（次），办结224件（次），立案查处23件，已办结22件，待办18件（次）。

1988年，监察局共收到人民来信133件，其中：重复信件44件。监察局配合有关部门查处19件，转请各单位和部门处理的64件，重复信件和过去已经有关单位查处过作存查的18件，待处理6件。

1989年，纪委收到群众来信187件，立案172件，结案169件，待办3件，转办15件。

1990年，纪委收到群众来信、接待来访180件（次），办结160件（次），待办20件（次）。

1991年，纪委收到群众来信、接待群众来访117人（次），办结105件（次），待办12件（次）。监察局共接来信来访156件（次）。按照“分级负责、归口管理”的原则，作调查了结。

1992年，县纪委收到群众来信、接待群众来访116人（次），办结107件（次），待办9件（次），县监察局共收到群众来信118件（次），严格按照“分级负责、归口管理”的原则，进行办理。

1993年，县纪委与县监察局合署办公，组建信访室，增加专职信访工作人员，并明确一名副书记分管信访工作。年初，拟定“1993年至1995年纪检信访工作目标管理规划”。建立完善“四簿一档”，即：《人民群众来信来访登记簿》《领导阅批接待来信来访登记簿》《信访立案登记簿》《信访专办登记簿》和信访文书、信访案件立卷归档。新建信访网点63个。全年收到来信166件。166件来信中，属纪检对象范围的62件，属于监察对象范围的93件，非纪检、监察业务范围的11件。

1994年，收到人民来信135件，立案查处31件，作信访初查的20件，转有关单位和部门处理的52件，作存查处理的32件。

1995年，收到信访举报223件（次），其中属检查对象的77件，监察对象的146件。分别转有关部门调查处理，基本上做到件件有着落，事事有交代。

1996年，县纪委监察局收到人民群众来信256件（次），其中属于纪检对象的55件，属于监察对象的194件（次），非纪检检查对象的7件（次）。其错误性质分类为：违反财经纪律3件，贪污47件，赌博10件，侵占8件，其他经济类53件，徇私枉法7件，违反组织人事纪律1件，失职渎职5件，打击报复3件，其他侵权类38件，腐化堕落道德败坏6件，赌博2件，违反计划生育政策22件，其他51件。这些信件均按照“分级负责、归口管理”的原则，作了调查落实。

1997年，纪委监察局共收到人民群众来信124件，反映纪检对象的21件，反映监察对象的67件，反映非纪检监察对象的36件。均按照“分级负责、归口管理”的原则，进行调查处理。

1998年，收到人民群众来信来访共计141件（次）。其中重复信件27件，114件（次）人民来信来访中，反映纪检对象的15件，监察对象的18件，反映非纪检监察对象的81件。均按照“分级负责、归口管理”的原则，进行调查处理。

1999年，纪委监察局收到人民来信来访共计96件（次），反映检查对象的22件，监察对象的64件，非纪检监察对象的10件。均按照“分级负责、归口管理”的原则，进行调查处理。

2000年，收到群众来信来访42件（次），作信访了结的23件，转立案查处19件。

2001年，收到群众来信来访162件（次），其中重复信件18件。属于反映县级干部的4件，科级干部42件，一般干部63件，其他人员35件。从检举控告性质分类为：贪污受贿20件，索取收受财物3件，违反规定从事营利活动2件，其他经济类16件，失职2件，欺压群众12件，严重违反社会道德类9件，违反计划生育政策12件，其他检控类66件，申诉类2件。

2002年，收到来信来访127件（次），其中转有关部门了结的41件，转立案调查核实51件，信访协调解决15件，信访调查结案20件。

2003年，受理群众来信来访136件（次），其中：反映乡科级干部60件（次），一般干部34件，其他人员42件。均按照“分级负责、归口管理”的原则进行调查处理。

2004年，收到人民群众来信96件（次），反映纪检对象38件，反映监察对象的54件，其他对象的4件。均按照“分级负责、归口管理”的原则，进行调查处理。

2005年，收到群众来信来访93件。

2006年，收到来信来访170件（次），其中：重复来信来访45件，初核125件。作初核的125件中，作信访了结的35件，待查的10件，转办65件，存查2件，转立案13件、13人。

2007年，受理群众来信来访236件，重复信件71件，初信初访165件中，按原初查的68件，作立案50件，查处了结47件、48人。

2008年，“6·28”事件后，县纪委监察局组织开展二次“县乡纪委书记大接访”活动，在瓮安廉政网上开设举报邮箱，公布举报电话，受理群众来信来访。全县纪检监察机关共收来信445件，办结407件，待办38件。来访467人，办结464人，待办3件。

2009年，全县初核信件199件，查结175件，待核24件。

2010年，全县受理群众来信来访143件，初核98件，立案88件、90人，查结69件69人。

2011 年，全县纪检监察机关接到群众举报 109（重复件 17）件次，初核 89 件，立案 59 件、59 人，查结 52 件、52 人。待查 30 件、30 人，移送司法机关 3 件、3 人。是年，开展“三访”（接访、走访、回访）活动，受理“三访”件 47 件（次）。

2012 年，全县共受理信访举报 102 件（次），其中来信 73 件（次），来访 12 件（次），来电 6 件（次），网络举报 5 件（次），其他方式 6 件（次）。开展信访监督 14 次，发信访通知书 2 件，信访谈话 12 人，提供案件线索 21 条，转立案 12 件，保护干部 12 名。受理行政投诉 8 件（次），均办结。继续开展“三访”制度化、常态化工作，受理“三访”件 3 件、3 人。

2013 年，继续开展“三访”制度化、常态化工作，受理“三访”件 14 件（次）、19 人。全年共受理群众举报 98 件（次），其中来信 44 件（次），来访 33 件（次），来电 9 件（次），网络举报 10 件（次），其他方式 2 件、次。共开展信访监督 10 次，发信访通知书 5 件，信访谈话 5 人。筛选提供案件线索 31 条，转立案 7 件，保护干部 10 名。挽回经济损失 41 万余元。报送信访信息 4 期，调研报告 1 篇。共受理行政投诉 7 件（次），已办理。

2014 年，出台《瓮安县纪委监察局信访举报工作责任追究办法》。共受理信访举报 123 件（次），其中来信 39 件（次），来访 48 件（次），来电 23 件（次），网络举报 13 件（次）。受理信访案件中，署名举报 82 件，匿名举报 41 件，未发生越级上访或集体访现象。共开展信访监督 22 次，发信访通知书 9 件，信访谈话 6 人。筛选提供案件线索 85 件，转立案 24 件，保护干部 7 人。挽回经济损失 536. 69 万元。报送信访信息 6 篇，调研报告 1 篇。共受理行政投诉 4 件次，已办理。

2015 年，出台《瓮安县纪委监察局关于进一步加强纪检监察机关信访举报工作的通知》。全县纪检机关共受理群众举报 91 件（次），其中来信 22 件（次），来访 44 件（次），来电 10 件（次），其他方式 15 件（次）。受理信访件中，署名举报 63 件，匿名举报 28 件。上级转办条形码及网络举报信件为 53 件，初信初访 14 件，批评建议类 1 件，业务范围外 17 件。筛选提供案件线索 76 件，转立案 6 件，发《信访通知书》7 份，对干部进行诫勉谈话 9 人（次），通报批评 2 批 2 人，为 11 名干部澄清事实。挽回经济损失 2000 余万元。报送信访信息 15 期，调研材料 1 篇、创新材料 1 篇。受理行政投诉 2 件，已办结。

2016 年，全县本级受理信访举报共 93 件（次），其中来访 46 件，来信 40 件，来电 4 件，网络举报 3 件。属于检举控告类 79 件（次），涉及乡科级部门 2 件，乡科级干部 3 件，一般干部 12 件（次），其他人员 62 件（次），开展初核 79 件（次），转立案处理 10 件（次）。收到上级转交办信访举报 173 件（次），其中检举控告类为 121 件（属于重复举报或一信多投 93 件次），初核 121 件（次），转立案 15 件（次）。全年共发《信访通知书》6 份，对干部进行谈话 4 人（次），通过通报批评 2 批、4 人，为干部澄清问题 15 人，对 2 件 4 名实名信访人奖励共计 2200 元。完成纪检监察信访系统（执监问系统）安装和升级。报送信访信息 13 篇，被州纪委网站采用 4 篇，开展信访业务培训 2 期 120 余人（次）。

表 4-1

1954—1957 年瓮安县纪检监察信访（举报）案件一览表

单位：件（次）、人（次）

年份＼项目	总数	其中														处理（结案）
		控告	揭发检举	申请取消处分	落实政策	控告	党员申诉	要求平反	违反政策	重访	纪检直处	转部门处	待办	要求复工	其他	
1954	1	1														
1955	43	41					2									
1956	20		6			9	4	1								
1957	26	20	1	2			3									

表 4-2

1979—1989 年瓮安纪检监察信访（举报）案件一览表

单位：件（次）、人（次）

年份＼项目	总数	其中											处理（结案）
		控告	揭发检举	落实政策	党员申诉	违反政策	重访	纪检直处	转部门处	待办	要求复工	其他	
1979	727	111	6			53					302	255	
1980	798	129	23	382	3	84					124	177	674
1981	897	104	64	564	28	137							
1982	404	96		163	25							120	
1983	468												
1984	461						57	367				37	365
1985	363						30	223					
1986	223												223
1987	242						4			14			224
1988	133						44		83	6			
1989	187								15	3			169

表 4-3　　1990—2000 年瓮安纪检监察信访（举报）案件一览表　　单位：件（次）、人（次）

项目 年份	总数	其中								处理（结案）
		待办	转部门处理	纪检范围	监察范围	重访	其他范围	信访了结	转立案查处	
1990	180	20						160		
1991	273	12						156		105
1992	234	9						118		107
1993	166			62	93		11			
1994	135	32	52						31	
1995	223			77	146					
1996	256			55	194		7			
1997	124			21	67	27	36			
1998	141			15	18		81			
1999	96			22	64		10			
2000	42							23	19	

表 4-4　　2001—2011 年瓮安纪检监察信访（举报）案件一览表　　单位：件（次）、人（次）

项目 年份	总计	重复信件	申诉	干部	其他人员	转交部门	立案调查	纪检对象	监察对象	其他对象	信访了结	待查	存查	初信初访	移送司法
2001	162	18		109	35										
2002	127					41	51								
2003	136			94	42										
2004	96							38	54	4					
2005	93														
2006	170	45				65	13				35	10	2		
2007	236	71					50				47	68			
2008	912										871	41			
2009	199										175	24			
2010	143						88					55			
2011	109	17					59					30			3

表 4-5　　2012—2016 年瓮安纪检监察信访（举报）案件一览表

项目 年份	总数（件次）	其中					信访督导（次）	发信访通知（件）	信访谈话（人）	提供案线索（条）	转立案（件）	保护干部（人）	受理行政投诉（件次）	受理“三访”件（件/人）
		来信	来访	来电	网络	其他								
2012	102	73	12	6	5	6	14	2	12	21	12	12	8	3/3

续表4-5

项目 年份	总数（件次）	其中					信访督导（次）	发信访通知（件）	信访谈话（人）	提供案线索（条）	转立案（件）	保护干部（人）	受理行政投诉（件次）	受理“三访”件（件/人）
		来信	来访	来电	网络	其他								
2013	98	44	33	9	10	2	10	5	5	31	7	10	7	14/19
2014	123	39	48	23	13		22	9	6	85	24	7	4	
2015	91	22	44	10		15		7	9	76	6			
2016	93	46	40	4	3			6	4		10	15		

第二节 案件查办

党纪处分是在同违反党纪的行为做斗争中逐步形成和发展起来的。早在建党初期，党章就规定了对党员的处分有留党察看和开除党籍两种，对党组织的处理有取消和改组两种。以后，根据同违纪行为作斗争的需要，逐步增加了处分种类，对党员的处分增加了警告、公开警告、取消工作三种，对党组织的处分增加了警告和撤销领导机构两种。新中国成立以后，历次党的代表大会通过的党章都对党纪处分作了规定。从党的八大至十一大，在党章中都规定了五种对党员的处分：警告、严重警告、撤销党内职务、留党察看和开除党籍，但取消了对党组织的处理。1982 年，党的十二大总结了历史经验，并根据同违纪行为做斗争的实际需要，在党章中，不仅保留了党的八大以来历次党章中规定的五种对党员的处分，而且重新规定了两种对党组织的处理：改组党的组织和解散党的组织，形成党纪处分体系。

查处违纪违法案件是纪检监察机关的一项重要职能。早在建党初期和新中国成立后，纪检监察机关就认真履行基本职责，严肃查处各类违纪违法案件，维护党章和党内其他法规的严肃性，确保党员队伍的先进性、纯洁性，保证政令畅通。特别是 1979 年恢复重建党的纪律检查机关和 1988 年 4 月组建监察机关后，认真贯彻中央、省、州反腐败工作部署，通过查处违纪违法案件，有效地促进党风廉政建设的深入开展，为全县经济建设和社会各项事业健康发展做出积极贡献。

一、瓮安县委纪委监委会查办案件情况

1951 年组建县纪律检查委员会至 1955 年 11 月撤销县纪律检查委员会，组建县委监察委员会以来，紧紧围绕这一时期党的中心任务开展工作。在查办案件过程中，着重检查处理妨碍中心任务和破坏社会主义经济的两条道路斗争的案件，本位主义、分散主义、压制民主、打击报复的案件，以及贪污腐化、严重特殊化、严重铺张浪费的案件。在处理这些案件中，根据中央和省、州纪委指示，切实查清事实，划清敌我界限，正确地进行处理。对于党内犯错误的同志，本着坚持“团结—批评—团结”“惩前毖后，治病救人”“既要弄清思想，又要团结同志”“思想批判从严，组织处理从宽”的方针和原则，着重进行教育，

讲清道理。对于错误属于一般性质和情节较轻的，只要本人检讨深刻，决心改正，可以不给予纪律处分；对于错误性质和情节严重的，应该给予纪律处分的，如果本人检讨深刻，决心改正，从轻处分；如果坚持错误，或者屡教不改，从严处分。对于经过严格审查，确认是混入党内的地主、富农、反革命分子，则坚决清洗出党。对于严重贪污腐化，已经蜕化变质的分子，坚决开除党籍。

1953年，查处党员、干部违纪案件6件、6人。其中：开除党籍1件、1人，留党察看1年1件、1人，取消党员资格2件、2人。其他处分2件、2人。

1954年，查处党员干部违纪案件35件35人。其中：待查结的5件、5人，免于处分23件、23人，劝告1件、1人，受党纪处分的6件、6人，留党察看1件、1人，撤销工作的3件、3人，警告1件1人，取消候补资格1件1人。

系统分类：党群3件、3人，政法1件、1人，文教卫生1件、1人，合作社1件、1人，农村党员1件、1人。

职别分类：区级3件、3人，一般党员干部2件、2人，农村党员1件、1人。

错误性质：违法乱纪3人，违反政策规定2人，乱搞男女关系1人。

1955年，受理党员干部违纪案件47件、47人，其中：不予纪律处分35件、35人，受党纪处分12件、12人（开除党籍5件、5人，留党察看2件、2人，警告3件、3人，撤销工作1件、1人，劝告1件、1人）。

系统分类：党群3人，政法2人，供销社3人，农村党员4人。

级别分类：区级3人，半脱产3人，一般党员干部5人，一般党员1人。

错误性质：贪污盗窃2人，违法乱纪1人，乱搞男女关系4人，打击报复2人，违反政策2人，违反机密1人。

1956年，受理党员干部违纪案件63件、63人，受党纪政纪处分的27件、27人。其中：开除党籍9件、9人，留党察看3件、3人，警告10件、10人，劝告2件、2人，免予纪律处分36件、36人。

系统分类：机关9人，文教卫生1人，经贸1人，乡村16人。

级别分类：县级1人，区级6人，一般党员干部9人，一般党员11人。

错误性质：包庇反革命分子1人，隐瞒政治历史2人，腐化堕落7人，贪污盗窃5人，弄虚作假3人，违反政策规定2人，强迫命令2人，侵犯人身权利2人，压制民主打击报复3人。

1957年，受理党员干部违纪案件38件、38人，其中：免予纪律处分的17件、17人。给予纪律处分的21人中，开除党籍5件、5人，留党察看6件、6人，撤销党内职务2人，严重警告4人，警告4人。受纪律处分的21人，按级别划分：区级2人，一般干部4人，乡干部4人，农村党员11人。按错误性质划分：丧失阶级立场1人，无组织无纪律1人，欺骗隐瞒弄虚作假1人，违反政策法令3人，侵权4人，闹名誉地位1人，贪污盗窃3人、铺张浪费3人，腐化堕落行为4人。

1958年，查处违纪党员干部68件、68人。其中受党纪处分59人（党内警告6人、严重警告14人、留党察看22人、开除党籍17人）；给予政纪处分6人（降级处分2人、撤销行政职务3人，行政开除留用察看1人。）免予党纪处分3人。

1959 年 11 月至 12 月 3 日，县委召开干部会议，3414 人参会。会议在鸣放的基础上进行大辩论，重点批判 121 人，会后，县委布置开展整风运动。12 月上旬，运动全面铺开，全县共批判各级干部 157 人。

是年，查处违纪党员干部 62 件、62 人，其中给予党纪处分 50 人（党内警告 10 人、严重警告 8 人、撤销党内职务 4 人、留党察看 15 人，开除党籍 13 人）；给予政纪处分 6 人（行政降级 2 人、行政撤职 3 人、行政开除留用察看 1 人）党内批评教育 1 人，免予党纪处分 5 人。

1960 年 4 月 12 日至 19 日，县委召开五级干部会议，7 月至 8 月全县农村开展反贪污、反浪费、反官僚主义运动。县监委干部积极配合运动的开展。

是年，查处违纪党员干部 154 件、154 人，其中：受党纪处分 87 人（党内警告 15 人、严重警告 14 人、撤销党内职务 11 人、留党察看 21 人、开除党籍 26 人）；给予政纪处分 47 人（行政记过 4 人、行政降级 1 人、撤职 22 人、行政开除 20 人）；批评教育 1 人，免予党纪处分 7 人，免予政纪处分 12 人。

1961 年，查处违纪党员干部 138 件、138 人，其中：受党纪处分 80 人（党内警告 13 人、严重警告 13 人，撤销党内职务 6 人、留党察看 15 人、开除党籍 33 人）；给予政纪处分 28 人（行政撤职 9 人、行政开除 19 人）；党内批评教育 9 人，免予党纪处分 20 人，免予政纪处分 1 人。

1962 年，查处违纪党员干部 65 件、65 人，其中：受党纪处分 41 人（党内警告 7 人、严重警告 6 人、撤销党内职务 2 人、留党察看 12 人、开除党籍 14 人）；给予政纪处分 5 人（行政记大过 1 人、行政撤职 1 人、行政开除 3 人）；免予党纪处分 17 人，免予政纪处分 2 人。

1963 年 4 月，县监委认真贯彻执行县委增产节约和“五反”（反贪污盗窃、投机倒把、铺张浪费、分散主义、官僚主义）运动领导小组的决定，积极投入运动的开展，抓好违纪违法案件的查处工作。

是年，查处违纪党员干部 40 件、40 人，其中：受党纪处分 36 人（党内警告 5 人、严重警告 10 人、撤销党内职务 4 人、留党察看 2 人、开除党籍 15 人）；给予政纪处分 2 人（行政记大过 1 人、行政撤职 1 人）；免予党纪处分 1 人，免予政纪处分 1 人。

1964 年，县监委按照上级党委的指示积极地参加社教运动，配合社教工作人员及时地整理运动前掌握的材料，并妥善移交。运动后期，根据工作队意见，对比较严重的案件做了组织处理。

是年，查处违纪党员干部 35 件、35 人，其中：受党纪处分 28 人（党内警告 3 人、严重警告 2 人、留党察看 8 人、开除党籍 15 人）；给予政纪处分 5 人（行政撤职 3 人、行政开除 1 人、行政开除留用察看 1 人）；免予党纪处分 2 人。

在检查处理案件、执行纪律时，认真执行严肃谨慎、区别对待和“惩前毖后、治病救人”方针和“查处违纪党员批准权限的规定”等。

1965 年 8 月 1 日至 9 月 25 日，县直机关、企事业单位开展以“清政治、清经济、清组织、清思想”为内容的社会主义教育运动。这一运动，解决了干部作风和经济管理等方面的一些问题。

是年，查处违纪党员干部29件、29人，其中：受党纪处分24人，（党内警告5人、严重警告1人、留党察看7人、开除党籍11人）；给予政纪处分5人，（行政撤职2人、行政开除2人、行政留用察看1人）。

1966年2月，全县开展查物资、查资金、重节约、反浪费运动，各单位召开职工代表大会民主讨论建立健全管理制度，在配合运动抓违纪违法案件材料的收集整理的同时，对面上违纪违法案件开展查办工作。

“文化大革命”开始后至1976年10月结束期间，党的监察工作受到一定的影响。但从总体上说，全县党的监察部门协助党委做了大量工作：支持和保护了一批同坏人作斗争的干部群众，对广大党员进行了遵纪守法的教育；清除了少数混进党内的蜕化变质分子，维护了党规党纪，端正了党风，纯洁了组织；通过必要的查处，解决了部分党员、干部在政治、思想、作风等方面存在的问题，增强了党的战斗力，保证了党的路线、方针、政策的贯彻执行，促进了全县国民经济的恢复和发展。党的监察工作继续开展，对党员干部的违纪违法案件仍不同程度地开展查处工作。

是年，查处违纪党员干部27件、27人，其中：受党纪处分23人（党内警告7人、严重警告1人、撤销党内职务4人、留党察看9人、开除党籍9人）；给予政纪处分4人（行政记大过1人、行政撤职1人、行政开除1人、行政开除留用察看1人）；免予党纪处分17人，免予政纪处分2人。1968年，查处违纪党员1人（留党察看）；1969年，查处违纪党员1人（留党察看）。

1970年，查处违纪党员干部7件、7人，其中：受党纪处分4人（撤销党内职务2人、留党察看1人、开除党籍1人）；给予政纪处分3人（行政撤职3人）。

1971年，查处违纪党员干部22件、22人，其中：受党纪处分6人（党内严重警告3人、开除党籍3人）；给予政纪处分2人（行政记大过1人，行政开除留用察看1人）。免予党纪处分10人，免予政纪处分4人。

1972年，查处违纪党员干部20件、20人，其中：受党纪处分10人（党内严重警告2人、撤销党内职务1人、留党察看3人、开除党籍4人）；给予政纪处分3人（行政撤职2人、行政开除1人）。批评教育1人，免予党纪处分5人，免予政纪处分1人。

1973年，查处违纪党员干部49件、49人，其中党内警告8人，严重警告5人，撤销党内职务5人，留党察看15人，开除党籍16人。

1974年，查处违纪党员干部10件、10人，其中：受党纪处分7人（党内留党察看2人，开除党籍5人）；受政纪处分3人（行政记大过1人、行政开除1人，行政开除留用1人）。

1975年，查处违纪党员干部16件、16人，其中党纪处分7人（党内留党察看3人、开除党籍4人；给予行政处分4人（行政降级1人、行政开除3人）。党内批评教育3人，免予党纪处分1人，行政批评教育1人。

1976年，查处违纪党员干部5件、5人，留党察看1人、开除党籍1人，给予行政撤职1人、行政开除1人、行政开除留用察看1人。

1977年，查处违纪党员干部41件、41人，受党纪处分28人（党内警告1人、严重警告3人、撤销党内职务2人、留党察看6人、开除党籍15人）；给予政纪处分13人（行政记大过 1 人、行政撤职 2 人、行政开除 7 人、行政开除留用察看 3 人）；免予党纪处分 1 人。

1978 年，查处违纪党员干部 27 件、27 人，受党纪处分 24 人（党内严重警告 2 人、撤销党内职务 3 人、留党察看 8 人、开除党籍 11 人）；给予政纪处分 2 人（行政撤职 1 人、行政开除留用察看 1 人）；免予党纪处分 1 人。

二、恢复重建纪委至纪委、监察局合署办公前查办案件情况

1979 年至 1985 年，县委纪检机关恢复重建初期，案件查处的重点主要是一些党员干部利用职权在建房分房、招工等方面以权谋私，其次是违反计划生育政策和腐化、赌博、搞迷信活动、侵犯群众合法权益等。7 年中，全县立案调查各类违纪案件 184 件，有 145 名党员受到纪律处分，其中开除党籍的 44 人，留党察看的 18 人，撤销党内职务的 7 人，严重警告的 3 人，警告的 13 人。

1979 年，县委纪委主抓“文化大革命”前的老案和“文化大革命”中的冤假错案的复查平反和错划右派的改正工作。同时，调查处理违纪案件 39 件、41 人。其中，乱搞男女关系的 23 人，奸污女知青的 2 人，诱奸学生、女青年的 3 人，奸污女当事人的 1 人，威逼、捆绑吊打群众致残、致死 2 人，盗窃、投机倒把的 10 人；开除党籍 11 人，撤销党内职务 2 人，党内警告 10 人，行政警告 13 人，行政撤职 2 人，行政开除公职 3 人。

在检查处理违纪案件中，坚持实事求是的原则，支持正义，打击歪风邪气，激发了党员，群众的革命热情和工作积极性，推动了全县农、副工业生产的发展。

1980 年，县纪委主要检查了领导干部用公款吃喝、利用职权搞特殊化、违反财经纪律等问题。

是年，查处党员干部违纪案件 24 件、24 人。其中：搞封建迷信的 1 人，违反政策法令的 1 人，违法乱纪、乱砍滥伐山林的 2 人，乱搞男女关系的 3 人，工作失职造成严重损失的 5 人，其他 12 人。给予开除党籍 1 人，留党察看 3 人，撤销党内职务 4 人，党内警告处分 3 人，给予批评教育 13 人。

1981 年，查处党员干部违纪案件 38 件、38 人。1982 年至 1983 年，县纪委开展打击经济领域严重犯罪活动，全县立案查处各类经济案件 41 件，结案 32 件。因经济犯罪受到党纪处分 1 人，政纪处分 8 人，依法判刑 2 人，追缴赃款（含赃物折款）11.77 万元，退还借款 9.8 万元。

1983 年，县纪委处分违纪党员 21 件、21 人。1984 年，县纪委查处违纪案件 48 件，结案 42 件，处理违纪党员 34 人（州委管理干部 1 人、县委管理干部 1 人、一般党员干部 24 人、一般党员 8 人）；受党内严重警告 1 人，撤销党内职务 1 人，留党察看 11 人，开除党籍 21 人。其中 13 人同时受到行政处分、2 人受到刑事处罚。开展打击经济领域严重犯罪活动，全年立案 8 件，结案 7 件，追回赃款 1.44 万元。

1985 年，县纪委查处党员干部违纪案件 24 件，结案 19 件，违纪党员 17 人（县委管理干部 2 人、一般党员干部 13 人、一般党员 2 人），受党内严重警告 2 人、留党察看 4 人、开除党籍 11 人，其中 5 人同时受到行政处分、4 人受到刑事处分。

1986 年，县纪委查处党员干部违纪案件 118 件，结案 107 件、107 人，构成违纪受党

纪处分的 98 人（县级干部 1 人、区级干部 3 人、乡级干部 5 人、一般干部 3 人、一般党员 86 人；受党内警告 29 人、严重警告 10 人、留党察看 45 人、开除党籍 14 人。错误性质：乱搞男女关系 3 人、盗窃耕牛 1 人、贪污挪用 2 人、赌博 1 人、杀人致死 1 人、诬告他人 1 人、失职 1 人、严重个人主义 2 人、违反计划生育政策 77 人、其他 9 人）。是年，严厉打击经济领域中的严重犯罪，全年立案 23 件、24 人，结案 14 件、15 人，处理 14 人，其中判处有期徒刑 9 人，追缴赃款（含赃物折款）5.1 万元。开除党籍 9 人，留党察看 5 人。

1987 年，受理各类案件 67 件、67 人，其中控告失实 17 件、17 人，恢复党员权利 9 件、9 人，给予党纪处分的 38 人（党内警告处分 9 人，严重警告处分 9 人，留党察看处分 12 人，开除党籍处分 8 人），批评教育 3 件、3 人。按级别分类：科局级干部 2 人、乡级干部 9 人、一般干部 5 人、农村党员 22 人；按错误性质分类：贪污挪用公款 6 人、违法违纪 4 人、乱搞两性关系 2 人、重婚 1 人、受贿 1 人、“文化大革命”中错误 2 人、拐卖人口 1 人、违反计划生育 20 人、玩忽职守 1 人。

1988 年，县纪委受理各类案件 35 件、35 人，其中党员违纪受处分 27 人、恢复党员权利 6 人。违纪党员 27 人中，开除党籍 8 人、留党察看 13 人、党内严重警告 4 人、警告 2 人；按错误性质分：违反计划生育政策的 19 人、违法乱纪 4 人、贪污公款 2 人、以权谋私 1 人、乱搞两性关系 1 人。按级别分：区级党员干部 2 人、乡级党员干部 10 人、一般党员 15 人。

1989 年，县纪委受理案件 193 件、208 人，办结 193 件、208 人。其中：恢复党员权利 26 件 26 人、受党纪处分 167 件 182 人，其中：开除党籍 47 人，留党察看 96 人、撤销党内职务 1 人、严重警告 17 人、警告 21 人。按错误性质：受贿 19 人、违反计划生育政策 140 人、违法乱纪 10 人、乱搞两性关系 1 人、其他 12 人。按职务级别分：区级 2 人、乡级 19 人、一般党员干部 7 人、农村党员 154 人。

1990 年，县纪委受理结案案件 99 件、104 人。其中：恢复党员权利 65 件、65 人，党员干部违纪案件 34 件、39 人（开除党籍 15 人、留党察看 17 人、撤销党内职务 2 人、党内严重警告 2 人、党内警告 3 人）。按错误性质分：违反计划生育政策 26 人、赌博 1 人、腐化堕落和道德败坏 2 人、贪污 2 人、违法乱纪侵权 6 人、其他 2 人。按级别分：区级党员干部 3 人、乡级党员干部 8 人、一般党员干部 6 人、一般党员 22 人。

1991 年，县纪委受理各类违纪案件 74 件、74 人，其中恢复党员权利的 41 件、41 人；党员违纪案件 33 件、33 人。其中，免予党纪处分的 4 人，给予党纪处分 29 人。按处分类别分：开除党籍 13 人、留党察看 10 人、党内严重警告 3 人、党内警告 3 人；按错误性质分：违反计划生育政策 12 人，贪污公款 4 人，弄虚作假骗取名利 1 人，腐化堕落和道德败坏 1 人，赌博 1 人，挪用公款 2 人，其他错误 8 人。按干部级别：乡级党员干部 6 人，一般党员干部 6 人，一般党员 17 人，挽回经济损失 3.3 万元。

1992 年，县纪委受理各类违纪案件 47 件、47 人。要求恢复党员权利 6 件、6 人，党员违纪案件 41 件、41 人。在党员违纪案件中，给予党纪处分 39 人（开除党籍 21 人，留党察看 14 人，严重警告 2 人，党内警告 2 人，免予党纪处分 2 人），同时受政纪处分的 3 人，同时受法纪处分的 3 人，收缴违纪金额 6 万元。错误类别分：违反计划生育政策 28 人，其他 11 人；按干部级别分：乡科级干部 3 人、一般党员干部 7 人、一般党员 31 人，收缴违纪金额 5.9 万元。

三、监察局单立时期查办案件情况

1988 年，县监察局受理各种违纪案件 16 件、42 人，结案 15 件，给予行政纪律处分 8 件、9 人（行政警告处分 2 人、行政记大过处分 2 人、撤销行政职务 1 人、开除工作籍留用察看 2 人、开除工作籍 2 人），批评教育的 1 件、1 人。

1989 年，县监察局立案受理各种违纪案件 42 件、79 人，结案 38 件、69 人，给予行政纪律处分 51 人（开除公职 13 人、开除留用察看 6 人、撤销行政职务 6 人、降低工资级别 2 人、记大过 12 人、记过 4 人、行政警告 1 人、停止公职 6 年 6 人、辞聘回家的 1 人），批评教育 4 人、恢复公职 4 人，建议有关部门作出处理的 3 人。

1990 年，县监察局查处违纪案件 21 件、29 人，结案 18 件、26 人，属贪污公款 4 件、6 人，挽回经济损失 2.4 万元；违法乱纪 2 件、7 人，赌博 2 件、2 人，生活作风败坏 1 件、1 人，违反计划生育政策 2 件、3 人，要求恢复公职 3 件、3 人，反映失实 4 件、4 人，其他 4 件、6 人。已结案的 18 件、26 人中，作问题了解的 7 件、9 人。受到行政处分 11 件、17 人（开除公职 3 人、开除留用的 4 人、撤销行政职务的 3 人、行政记大过 2 人、行政记过 2 人、行政警告 3 人）。

1991 年，县监察局共立案查处违法违纪案件 7 件、8 人，结案 7 件、8 人（开除公职的 2 人、开除留党察看的 1 人、行政记过 4 人、行政警告 1 人）。追回赃款 6369 元。受处分的均为国家机关和企事业单位干部。按干部属性分：行政机关干部 2 人，企事业干部 6 人；按错误性质分：贪污公款 2 件、2 人，违反计划生育政策超胎生育 2 件、2 人，腐化堕落 1 件、1 人，弄虚作假 1 件、1 人，失职 1 件、1 人；按级别分：股级干部 3 人、一般干部 5 人。

1992 年，县监察局受理立案各种违纪案件 10 件、22 人，结案 8 件、20 人，涉及乡局级干部 4 人、股站级干部 11 人、一般干部 5 人。结案的 8 件、20 人中，属于违反财经纪律的 1 件、10 人，违反考试纪律的 1 件、4 人，违法乱纪殴打他人的 3 件、3 人，失职的 2 件、2 人，违反计划生育政策的 1 件、1 人。追回赃款 600 元。给予行政处分 8 人（开除公职 3 人、降工资级别 1 人、行政记过 1 人、行政警告 3 人）。

四、纪委、监察局合署后查办案件情况

1993 年，纪检监察机关合署后，县纪委常委会把查办案件工作摆在纪委工作的重要议事日程。

1993 年，纪委监察局合署办公，共查处各类违纪违法案件 45 件、53 人（含基层调查处理 9 件、10 人），挽回经济损失 4.1 万元。其中：检查对象 26 件、27 人，行政监察对象 19 件、26 人。查清待结 2 件、3 人，待查 1 件、3 人。查清结案的 42 件、47 人中，25 人受到党纪处分（开除党籍 13 人、留党察看的 7 人、撤销党内职务的 1 人、严重警告的 2 人、警告的 2 人），1 人免于党纪处分。受政纪处分 15 人（开除公职 1 人、行政开除留用察看 2 人、降低工资级别 2 人、记大过 5 人、记过 2 人、行政警告 2 人、辞聘 1 人），行政批评教育 6 人。

1994 年，县纪委监察局受理党员干部违纪案件 31 件、39 人，挽回经济损失 21 万元。31 件 39 人中，属检查对象 24 人，属监察对象 10 人。构成违纪的 28 件、34 人（受党纪处分 23 人、党内免予处分 1 人、受政纪处分 19 人，受双重处分 9 人）。

1995 年，县纪委监察局受理各类案件 30 件、45 人，挽回经济损失 17.2 万元。受党政纪处分 15 件、15 人，申诉复审案件 3 件、18 人，恢复党员权利 4 件、4 人，恢复公职 3 件、3 人，停止公职 6 年收回工作 5 件、5 人。受党政纪处分的 15 件、15 人中，给予党纪处分 9 人（开除党籍的 5 人、留党察看的 3 人、严重警告的 1 人）；给予政纪处分 5 人中（开除公职 1 人、记大过 2 人、记过 1 人、警告 1 人），免予政纪处分 1 人。

1996 年，县纪委监察局查处党员干部违纪违法案件 27 件、35 人。涉及副县处级以上干部 1 件、1 人，科局级干部 7 件、10 人，股所级干部 2 件、2 人，一般干部 12 件、14 人，一般党员 5 件、8 人。受党政纪律处分 21 人（党纪处分 12 人、政纪处分 9 人），免予政纪处分 14 人。为国家和集体挽回经济损失 14.88 万元。

1997 年，县纪委监察局共查处各类违纪违法案件 47 件、47 人（检查对象 23 件、23 人，监察对象 24 件、24 人）。给予党纪处分 23 人（党内警告 2 人、严重警告 1 人、留党察看 9 人、开除党籍 11 人）；给予政纪处分 24 人（行政警告 2 人、记大过 3 人、降工资一级 10 人、撤职 8 人、开除公职 1 人）。挽回经济损失 31 万元。

1998 年，县纪委监察局查处各类违纪违法案件 25 件、25 人。给予党纪处分 10 人（开除党籍的 7 人、留党察看的 1 人、党内严重警告 2 人）；给予政纪处分 7 人（行政撤职 2 人、行政降工资 3 人、记大过 1 人、开除公职 1 人），批评教育 8 人。挽回经济损失 6.5 万元。

1999 年，县纪委监察局查处违法违纪案件 38 件、38 人（检查对象 22 人、监察对象 16 人），给予党纪处分 21 人（开除党籍的 12 人、留党察看 6 人、党内撤职 1 人、严重警告 2 人）；给予行政处分 17 人（行政警告 1 人、记过 3 人、记大过 4 人、降级 1 人、行政撤职 2 人、开除公职 6 人）。挽回经济损失 56.2 万元。

2000 年 3 月至 2001 年 5 月，对部分中小学自主乱收费项目，农村教育基金专项营理费用，药品医疗价格，制售假冒伪劣药品等群众关心的违纪违法案件加大查办力度。

2000 年，县纪委监察局查处党员干部违纪案件 54 件、56 人。其中，自办案件 14 件、14 人，报批案件 23 件、23 人，基层组织自查案件 17 件、17 人。大案 4 件、4 人，要案 2 件、2 人，涉及金额 512.4 万元，挽回经济损失 339.6 万元。54 件、56 人中，属检查对象 22 件、22 人，属监察对象 34 件、34 人，给予党纪处分 17 件、17 人（开除党籍 9 人、党内严重警告 5 人、党内警告 3 人），给予政纪处分 32 件、32 人（行政警告 14 人、行政记过 5 人、行政记大过 4 人、行政撤职 2 人、开除公职 7 人）。免予党纪处分 5 人，免予行政处分 2 人。错误性质为：不正当男女关系 1 人，违反计划生育规定超胎生育小孩 11 人，贪污公款 21 人，挪用公款 3 人，盗用国家财物 1 人，失职 2 人，诈骗 2 人，其他 5 人，嫖娼 1 人，徇私舞弊 8 人，侵犯公民人身权利 1 人。干部级别为：正科级 2 人，一般党员干部 14 人，农村党员 7 人，股所级 14 人，一般干部 19 人。

2001 年，县纪委监察局立案查处党员干部违纪案件 59 件、59 人（检查对象 16 件、16 人，监察对象 43 件、43 人）。给予党纪处分 16 人（开除党籍 9 人、党内严重警告 4 人、党内警告3人），给予政纪处分40人（行政警告15人、行政记过10人、行政记大过7人、行政降级1人、开除公职7人），免予行政处分3人。级别为：副科级3人、正股级2人、副股级1人，一般党员干部10人，一般干部40人，农村党员3人；错误性质为：违反计划生育政策规定超生育12人、受贿3人、贩卖假币1人、违反枪支管理1人、为考生作弊5人、贪污公款10人、失职21人、违反社会管理秩序2人、侵占1人、道德败坏3人。

2002年至2007年，加大对建筑市场招投标、“领导工程”、纸条工程和违纪工程、县城防洪工程资金400万元、牛银公路匹配资金400万元、中小学危房改造工程资金58万元、退耕还林工程资金75万元、国家机关工作人员和国有企业负责人持股、煤矿等中的违纪违法案件的查处力度。

2002年，县纪委监察局查处党员干部违纪案件39件、39人（检查对象18件、18人，监察对象21件、21人；自办案件25件、25人，报批案件9件、9人，基层组织自查案件5件、5人），给予党纪处分17人（党内警告3人、严重警告2人、党内撤职1人、留党察看3人、开除党籍8人），给予政纪处分20人（行政警告6人、记过2人、记大过1人、降级1人、撤职2人、开除公职8人），免予党纪处分1人，免予政纪处分1人。挽回经济损失58.47万元。

2003年，县纪委监察局查处党员干部违纪案件53件、53人（检查对象34件、34人，监察对象19件、19人；自办案件21件、21人，报批案件28件、28人，基层组织自查案件4件、4人），给予党纪处分34人（给予党内警告15人、党内严重警告9人、留党察看1人、开除党籍9人），给予行政处分19人（行政警告5人、行政记过3人、行政记大过2人、行政降级3人、行政撤职2人、开除公职4人）。挽回经济损失81万元。错误性质：失职7人、违反计划生育政策规定超生育16人、道德败坏4人、违反社会管理秩序9人、违反民主集中制4人、贪污挪用公款10人、违反规定从事营业活动2人、违反其他组织人事纪律2人、违反其他规定2人。

2004年，县纪委监察局查处党员干部51件、55人。给予党纪处分41人（开除党籍13人、留党察看9人、党内严重警告7人、党内警告12人），给予政纪处分13人（行政开除公职2人、行政记大过2人、行政记过3人、行政警告6人），免予行政处分1人。挽回经济损失85万元。

2005年，县纪委监察局查处党员干部违纪案件39件、41人。给予党纪处分30人（党内警告11人、党内严重警告2人、留党察看7人、开除党籍10人），给予政纪处分11人（行政警告4人、行政记过2人、行政记大过1人、行政撤职2人、开除公职2人），免予党纪处分1人。挽回经济损失85万元。违纪案件中，涉及乡科级11人、站股级12人、一般干部6人、一般党员12人。错误性质：贪污公款1人、贿赂9人、挪用公款3人、其他经济类8人、其他失职类5人、侵犯党员公民权利1人、违反计划生育政策9人、违反廉洁自律1人、违反社会管理秩序4人。

2006年，县纪委监察局查处党员干部违纪案件13件、13人。给予党纪处分11人（给予党内警告2人、党内严重警告1人、开除党籍8人），给予政纪处分2人（行政警告2人）。违纪案件中，涉及乡科级2人、站股级3人、一般干部1人、一般党员7人。错误性质：贪污挪用1人，受贿1人，失职类3人，其他经济类1人，违反计划生育政策超生5

人，违反社会管理秩序 2 人。挽回经济损失 140 余万元。

2007 年，县纪委监察局查处党员干部违纪案件 47 件、48 人。给予党纪处分 32 人（党内警告 7 人、严重警告 6 人、开除党籍 19 人），给予行政处分 16 人（行政警告 9 人、行政记过 1 人、行政记大过 1 人、行政降级 1 人、行政撤职 1 人、行政开除公职 3 人）。违纪案件中，涉及违反计划生育政策 15 人、贪污挪用公款 3 人、受贿 6 人、侵占集体资金 3 人、损害群众利益 1 人、赌博 5 人、违反社会管理秩序 5 人、侵犯他人人身权利 1 人、失职渎职 5 人、非法组织活动 1 人、嫖娼 1 人、违反财经纪律 2 人。共收缴违纪款 47.8 万元，为国家挽回经济损失近 80 万元。

2008 年 6 月 28 日，瓮安县城发生打、砸、抢、烧群体事件，称瓮安“6・28”事件。7 日省监察厅厅长韩先平、州纪委书记杨云、纪委副书记刘国福等领导带领调查组一行进驻瓮安，对“6・28”事件发生的原因进行调查、结案后，共处理涉案干部 26 人（含诫勉谈话 10 人）。

是年，县纪委监察局查处党员干部违纪案件 37 件、43 人。给予党纪处分 24 人（党内警告 4 人、严重警告 4 人、撤销党内职务 2 人、留党察看 3 人、开除党籍 11 人），给予行政处分 19 人（行政警告 7 人、行政记过 5 人、行政记大过 4 人、行政撤职 2 人、行政开除公职 1 人）。

共收缴违纪款 73.83 万元，为国家挽回经济损失 80 万余元。对“6・28”事件 23 名相关责任人进行责任追究、通报。

2009 年，县纪委监察局共查处党员干部违纪案件 31 件、46 人。错误性质：违反计划生育政策 5 人，妨害社会管理秩序 5 人，贪污贿赂的 17 人，挪用公款的 2 人，侵占集体资金 3 人，失职的 3 人。给予党纪处分 26 人（党内警告 4 人、党内严重警告 3 人、撤销党内职务 2 人、留党察看 5 人、开除党籍的 12 人），给予政纪处分 19 人（行政警告 1 人、行政记过 1 人、行政降级 1 人、行政撤职 7 人、开除公职 9 人），双重处分 10 人，免予行政处分 1 人。万元案件 17 件、17 人中，乡科级案件 10 件、12 人。为国家挽回经济损失 2300 余万元，收缴违纪款 77 万余元。是年，在贵阳市参加全省审理工作交流会，并作交流发言。

2010 年，县纪委监察局共查处党员干部违纪案件 68 件、90 人（大要案件 22 件、22 人，双重处分 22 人）。给予党纪处分 49 人（党内警告的 4 人、留党察看 8 人、开除党籍 37 人），给予政纪处分 41 人（行政警告 3 人、行政记大过 9 人、降级 5 人、撤职 6 人、开除公职 18 人）。涉及乡科级干部 17 人、科员及以下干部 30 人、农村党员 21 人。错误性质：违反政治纪律类 9 人，违反财经纪律类 1 人，破坏社会主义经济秩序类 7 人，贪污受贿类 15 人，失职渎职类 4 人，侵犯公民权利类 3 人，妨害社会管理秩序 29 人。挽回经济损失 350 余万元。

2011 年，县纪委监察局共查处党员干部违纪案件 40 件、42 人。给予党纪处分 23 人（党内严重警告 2 人、留党察看 2 人、开除党籍 19 人），政纪处分 19 人（行政警告 6 人、记过 3 人；记大过 6 人、撤职处分 3 人、开除公职 1 人）。涉及乡科级干部 5 人、一般干部 16 人、一般党员 21 人。为国家挽回经济损失 2300 余万元。

2012 年，共查处违纪案件 43 件、43 人。给予党纪处分 31（党内留党察看 3 人、开除党籍 28 人），给予政纪处分 11 人（行政警告 1 人、记过 1 人、记大过 4 人、撤职 3 人、开除公职 2 人）。免予政纪处分 1 人。

2013 年，共查处违纪案件 50 件、50 人。给予党纪处分 33 人（党内警告 13 人、严重警告 3 人、留党察看 1 人、开除党籍 16 人），给予政纪处分 17 人（行政警告 11 人、记过 1 人、记大过 2 人、行政撤职 2 人、开除公职 1 人）。受处分人员涉及乡科级干部 13 人、一般干部 14 人、一般党员 23 人。

2014 年，共查处违纪案件 53 件、57 人，受双重处分 4 人。给予党纪处分 31 人（党内警告处分 9 人、严重警告 5 人、留党察看 1 人、开除党籍 16 人），给予政纪处分 19 人（行政警告 7 人、记过 7 人、降级 1 人、撤职 1 人、开除公职 3 人），免予党纪处分 1 人，免予政纪处分 6 人。受处分人员涉及乡科级干部 9 人、一般干部 20 人、一般党员 21 人。挽回经济损失 536.6 万元。领导参加回访 33 人，回访 100%。当年 6 月，县纪委监察局率先在黔南州探索案件公开审理模式，全年公开审理违纪案件 7 件、9 人。

2015 年，全县共查处违纪人员 116 件、116 人。给予党纪处分 64 人（党内警告 30 人、严重警告 9 人、留党察看 4 人、开除党籍 21 人），给予政纪处分 48 人（行政警告 27 人、记过 11 人、记大过 3 人、降级 4 人、开除公职 3 人）。免予党纪处分 3 人，免予政纪处分 1 人。

2016 年，县纪委监察局查处党政纪案件 153 件、169 人，双重处分 4 件、4 人。给予党纪处分 128 人（党内警告 90 人、严重警告 21 人、留党察看 7 人、开除党籍 10 人），给予政纪处分 38 人（行政警告 16 人、记过 12 人、记大过 4 人、降低岗位等级 3 人、撤职 2 人、开除公职 1 人）。受处分人员中，涉及乡科级干部 16 人、一般干部 60 人、一般党员 89 人。免予党纪处分 3 人。挽回经济损失 227.91 万元。全年应回访 151 人，已回访 148 人，回访率 98.01%。

1953 年至 2016 年，纪检监察机关共查处违纪案件 2986 件、3017 人，其中受党纪处分 1956 人（警告 388 人、严重警告 231 人、撤销党内职务 61 人、留党察看 474 人、开除党籍 705 人）；受政纪处分 735 人（警告 169 人、记过 88 人、记大过 87 人、降级 44 人、撤职 114 人、开除 177 人、开除留用察看 27 人、免予党纪处分 207 人、停止公职 6 年 6 人），党内批评教育 35 人，其他处理 65 人，其中行政批评教育 21 人，免予政纪处分 54 人，辞聘 3 人。为国家挽回经济损失 6935.47 万元。

表 4-6　　1953—2016 年瓮安县查处违纪违法党员、干部统计表　　单位：人

年度	总计	党纪									政纪													备注
		处分						其他处理			处分									其他处理				
		警告	严重警告	撤销党内职务	留党察看	开除党籍	小计	批评教育	免予党纪处分	小计	警告	记过	记大过	降级	撤职	开除	开除留用察看	停止公职6年	小计	批评教育	辞聘	免予政纪处分	小计	
1953	6				1	1	2		4	4														
1954	30	1			1		2		25	25						3			3					
1955	47	3			2	5	10		36	36												1	1	
1956	63	10			3	9	22		36	36						3			3			2	2	
1957	38	4	4	2	6	5	21		17	17														
1958	68	6	14		22	17	59		3	3				2	3		1		6					
1959	62	10	8	4	15	13	50	1	5	6				2	3		1		6					
1960	154	15	14	11	21	26	87	1	7	8		4		1	22	20			47			12	12	
1961	138	13	13	6	15	33	80	9	20	29					9	19			28			1	1	
1962	65	7	6	2	12	14	41	4	13	17			1		1	3			5			2	2	
1963	40	5	10	4	2	15	36		1	1			1		1				2			1	1	
1964	35	3	2		8	15	28		2	2					3	1	1		5					
1965	29	5	1		7	11	24								2	2	1		5					
1966	27	1	3	1	9	9	23						1		1	1	1		4					
1967																								
1968	1				1		1																	
1969	1			1			1																	

续表4-6

年度	总计	党纪									政纪													备注
		处分						其他处理			处分									其他处理				
		警告	严重警告	撤销党内职务	留党察看	开除党籍	小计	批评教育	免予党纪处分	小计	警告	记过	记大过	降级	撤职	开除	开除留用察看	停止公职6年	小计	批评教育	辞聘	免予政纪处分	小计	
1970	7			2	1	1	4								3				3					
1971	22		3			3	6		10	10			1				1		2			4	4	
1972	20		2	1	3	4	10	1	5	6	3				2	1			3			1	1	
1973	49	8	5	5	15	16	49																	
1974	10				2	5	7						1			1	1		3					
1975	16				3	4	7	3	1	4					1	3			4	1			1	
1976	5				1	1	2								1	1	1		3					
1977	41	1	3	2	6	15	27		1	1			1		2	7	3		13					
1978	27		2	3	8	11	24		1	1					1		1		2					
1979	41	10		2		11	23				13				2	3			18					
1980	24	3		4	3	1	11	13		13														
1981	38						38																	
1982	9						1												8					
1983	21						21																	
1984	34		1	1	11	21	34																	
1985	17		2		4	11	17																	
1986	112	29	10		50	23	112																	
1987	41	9	9		12	8	38	3		3														

续表4-6

年度	总计	党纪									政纪													备注
		处分						其他处理			处分									其他处理				
		警告	严重警告	撤销党内职务	留党察看	开除党籍	小计	批评教育	免予党纪处分	小计	警告	记过	记大过	降级	撤职	开除	开除留用察看	停止公职6年	小计	批评教育	辞聘	免予政纪处分	小计	
1988	37	2	4		13	8	27				2		2		1	2	2		9	1			1	
1989	237	21	17	1	96	47	182				1	4	12	2	6	13	6	6	50	4	1		5	
1990	56	3	2	2	17	15	39				3	2	2		3	3	4		17					
1991	41	3	3		10	13	29		4	4	1	4				2	1		8					
1992	47	2	2		14	21	39				3	1		1		3			8					
1993	47	2	2	1	7	13	25		1	1	2	2	5	2		1	2		14	6	1		7	
1994	34						23		1	1									10					
1995	15		1		3	5	9				1	1	2			1			5	1	1			
1996	35						12												9			14	14	
1997	47	2	1		9	11	23				2		3	10	8	1			24					
1998	25		2		1	7	10						1	3	2	1			7	8			8	
1999	38		2	1	6	12	21				1	3	4	1	2	6			17					
2000	56	3	5			9	17		5	5	14	5	4		2	7			32			2	2	
2001	59	3	4			9	16				15	10	7	1		7			40			3	3	
2002	39	3	2	1	3	8	17		1	1	6	2	1	1	2	8			20			1	1	
2003	53	15	9		1	9	34				5	3	2	3	2	4			19					
2004	55	12	7		9	13	41				6	3	2			2			13			1	1	
2005	41	11	2		7	10	30		1	1	4	2	1		2	2			11					

续表4-6

年度	总计	党纪									政纪													备注
		处分						其他处理			处分									其他处理				
		警告	严重警告	撤销党内职务	留党察看	开除党籍	小计	批评教育	免予党纪处分	小计	警告	记过	记大过	降级	撤职	开除	开除留用察看	停止公职6年	小计	批评教育	辞聘	免予政纪处分	小计	
2006	13	2	1			8	11				2								2					
2007	48	7	6			19	32				9	1	1	1	1	3			16					
2008	43	4	4	2	3	11	24				7	5	4		2	1			19					
2009	46	4	3	2	5	12	26				1	1		1	7	9			19			1	1	
2010	90	4			8	37	49				3		9	5	6	18			41					
2011	42		2		2	19	23				6	3	6		3	1			19					
2012	43				3	28	31				1	1	4		3	2			11			1	1	
2013	48	13	3		1	15	32				11	1	2	1	2	1			18					
2014	57	9	5		1	16	31		1	1	7	7		1	1	3			19			6	6	
2015	116	30	9		4	21	64		3	3	27	11	3	4		3			48			1	1	
2016	169	90	21	0	7	10	128		3	3	16	12	4	3	2	1			38					
合计	3017	388	231	61	474	705	1956	35	207	242	169	88	87	44	114	173	27	6	735	21	3	54	76	

第三节 案件审理

案件审理工作是纪检监察工作重要的一环。纪检监察机关查处的各类案件，在调查终结后，正式处理前，都要经过案件审理部门严格按照党的政策和国家的法律法规，认真负责地核对错误事实，正确收集、鉴别和使用证据，准确认定案件性质，恰当地给予违纪违法人员处分。在案件审理过程中，弥补案件查办中的不足，以确保案件的质量，达到宽严适度，起到严肃纪律、教育党员干部的目的。

一、案件审核

县纪委监察局以党和国家的法律、法规为准绳，严格按照“事实清楚、证据确凿、定性准确、处理恰当、手续完备、程序合法”的办案基本要求，实事求是地审核处理各种违纪违法案件，把好案件审核关，确保案件质量，维护党纪政纪的严肃性。

1986年，根据省、州纪委精神，对查办党员干部违纪违法案件，实行查、审分离，归口审理制度，以达到相互配合、相互监督、相互促进，确保案件查处质量的目的。案件审理人员，认真执行相关条例规定，做到“三严格”“四认真”（严格审查审批手续、严格审查证据材料是否齐全合法、严格执行区别对待；认真听取违纪人的申辩、认真听取所在党支部意见、认真审核全案材料是否达到“事实清楚、证据确凿、定性准确、处理恰当、手续完备”二十字法规要求，达到案审工作规范化）。

1988年，在全县建立了县、区（镇）、县直机关党委、纪委案件协审制度，促进相互学习、相互提高、相互监督，确保案审质量。

是年，在协同县直机关党委审理县林业局党支部上报开除一同志党籍的案件时，经共同反复核实全案材料，调查补正，充分听取林业局、农工部党组织的案情汇报，并向上级纪委汇报，在州纪委审理部门的指导下，否定了原案所认定的结论，并经县纪委常委会议研究决定，对该同志不予处分，避免了一起错案的发生。

1990年，审理工作中严格按照“二十字”要求，严把案件质量关。当年审结党员干部违纪案件共30件、35人，未发生申诉案件。做法：

（一）认真学习贯彻上级几个量级的规定，加深对量纪规定的理解，在定性处理时，实事求是地认定错误性质、不带任何框框，不任意拔高或降低，在量纪处理中，严格按量纪规定，着重从宽与严两个方面平衡，对违纪情节进行认真分析研究，只要情节达到从宽的，决不从严，该从严的决不姑息迁就。当年县纪委常委会议在研究30件35人违纪案件时，对审理室所提的处理建议意见，除个别有调整外，基本同意审理室审核结果形成处分决定。

（二）严审手续完备，做到四个不受理：一是本人未参加党支部大会讨论对其的处分决定的不受理（特殊除外）；二是本人未在党支部对其的处分决定上签字（特殊除外）的不受理；三是违纪党员有不同意见但没有组织对其不同意见的说明不受理；四是所认定的错误事实未同本人见面的不受理。

（三）健全完善基层审理组织。1990年，全县七区一镇配齐纪检人员，开展工作。

（四）抓基层纪检干部业务培训，提高案审业务素质。根据全县纪检干部新手多、业务不熟等问题，县纪委常委会议决定，于6月对全县纪检干部进行8天的业务培训，加深对《党的纪律检查机关案件审理工作条例》的理解，和对案件审理工作的重要性的认识，强调了审理工作必须坚持的原则。

1991年，认真贯彻中央纪委《党的纪律检查机关案件审理工作条例》，制定《基层党委（纪委）案件审理小组工作细则》。建立审理组织、归口审理、集体审理、审理谈话、审理通气、及时办理处分手续、上报备案、立案归档等制度。

其中通气制度规定：由基层党委、纪委立案调查，做出处理的案件，在调查结束后正式处理前，必须与县纪委审理室通气；对基层党委管理的干部需给予撤销党内职务以上处分的案件，在正式向党委、纪委报批前，须征求县纪委审理室意见；由基层党委、纪委批准决定的重要或复杂案件，批准机关对案件的错误事实和性质的认定，或对违纪党员的处分把握不准的，须征求县纪委审理室意见，以确保案审质量。

是年，由于“建镇并乡撤区”工作的开展，全县基层纪检干部变动大，许多同志不熟悉纪检业务，特别是对案件审理工作程序的要求不熟悉，引起县纪委常委会高度重视，特召开会议研究决定，于12月24日至29日进行为期6天的纪检业务培训。各乡镇和县直机关的纪检干部80余人参加了会议培训，通过培训，不同程度地掌握了案审工作程序。

1988年4月，组建瓮安监察局，在1993年6月与县纪委合署办公前的5年多里，监察局机关以党的七中全会精神为指导，坚持检查工作要有利于维护政治稳定和促进发展的工作方针，以廉政监察为重点，深入开展反腐败斗争。全面发挥监察职能作用，严查偷税漏税、假冒伪劣药品、冒牌香烟、各种变质饮料，乱发奖金、实物、服装，自行决定发放职务补贴、岗位津贴、浮动工资，挪用拖欠公款、玉米杂交种掺杂掺假出售牟取私利，严查官僚主义、奢侈浪费和挥霍国家集体财产、破坏党和国家的民主集中制、侵犯党员民主权利、弄权勒索、贪污、盗窃等严重违法违纪的腐败案件，审查工作中严格以党和国家的法律法规、政策条规和“二十字方针”要求审核各类案件。

1993年，纪检监察机关合署后，县纪委常委会、县监察局局务办公会把查审案件工作摆在纪委监察工作的重要议事日程。

1993年9月，县委、县政府对全县反腐工作做出部署，案件审理室严肃慎重地对这一时期党员干部利用工作之便差欠、拖用公款，违纪建房、计划生育“白条”收费、党政机关无偿占用企业资金，中小学乱收费加重学生家长负担、县境内公路“乱收费”等违纪违法案件的审处。

1995年，为了认真履行纪检监察案件审理的职能，进一步提高案件审理的水平，纠正审理案件中的偏差，确保案件审理的质量，根据省纪〔1995〕21号文件精神，对1993年来所审结处理的案件进行了自查，在自查中，自行设计了《瓮安县纪委案件自查情况统计表》，将所需自查的内容划分为三大部分十二个项目，采取逐卷登记，逐项核实，归类自查的方法。通过自查，所审结处理的案件合格率为100%。同时，为了使案件程序规范化，对1998年以来所处理的党政纪案卷进行了清理整顿和重新装订，使整个案件归档编排进一步合理化，为规范案件档案管理工作奠定了基础。

1998 年，由于各乡镇班子调整，全县 26 个乡（镇）纪委和县直机关纪委、纪检组（室）的纪检干部，绝大多数都是新手，不熟悉业务工作，报送的案件材料要反复多次才能合格，有个别的同志在查办案件中，还不知从何入手，针对这一情况，县纪委监察局于 8 月 3 日举办了业务培训班，对 80 多名纪检干部进行了业务培训。在培训中，对案件审理工作的要求、任务和职责范围，审理案件的基本要求即"二十字"办案方针和案件审理工作程序的规定等基本常识进行了讲解。通过培训，提高了大家对违纪案件的查办案件审理工作的目的、要求、程序等的认识，使大多数同志基本掌握了案件查办和审理业务。

1999 年 10 月，根据黔南纪办〔1999〕1 号文件《关于贯彻〈开展党纪政纪处分执行情况检查通知〉的通知》精神。对 1993 年 1 月至 1998 年 12 月期间的党政处分案件进行全面检查。经检查，受党、政纪处分的 147 名党员、干部的处分文件送达和执行，均严格落实了省纪发〔1992〕31 号文件规定的《党员受处分决定执行情况报告表》和监察部门统一制定的《行政干部受处分送达回证》的手续程序，并分别装入了受处分人的处分卷；组织人事部门将党员、干部受党、政纪处分的文件分别装入了受处分人员个人档案；对受行政降级、撤职和受党内撤职以上处分的党员、干部职、级工资的变更，除 1 名行政干部因贪污公款被判缓刑并被开除党籍后，未按有关规定办理其工资变更手续（督促进行补办）外，其余的均已按政策规定办理了工资变更手续。

2001 年，根据省纪办〔2001〕21 号文件精神，对党员、干部的处分文件的送达执行情况进行了检查。通过检查，全县当年政纪处分案件均严格按《党员受处分决定执行情况报告表》和《行政干部受处分送达回证》的手续程序进行了送达，并分别装入了处分卷内，组织人事部门将处分文件分别装入了受处分人员的个人档案；对受行政降级、撤职及党内撤职以上处分的党员、干部的工资变更，全部按政策规定办理了变更手续。

2009 年，全省审理工作交流会在贵阳召开，瓮安县纪委监察局参会并作了经验交流发言。

2014 年，案审工作在县纪委监察局常委会的高度重视下，积极探索，创新工作机制，制定出台《案件公开审理工作方案》、《关于案件公开审理的实施意见（实行）》，全面推行案件公开审理，并在一定范围内公开审理了党政纪案件 8 件 9 人。通过公开审理，一是充分保障了党员、监察对象的合法权益，实现了案件办理零申诉、零复审；二是公开审理对办案人员的素质、能力提出更高要求，促使办案人员不断加强学习，提高办案水平，从而确保办案质量；三是扩大了案件警示教育效果，打破了案件审理的神秘感，提高了纪检监察影响力。

2015 年，继续推行案件公开审理，审理室在一定范围内采取座谈式模式，公开审理了一起村民组长挪用公益林生态效益补偿金案件。通过公开审理，用身边案教育身边人，扩大了案件警示教育效果，提高了纪检监察影响力。开展案件公开审理的实施，得到州纪委监察局认可和重视，8 月 25 日，全州推行案件公开审理工作会议在瓮安召开。

二、案件监督管理

2011 年 10 月，县纪委监察局成立案件监督管理和复查复议室，自此有了专门的案件监督管理机构。但由于各方面的原因，直至 2013 年才真正有专人负责，案件监督管理工作开始走上正轨并不断走向规范化、制度化。

2012年后，县纪委、监察局将增强办案人员依纪依法、安全文明办案意识，加强对一线办案人员的业务培训及党性党风党纪教育提上了重要议事日程，采取“走出去”派员到省、州纪委纪律审查部门挂职学习，到省外著名培训机构进行专题培训，“请进来”将部门和乡镇纪检干部抽调到县纪委跟班学习开展业务培训，以达到“人人能办案，个个会办案，案案成铁案”的目的。

2013年，对上级出台的一些相对宏观的依纪依法安全办案办法和规定，在注重实效的基础上，进一步细化，结合本地实际，制定可操作、易落实的制度规定。制定了《瓮安县纪检监察机关案件检查工作规范》《瓮安县纪检监察机关案件检查工作纪律》《瓮安县纪检监察机关案件管理工作责任制度》《瓮安县纪检监察机关领导包案制度》《瓮安县纪检监察机关压案、瞒案、包庇违纪行为追究制度》等制度，并将制度建设和贯彻执行纳入监督检查的重要内容。同年，县纪委、监察局争取财政资金144万余元，建设干溪水库“双规”点，占地面积445平方米，于2014年9月完工并投入使用。

2014年，召开反腐败协调小组会议，研究通过《中共瓮安县委反腐败协调小组工作规则》《瓮安县反腐败协调配合暂行办法》，不断健全同公安机关、检察机关、审判机关、审计机关等在信息沟通、线索移送等方面的工作机制，提高组织协调的效率和效果；建立办案人才库和办案陪护人员库；根据问题线索处置四类方式，规范线索管理和呈批手续，强化线索处置和监督方式，出台《瓮安县纪检监察机关问题线索监督管理规定》，认真落实动态更新、定期汇总核对、全程留痕等相关工作，做到了问题线索管理底数清、情况明、处置规范到位。

2015年，为进一步提高纪检监察机关案件管理统计数据的智能化分析水平，确保查办案件统计数据质量，下发《关于对案件报送实行规范化管理的通知》，案卷质量得到提高；组织力量清理了2007年至2014年涉同级党委管理的干部问题线索152条，建立起问题线索台账。

2016年，按省、州纪委的要求对委局及各乡镇教育谈话室进行了完善、规范，安装了高清晰、多角度、存储量大、保存时间长的监控设备，制定了《瓮安县纪检监察机关案件检查工作点管理办法》《瓮安县纪检监察机关办案工作点陪护人员工作职责》以及突发情况处置预案、安全实施方案，并每年组织办案人员进行演练，促进了办案点依纪依法、安全文明办案规范化建设。

三、回访工作

回访工作是纪检监察机关审理部门的一项重要工作。县纪委监察局根据回访教育的工作要求，把对受处分党员干部的回访教育工作摆上工作日程，建立完善回访教育工作制度，对受访对象进行回访教育，及时掌握受处人员的思想状况，实行动态跟踪，及时帮助他们解决实际问题，使其感受组织的温暖，促使其思想积极转化。

自1986年根据省、州纪委文件精神要求，查办党员干部违纪违法案件实行查审分离、归口审理以来，县纪委监察局领导坚持把此项工作作为重要内容来抓，强调做好回访工作是达到处理一案教育一片的有效效果。审理室工作人员严格履行对违纪违法党员干部受处分后的回访再教育工作。自 1986 年以来，共处分违纪违法党员干部 1742 人，回访率达 95%以上。

在回访中，强调注意五种特征的反应，收取最大的回访效果。

一是对象性。实施回访过程的对象，不单是指某某人，还要对其人因何事、何故、在哪种特定条件下的什么思想支配下而犯的错误，对“症”下药开展教育。

二是针对性。在分析、摸清“回访对象”的基础上，做到理论联系其客观实际，有的放矢开展工作。

三是倾向性。对回访中代表组织的这方，必须尊重客观存在的“是”与“非”的界线，秉公的处理一切，切忌不能认为犯错误者一错一切皆错，切忌不能感情用事。根据“对象”的反应，该回避的就得回避，否则就会因小失访，达不到预期的目的。

四是持续性。即注意稳定性，一个人对某一件事的认识都有一定的过程。一般来说，回访工作放在受处分党员接到处分文件十天左右为宜。

五是可变性。稳定也不是不会变化的。因此，我们对受处分的同志，既看到其情绪稳定和鼓励他的一面，也要估计到有逐渐变化的一面，必须充分发挥组织的作用促使个人的内因变化，保持良好的上进状态。

强调以“三真”作基础，完善回访工作：

一是赋真情。回访，实际上是执纪部门与犯错误者（甚至包括家属、单位的同志）的直接对话，它是党内民主生活的一种体现，是党的光荣传统的继承和发扬。因此，我们必须以公仆的身份和情感出现。动真情，以诚意。

二是抱真心。与回访者对话，不仅要晓理、动情，才能达到相互理解，还要注意谈话的心理状态，以心换心，开诚布公。

三是吐真言。要在实事求是的基础上发肺腑之言，感染诱导回访对象知错、改错，汲取错误的教训。

在实施回访中特别注意逆反心理的应对。避免不谈则罢，一谈就“发火”或“顶牛”，甚至出现所谓看破红尘的极度消沉的心理。

县纪委监察局提出的这些工作方法收到了很好的回访效果。如：1988 年 5 月，永和区小学教师杜某某被开除党籍。在对其进行回访时，他的第一句话就是：“人家要整你，反正完了，破罐子破摔。”当他谈了两句后，回访的空气是紧张的，做回访工作的同志心里也很紧张，为改变此状况，便从拉家常开始，鼓励他打消心里的压抑，使其“破罐子破摔”的逆反心理得以解除。该同志在填写回访单中，诚恳地写道：“通过你们启发教育开导，一定努力工作创造条件，争取重新加入党组织。”事后，县纪委又配合区委对他进行“追踪”考察，使他亲眼看到了，自己虽然被开除了党籍，党组织不但没有抛弃他，还时时在关心他。后来，他不但努力完成自己分内的工作，还积极协助学校工作。学期结束，他教的班级被评为优秀班级，各项成绩均名列全区前茅。他在以自己的实际行动履行着要求重新加入党组织的诺言。

1990 年，县纪委把回访教育工作列入考核内容之一，各级党组织把对受处分党员的回访教育作为一项经常性教育来抓，违纪党员受处分后的各种不良想法，及时得到解决纠正。调动了他们为“四化”作贡献的积极性。同年全县应回访受处分党员 23 人，回访 23 人，回访率为100%，其中表现好的13人，占回访数的56.5%，表现一般的10人，占回访数的43.5%。

1998年，草塘镇人大主席邓某某，因在任镇人大主席期间，犯不正当男女关系等错误，受开除党籍，降低工资两级的处分。通过回访教育，他诚恳地在党纪处分回访卡中写上"组织对我的处分我没什么意见，充分说明了组织是遵循了'纪律面前，人人平等'的原则，我决心在今后工作中实干苦干，做出成绩，弥补过失，报答组织的关心爱护。"他还在政纪处分回访卡中写上"无意见，决心痛改前非，严格要求，认真工作，以回报组织的关心"。回访后镇领导反映，该同志受处分至今，工作积极，表现较好。

2010年，充分发挥案件审理在维护党员干部合法权益中的重要作用，切实维护受处分人的合法权利。严格实行处分决定送达谈话制、权利告知制、回访教育制。由分管领导带队回访，通过权利告知，送达谈话和回访教育，再次听取违纪人对处分决定的意见。当年，瓮安县纪委监察局分赴县内、州内，以及贵阳、安顺、铜仁、凯里等地对14名服刑人员回访。

县纪检监察机关多年来开展的回访再教育工作，既惩处了违纪行为，又保障了当事人的合法权益，体现了执纪办案的综合效果，取得了政治、经济、社会综合效应。

四、案件复查与纠正

县纪检监察机关按照中央有关党纪、政纪的规定及处理控告申诉的规定，对历年来因受"左"的错误影响在历次政治运动中受党纪、政纪处分及平时受到党政纪处分不服的申诉案件，进行甄别、复查、复议，本着实事求是的原则和有错必纠的精神，维护党员干部的合法权利。

1961年11月，县委建立甄别小组，对在"大跃进"、大炼钢铁、人民公社化、大办食堂和反"右倾"、反"瞒产私分"粮食、整风整社等运动中，受到各种纪律处分的2166人（脱产干部375人）的案件进行复查甄别，对1760人处分作纠正。党的十一届三中全会后，经再次复审，予以全部彻底平反。

1978年以后，县纪委落实党的干部政策，复查纠正一大批冤、假、错案。为搞好这一工作，县纪委配合组织部落实脱产干部政策工作。对全县在"文化大革命"中受到审查处理的脱产干部案件进行复查复议。协同组织部对历次运动中受审查处理的村基层党员、干部案件进行复议。还会同组织部对"文化大革命"中审查处理的职工案件及有申诉的脱产干部历史老案，也实事求是地作了复议纠正。

1978年至1979年，对"文化大革命"前历史老案和"文革"中冤假错案的复查平反和错划右派的改正工作。对全县在"文化大革命"、四清、反"右倾"、反右派等四个方面特殊时期中，共处理党员、干部案件256件、256人，已复查253人，复查纠正历史老案474件和1977年、1978年因极左路线影响发生的错案9件。已复查纠正的案件中，改变原结论收回安排工作的108人，恢复党籍的13人，在"文革"中去世的5人和之后去世的5人，已重新做了结论和善后工作。

1980年，按照"有反必肃、有错必纠"的原则，继续复查平反"文化大革命"中的冤假错案，共复查落实44人，其中维持原结论22人、改变原结论22人。

搞好申诉案件的复审是案件审理工作的一项重要组成部分。违纪人员收到党政纪处分后不服提出申请复查，复核，是党章和监察条例赋予的权利，因为，我们作为案件处理机关的审理部门，必须抱着严肃认真负责的态度，积极做好复审，切忌不可错误地认为申诉人无理取闹，更不能视为是胡搅蛮缠。应将复审案件看作是回头检查我们的工作是否存在失误，事实是否清楚，证据是否充分，应用的法律、法规和政策是否准确，处分是否恰当。通过案件的复审，克服在案件审理工作中的盲目定性和主观随意定性。

1995年，在审理的3件、18人复审案件中。由于有了正确的认识，严肃认真的态度，把握原则，严格程序，对已审结的申诉复审案件从细致阅卷入手，以当事人申诉的事实和理由为线索，找出疑点，找当事人提供证据，逐一查证核实，认定事实的真与否，做出复审的结论。如：在复审原珠藏乡党政干部集体贪污私分公款一案时，认真审阅了案卷的三十余卷材料，将每一笔款项都列表上册，使之事实清楚，一目了然。再针对违纪人员当时所处的角度和扮演的角色，结合现行政策，改变了过去处分只以所在职务高低，私分所得金额大小划分责任，肯定了私分公款时确有一些同志不了解内情，只知道是发辛苦费和发奖金就领取款的这一事实，鉴于这种实际情况，经复审后，将原受到纪律处分的9名同志改为批评教育，原受到开除公职的2名同志改为收回重新安排工作，维持原处分决定和处理结论的5人。在复审过程中严格坚持有错必究，全错全纠，部分错部分纠，不错不纠的原则，做出恰当的复审结论，达到了教育干部的目的。

2000年，共受理因违反党的计划生育政策规定，超胎生育小孩，受行政开除公职不服的申诉案件2件2人。本着为组织、为同志高度负责，以严肃认真的态度，严格把握党的政策的原则，以申诉人申诉的事由为线索，从认真阅卷入手，找出申诉人申诉的事由正确与否，认真对照党的政策规定，做出公正的复审结论。通过复审，他们违反党的政策规定，超胎生育小孩的事实存在，证据确凿充分，经原审批机关决定，仍维护原开除公职的处分不变。

21世纪后，申诉复查案件数量逐渐减少。2000年，受理申诉复查案件2件、2人，维持原结论2件、2人。2005年，受理申诉复查案件1件、1人，维持原结论1件。2015年，受理申诉复查案件1件、1人，维持原结论1人。其余年份均无申诉复查复议案件。

第五章
行政监察

第一节　执法监察

执法监察是监察机关依据行政监察法等法律法规赋予的职能、职责和权限，针对监察对象在履行职责方面贯彻执行党和国家的方针政策、党内法规和国家法律、行政法规及政府的决定、命令的情况进行的监察活动。瓮安县纪委、县监察局在合署办公后，1994 年 3 月成立执法监察室，执法监察室具有纪检、监察两项职能，主要履行监察职能。通过开展执法监察，维护政纪严肃性，保证政令畅通和经济发展的顺利进行。

1988 年，积极与工商、审计、计委、财政、税务等部门配合，抓好“三查”：与工商、税务、物价等部门配合，对全县的财务、税收、物价进行清理。从 10 月 16 日至 12 月 15 日，对全县 2068 户国营、集体、私营企业和个体工商户及行政事业单位，采取自查与重点抽查相结合的方式，共查出各种违纪金额达 80 万余元；与计委、审计、财政等部门配合，对全县的固定资产在建项目进行清理，从 10 月 20 日至 11 月 14 日，清理出固定资产在建项目 24 个，对违反规定在建的项目进行停建和缓建处理，对县林业局的综合大楼、县磷化公司职工宿舍大楼作停建处理，其余的 22 个在建项目作缓建处理；清理整顿公司，从 11 月 2 日至 12 月 2 日，对全县的 41 个独立核算公司逐一进行调查、分析排队，重点检查整顿了县供销社的工业品公司、县石油劳动服务等 10 个公司，对无自有资金、无章程、不具备公司条件的县石油劳动服务公司、县乡镇企业局矿产资源公司、县白岩磷矿公司、县供销社工业品公司 4 个公司进行撤销，其余的 6 个公司分别进行整顿，补办了有关手续。

1989 年，开展对县粮食局部分干部职工短欠粮油、草塘区以开会为名用公款旅游，以及玉山区计划生育突击月中滥发奖金等情况检查。

1990 年，开展对全县干部职工“三违”占地建私房工作清理。全县共清出干部职工“三违”占地建私房 131 户，处理 127 户。

1991 年，针对群众“热点”开展执法监督检查。4 月至 6 月，针对群众多次来信反映区、乡计划生育款管理混乱，对永和区7个乡开展了一次计划生育超生子女罚款和保证金款专项清理。追回各种违纪金额3万余元，并进行全县通报。

1992年，对全县建镇并乡撤区工作实施专项监察。县纪委、县监察局与财政局联合下发《关于“建、并、撤”工作中严禁私分公款公物的若干规定》，配合审计局为确保全县48个乡（镇）和8个区（镇）的财产不受侵吞，开展对原区、乡、镇的各种经济进行专项清理，共清理总金额2327.93万元，查出违纪违规金额107.94万元，加大了“建、并、撤”中违纪案件和侵害老百姓利益的案件查处。

1993年，开展全县财务、税收物价大检查，重点检查了一批企业单位、个体户。查出偷税3户、税款20920元，漏税467户、税款38万余元。自查漏税915户，税款16.67万元，入库违纪金额53.99万元。先后开展人事、卫生、计生等部门办理招干、转正、转干工作的专项监察。

1994年，对党员、干部的执法执纪情况开展经常性监督检查，对计生工作中的“打白条”情况进行专项监察。对《全民所有制工业企业转换经营机制条例》开展执法监察，重点调查向企业乱摊派和行政事业性收费过多、过滥的情况，协助有关部门清理涉及企业摊派的文件和项目，制止和纠正侵害企业合法权益的行为，揭露和查处违反国家规定，巧立名目，向企业乱摊派中的以权谋私、化公为私、贪污受贿等5个典型案例。

1995年，对全县统计法规的执行情况、水利经费的开展情况、《计划生育费管理办法》的执行情况等进行执法监察。配合统计局在23个乡镇、21个国营企业，20个集体企业，101个乡镇企业等178个单位进行了自查自纠，并对10个乡镇企业和一乡一镇进行了重点抽查，没有违规违纪现象；配合水电局对水利经费开展执法检查，在各单位自查的基础上对3个部门进行重点抽查，没有违规违纪现象；对执行《计划生育费管理办法》的情况进行执法检查，对牛场坝乡、木引槽乡等乡镇挪用计生专项资金的问题，进行了严肃处理。

1996年，对涉及建设工程项目、社会养老保险、物价、住房等开展了执法监察，对在检查中发现的9起损害人民群众利益的问题进行严肃处理。

1997年，对建筑工程项目招投标进行监察，对矿产资源法的执行情况进行监督检查，共发现问题4个。

1998年，对西街旧城区改造实施方案进行监督检查，纠正了6户住户私自占道、占巷扩大住房面积38.85平方米，4户住户违反建筑管理规定自行修建加层增加住房面积92.87平方米，5户住户擅自拆掉住房干壁增大营业用房面积73.54平方米，因工作人员工作失误给9户群众营业用房面积少计算23.09平方米的问题，进行了处理。

1999年，立案查处30件非法收购运销粮食案件，查收粮食245.9吨，罚款15.2万元。对草塘岩田煤矿“3·31”特大事故进行处理，对相关责任人建议有关部门追究法律责任。

2000年，配合财政局、扶贫办，加强对全县小额借款扶贫资金的管理，规范运作程序，使有限的资金用于贫困户和调整产业结构及农业综合开发，提高资金使用效益，保证资金按时、足额回收，制定《瓮安县小额借款扶贫资金实施办法》。配合县政府抓好粮食流通体制改革执法监察工作，在县监察局成立粮食流通体制改革领导小组办公室。

2001年，抓粮食清仓查库工作。加强自立项目的执法监察，对文体广播电视局进行财务收支情况的执法检查，发现问题6起，发监察建议书1份。

2002年，分别对县城防洪一期工程款400万元、牛银公路匹配资金400万元、中小学危房改造工程款58万元、退耕还林还草工程款75万元、公安局戒毒所工程120万元的国债资金的使用情况进行检查，没有发现违规违纪问题。对社保资金缴纳情况进行专项检查，全县有30个单位未按时交纳2001年社保资金，涉及金额30万余元，要求限期交纳。

同年，配合相关部门，对全县发生安全死亡事故15起，死亡19人事故进行专项调查，重点对主管部门实施安全责任制和工作人员的管理力度进行了检查。对天声煤矿“3·23”重大事故和北斗山大信林矿山“4·10”重大事故等两起重大事故实施了跟踪检查，针对涉及的乡干部进行了处理。对非煤矿山不同程度存在的一些安全隐患，特别是经营性无证采石场存在的问题提出了监察建议，对无证开采的煤矿实行关闭。

2003年，对有形建筑市场规范化建设和招投标方面，加强事前、事中、事后的执法检查，纠正违规违纪使用资金30万元。对18起安全责任事故进行调查处理。

2004年，制定《关于开展经营性土地使用招投标拍卖挂牌出让情况执法监察工作实施方案》，参与经营性土地使用招投标挂牌出让工作共6宗，涉及土地面积388平方米，收取出让金额9.72万元。全年对4个建筑工程（建筑面积6000余平方米，涉及资金150余万元）公开招投标进行全程监督。

2005年，落实经营性土地招标拍卖制度，建立用地审批、出让地价评估结果确认、减负费用等事项会审制度。全年招投标工程项目23个，金额680余万元，没有违规违纪问题。

2006年，配合工会完成厂务公开民主管理工作的调查检查，全县有121个企事业单位已开展了厂务、校务、院务等公开工作。并对23个乡镇274个村的财务公开情况进行执法监察。

2007年，在全县开展清理行政收费项目工作，取消行政收费项目19个。

2008年，加强对耕地保护、节约用地政策执行情况和矿产资源开发情况的执法监察以及对资源节约、环境保护政策措施落实情况的执法监察，发现问题3起，其中，需要完善相关制度的1起，整改的2起。对扩大内需、保持经济平稳较快发展政策措施执行情况的执法监察，提出合理化的建议2条。

2009年，纪检监察、公、检、法、司联动，打击非法经营房地产犯罪嫌疑人和查办违法建筑背后国家工作人员违法违纪行为。制定《瓮安县清理违法建设规范房地产市场秩序的纪律规定》《瓮安县专项整治县城规划区内非法经营房地产和违法建设清查处置活动实施方案》和《瓮安县整治非法经营房地产及违法建设暂行规定》，抓好违法建设自查登记。共立案查处涉嫌非法经营房地产案35件、48人（涉及国家工作人员12件、14人，其中科级干部4人），其中刑事案件34件、45人，批捕39人。查获违法房屋1551套，非法交易金额7017万元，非法营利500余万元，收缴非法所得及赃款395.1万元，扣押非法经营牟利购买车辆11辆。自查清理违法建筑79.31万平方米，违法建设涉及3463户、15214人，采取没收、拆除、补办手续等措施整治和规范房地产领域市场秩序，并统一规划4个集中建房点，用地面积66646平方米，修建1042套廉租住房和经济适用房，解决群众住房难的问题。

2010年，对中央扩大内需促进经济增长政策，特别是中央新增项目所涉及的126个重点工程、重大项目进行监督检查。严肃查处农村建房、工程建设中的违法违纪案件7件，给予党政纪处分4人，移送司法机关3人。抓工程建设领域突出问题专项治理，滚动排查2008年以后政府投资和使用国有资金投资规模在500万元以上的项目27个，发现及整改问题15个，督查通报2期，查处案件13件、13人。加强对城镇规划、建设用地管理、矿产资源管理、土地出让金等执行情况的监督检查，督促国土资源管理部门清理农村违法建设用地237宗，总占地面积1047.23亩。清理房地产开发项目13个、土地出让199宗、探矿权采矿权出让156个。对“185工程”、农村交通水利建设和扶贫开发政策落实情况开展监督检查，加强对农业产业结构调整、节能减排和环境保护、规范和节约用地等决策部署执行情况的专项检查，对群众反映环境污染等10件信访投诉进行督办，对安全生产责任事故的调查处理7件，查处5件、5人。

2011年，加强对重点领域、重点工作的监督检查，重点查处一批工程建设、土地出让、产权交易等领域的违纪案件，共查处经济案件15件、15人，收缴赃款90万元，为国家和集体挽回经济损失120余万元，同时坚持“一案双报告”、监察建议书制度，提出监察建议，帮助发案单位堵塞漏洞、消除隐患。配合县财政局、审计局、计生局联合行文下发了《关于对社会抚养费征收管理使用情况进行检查的通知》，对23个乡镇进行专项检查。对发案单位发出整改建议书10余份，提出合理化建议20余条。

2012年，制定《瓮安县重大工程项目派驻监督员制度》，确保项目资金安全和重大工程项目建设规范有序推进，对全县正在实施的政府投资额在5000万元以上工程项目及中央投资在1000万元以上的6个重大工程项目，即：瓮安县中等职业教育基础能力建设及党校迁建项目（投资资金：2500万元），瓮安县生态移民工程（投资金额：12927.6万元），瓮安县产业园公共租赁住房（投资金额：12000万元），瓮安县猴场镇古邑区建设（核心区8亿元，投资金额：324000万元），贵州省黔南州瓮安县杜仲和水库（投资金额：26236万元），瓮安县银盏镇工业园区至雨花矿区专用公路项目（投资金额：26790万元），派驻6名监督员。开展“三项清理”工作，查处2010-16号国有土地恶意串标行为，挽回国有资金近千万元。针对土地招拍挂、建设容积率、项目招商等违规问题发监察建议和督办通知3个。调查处理5件煤矿及非煤矿安全生产责任事故案件。

2013年，开展土地矿产卫生执法检查。县人口计生局、县监察局、县财政局对利益导向“四项制度”资金进行专项督查。提出合理化建议3条。

2014年，配合县检察院、县公安局成立专案组针对廉租房建设审批、分配各环节中存在的违纪违规问题进行查处，移送1件、4人起诉，清退住房147套，清缴住房补贴642户86.67万元。

第二节 效能监察

效能监察是行政监察机关及受行政监察机关委托的组织，在政府的领导下有计划、有目的地针对行政管理的效率、效能等情况开展的监督检查活动。

1992年，针对全县机关存在作风懒散、办事效率低等不良现象，在县委、县政府的统一安排下，与组织部、县纪委等单位开展专项整顿。整顿中，分三步进行，即：一至二月为学习认识阶段，主要解决对整顿机关作风，密切干群关系，提高办事效率等重要性的认识；三至四月为自查自纠阶段；五至六月为建章建制阶段，强调各单位建立完善各种规章制度，从而推动机关工作规范，提高机关办事效率。整顿中，还针对全县干部不作为、乱作为、干部职工参与打麻将赌博等问题，对涉及的70余名干部分别作了相应的处理。通过整顿机关作风，较好地解决了机关存在的一些不良现象，机关的办事态度、作息时间、工作效率等都有了提高和改进。

1994年，紧紧围绕党的十四届三中全会通过的《关于建立社会主义市场经济体制若干问题的决定》和党中央、国务院关于深化改革，发展经济，维护稳定的一系列重大决策、措施的贯彻落实，对中央关于财税、金融、外贸、投资和计划体制改革的贯彻落实开展专项效能监察，重点揭露和查处在落实各项改革措施过程中发生的有令不行、有禁不止、各行其是，严重违反政治纪律的行为；揭露和查处抬高财政基数、虚报工业产值等弄虚作假、欺上瞒下，干扰改革和发展的行为；揭露和查处只顾地方局部利益，不惜损害国家整体利益的行为。发现并处理问题2件。

1995年，针对群众的反映“热点”，如对珠藏片区群众联名以“计划生育工作只抓穿草鞋的，不抓穿皮鞋的”问题开展效能监察，与计生委联合成立调查组，对8名干部进行查处。

1996年，与财政局组成专案调查组，对白沙乡42个村民组1015户农业税进行效能监察，查处财政所工作人员邹×在征收农业税中，采取开填税票的手段，私自给每户增加5元，共计贪污5126.50元的问题。

1999年，针对瓮安县城的旧城、西门河改造工程实施了监督检查，对两项工程按月上报工程速度、资金使用、工程质量检测等情况进行了有效监督。根据国务院、省、州对煤炭进行关井压产工作会议之后对瓮安县下达的任务，县政府决定取缔无证小煤窑，关闭布局不合理煤矿40对，合并矿井17对，压产42万吨，县监察局配合有关部门对落实情况开展监督检查。

2000年，对县出台《预算外资金管理实施办法》的执行情况进行效能监察，对乡镇和县直机关有收费的单位进行监督检查。加强对建筑市场的监督检查，建立有形建筑市场，工程发包实行公开招投标。

2001年，对全县执行《全县执行财务报销联签制》《关于进一步加强银行账户管理的通知》《进一步加强银行账户管理》等规定的情况开展效能监察，与相关部门成立了清理整顿行政事业单位银行账户领导小组，整顿后各乡镇保留4个账户，县直行政事业单位保留银行账户137个，取消117个。

2003年，重点抓林业局、农业局、国土局、公用事业局、自来水公司等单位行政效能监察。共发现问题8起，发监察建议书2份。

2004年，重点抓好水利局、司法局、建设局、计生局、交通局等6个部门的效能监察工作。在县政府一楼建立了由建设局、国税局、地税局、工商局等15家单位组成的行政审批服务中心（政务大厅）、收费中心，实行“一站式”办公、“一条龙”服务审批模式，在县监察局设立了投诉中心。

2005年，聚焦铜修公路改造征地、房屋拆迁补偿（涉及金额100余万元）和城东郊水厂扩建、县城供水管网改造（涉及金额1500万元）等采取从上自下和自下而上的方式，对涉及的6个乡镇进行监督检查。

2006年，重点对城建、公用事业局等15个机关和23个乡镇开展效能监察，开展建筑市场规范化和招投标的监察，开展农业综合开发资金使用情况的监察。对清理出的国家机关工作人员和国有企业负责人入股煤矿11人的处理情况进行跟踪检查。

2007年，对全县的扶贫、救灾、救助、移民等款物管理和使用中损害农民群众利益等开展效能监察；要求各乡镇和基层站所重点公开中央、省惠农政策以及各项专项资金、财政转移资金使用情况，建立“回音壁”“回音台”等，对群众提出的问题进行认真答复。

2009年，在全县实行项目资金备案制，对水利、农业、畜牧等18个涉农项目的备案情况进行专项检查，全县备案项目69个，备案资金共计1665.61万元，省级2018.14万元，县级5653.941万元，共计9344.691万元。

2010年，开展强农惠农资金专项清理。即：一是各单位贯彻落实中央、省、州强农惠农政策和要求情况，包括成立机构、制定方案、开展工作等；二是各单位2007年至2009年安排用于“三农”的各项资金的使用管理情况，重点检查对农民的补贴资金、农业和农村基础设施建设投入、农村社会事业投入和其他重点专项资金使用管理情况；三是各单位开展自查自纠发现问题的分类梳理和整改落实情况；四是各单位对违纪违规问题调查处理和责任追究情况；五是各单位对强农惠农资金长效监管工作建章立制等情况。

2011年，重点围绕“经济发展”抓查处，增强“护航力”，重点查处了一批工程建设、土地出让、产权交易等违法违纪案件，查处了一批利用职权谋取私利的科级领导干部，共立案查处经济案件15件、16人，收缴赃款100万元，为国家和集体挽回经济损失150万元。

2012年，对节能减排政策措施落实情况进行检查。2011至2012年，全县涉及节能减排项目9个（2011年5个，2012年4个），其中节能技术改造项目3个、淘汰落后产能项目3个、重金属污染防治项目1个、其他项目2个，共涉及节能减排资金759.162万元。开展水利改革发展重大决定贯彻落实情况监督检查，全县投资水利资金4.52亿元，主要用于骨干水源工程1处，病险水库治理18座，建成人饮工程106处，渠道防渗85千米，水毁修复123处等水利建设。

2014年，进一步加强机关工作人员的管理和监督，进一步增强其责任意识、履职意识，不断提高其服务群众、服务基层的能力和水平，结合全县实际，县纪委、县委组织部、县监察局、县人社局联合下发《影响机关工作作风和效能行为问责办法（试行）》，其内容共分6章32条。县纪委、县监察局出台《瓮安县作风效能建设实行动态监测评估实施方案》，实现作风效能动态管理。

2016年，会同法制办、发改局、审计局等部门对全县各单位行政事业性收费公示情况进行监督检查。对全县政府各部门、直属机构、省、州驻瓮企、事业单位的行政事业性收费目录和经营服务性收费目录公示情况进行监督检查。对全县各单位和部门津补贴整改落实及食堂管理情况进行督查督办。强化问责工作，办理上级部门及县委、县人民政府领导批示的问责案件5件，问责5人，提出问责建议7条，其中精准扶贫工作问责2名领导干部，森林火灾工作问责2名领导干部，殡葬改革工作向县政府提出问责建议2条，出租汽车改革工作向县出租汽车改革领导小组提出问责建议 4 条，对阎某某夫妇到拆迁指挥部闹事问责 1 人，提出问责建议 1 条。

第三节　纠风治乱

纠正部门和行业不正之风是党和政府的一项重要工作。1990 年 3 月，党的十三届六中全会通过的《关于加强党同人民群众联系的决定》，提出要“坚决刹住行业不正之风”。1990 年 8 月 23 日，国务院召开“加强廉政建设，纠正行业不正之风”电话会议，纠风工作在全国统一普遍开展。1993，中央把纠风工作纳入反腐败的部署，作为反腐败的三项任务之一，在全国范围内统一立项。2004 年以前，纠风工作在全国统称为“纠正部门和行业不正之风”。2004 年 1 月，中央纪委第三次全会适应党风廉政建设和反腐败斗争新形势、新任务的需要，把纠风工作界定为“纠正损害群众利益的不正之风”。纠风工作外延进一步扩大，内涵进一步丰富。

1990 年，召集工商局、物资局、粮食局、政法委、公安局、乡镇企业局等 19 个单位开展关于纠正行业不正之风的电话会议，针对公检法司政法系统中存在的办事效率低下、利用手中权力，吃拿卡要、随意罚款、私占公物、办人情案的问题；金融系统中存在的经不起金钱诱惑贪污挪用、涂改账目、以权谋私的问题。粮食物资部门存在的利用手中权力和工作之便，权钱交换，占国家便宜，特别是基层粮食店的一部分职工，吃长头、短斤少两的情况；工商税务系统存在的收人情税、贪污挪用税款的问题；农、林、水系统存在的罚款不打收据或开白条子等问题提出相关意见和整改措施。即：加强职业道德的教育力度，建章立制，堵塞漏洞，加大督促检查力度，严肃查处行业中违纪违法案件。

1991 年，成立“瓮安县政府系统纠正行业不正之风办公室”，在监察局、审计局抽派 4 人办公，具体开展对全县“纠风”工作的指导和协调工作，在 66 个乡、镇、局级单位设立“纠风”领导小组。在 255 个股、公司、场、站、厂级单位开展自查自纠，自查出有问题单位 58 个，违纪金额 19.47 万元，违纪人员 35 人。通过自查自纠，退回违纪金额 16.97 万元。共清理废除制度 61 条，修订完善 140 条，新建 56 条。

1992 年，积极配合县人大对监察局 5 年来工作的评议。10 月 26 日至 12 月 16 日，县人大常委会组织评审代表对监察局工作自 1988 年 4 月以来执行监察条例和有关法律、法规、政策以及廉政建设等情况进行检查和评议。这次评议主要对监察局所承办的 97 件违纪案件，进行了复查评议，评议中，先后采取查阅卷宗、实际调查、开座谈会等形式并组成若干评议组开展工作。经过评议，代表们提出部门有误有异的案件 4 件，对这 4 起有误有异的违纪案件，抽了 6 名同志组成案件复审组，开展复审整改。

1993 年，县监察局与县纪委合署办公后，县政府纠正行业不正之风领导小组办公室与县纪委监察局党风廉政建设室合署办公。开展减轻农民负担、农产品收购工作专项监察，共清理涉及“减负”文件 10 个，清理不合理费用 42 项，共计减少农民负担 36.04 万元；县公安局户政科收取 31 名正常农转非的入户费共计 1550 元作了退款处理；县教育局将原来 20 项收费项目减少为 8 项。

1994 年，在全县党员干部中开展“我要工作，还是要我工作”大讨论活动。在各部门、单位建立“纠风”组织和制度，对一些专项工作进行直接纠处。清理党政机关及其工作人员利用职权无偿占用企业资金 2420 元和到企业报销办公用品 3543 元，限期进行纠正；对 29 个事业单位的预算外资金和公款私存进行专项治理，清理预算外资金 6.35 万元、公款私存 6.13 万元按规定进行处理；在机构改革中，对机关干部、职工经管的公款、公物及单位的财产、资金进行清理，查处撤并单位违纪违规资金 13.68 万元。

1995 年，县监察局协助公安、金融、税务等部门建立、完善规范行为制度 51 条，对纠风中暴露出来的问题进行处理。

1996 年，县监察局组织县交通局、公安局等部门，先后对县境内公路三乱问题进行清理，对江界河大桥收费站集体侵吞公款一案进行调查核实，并追回赃款 8 万元，对草塘企管站设标杆拦车收费引起纠纷打伤人员一案作出严肃处理。加大建筑市场执法监察力度，纠正建筑市场中的不正之风，制定十条建筑工程实施招投标方法及要求，开展公平竞争。

1997 年，县监察局配合物价局，从 7 月 20 日至 8 月 6 日，对县国土局、城建局、环保局、水电局等单位的 34 个行政事业性收费项目，进行了监察，重点检查 5 个部门、29 个收费单位，57 个收费项目，检查总金额 1486.46 万元，针对在收费中存在扩大收费标准，对明确取消的收费项目继续收费，未使用正式收据收费等问题，向涉及到的有关部门提出监察建议，对违反规定收费的项目作取消，并对违反规定收取的 19 万余元款收交县财政。加大减轻农民负担的监督力度，全县 88327 户农户拿到“农民负担监督卡”，严肃查处向农民乱收费、乱摊派行为。清理中小学乱收费问题，对学生家长反映强烈的收费问题进行纠正。

1998 年，为抓好减轻农民负担工作，全面推行农民负担预决算、监督卡和专项审计三项制度，严禁乱集资，乱罚款和各种摊派。查处珠藏坝村委会乱扣不合理押金问题，违规收取的押金如数退还农户。同时开展巩固治理公路“三乱”、中小学校乱收费等工作的成果，防止反弹。

1999 年，对中小学收费的清理检查，查出不合理收取的资料费、补习费、集资费共 5.64 万元。清理出中坪镇艾州小学以收资料费、早晚自习补课费，集资费等项目，在不同年级乱收费 20760 元，督促该校如数退还学生。按照国务院及省政府要求，对国税、邮政、工商等 8 个单位进行首次民主评议行风工作，初步摸索民主评议行风的一些工作方法。

2000 年，针对部分中小学收费项目，加重学生负担，在社会上造成不良影响的行为，督促清退不合理收费 5 万元。行风评议工作全面展开，按照上级部署，今后每年均对 4 至 5 个部门行风进行民主评议，行风评议工作得到各级党委和政府的重视，受到社会各界的认可和支持，初步展示出生命力和政治影响力。

2001 年，县监察局内设纠风室。抓涉农价格和涉农收费的检查工作，重点对全县卫生医疗系统开大药方、搭车开药、乱收费和收受红包等不正之风进行纠处，加强药品医疗价格检查，打击制售假冒伪劣药品活动。

2002 年，检查整顿建筑市场招标工作，杜绝“纸条工程”和“违纪工程”。

2003 年，纠正药品经营中的不正之风，查获假劣药品 184 批（次），标值 3788 元，治理非法采购药品 19 起，涉及金额 1.85 万元。治理教育部门强行征订教辅材料和降低教材价格，减轻学生经济负担 102 万元。

2004年，狠抓纠正医药购销不正之风，立案查处31件，货值金额9.88万余元，查处金额6.11万余元。认真开展治理中小学乱收费工作，牵头组织对《瓮安县在全县义务教育阶段学校推行“一费制”收费及服务性收费标准的通知》执行情况的工作检查，责令渔河乡黔川小学将多收的每生8.8元计1880元退还给学生。清理整顿公安交警统一着装，整顿前着装人数1162人，经整顿后着装人数缩减到310人，收回制式701标志套，收回服装折价款1.84万元。开展农村建房收费、农村用电收费、中小学义务教育收费、乡镇村订阅报刊等专项检查，并规定涉农收费采取公示墙、公示牌形式全面公开，接受群众监督。

2005年，成立县商业贿赂领导小组办公室，开展纠正商业贿赂问题。

2006年，开展对全县农村中小学收费、农村建房收费、农村用电等涉农收费专项检查。结合建立新型农村合作医疗工作，重点对农村药品供应网点、乡镇卫生院药房、诊所用药进行检查，查获假劣药品5批（次），涉及金额0.33万元。

2007年，开展农村用药安全专项整治，加强医院内部管理制度建设，查获假劣药品32批次，标值1.05万元，查处16件，涉案金额1.85万元，罚没款金额2.32万元，开展医药购销领域商业贿赂专项治理工作。设立机关投诉中心及外商投诉中心，有效制止乱收费行为。治理教育乱收费，农村义务教育“两免一补”得到落实，为全县7万余名学生免除杂费金额622.34万元，为2.97万名学生免除书费金额139.59万元，为寄宿贫困生发放生活补助95.02万元。

2008年，严厉打击价格违法违规行为，对部分早餐店主擅自提高价格进行纠正；对瓮安珠藏农机加油站向客户销售汽油时每升多收0.69元的违规行为进行纠正；对县城筹备加油站乱提高油价销售处以3倍罚款，并责令恢复原价；对县城关二小代收每生10元饮水费行为责令将代收款21430元全部清退学生。对农村用药安全进行专项治理，查获假劣药品4批次，涉及金额0.193万元；共监督检查农村用药案件8件，涉案金额0.35万元，罚款到位金额2.013万元。纠正县农业局管理站代收各类费用共计3.49万余元由“黔南州种子协会”财务审核报账，剩余的1.14万余元全部退回。

2009年，以教育乱收费、医药和医疗、价格监管、社保基金等一系列专项治理工作为重点，进一步加大督促检查力度。对23所学校收费进行重点抽查，责令平定营中学代收学生每生本子费10元，共计1.65万元返还学生，责令该校食堂立即停止收取住校生每月30元蒸饭费和在学生中每生收取5元校牌费的行为，严肃查处平定营中学2名老师涉嫌破坏考风考纪问题；责令瓮安三中清退收取七年级学生每生补课费100元共计10.5万元；责令对草塘中学收取67名初中学生每生50元住校费，共计3350元进行清退；对雍阳镇卫生院不规范销毁药品进行查处和纠正，查处收受红包不正之风案件1件、1人；查处1起涉及农户13户，诈骗合医资金10万余元的诈骗案；查处7起冒名顶替套报合医资金，金额8万余元的案件，并予以全部追回；组织监督检查人员418人（次），对582户药品经营、使用单位进行监督检查，涉及金额649万元，查办案件16件，涉案金额3950元，罚款2.8812万元；主动监察用人单位110余户，涉及劳动者6500余人，责令5户用人单位退赔职工押金1.98万元，对89户用人单位进行劳动用工备案，对79户用人单位进行劳动用工年检。对1.03亿涉农项目资金进行县乡两级备案，对银盏乡将涉及74户农户740斤农发项目化肥挪到其他村用的行为进行纠正，确保项目专款专用。针对群众反映的矿区警察执法不公和“公路三乱”突出的问题加大检查力度，及时解决群众反映玉华车队50余辆货车乱停乱放，造成玉华乡通乡公路重大安全隐患的问题。对12个乡镇林业站所工作情况进行调研，责令建中、白沙等乡镇加强林业砍伐工作的监督管理，有效纠正该片区木材商以雪压材为名乱砍滥伐现象，促进林业系统行业风气好转。

2010年，开展农资市场专项检查，查处农资案件22起。

2011年，对全县各农资批发市场、专业市场、集散地和经营门店进行重点整治，处罚违规事项109起。开展清理和规范庆典、研讨会、论坛活动，清理研讨会2个，涉及金额2万元。对县境内省道205高家坳收费站停止收费并拆除，比上级通知停止收费时间提前8天。加强对卫生系统的行风监督，发放监督检查建议书49份，严格规范医疗卫生人员执业行为，严格执行医疗收费标准。在教育系统开展专项整治，查纠各中小学保险回扣收费行为，收缴违纪款27万元，清退教育乱收费131万元，组织处理学校副校长1人、对县幼儿园班子进行警示谈话。组织工商、卫生等部门对涉及民生的粮食、油、车用防滑物品等进行监督检查，检查早餐店、超市、粮店等100余家经营户。开展农村教育基金专项管理使用情况和中小学乱收费检查，对中小学不合理收费5.8万元进行清退，对有关人员进行批评教育。

2012年，对9个乡镇、68个村、124个卫生院（卫生室）建设及运行情况、涉农资金公示使用情况开展监督检查，执行涉农专项资金“公开、备案、责任追究”三项制度。严肃查处农村土地承包、流转、征收及拆迁中的违纪违法行为。严肃查处制售假劣农资坑农害农等问题，对全县21个乡镇（街道）所有的农资经营网点，进行拉网式巡回监管检查，依法对违规经营农资商品的经营户进行处罚，共查处案件8件，共处罚没款6550元。在县、乡镇设立专门的举报电话、举报箱；聘请人大代表、政协委员、党员、村民代表等人担任监督员；建立和完善涉农资金电子网络备案监管平台，推行政务、村务公开，把涉农资金项目作为政务公开的重点，让群众依法行使知情权和参与权，了解涉农资金管理使用各个环节的工作，接受群众监督。

2013年，开展治理教育收费检查，对群众反映珠藏中学副校长作风粗暴问题予以纠正，对反映瓮安一小以美化教室为由向学生收费问题，责令32个班级将收取的6.33万元退还学生。开展药品医疗器械专项检查，立案3件，没收1.5万元。开展打击医疗机构“两非”行动，查处医疗机构两家，立案2件，罚款1万元。开展全县24个农资市场巡回监管检查，查处农资经营违法案件14件，罚款2.79万元。开展“公路三乱”集中整治，查处“非法营运”案件43起，其他非法违法建设、生产、经营案件57起。开展“吃空饷”专项清理，发现7名机关人员存在“吃空饷、占编制、不上班”的行为，工资从不在岗当月或第二月全部停发。

2014年，开展清理整治“乱收费、乱罚款、乱摊派”活动，对6户未按规定经营的农药经营户进行警告，立案查处农资经营违法案件13件，罚款1.0255万元。开展医疗卫生系统乱收费等情况检查，收缴违规收费40余万元，纠正乱收费行为2件。

2016年，采取对民营企业经济发展环境进行监测、陪同企业办事等方式，加强执法人员和办事窗口作风监督。

第四节 优化经济发展环境

优化经济发展环境是为给经济发展营造一个良好的社会环境。2010年以来，县纪检监察机关坚持服务经济建设这个中心，着力整顿和规范市场经济秩序，贯彻落实宏观调控政策，切实加强经济环境建设。

2010年，县政府出台《关于开展环境建设年实施方案》，并设立三个建设年办公室，其中环境和效能办公室设在纪委监察局。

2011年，落实行政执法责任制，修订完善《瓮安县推行行政执法责任制实施方案》，出台《瓮安县行政执法过错责任追究办法》，加大清理行政审批事项监督检查力度，坚决清理和纠正已废止但仍在执行的政策。共清理879件，废止131件，失效449件，修改21件。为打造“登记申报、税费标准、金融贷款、市场准入、部门服务”五个平台，成立了环境建设推进市场诚信体系工作组，启动“诚信经营示范街”和“人民满意工商所”创建活动。查处1起涉及市场准入，影响项目招标公平公正，破坏建设行为，维护市场诚信，确保市场竞争公平。在县城建立170余个监控系统，开展冬季严打整治“春雷行动”，查处各类行政案件57起，群众安全感明显提升。联合县作风建设和县委重大督查组，对23个乡镇、29个部门抗凝冻保民生措施和纪律进行分片督查，对34个贫困村、72个重点企业、1个工业园区、8个社区联系帮扶情况进行重点监督检查。组织发改、卫生、工商等部门对抗凝冻期间物价市场稳定情况开展监督检查，涉及超市、粮油店等事关民生问题经营户71家。春节期间加大维护群众利益和群众投诉力度的查处，下发《关于烟水工程拖欠农民工资问题有关事项的督办通知》，牵头组织县人事劳动局、烟草局对涉及拖欠农民工资6件150.77万元问题进行清理。县行政投诉中心挂牌运行，在县内媒体公示投诉电话、邮箱，实行专人负责，24小时受理行政投诉，畅通了行政投诉信访受理渠道。

2012年，出台《瓮安县2012年度环境建设工作实施方案》。制定《瓮安县行政审批、规范行政执法及整顿收费秩序工作目标任务实施方案》，对行政许可和非行政许可事项（含服务事项）以及收费项目等15个方面内容进行自查清理。全县43个（垂管部门单位12个、县直部门单位31个）行政执法主体，清理规范后，行政许可项目涉及的37个部门共224项，取消5个部门共12项；非行政许可项目（含服务事项）涉及23个部门共171项，取消1个部门共11项；省、州下放许可项目涉及10个部门共47项；行政事业性收费项目、经营服务性收费项目和中介机构组织收费项目共涉及30个单位349项和4家中介组织52项，清理后决定保留事业性收费项目130项、经营服务性收费项目177项，中介机构组织收费项目52项，经县人民政府审定并向社会公布。同年，查处了2起茶产业肥料和金银花苗木采购受贿案并移送司法机关2人，查处了建中镇安监站原站长田某某吃拿卡要、珠藏镇村管所长刘某某和职工刘某某贪污受贿等破坏发展环境的案件，通报批评并调离执法部门1人，党政纪处分2人。

2013年，制定《瓮安县行政审批、规范行政执法及整顿收费秩序工作目标任务实施方案》，建成行政审批和电子监察系统，建立了行政审批事项审批绿色通道，规范了行政执法行为，全县共有30个职能部门的206项许可项目、97项非许可项目和64项服务项目实行网上电子审批，缩短办理时限20%，缩减审批事项30%。在27个民营企业设立了优化经济发展环境监测点，对监测点每季度走访1次以上，每2个月抽调纪检干部陪同企业到相关部门和窗口办事，每周派2名纪检组长入驻政务中心监督受理办事业主、群众对不作为乱作为的投诉和举报。建立了公共资源交易统一平台，让公共资源在阳光下交易，完成国有资源交易工作18次，其中：土地挂牌出让78宗，成交66宗，涉及交易资金约7.8亿元；矿权挂牌出让8宗，成交6宗，涉及交易资金262.6万元。

2014年，建立县投资环境改革专题小组专题会议、工作进展报送、工作联系、工作台账等制度。

2015年，出台《瓮安县进一步优化投资环境建设实施方案》，推进“清廉瓮安”建设，进一步提升全县投资环境建设层次和质量，形成“重商、亲商、扶商”的良好社会氛围和“零障碍、低成本、高效率”的良好投资发展环境。

2016年，成立以县委常委、县纪委书记王华为组长，县人民政府副县长曾明康为副组长，各相关责任单位主要负责人为成员的县投资环境管理体制改革专题组，专题组下设办公室在县纪委监察局行政投诉中心，全年召集专题组相关成员单位领导召开5次专题会议，研究部署投资环境管理体制改革相关工作，印发《瓮安县2016年度投资环境管理体制改革工作实施方案》，进一步转变政府职能，深入推进全县投资环境管理体制改革工作，建立廉洁优质高效政务服务环境，构建开放公平、规范有序的投资环境。印发《瓮安县企业负责人约见县、乡镇（街道）党政负责人制度》，切实解决企业经营过程中遇到的困难和问题，营造企业健康快速成长的良好环境，提升涉企服务水平，企业负责人约见县、乡镇（街道）党政负责人50余次。制定《瓮安县构建新型政商关系实施方案》，促使机关单位及其工作人员尤其是领导干部与非公有制企业及其负责人之间，形成“亲”“清”互动的政商关系，有效防止官商勾结“清”而不“亲”，防止“亲”而不“清”。县纪委监察局抽调监察人员开展陪同企业办事活动，暗中了解相关部门和窗口在为企业办事过程中是否存在“权力滥用、服务不佳，工作推、躲、绕、拖”等突出问题，共陪同10个企业办事。

第五节 民生监督

2014年，为了实现乡镇纪检监察管理体制从双重管理向垂直管理为主转变、监督方式从内部监督向外部监督为主转变，有力促进基层党风廉政建设和反腐败工作，贵州省纪委在全省推广民生监督模式，将县级纪检监察派驻机构和乡镇纪委力量有机整合起来，设立民生项目监督特派组，强化对民生项目和资金的监督检查。瓮安县结合自身实际，在全县各乡镇、街道办事处成立了13个民生项目监督特派组，设立4个民生特派工作指导组，指导组组长由县派出一、二、三、四监察分局局长兼任。2015年，民生特派指导组改为片区纪工委，为县纪委县监察局派出机构。在县纪委监察局的领导下统筹并稳步推进民生监督工作。

2014年3月至8月，开展农村危房改造项目实施情况专项监督检查，覆盖2010年至

2013年全县实施农村危房改造项目，资金5600.99万元。在检查中发现违法线索1条、违纪线索12条，在资金监管和执行有关管理制度和资料归档等方面的问题22个。查出用于化解旧城改造拆迁、通村公路建设占地补偿中的矛盾纠纷从中套取危房改造财政补助资金7.6万元；危改项目未实施，虚套危房改造财政补助资金57.99万元。11名镇村干部在危房改造工作中因挪用套取、冒名顶替领取资金被责任追究，6人作检查并通报批评，5人受到党政纪处分。

2014年11月至2015年1月，开展家电下乡补贴资金管理使用情况专项检查，覆盖13个乡镇和街道2009年至2013年度家电下乡补贴资金，此次调查重点为“商审商付、财政结算”补贴资金兑付情况，调查补贴资金194.9万元，涉及家电72146件、销售网点商家131个。在2011—2012年的家电下乡工作中，县乡财政部门对家电下乡政策重视不够，监管力度不大，负责家电下乡补贴资金审核兑付的工作人员，未按规定比例要求开展抽查，致使家电下乡补贴资金被不法家电经销商诈骗。追究27名财政人员在家电下乡工作中的失职责任，其中2人作检查并通报批评，8人作检查、诫勉谈话并通报批评，17人受到党政纪处分。追缴商家骗取家电补贴资金700余万元。

2015年4月至5月，开展中等职业学校和普通高中学生资助金管理使用情况专项监察，覆盖2013年至2014年度全县高中阶段5所学校（瓮安中学、瓮安二中、草塘中学、珠藏中学、贵真学校）和瓮安职校，涉及在校班级128个，在校生5514人、职校在外实习生77人，资金总额3517.28万元，其中：助学金1993.79万元；中职免学费1523.49万元。通过采取与在校、外出实习受助对象见面调查，核对发放名册、学籍，调查银行打款，抽查学生取款，核查账目等方式，没有发现截留、克扣、贪污助学金和虚报助学金等方面的问题，发现县级匹配资金未到位、财务不规范、资助卡开户不符合规定、现金走账、现金发放、助学金打入饭卡、部分助学金滞留银行等问题，对检查发现的问题进行反馈，并下发整改通知书。县教育局成立以局长谢静为组长的整改领导小组，对存在问题进行整改。

2015年6月至8月，开展城乡低保资金发放情况专项监察，覆盖2013年、2014年及2015年上半年的城乡低保资金14771万元。在检查2013年度和2014年度城乡低保过程中没有发现造假虚报、人为调整或冒名顶替等套取、贪污、挪用城乡低保资金的行为，各乡镇（街道）检查中发现问题101个。各乡镇（街道）梳理汇总在专项监察工作以及自查自纠中发现的问题，制定整改方案，明确整改措施、整改责任、整改时限，并加以整改。在对2015年上半年城乡低保政策落实情况进行检查时，发现在低保评审、公示过程中，资料不完善、不规范；评审工作不实；将不符合城乡低保条件对象纳入保障范围；“以人为保”还继续存在；动态管理不及时；改变低保金用途，解决历史遗留问题、化解信访维稳矛盾纠纷；重复领取低保金等问题。向县民政民宗局发放监察建议书，县民政民宗局对存在问题立即进行整改落实，印发《2015年督促整改城乡低保工作的通知》，对2015年城市低保重新进行评审，对不符合保障标准的按规定退出，对符合保障标准的继续纳入保障。通过专项监察，真正做到“应保尽保、按标施保”，对不符合低保条件的一律取消，同时完善相关资料，及时做好信息管理、动态调整等相关工作，确保低保资金足额补助到户到人。

2015年12月至2016年1月，开展扶持微型企业发展资金管理和使用情况专项监察，覆盖2012年至2014年财政扶持微型企业405户，2044.5万元。监察未发现截留、挪用资金的现象。但检查发现存在国家公职人员违反禁止经商办企业规定申报微型企业，借用他人信息或虚构资料申报微型企业套取扶持资金，不符合规定条件将个体工商户转为微型企业，变相重复申报获得扶持资金，公职人员兼职会计等问题共120个，县纪委监察局对微企审批单位人员进行约谈提醒，责令在今后工作中加以整改。对在执行微型企业扶持政策审批中存在失职渎职、优亲厚友、吃拿卡要等行为的基层工商管理人员或分管领导进行问责，对违纪违规行为严肃查处，立案32件，党政纪处分32人。

2016年1月至4月，开展了城乡居民社会养老保险基金管理情况专项监察，覆盖2011年至2015年间全县城乡居保参保人数279480人，其中参保缴费人数218280人，涉及资金7010万余元，享受待遇人数61200人，涉及资金1.5亿元。监察发现各乡镇在养老金征缴中主要存在向参保群众收取相应档次参保资金后由于各种原因未将对应档次的参保资金纳入或少纳入基金专户两大问题，据调查统计，全县“已收未缴”问题涉及人数834人，资金99152元；“多收少缴”问题涉及人数16人，资金3600元。征缴的资金不能及时到账，导致参保人的资金与所交年度不相符，损害了参保人员利益。在养老金发放中主要存在“死亡人员仍享受待遇”及“不应享受待遇”两大问题，涉及人数554人，资金60.39万元。除此之外，还存在参保人身份信息有误、重复缴纳、异地缴纳等问题。发放环节还存在重复发放，领取人身份有误等问题共24个，经初核达不到立案，违纪事实轻微的，采取约谈和通报批评等方式进行组织处理。据统计，整个专项检查过程中共约谈156人，通报批评50人。全县各乡镇（街道）共计追回的资金有54.72万元，涉及补缴人数1512人，补缴金额17.65万元，立案23件，党政纪处分23人，清退资金34.4223万元。

2016年4月至6月，开展信贷扶贫资金管理和使用情况专项监察，覆盖2013年至2015年发放12家龙头企业贴息，小额贷款贴息931户，资金443万元。监察发现存在非贫困享受贴息、改变贷款用途、2015年上级下拨的198万元小额到户贴息资金未发放等问题共19个，针对专项监察发现的问题，向县扶贫局、财政局发监察建议书2份。

2016年5月至8月，开展财政扶贫优质蔬菜（发展）项目资金专项监察，覆盖2013至2015年全县财政扶贫（发展）蔬菜类项目，主要是辣椒项目，涉及辣椒种植面积9413亩，农户2306户、专业合作社1个、公司1家，发放种子31458包、地膜44352.5公斤、肥料388950公斤、无纺布23015米、诱虫黄板205000张、播种机1台，项目总投资490万元。监察从项目的申报、招投标、物资采购、验收，项目资金使用及管理，物资发放三个方面开展专项监察，在项目申报过程中没有发现违规违纪行为，但对种植面积进行现场查看或询问了解，共发现问题3个，立案3件，党政纪处分4人，涉案金额22630元，全部予以追缴。

2016年5月至9月，开展农村饮水安全项目资金专项监察，覆盖全县2013至2015年度实施的农村人饮安全工程177个，计划解决饮水不安全问题，改善114651人的饮水条件，总投资为5933.36万元。监察未发现造假虚报、套取挤占、截留私分、贪污挪用、收受贿赂等行为，但存在竞标资料不规范，项目合并打捆招标等问题4个，立案查处1件，向县人民政府报告，并向水务局、建设乡镇及相关单位发监察建议书15份。

2016年8月至9月，开展公益林生态效益补偿资金专项监察，覆盖2014至2015年度国家级公益林生态效益补偿资金1283万余元，涉及10个镇、2个街道和1个乡76个村，总面积 43.61 万亩，共 6949 个小班。监察发现生态补偿资金发放滞后，档案管理不规范，乡镇（街道）、村级的管护制度、管护协议、管护组织工作有待加强和完善等问题 6 个，立案 5 件，党政纪处分 5 人。

2016 年 11 月，开展民贸民品企业贷款贴息优惠政策专项监察，覆盖 2013 至 2015 年第一、二季度全县民贸民品企业优惠贷款贴息受助企业 29 家，贴息资金 1479.0684 万元。监察未发现各企业在申请民贸民品贴息贷款过程中被相关部门工作人员吃拿卡要的情况，但发现部分企业存在财务管理混乱、贴息贷款使用未单独建账或无原始依据印证资金用途、贴息贷款资金未按规定使用、夸大企业规模取得贷款，且资金使用不符合政策规定等问题共 15 个，立案 1 件，党政纪处分 1 人。

2016 年 11 月至 12 月，开展一类贫困乡（镇）精准脱贫建档立卡和脱贫项目资金专项监察，覆盖江界河镇 7 个村、1 个社区，珠藏镇新兴村精准扶贫建档立卡情况和 22 个扶贫项目，涉及资金 298.6 万元。监察发现部分养殖项目发放清册登记养殖规模数和实际领取数不相符，存在用其他农户名字领取物资而当事人不知情，部分项目资金未及时兑现等问题共 15 个，立案 2 件，党政纪处分 2 人，涉案金额 14.2 万元。

2016 年 12 月，开展农村公益性公墓建设及管理专项监察，覆盖全县 2015 年以来 91 处农村公益性公墓建设项目，涉及项目资金 617 万余元。监察发现农村公益性公墓墓穴溢价现象突出，跨区域安葬现象较为普遍，财务管理不清晰，收费未及时入账等问题，部分公益性公墓属于引进民间资本建设等问题。向县民政民宗局发监察建议书 1 份，建议督促各乡镇严格按照档案管理的相关要求和规定，制定统一登记台账，健全完善档案台账资料，对所有资料进行分类整理、立卷存放，做到归档合理，排列规范。加强对公益性公墓的管理，建立健全管理制度，明确专人负责，同时充分发挥县殡葬执法大队作用，根据其职能职责加强执法监督力度，对违规行为予以制止和打击。立案 2 件，党政纪处分 2 人，涉案金额 2.5 万余元。

第六章
干部队伍建设

纪检监察机关建立以来，特别是纪委、监察局合署办公后，全县各级纪检监察组织抓班子、带队伍，不断提升自身素质，建设一支政治坚强、公正清廉、纪律严明、业务精通、作风优良的纪检监察干部队伍，保证了全县党风廉政建设和反腐败工作的顺利进行。

第一节　组织建设

1951 年，瓮安县党员和干部队伍不断壮大，为加强纪律检查工作，设立县委纪律检查委员会，当时缺书记，1953 年起，先后由县长、组织部部长兼任纪委书记，虽然配有专职干部 7 人，但陆续被抽调参与县委其他工作，县委纪律检查工作主要依靠县委组织部，直至 1955 年 7 月设专职纪委书记。

1955 年 11 月，撤销县委纪律检查委员会，成立县委监察委员会，为县委的纪律检查和行政监察机构。1956 年 5 月，经中共瓮安县第一届委员会选举，监委书记由县委副书记兼任，配有专职干部 2 人。县委监察委员会成立后，注重充实健全监察组织，在全县 7 个区（镇）党组织设兼管干部开展监察工作，通过召集兼管干部座谈了解，利用赶场天碰头，电话联系等方式，向兼管干部了解党员违纪情况，及时发现和处理案件。1967 年 3 月“文化大革命”中，县委被非法夺权，县委监察委员会被迫停止工作。

1978 年 10 月，恢复中共瓮安县委纪律检查委员会机构。1979 年 10 月，组建了中共瓮安县委纪律检查委员会，设专职书记、副书记。

1984 年 2 月，中共瓮安县委纪律检查委员会升格为中共瓮安县纪律检查委员会，届中增设常务委员会，由 6 人组成（书记 1 人、副书记 2 人）。县纪委成为县的领导机构之一，纪委书记列席县委常务委员会，纪委机关有 10 名专职纪检干部。在同年开展的县级党政二级机构（含区）和乡级机构改革中，开始设立下级纪检组织，在县属 4 个局级单位设纪检组并派驻了纪检组长，在 7 个区委和 1 个区级镇委设专职纪检员，但为了达到干部“四化”要求，由一些身体不够好的老同志退到二线任纪检员，协助新班子工作。至此，党的纪律检查工作开展走上正轨。当年，组建了县纪委机关党支部，有党员 12 名，陆安银任支部书记。

1986 年 10 月，县纪委机关职能进一步健全，开始设立内设机构，最初有办公室、纪律检查科、案件审理科 3 个内设机构，行政编制 10 名。后来于 1989 年 5 月改科为室，同时增设信访室，内设机构增至 4 个，并明确为副局级机构。

1987 年 11 月，组建了县政府监察局，领导职数设局长、副局长各 1 名，最初内设机构有办公室、监察股、审理股 3 个，行政编制 9 名。1988 年 4 月成立了县监察局党支部，有党员 9 名，刘仕刚同志任支部书记。1989 年 5 月改股为室，同时增设举报站，内设机构增至 4 个。

1991 年 4 月，组建了第一个县直部门党委纪律检查机构（县直属机关纪委）。

1991 年 10 月，在全县区乡建并撤机构改革中，建立了 23 个乡镇党委纪委，明确为副科局级机构。1992 年 2 月，经州委常会会议研究，“同意瓮安县建并撤中乡镇暂不召开党代会，有关成员由上一级党委任命，适当时候再召开党员代表大会进行选举”，据此，县委选配了 23 个乡镇纪委书记，同时对各乡镇纪委组成人员进行了任命，其中玉华乡、银盏乡、金竹乡、松坪乡、白沙乡、建中乡、岚关乡、老坟嘴乡、高水乡、木引槽乡、牛场坝乡、龙塘乡、渔河乡、木老坪乡 14 个乡镇各配备纪委委员 3 名，中坪镇、铜锣乡 2 个乡镇各配备纪委委员 4 名，雍阳镇、平定营镇、草塘镇、永和镇、珠藏镇、玉山镇、天文镇 7 个乡镇各配备纪委委员 5 名，乡镇纪检机构得到了健全，基层纪检干部队伍得到了壮大配强。

1993 年 6 月，县纪委与县监察局合署办公，设书记 1 名，副书记 2 名（1 名兼任监察局局长）、副局长 1 名。按照“合并职能相近的部门，保留职能不同的部门，增设需要的部门，加强薄弱的部门”的原则，设置办公室、信访室（含举报中心）、纪检监察室、案件审理室、执法监察室、教育研究室、党风廉政建设室 7 个职能室，室主任配备副科长级干部，行政编制明确为 19 名，实有人员 23 名（含驾驶员 2 名）。县纪委机关党支部同步更名为中共瓮安县纪委监察局联合支部委员会，当时 23 名干部职工全员皆为党员，段仕杯同志任联合支部第一任书记。后来调入县纪委监察局机关的年轻干部中陆续有了培养对象，直至 1999 年新发展党员 1 名。至 2016 年止，支部共发展党员 8 名。

2001 年 12 月，县级机构改革，县纪委监察局领导班子设书记 1 名，副书记 2 名（含监察局局长 1 名）、副局长 1 名。内设综合室、党风廉政教育研究室、纠风室（县政府纠正部门和行业不正之风办公室）、执法监察室、纪检监察室、审理室、信访室 7 个职能室，室主任高配为副科级，行政编制减至 14 名，增加核定工勤编制 2 名。同时撤销县直部门纪检组机构和人员编制。

2008 年 11 月，县纪委监察局重新在 16 个县直部门派驻纪检组。同时，在县纪委监察局内部增设纪检监察综合室，负责未设置派驻纪检组部门的纪检监察工作，室主任由副科长级干部担任。内设机构增至 8 个，行政编制增至 15 名。

2009 年，贯彻落实中央五部委《关于加强地方县级纪检监察机关建设的若干意见》（中纪发〔2009〕9 号）精神，加强县纪委监察局领导班子建设，本年起，县纪委书记担任县委反腐败协调小组组长，参与县委常委会讨论干部任免等有关重要事项之前的酝酿协商；

县监察局局长任县政府党组成员；县纪委常委会班子成员列席县委全委会等重要会议，参加县委和上级组织部门到县组织的干部民主推荐会议。

2009年3月，扩大群众知情权、参与权、监督权，加强中央新增投资项目建设（含涉农项目）的监管，确保中央扩大内需促进经济增长的各项政策措施落到实处，县纪委、监察局聘请30名项目义务监督员，参与18个项目的监督工作。

2010年6月，设立瓮安县举报中心（非公有制经济侵权投诉中心），归口县纪委监察局管理，设主任1名（副科级），副主任1名（正股级），核定事业编制6名，同年12月，增至8名。同时，县纪委监察局内设机构由8个调整为10个，分别是办公室（监察综合室、干部室）、党风廉政建设室（县党风廉政建设责任制领导小组办公室）、宣传教育室、纠风室（县政府纠正部门和行业不正之风办公室）、执法监察室、纪检监察室、案件审理室、信访室、纪检监察综合室、案件管理复查复议室等10个职能室，设室主任10名（副科级）。行政编制增至17名，工勤编制增至3名。监察局领导班子职数增设常务副局长1名，正科级。

从2010年起，县纪委先后在县水库和生态移民局、安监局、环境保护局、统计局、司法局、审计局、检察院、政府办、城管局、扶贫局、商务局、公共资源交易中心等县直部门和单位设纪检监察机构，并陆续落实了人员。

2012年5月至7月，贯彻落实中央、中纪委关于建立健全惩治和预防腐败体系、加强纪检监察派驻机构的统一管理的精神，提高纪检监察派驻机构的履职能力，将派驻纪检组长全部纳入县纪委监察局统一管理。为了加强对派驻部门纪检组工作的管理和指导，在县纪委监察局下设4个正科级派驻纪工委（监察分局），设书记、副书记（兼任监察分局局长，正科级），各纪工委（监察分局）各配备2名工勤编制，共8名。同年，为了做好纪检监察派驻机构的统派工作，加强队伍管理，将原办公室的干部室职责划转到纪检监察综合室，加挂“干部室”牌子。

2012年6月，中纪委印发了《关于加强乡镇纪检组织建设的指导意见》，贵州省纪委制定了关于贯彻落实中纪委指导意见的实施意见，县纪委进行全文转发并对相关经费进行了贯彻落实，在组织建设上，除设立乡镇纪委书记、专职副书记，配备了3~5名乡镇纪委委员以外，还明确了乡镇监察室主任职数，将乡镇纪委工作经费按镇（街道）4人，乡3人参照政治机关标准纳入县级财政专项单列预算，集中拨付到县纪委，由县纪委单列设账并监督使用。乡镇纪委有牌子、有专门谈话室，当年，财政出资37.425万元为各乡镇纪委配备了电话、传真机、打印机、照相机、录音笔等，乡镇纪检组织建设取得了长足进步。

2012年9月，加强县委政府重要工作落实特别是项目建设工作情况进行督促跟踪，同时将督查情况与年终目标考核成绩挂钩兑现奖惩，成立县督促检查局，核定行政编制5名，事业编制10名，归口县纪委管理，设局长1名、副局长2名。第一任局长由县委常委纪委书记王华同志兼任，第二任局长由夏俊同志担任，为加强县纪委对督促检查工作的领导，将夏俊同志增补为县纪委副书记，不占县纪委编制和领导职数。

2014年，贯彻落实转职能、转作风、转方式要求，聚焦监督执纪问责的主责主业，纪律检查体制机制改革工作不断引起各级党委和纪检监察机关的重视，在当年，县纪委监察局内设机构和下属机构经历了三次调整。第一次为当年3月，为了加大案件查处力度，整合党风廉政建设室、纠风室职能，合并为党风政风监督室，执法监察室更名执法和效能监督室，纪检监察室分为纪检监察一室、二室，其余职能室不变，机关内设机构仍为10个。当年10月第二次调整，进一步加强办公室协调管理职能，撤销办公室（监察综合室），设立办公室；进一步加强纪检干部队伍管理职能，撤销纪检监察综合室（干部室），设立干部室；进一步整合人力资源加大监督力量，撤销党风政风监督室、执法和效能监督室，设立党风政风监督室（县政府纠正行业不正之风办公室）；强化问题线索管理职能，撤销案件管理复查复议室，设立案件监督管理室，案件审理室加挂案件申诉复查复议办公室牌子；进一步加大案件查处力度，纪检监察一、二室更名为第一、第二纪检监察室，增设第三纪检监察室。其余职能室不变，机关内设机构仍为10个。第三次是同年6月，根据中纪委“三转”工作要求，进一步厘清纪委职能，将县纪委管理的督促检查局整体划转到县委办。

2015年3月，推动党风廉政建设党委主体责任和纪委监督责任的落实，瓮安县纪委牵头与同济大学共同开发研制了“两个责任”落实与干部正风监督网络平台，将现代管理理念与互联网、大数据、4G等最新技术整合，构建起分解明责、监督履责、追责问责的完整链条，据此，增设县电子监察信息中心作为平台管理的专门机构，为县纪委监察局管理的股级事业单位，设主任1名，事业编制5名。2016年8月，中心事业编制增至9名。

2015年6月，加强民生监督工作，整合监督资源，强化监督力量，提升监督层次，突出监督实效，除瓮安经济开发区和银盏镇合并独立设立纪工委外，其余12个乡镇和街道分片区新增设4个片区纪工委，为县纪委监察局派出机构。每个片区纪工委设书记1名，由各纪工委副书记（监察分局局长）担任。原第一至第四纪工委监察分局更名为第一至第四纪工委，不再设监察分局局长。2016年8月，根据州纪委监察局的意见，全州各县市纪工委监察分局的设置个数与监管联系单位分组与州级保持一致，以便上下对接指导工作，据此，增设第五纪工委监察分局，规格与第一至第四纪工委相同。

2015年12月，推进从严治党，进一步加强农村基层党风廉政建设，完善基层民主监督，加大民生监督工作力度，督促村（居、社区）干部廉洁履职，县纪委在全县99个村（居、社区）各选配1名村级民生监督员，每人每月300元工作待遇全额纳入财政预算。

2016年8月，推进纪检监察机构全覆盖，在县教育系统设立纪工委，配备纪工委委员8名，与县教育局纪检组合署办公，采取集中办公与分别派驻相结合的方式，加强对教育系统的监督管理。

2016年9月，贯彻落实中央“关于巡视巡察工作全覆盖”的要求，探索开展县级巡察，将内设第三纪检监察室更名为“县委巡察办”，设主任1名（由县纪委副书记兼任），设专职副主任1名（高配为正科长级）。

至2016年12月，全县有11个乡镇纪委、2个街道纪工委，28个派驻部门纪检组（监察室），5个派驻纪工委，1个机关党工委下属纪工委，4个直属单位纪委，1个企业（公司）纪委，有专兼职纪检监察干部155名。

表 6-1　　2016 年 12 月 31 日瓮安县纪检监察系统在职干部职工名录

序号	姓名	现任职务	性别	民族	出生年月	籍贯	参加工作时间	入党时间	学历/学位	专业	级别	备注
1	陈　刚	瓮安县委常委、县纪委书记	男	汉族	1973. 09	贵州长顺	1995. 09	1998. 07	大学	贵州省委党校经济管理专业	县处级副职	
2	郑南兵	瓮安县人民政府党组成员、纪委副书记、县监察局局长	男	汉族	1975. 10	贵州瓮安	1996. 09	1999. 05	大专	贵州省委党校经济管理专业	乡科级正职	
3	冉丽娟	瓮安县纪委副书记	女	汉族	1975. 10	贵州平塘	1996. 08	1997. 12	大学	贵州省委党校法律专业	乡科级正职	
4	冷国辉	瓮安县纪委常委、监察局常务副局长	男	汉族	1964. 04	贵州瓮安	1985. 08	1986. 09	大学	贵州省委党校法律专业	乡科级正职	
5	赵启安	瓮安县纪委常委、派驻猴场片区纪工委书记	男	苗族	1977. 01	贵州瓮安	1998. 05	2001. 03	大学	中央党校函授学院法律专业	乡科级正职	
6	黄枭勇	瓮安县纪委常委、第一纪检监察室主任（保留正科级）	男	苗族	1974. 12	湖南隆回	1999. 09	2007. 03	大学	贵州省委党校法律专业	乡科级正职	
7	徐艳红	瓮安县纪委派驻玉山片区纪工委书记	女	汉族	1977. 08	贵州瓮安	1996. 09	2000. 01	大学	四川大学法学专业	乡科级正职	
8	周　祥	瓮安县监察局副局长	男	汉族	1976. 10	贵州瓮安	1995. 09		大学	中央广播电视大学	乡科级正职	
9	罗　亚	瓮安县纪委监察局正科级干部	女	仡佬族	1963. 04	贵州瓮安	1985. 08	1984. 11	大学	贵州省委党校法律专业	乡科级正职	
10	沈茂均	瓮安县纪委监察局正科级干部	男	汉族	1962. 01	贵州瓮安	1992. 07	1993. 08	大专	贵州省农学院农学专业	乡科级正职	
11	杨国熙	瓮安县纪委第一纪工委书记	女	汉族	1975. 06	贵州遵义县	1997. 09	2002. 05	研究生	贵州省委党校经济学专业	乡科级正职	
12	犹　飞	瓮安县纪委第二纪工委书记	男	汉族	1975. 01	贵州瓮安	1996. 09	2000. 05	大学	中央党校函授学院法律专业	乡科级正职	
13	肖林君	瓮安县纪委第四纪工委书记	男	汉族	1969. 01	贵州瓮安	1989. 09	1991. 03	大学	贵州省委党校法律专业	乡科级正职	
14	黄国兴	瓮安县纪委派驻瓮水片区纪工委书记	男	汉族	1969. 02	贵州瓮安	1989. 08	1994. 05	大学	贵州省委党校经济管理专业	乡科级正职	

续表6-1

序号	姓名	现任职务	性别	民族	出生年月	籍贯	参加工作时间	入党时间	学历/学位	专业	级别	备注
15	彭华先	瓮安县纪委监察局办公室主任	女	汉族	1974.08	贵州瓮安	1996.09	1998.09	大学	中央党校法律专业	乡科级副职	
16	邓云久	瓮安县纪委监察局党风政风监督室主任	男	汉族	1977.12	贵州瓮安	1997.09	2001.03	大学	贵州省委党校法律专业	乡科级副职	
17	杨红梅	瓮安县纪委监察局干部室主任	女	汉族	1983.11	贵州福泉	2008.12	2013.05	法学学士	中北大学法学专业	乡科级副职	
18	王大其	瓮安县纪委监察局信访室主任	女	汉族	1979.05	贵州瓮安	2000.09	2009.06	大学	中央党校法律专业	乡科级副职	
19	杨　涛	瓮安县纪委监察局第二纪检监察室主任	男	苗族	1985.04	贵州福泉	2008.03	2011.07	大学	贵州省广播电视大学	乡科级副职	
20	吴岳军	瓮安县纪委监察局第三纪检监察室主任	男	汉族	1973.09	贵州瓮安	1996.09	1998.03	大学	贵州省委党校法律专业	乡科级副职	
21	蔡　端	瓮安县纪委监察局案件审理室（案件申诉复查复议室）主任	男	汉族	1980.03	贵州瓮安	2004.02	2007.09	大学	中央广播电视大学法律专业	乡科级副职	
22	李　岚	瓮安县纪委监察局案件监督管理室主任	女	汉族	1986.01	陕西	2010.02		大专	江西新余高等专科学校法律事务专业	乡科级副职	
23	张显勋	瓮安县纪委监察局宣传教育室主任	男	汉族	1980.01	贵州瓮安	2000.09	2001.07	大学	贵州省委党校法律专业	乡科级副职	
24	汪　元	瓮安县行政投诉中心主任	男	汉族	1982.01	贵州瓮安	2011.09		大学	贵州大学农业资源与环境专业	乡科级副职	
25	刘锡华	瓮安县纪委办公室科员	女	汉族	1963.11	贵州瓮安	1982.12	1996.04	大学	贵州省委党校法律专业		
26	刘文华	瓮安县行政投诉中心科员	男	汉族	1988.08	贵州瓮安	2011.10	2014.02	文学学士	青海师范大学汉语言文学专业		
27	石显丽	瓮安县行政投诉中心科员	女	苗族	1989.07	贵州余庆	2012.11	2015.02	管理学学士	贵州财经大学农村区域发展专业		
28	兰钰钗	瓮安县行政投诉中心科员	女	汉族	1988.05	贵州瓮安	2010.08	2009.03	教育学学士	黔南民族师范学院小学教育专业		

续表6-1

序号	姓名	现任职务	性别	民族	出生年月	籍贯	参加工作时间	入党时间	学历/学位	专业	级别	备注
29	叶宸	瓮安县行政投诉中心科员	女	汉族	1980.04	贵州瓮安	2005.09	2016.09	大学	贵州民族学院历史系		
30	聂宁	瓮安县行政投诉中心科员	男	仡佬族	1990.03	贵州石阡	2013.08	2015.09	大学	湖南农业大学商学院会计学专业		
31	杨奇文	瓮安县电子监察信息中心工作员	男	汉族	1972.04	贵州瓮安	1992.08		大学	贵州省民院汉语言文学专业		
32	岑忠仙	瓮安县电子监察信息中心工作员	女	汉族	1980.10	贵州瓮安	2001.12	2014.07	大专	黔南民族师范学院行政管理专业		
33	安朝科	瓮安县纪委监察局工作员	男	土家族	1987.09	贵州思南	2012.08		经济学学士	东北林业大学统计学专业		
34	康国利	瓮安县电子监察信息中心工作员	女	汉族	1989.03	贵州瓮安	2011.12	2013.02	理学学士	贵州民族学院计算机科学与技术专业		
35	龙夏晗	瓮安县电子监察信息中心工作员	女	侗族	1991.05	贵州天柱	2013.09		文学学士	贵州师范大学求是学院汉语言文学专业		
36	朱恃兴	瓮安县电子监察信息中心工作员	男	汉族	1989.10	贵州瓮安	2016.09		法律（非法学）硕士	贵州大学法律（非法学）专业		
37	李宗倩	瓮安县电子监察信息中心工作员	女	汉族	1989.01	贵州安顺	2016.09	2014.05	法学硕士	贵州大学民族学专业		
38	付全忠	瓮安县纪委监察局工作员	男	汉族	1983.08	贵州余庆	2014.07	2005.05	大学	中国人民解放军南京陆军指挥学院法律专业		
39	袁严富	瓮安县纪委监察局工作员	男	汉族	1982.02	贵州瓮安	2012.10	2015.02	大专	贵州省广播电视大学行政管理专业		
40	童松	瓮安县纪委监察局工作员	男	汉族	1985.06	贵州瓮安	2012.10	2012.10	大学	福建师范大学小学教育专业		
41	周雅雯	瓮安县纪委监察局工作员	女	汉族	1991.09	贵州瓮安	2012.10		文学学士	贵师大求是学院汉语言文学专业		
42	刘泓妍	瓮安县纪委监察局工作员	女	汉族	1990.08	贵州瓮安	2012.10		大专	陕西电子信息职业技术学院		
43	张富先	瓮安县纪委监察局工作员	男	汉族	1989.08	贵州瓮安	2012.10		管理学学士	西安工程大学工商管理专业		
44	倪帮华	瓮安县纪委监察局工作员	女	汉族	1984.10	贵州瓮安	2012.10	2008.07	文学学士	贵州民族学院日语专业		

续表6-1

序号	姓名	现任职务	性别	民族	出生年月	籍贯	参加工作时间	入党时间	学历/学位	专业	级别	备注
45	田毅松	瓮安县纪委工作员	男	汉族	1975.09	贵州瓮安	1993.07	1996.07	大专	贵州省委党校法律专业		
46	黎仕兵	瓮安县纪委工作员	男	汉族	1979.06	贵州瓮安	1997.12	2002.07	大专	南京政治学院行政管理专业		
47	宋泽林	瓮安县纪委工作员	男	汉族	1979.02	贵州余庆	1998.12	2001.07	大专	成都第三军医大学法律专业		
48	林　凯	瓮安县人民法院党组成员、纪检组长	男	汉族	1962.07	贵州瓮安	1980.12	1989.07	大专	贵州省委党校党政干部专业	乡科级副职	
49	曾祥军	瓮安县人民法院监察室主任	男	汉族	1978.09	贵州瓮安	2004.09	2006.10	管理学学士	贵州民族学院行政管理专业		
50	陶孟昌	瓮安县人民检察院党组成员、纪检组长	男	汉族	1963.05	贵州瓮安	1982.09	1998.07	大学	贵州省委党校法律专业	乡科级副职	
51	刘惠玲	瓮安县政府办党组成员、纪检组长	女	汉族	1974.06	贵州瓮安	1992.09	2002.06	大学	贵州省委党校法律专业	乡科级副职	
52	宋应萍	瓮安县政府办副主任科员、监察室主任	女	汉族	1964.09	贵州贵定	1983.08	1997.03	大专	贵州省委党校法律专业		
53	余登海洋	瓮安县发展和改革局党组成员、纪检组组长（保留正科级）	男	汉族	1970.04	贵州瓮安	1990.08	1997.05	大专	贵州省委党校经济管理专业	乡科级正职	
54	陈　敏	瓮安县发展和改革局监察室主任	女	汉族	1984.08	贵州瓮安	2010.01	2011.06	文学学士	陕西中医学院汉语言文学专业		
55	罗继文	瓮安县教育局党组成员、纪检组长（保留正科级）	男	布依族	1972.09	贵州瓮安	1992.09	1994.11	大学	贵州省委党校法律专业	乡科级正职	
56	岑　参	瓮安县教育局监察室主任	男	汉族	1978.02	贵州瓮安	2003.01	2006.07	大学	黔南师院中文专业		
57	赵守菊	瓮安县公安局党委委员、纪委书记	女	汉族	1966.02	贵州瓮安	1988.08	1989.01	大学	贵州省委党校法律专业	乡科级正职	
58	宋泽军	瓮安县公安局纪委副书记	男	汉族	1972.08	贵州瓮安	1996.08	1996.05	大专	黔南师范高等专科学校物理教育专业		
59	周芳沁	瓮安县公安局纪检监察室主任	女	汉族	1972.11	上海市	1991.04	2002.06	大学	贵州大学法律专业		

续表6-1

序号	姓名	现任职务	性别	民族	出生年月	籍贯	参加工作时间	入党时间	学历/学位	专业	级别	备注
60	徐　进	瓮安县公安局纪检监察室教导员	男	苗族	1978.09	贵州贵定	1999.12	2007.06	大学	中央广播电视大学法学专业		
61	陈明洪	瓮安县民政和民族宗教事务局党组成员、纪检组长	男	汉族	1970.09	贵州瓮安	1992.08	1995.09	大专	贵州省委党校经济管理专业	乡科级正职	
62	李小映	瓮安县民政和民族宗教事务综合执法监察大队副大队长、兼监察室主任	女	汉族	1976.04	贵州瓮安	1994.08		大学	中央电大法学专业		
63	陈　明	瓮安县司法局党组成员、纪检组长	男	苗族	1981.05	贵州瓮安	2008.12	2006.03	法学学士	贵州工业大学法学专业	乡科级副职	
64	倪元梅	瓮安县司法局监察室主任	女	汉族	1984.04	贵州瓮安	2008.12	2011.04	法学学士	贵阳中医学院法学专业		
65	贺川菊	瓮安县财政局党组成员、纪检组组长	女	汉族	1972.10	贵州瓮安	1996.09	2001.06	大专	贵州省委党校法律专业	乡科级副职	
66	杨仕先	瓮安县财政局监督检查与绩效评审科科长、兼任监察室主任	女	汉族	1975.12	贵州瓮安	1997.11	2010.10	大学	贵州财经大学会计学专业		
67	罗民兵	瓮安县人力资源和社会保障局党组成员、纪检组长	男	汉族	1974.09	贵州瓮安	1995.08	1997.05	大专	黔南医专临床医学专业	乡科级副职	
68	沈琳琼	瓮安县人力资源和社会保障局监察室主任	女	汉族	1971.01	贵州瓮安	1992.09	2004.10	大学	省委党校经管专业		
69	乔　毅	瓮安县国土资源局党组成员、纪检组长	男	汉族	1972.08	贵州瓮安	1991.09	1997.08	大学	中央党校法律专业	乡科级副职	
70	邱　静	瓮安县国土资源局监察室主任	女	汉族	1987.06	贵州瓮安	2011.10	2008.12	工学学士	贵州大学土地资源管理专业		
71	宋泽会	瓮安县环境保护局党组成员、纪检组长	女	汉族	1970.09	贵州瓮安	1992.09	1995.01	大学	贵州财经学院财务管理专业	乡科级副职	
72	王秀荣	瓮安县环境保护局监察室主任	女	汉族	1965.10	贵州瓮安	1984.07	1985.10	大专	贵州省委党校经济管理专业		
73	兰银锋	瓮安县住房和城乡建设局党组成员、纪检组长	男	汉族	1976.11	贵州瓮安	1999.12	2001.11	大学	贵州省委党校法律专业	乡科级副职	

续表6-1

序号	姓名	现任职务	性别	民族	出生年月	籍贯	参加工作时间	入党时间	学历/学位	专业	级别	备注
74	赵　庆	瓮安县住房和城乡建设局监察室主任	男	汉族	1987. 12	贵州瓮安	2012. 05	2009. 06	大学	贵州民族大学汉语言文学专业		
75	张　松	瓮安县交通运输局党组成员、纪检组长（保留正科级）	男	汉族	1980. 12	贵州瓮安	1998. 09	2002. 06	大学	昆明陆军学院步兵分队指挥专业	乡科级正职	
76	杨　梅	瓮安县交通运输局监察室主任	女	苗族	1973. 10	贵州瓮安	1997. 09	2014. 10	大专	贵州省广播电视大学会计电算化专业		
77	张　慧	瓮安县农村工作局党组成员、纪检组组长	女	汉族	1977. 11	贵州瓮安	1998. 09	2001. 05	大学	贵州省委党校法律专业	乡科级副职	
78	肖　波	瓮安县农村工作局监察室主任	男	汉族	1976. 06	贵州瓮安	1995. 08	2001. 10	大专	贵州大学行政管理专业		
79	王华亮	瓮安县水务局党组成员、纪检组长	男	汉族	1970. 06	贵州瓮安	1995. 09	1997. 06	大学	贵州省委党校法律专业	乡科级副职	
80	费　晖	瓮安县水务局监察室主任	男	汉族	1971. 07	贵州瓮安	1993. 05	2003. 07	大专	华北水利水电学院		
81	杨思英	瓮安县文化和旅游局党组成员、纪检组长	女	汉族	1982. 04	云南威信	2006. 08	2006. 06	法学学士	贵州民族学院法学专业	乡科级副职	
82	张　璐	瓮安县文化旅游局监察室主任	女	汉族	1988. 08	贵州毕节	2011. 10	2010. 11	硕士	贵州省委党校发展哲学专业		
83	蔡正权	瓮安县卫生和计划生育局党组成员、纪检组长	男	汉族	1970. 08	贵州瓮安	1989. 08	1991. 10	大学	贵州省委党校经济管理专业	乡科级副职	
84	罗劲中	瓮安县卫生和计划生育局监察室主任	男	汉族	1974. 07	贵州瓮安	1996. 07	2002. 07	大学	中央电大卫生事业管理专业		
85	龙沛雨	瓮安县市场监督管理局党组成员、纪检组长	男	汉族	1970. 01	贵州瓮安	1990. 08	1994. 12	大学	中共贵州省委党校函授经管专业	乡科级副职	
86	吴吉梅	瓮安县市场监督管理局监察室主任	女	汉族	1964. 12	贵州瓮安	1984. 04	1996. 10	大专	贵州广播电视大学工商行政管理专业		
87	朱　红	瓮安县审计局党组成员、纪检组长	女	汉族	1974. 01	贵州瓮安	1993. 04	2001. 09	大学	贵州省委党校法律专业	乡科级副职	

续表6-1

序号	姓名	现任职务	性别	民族	出生年月	籍贯	参加工作时间	入党时间	学历/学位	专业	级别	备注
88	陈仕崎	瓮安县审计局监察室主任	男	汉族	1988.05	贵州瓮安	2012.08	2013.07	工学学士	北京工业大学电子信息工程专业		
89	郭　娟	瓮安县林业局党组成员、纪检组长	女	汉族	1973.12	湖南邵阳	1999.08	1997.12	大学	贵州工业大学管理工程专业	乡科级副职	
90	邓松涛	瓮安县林业局监察室主任	男	汉族	1981.02	贵州瓮安	2010.10	2009.06	大专	四川省西昌学院城市园林专业		
91	陈瑞杰	瓮安县安全生产监督管理局党组成员、纪检组长	男	汉族	1962.07	贵州瓮安	1980.11	1996.09	大专	贵州省委党校法律专业	乡科级副职	
92	张　勇	瓮安县安全生产监督管理局监察室主任	男	汉族	1982.10	贵州瓮安	2008.01	2014.07	大学	贵州大学应用化学专业		
93	李仕莲	瓮安县统计局党组成员、纪检组长	女	汉族	1976.04	贵州瓮安	1998.09	2003.12	大学	中央党校函授学院法律专业	乡科级副职	
94	何永丽	瓮安县统计局办公室主任、监察室主任	女	汉族	1987.04	贵州瓮安	2011.10	2010.03	理学学士	贵州财经大学数学与应用数学专业		
95	邓顺菊	瓮安县城市管理局党组成员、纪检组长	女	汉族	1976.10	贵州瓮安	1997.09	1999.12	大学	贵州省委党校法律专业	乡科级副职	
96	钱家宇	瓮安县城市管理局监察室主任	男	汉族	1982.12	贵州瓮安	2007.01	2011.05	管理学学士	遵义医学院公共事业管理专业		
97	邓仙迪	瓮安县商务局党组成员、纪检组长	男	汉族	1973.10	贵州瓮安	1996.08	1996.06	大学	贵州师范大学中文专业	乡科级副职	
98	余香琴	瓮安县商务局监察室主任	女	汉族	1982.01	贵州瓮安	2009.01	2006.01	工学学士	贵州大学计算机科学与技术专业		
99	龚凤萍	瓮安县水利水电工程移民局党组成员、纪检组长	女	布依族	1968.10	贵州瓮安	1991.08	1993.08	大学	贵州省委党校法律专业	乡科级副职	
100	岑忠生	瓮安县水利水电工程移民局监察室主任	男	汉族	1986.11	贵州瓮安	2011.12	2013.08	工学学士	贵州大学通信工程专业		
101	成焱飞	瓮安县公共资源交易中心党组成员、纪检组长	男	汉族	1982.05	贵州桐梓	2004.07	2009.10	大学	中央广播电视大学水工专业	乡科级副职	

续表6-1

序号	姓名	现任职务	性别	民族	出生年月	籍贯	参加工作时间	入党时间	学历/学位	专业	级别	备注
102	杜婷婷	瓮安县公共资源交易中心监察室主任	女	汉族	1989.06	贵州岳池	2012.08	2011.05	工学学士	湖南省南华大学土木工程专业		
103	宋纯华	瓮安县扶贫开发局党组成员、纪检组长	男	汉族	1965.12	贵州瓮安	1989.03	1989.09	大专	贵州教育学院行政管理专业	乡科级正职	
104	彭　松	瓮安县扶贫开发局监察室主任	男	汉族	1989.02	贵州瓮安	2013.08		农学学士	贵州大学农学专业		
105	况月怀	瓮安县人民医院党委委员、纪委书记	男	汉族	1970.08	贵州瓮安	1995.09	2013.03	大学	贵阳医学院临床医学专业	乡科级副职	
106	肖兴勇	瓮安县中医院党委委员、纪委书记	男	汉族	1967.12	贵州瓮安	1992.09	2005.11	大学	贵阳中医学院中医学专业	乡科级副职	
107	邓安平	瓮安县教育纪工委委员	男	汉族	1986.09	贵州瓮安	2011.01	2014.06	文学学士	贵阳学院音乐学专业		
108	李　林	瓮安县教育纪工委委员	男	苗族	1984.01	贵州瓮安	2009.09	2015.06	体育学学士	贵州民族学院体育教育专业		
109	黄晓峰	瓮安县教育纪工委委员	男	汉族	1982.10	贵州瓮安	2007.08	2010.06	管理学学士	贵州师范大学信息管理与信息系统专业		
110	雷　轶	瓮安县教育纪工委委员	男	汉族	1978.12	贵州瓮安	2005.12	2008.01	工学学士	贵州大学计算机科学与技术专业		
111	黄　山	瓮安县教育纪工委委员	男	汉族	1989.04	贵州瓮安	2012.11	2013.05	医学学士	贵阳医学院神奇民族医药学院临床医学专业		
112	吴秀兵	瓮安县教育纪工委委员	男	汉族	1983.06	贵州瓮安	2006.09	2010.07	法学学士	黔南民族师范学院思想政治教育专业		
113	唐仕宇	瓮安县教育纪工委委员	男	汉族	1984.12	贵州瓮安	2011.10	2007.11	大学	遵义师范学院汉语言文学专业		
114	廖　斌	贵州瓮安经济开发区纪工委书记、监察审计局局长	男	汉族	1969.07	贵州瓮安	1989.09	1991.06	大专	贵州省委党校经济管理专业	乡科级正职	
115	刘元康	贵州瓮安经济开发区监察审计局副局长	男	汉族	1975.10	贵州瓮安	1997.09		大学	省委党校法律专业	乡科级副职	

续表6-1

序号	姓名	现任职务	性别	民族	出生年月	籍贯	参加工作时间	入党时间	学历/学位	专业	级别	备注
116	胡道军	贵州花竹山置业（集团）有限责任公司党委委员、纪委书记	男	汉族	1975.08	贵州瓮安	1997.08	2000.08	大学	贵州省财经学院财务管理专业	乡科级副职	
117	秦大华	瓮安县瓮水街道办党工委委员、纪工委书记	男	汉族	1974.11	贵州瓮安	1998.09	2005.06	大专	中央广播电视大学行政管理专业	乡科级副职	
118	张　弘	瓮安县瓮水街道办纪工委副书记	男	汉族	1974.10	贵州瓮安	1995.09	2000.07	大学	贵州省委党校法律专业		
119	李向琴	瓮安县瓮水街道监察室主任	女	汉族	1977.12	贵州瓮安	2007.01	2008.06	大学	中央广播电视大学法学专业		
120	邬培杰	瓮安县雍阳街道办党工委委员、纪工委委员、书记	女	汉族	1981.07	贵州瓮安	2004.08	2006.01	工学学士	贵州大学电子信息工程专业	乡科级副职	
121	卢瑞祥	瓮安县雍阳街道办纪工委副书记	男	汉族	1979.09	贵州福泉	2011.03	2008.06	法学学士	贵州民族学院法学专业		
122	陈　乾	瓮安县雍阳街道监察室主任	女	汉族	1986.03	贵州瓮安	2012.08	2015.06	大专	贵州师范大学省林校办学点园林技术专业		
123	刘兴祥	瓮安县银盏镇党委委员、纪委书记	男	汉族	1974.11	贵州瓮安	1998.09	2004.07	大专	贵州省广播电视大学财政与税收专业	乡科级副职	
124	陆　洪	瓮安县银盏镇纪委副书记	男	布依族	1977.12	贵州瓮安	2000.01	2005.07	大专	贵州工业大学机械设计及制造专业		
125	向小亚	瓮安县银盏镇监察室副主任	女	汉族	1986.05	贵州瓮安	2011.02	2012.07	理学学士	黔南民族师范学院生物系科学教育专业		
126	杜明菊	瓮安县猴场镇党委委员、纪委书记	女	汉族	1986.03	贵州瓮安	2010.08	2007.11	法学学士	黔南民族师范学院思想政治教育专业	乡科级副职	
127	徐证芳	瓮安县猴场镇纪委副书记	女	汉族	1988.07	贵州盘县	2013.09	2010.05	法学学士	贵州民族学院人文科技学院		
128	兰中海	瓮安县猴场镇监察室主任	男	汉族	1980.03	贵州瓮安	2012.11		大专	黔南民族师范学院计算机科学与技术专业		
129	李侑泉	瓮安县平定营镇党委委员、纪委书记	男	汉族	1978.09	贵州瓮安	1997.09	2005.07	大学	中央广播电视大学行政管理专业	乡科级副职	

续表6-1

序号	姓名	现任职务	性别	民族	出生年月	籍贯	参加工作时间	入党时间	学历/学位	专业	级别	备注
130	胡　源	瓮安县平定营镇纪委副书记	男	汉族	1981.10	贵州瓮安	2011.09	2013.04	大专	贵州民族学院行政管理专业		
131	蒋丽琳	瓮安县平定营镇监察室主任	女	汉族	1992.07	广西荔浦	2015.09		法学学士	贵州师范学院经济与政治学院思想政治教育专业		
132	王建华	瓮安县珠藏镇党委委员、纪委书记	男	汉族	1984.03	贵州瓮安	2010.04	2009.08	大学	四川大学网络教育法学专业	乡科级副职	
133	朱代英	瓮安县珠藏镇纪委副书记	女	汉族	1986.01	贵州瓮安	2011.09	2010.06	大专	黔西南民族职业技术学院旅游管理专业		
134	肖座鑫	瓮安县珠藏镇监察室主任	男	汉族	1990.09	贵州瓮安	2013.09	2015.10	理学学士	济南大学环境科学专业		
135	罗开友	瓮安县中坪镇党委委员、纪委书记	男	汉族	1972.10	贵州瓮安	2011.03	2001.10	大专	中央广播电视大学农村行政管理专业	乡科级副职	
136	黄龙菊	瓮安县中坪镇纪委副书记	女	汉族	1988.10	贵州福泉	2011.10	2010.05	法学学士	贵州师范大学法学专业		
137	王小杰	瓮安县中坪镇监察室主任	男	汉族	1989.07	贵州瓮安	2011.09	2013.06	理学学士	贵州师范大学应用化学专业		
138	刘志坤	瓮安县玉山镇党委委员、纪委书记	男	汉族	1984.03	贵州瓮安	2012.08	2006.04	大学	贵州财政学院经济学专业	乡科级副职	
139	张莉莎	瓮安县玉山镇纪委副书记	女	汉族	1990.11	贵州瓮安	2013.09	2012.05	文学学士	贵州师范大学对外汉语专业		
140	彭隆俊	瓮安县玉山镇监察室主任	男	汉族	1990.01	贵州瓮安	2014.09		文学学士	贵州师范大学求是学院汉语言文学专业		
141	罗君魁	瓮安县天文镇党委委员、纪委书记	男	布依族	1983.11	贵州龙里	2011.03	2010.01	管理学学士	贵州民族学院工商管理专业	乡科级副职	
142	潘宥全	瓮安县天文镇纪委副书记	男	汉族	1990.05	贵州瓮安	2012.09	2011.11	农学学士	贵州大学农学院农业资源与环境专业		
143	石宇敏	瓮安县天文镇监察室主任	女	汉族	1992.10	贵州余庆	2015.09	2012.12	理学学士	贵州师范大学生物科学师范专业		
144	张天盛	瓮安县永和镇党委委员、纪委书记	男	汉族	1982.04	贵州瓮安	2007.08	2009.05	大学	重庆邮电大学计算机科学与应用专业	乡科级副职	
145	庹玉凯	瓮安县永和镇纪委副书记	男	汉族	1974.12	贵州瓮安	1998.09	2005.01	大学	中央党校函授学院法律专业		

续表6-1

序号	姓名	现任职务	性别	民族	出生年月	籍贯	参加工作时间	入党时间	学历/学位	专业	级别	备注
146	黄　维	瓮安县永和镇监察室主任	男	布依族	1985.03	贵州瓮安	2011.09	2012.11	大学	贵州大学计算机科学与技术专业		
147	兰明奎	瓮安县建中镇党委委员、纪委书记	男	汉族	1975.12	贵州瓮安	1998.09	2004.01	大学	贵州省委党校法律专业	乡科级副职	
148	李义芳	瓮安县建中镇纪委副书记	女	汉族	1988.06	贵州瓮安	2012.11	2014.06	文学学士	台州学院汉语言文学专业		
149	皮贵坤	瓮安县建中镇监察室主任	男	汉族	1985.11	贵州瓮安	2011.09		大专	江西电力职业技术学院水电站动力设备及管理专业		
150	刘林瀚	瓮安县江界河镇党委委员、纪委书记	男	彝族	1984.05	贵州瓮安	2009.01	2011.06	管理学学士	贵州民族学院劳动与社会保障专业	乡科级副职	
151	唐光琼	瓮安县江界河镇纪委副书记	女	汉族	1976.11	贵州瓮安	1998.08	2002.01	大专	中央广播电视大学行政管理专业		
152	方　梅	瓮安县江界河镇监察室副主任	女	汉族	1991.06	贵州瓮安	2014.09	2013.04	理学学士	黔南民族师范学院生物科学专业		
153	胡生才	瓮安县岚关乡党委委员、纪委书记	男	汉族	1976.03	贵州瓮安	1996.09	1999.08	大专	黔南民族职业技术学院文秘与办公自动化专业	乡科级副职	
154	龙河忠	瓮安县岚关乡纪委副书记	男	苗族	1971.12	贵州瓮安	1991.08	1996.01	大专	黔南师专经济管理专业		
155	蒋　倩	瓮安县岚关乡监察室副主任	女	汉族	1987.09	贵州瓮安	2012.11	2014.12	大专	贵州交通职业技术学院汽车技术服务与营销专业		

第二节 思想作风建设

1956 年县委监察委员会成立后，在如火如荼的“大跃进”背景下，与安顺、开阳、贵定、修文、福泉等县监委掀起比领导方法、比办案质量和效率、比基层监察工作、比宣传教育工作的比拼高潮，提出了“六好五快四透三正确二满意一符合”的工作口号，“六好”即服从党委领导好、执行党的政策好、服务中心工作好、与有关部门联系好、依靠基层组织好、依靠和联系群众好；“五快”（揭发案件线索快、受理快、检查快、处理快、结案快）；“四透”（群众发动透、错误事实查透、责任是非分透、思想批判作透）；“三正确”（材料事实正确、手续正确、结构正确）；“二满意”（案件处理群众满意、受处分人满意）；“一符合”（处理案件符合党纪、方针、政策）。

1958 年，中央监委第三次全国党的监察工作会议后，各级都进行了传达、学习和贯彻，明确县监委工作主要抓整风和反右派斗争等，提出扫清“三风”“五风”和“插红旗、拔白旗”“鸣放辩论”。在这一时期开展的整风整社运动中，“大鸣、大放、大辩论、大字报”成为处理案件的主要形式，这些做法一定时期内引起混乱，出现偏差。

1962 年 1 月，中央召开“七千人大会”，初步总结“大跃进”中的经验教训，统一全党认识。县监委组织全县监察干部学习中央有关指示和省、地监委指示精神，不断提高监察干部思想政治觉悟、政策观念和执行政策的水平，开始对处理错了和不当的党员干部进行甄别、平反。在随后开展的“社会主义教育运动”中，学习、把握和贯彻中央提出的“说服教育、洗手洗澡、轻装上阵、团结对敌”和团结 95% 以上干部、群众的方针，较稳、准地进行案件处理工作，减少了错案发生。

1979 年，县委纪委机关恢复重建以后，县委纪委认真组织纪检干部学习党章，学习中共十一届三中全会精神和贯彻实事求是的思想路线，提高对纪律检查工作重要性的认识，提高思想政治觉悟，与党中央保持一致，以适应改革开放的新形势。同时学习纪检工作相关规定、政策和上级有关会议精神、批示等，提高业务水平和工作能力，尽快胜任工作。

1985 年 7 月，根据中共中央《关于整党的决定》，在县委的组织下，县纪委机关开展整党工作，整个工作到 1987 年基本结束，基本任务是统一思想，整顿作风，加强纪律，纯洁组织。按三个阶段进行：

第一阶段为学习阶段，分 5 个专题进行学习。第一专题，统一认识，增强信心。第二专题，端正对改革的认识。第三专题，加强纪律，增强信心，纠正新的不正之风。第四专题，彻底否定“文化大革命”，清除“左”的影响。第五专题，转变作风，搞好机关改革。

第二阶段为对照检查阶段，分三小段进行对照。第一小段，学习、征求意见阶段。学习“整党办”规定的文件、中央党代会文件，印发县纪委常委对照检查征求意见表，纪委常委通过召开座谈会和个别谈心、交换意见等形式，广泛听取各级干部意见建议，梳理查找问题，深刻分析原因，形成常委对照稿，将意见稿印发给县纪委委员、纪委各科室及离退休老同志，再次征求意见。第二小段，县纪委常委会在纪委副科级以上干部会上进行对照检查，纪委常委个人进行对照检查，纪委全体党员个人在党支部党员大会上进行对照检查。第三小段，重点讨论各科室如何整改、如何开创1986年纪检工作新局面。

第三阶段为整党登记阶段，学习有关文件，党员进行个人思想小结，党支部大会讨论研究党员予以登记的名单。县纪委机关支部大会一致通过14名参加整党的党员予以登记。

1987年2月，县纪委根据县委《关于贯彻落实〈中共中央关于当前反对资产阶级自由化若干问题的通知〉的意见》和中共中央《关于社会主义精神文明建设指导方针的决议》要求，为使全体纪检干部“在思想上争主动，在工作上求效率，在素质上有提高”，制订了《中共瓮安县纪律检查委员会精神文明建设的计划》。为落实计划，组织纪检干部认真学习中央决议、反对资产阶级自由化等一系列文件精神，加强马克思主义基础理论的学习，提高思想理论水平，认清形势，辨明是非，反对企图摆脱党的领导、否定社会主义道路的错误思潮，坚定不移地坚持党的政治路线和思想路线，模范地遵守党章，解放思想，端正党风，做好纪检工作；保护改革，服务改革，使改革顺利进行。

1987年11月，县政府监察局成立后，着力抓好思想政治建设，努力提高自身素质，以打造“思想红、作风硬、业务精”的监察队伍为目标，利用统一培训、在职学习、岗位培训，不断提高监察人员的政策意识、原则意识和工作能力。利用学习日系统地学习有关监察理论知识和行政监察工作辅导资料，主要有《行政监察基础》《行政法与行政诉讼法》《经济综合教程》《基本法教程》及党和国家领导人关于行政监察工作的有关论述、国务院颁布的《行政监察条例》、监察部有关文件等。

1993年6月，县纪委、监察局合署办公后，针对体制改变带来的新问题，县纪委、监察局组织纪检监察干部学习党的路线、方针、政策，学习建设有中国特色社会主义理论和上级有关纪检、监察工作指示，并针对合署后的新情况进行思想作风纪律整顿，建立完善各项内部管理制度，对纪检、监察干部严格管理，从严要求，使纪检、监察干部热爱本职工作，在平凡的岗位上兢兢业业工作，不计较个人得失，为加强党风廉政建设、惩治腐败做出贡献。同时采取以会代训、以案代训、外出参观、以老带新等多种方式，进行经常性的培训，使全县纪检监察干部的业务素质、工作能力有了较大提高。

1994年，为加强思想政治建设，根据县委安排，在全县纪检监察系统开展“我要工作，还是要我工作”思想大讨论活动，按照“政治坚强，公正清廉，纪律严明，业务精通，作风优良”的要求，组织全县纪检监察干部学习纪检监察业务和相关知识，不断提高业务工作能力，扎实工作，争做党的忠诚卫士。

2000年3月至10月，根据中共中央关于深入开展以“讲学习、讲政治、讲正气”为主要内容的党性党风党纪教育的决定，县纪委在领导班子和领导干部中开展“三讲”教育活动。整个教育活动分为五个阶段。一是调查研究、制订方案阶段。成立“三讲”教育领导小组，制订实施细则、学习方案和总体日程安排，广泛听取群众意见，初步查找存在问题。二是思想发动、学习提高阶段。召开动员大会，向与会人员征求对领导班子和领导干部的意见。常委认真制订学习计划，通过个人自学、集中辅导、集中讨论的形式，认真研读必学必读篇目。三是自我剖析、听取意见阶段。常委联系工作实际和班子自身建设实施，结合上级巡视反馈的意见，以及通过座谈会、个别走访征求到的意见，认真查摆班子和个人在党性党风方面存在的突出问题，进行反思和剖析，接受民主评议和民主测评。四是交流思想、开展批评阶段。主要负责人与常委之间、常委与常委之间、常委与分管部门干部之间进行谈心活动，沟通思想。召开常委会班子专题民主生活会，开展严肃认真的批评与自我批评。召开各方面代表会议，通报民主生活会情况。五是认真整改、巩固成果阶段，常委针对查摆出来的问题，本着既认真解决问题，又着眼长远建设的原则，认真采纳各方面的意见和建议，反复研究制定整改措施，边整边改，巩固“三讲”教育成果。

2001年，为提高干部职工政治业务素质，县纪委、监察局组织干部职工参加“三个代表”重要思想学习教育和中共十五届六中全会精神的学习，将“三个代表”思想落实到党风廉政建设工作中，完善了学习、工作、管理等规章制度，凝聚力、战斗力明显增强。形成了“内强素质，外树形象，求真务实，廉洁高效”和“积极干、主动干、要会干、要干好”的风气，树立良好的纪检监察干部形象。

2002年，开展“做党的忠诚卫士，当群众的贴心人”主题实践活动，提高纪检监察干部队伍政治素质、业务素质和执纪能力，不断提高做好纪检监察工作的本领和水平。进一步解决纪检监察干部思想、组织、作风和工作方面存在的问题。人人争做学习的表率、团结的表率、廉洁勤政的表率和求真务实的表率。进一步强化责任意识，造就一支适应改革发展需要、让党放心让人民满意、经得住考验的纪检监察干部队伍，以过硬的素质、优良的作风、奋发有为的精神状态，履行党和人民赋予的神圣职责。

2005年12月至2006年4月，县纪委监察局开展以实践“三个代表”重要思想为主要内容的保持共产党员先进性教育活动。活动分“学习动员、分析评议、整改提高”3个阶段、9个环节。在学习教育阶段，注重实效学习教育内容的针对性，突出学习教育方法的灵活性，提高学习教育的实效性；在分析评议阶段，体现征求意见的广泛性、党性分析研究的深刻性、民主生活会的严肃性、评议意见的准确性；在整改提高阶段，做到整改措施具体实在，可操作性强。在教育活动中结合“做党的忠诚卫士，当群众的贴心人”主题开展“我是一名光荣的纪检监察干部”大讨论，取得明显成效，委局机关党员干部的思想政治素质进一步提高，党性意识和党员意识明显增强，服务群众的自觉性显著提高，整体工作有了长足进步。

2007年3月23日至25日，州纪委监察局专门为瓮安纪检监察干部举办了为期3天的业务培训班，州纪委监察局有关室主任作专题业务辅导讲座，有针对性地组织学习《纪检监察简明教程》，为县纪检监察系统干部提供了一次难得的学习机会，促进了业务水平的提高。

2008年，县纪委监察局干部以实际行动兑现为人民服务的承诺，干部作风在实践中得到了真真切切的历练。1月13日至2月15日，瓮安县境遭受历史罕见的长达34天的雨雪冰冻灾害袭击，县纪委、监察局全体党员干部职工积极深入一线帮助群众抗灾救灾。5月12日，四川汶川发生大地震，县纪委监察局机关13名党员捐出特殊党费6500元。6月28日，县城发生打、砸、抢、烧群众性事件，县委、县政府、县公安局办公大楼被烧毁，县纪委第一时间组织成立了干部作风督查组，对各单位执勤上岗、入户疏导、维稳治安工作情况开展督查，3名干部因值班执勤脱岗作风问题进行了严厉查处。县委对“6·28”事件发生的深层次原因进行分析后，决定开展干部作风整顿教育活动，县纪委、监察局机关于7月至10月开展了为期3个月的干部作风整顿密切干群关系活动。期间，县委副书记、县纪委书记孙志清带领县纪委班子 6 名常委开展了纪检监察机关大接访活动，共接待上访群众 1000 余人次，受理调查回复信访件 45 件。开展“县乡纪委书记大接访”活动 2 次，接访 467 人次，受理调查回复信访件 445 件次。活动结束后，为进一步形成干部作风转变长效机制，提高警惕工作效率，县委出台《瓮安县科级领导干部绩效考核办法（试行）》。当年全县评比“十佳科级领导干部”，委局吴应忠、罗晓璐、罗亚、吴定能、赵启安、瞿远伏等获此殊荣。在此后连续 3 年实施的绩效考核中，委局又先后有冉丽娟、罗继文、黄枭勇、周艺等受表彰。

2013 年 1 月，在县纪委监察局开展解放思想“十破十立”暨“解放思想，助推跨越”大讨论活动。结合“大讨论”进行自我梳理，自检自查，做好整改，提高紧迫感和积极性，更好推动各项工作的开展。活动中，建立了委局机关各室及纪工委监察分局挂点联系乡镇（街道）党风廉政建设工作制度，大兴调查研究之风，委局领导班子和联系责任人员分别到联系点开展走访座谈，查找工作中存在的问题，听取基层意见建议。与检查院共同建成“瓮安县反腐倡廉警示教育基地”并举行了开馆仪式，将县委在原纪委办公楼旧址上建成的“6・28”展览馆作为“作风教育基地”与省州纪委一道举行了挂牌仪式，全体委局机关干部参加仪式接受了教育。通过教育，党员干部的思想政治理论水平得到进一步提高，贯彻执行党的路线、方针、政策的能力不断增强，拒腐防变的自觉性大大提高，全心全意为人民服务的宗旨意识牢固树立，党员干部努力做到思想不松懈、工作不松劲、力度不减弱，取得了“思想上明显提高、政治上明显进步、作风上明显转变、纪律上明显增强、党群关系上明显改善”的效果。2013 年 7 月，县委召开全县深入推进解放思想大讨论总结表彰大会，县纪委获先进单位荣誉称号。

2014 年 1 月至 9 月，县纪委、监察局参加第二批党的群众路线教育实践活动，分“学习教育、听取意见”“查摆问题、开展批评”“整改落实、建章立制”3 个环节，采取不分段，不转段，统一部署、依次推进、压茬的方式开展活动。在学习活动中，除个人自学和集中学习习近平总书记治国理政理论外，组织全体委局党员干部到长顺县敦操乡接受“背篼精神”教育，现场感受“心系群众鱼得水，脱离群众树断根”。开展“领导作示范，三联聚民心”活动，县纪委王华书记带头深入联系点玉山镇小开洲村帮扶留守儿童朱国娅，听取群众意见，及时帮助群众解决生产生活困难，帮助玉山茶叶有限责任公司筹集生产资金 18.2 万元。在领导示范带动下，委局 36 名党员领导干部通过“三联”与群众结亲 108 户，压缩办公经费 5.3 万元资助小开洲村 53 名高中学生，干部职工个人出资 0.81 万元帮扶慰问留守儿童。在征求意见中，充分把“面对面”和“背靠背”结合起来，把“个别听”与“集体谈”结合起来，把“走进群众听”与“组织群众评”结合起来，特别听取了工作对象和服务对象的意见。在充分征求意见基础上，召开常委班子民主生活会，班子成员聚焦“四风”，动真碰硬、敢于交锋，相互查找到了“四风”方面存在的突出问题，并作了透彻剖析，找准了整改方向。

深刻反思，筑牢密切联系群众的思想基础。在整改落实中，重点围绕解决“四风”问题开展制度的“废、改、立”工作，建立了“一案双查”、作风监督检查常态化等制度和机制。根据群众反映的热点和难点，进一步开展了规范群众操办酒席、村务工作权力清单等活动，加大了公车私用、赌博等不正之风的整治力度，查处的烟草局 4 名职工上班打麻将案件在中央电视台播出，得到了群众普遍好评。

2015 年 5 月至 12 月，为巩固和拓展党的群众路线教育实践活动成果，在全县纪检监察干部中深入开展“三严三实”专题教育，以“恪守‘三严三实’、深化‘三实三同’、践行‘三思三干’，推进从严治党”为主题，对照“严以修身、严以用权、严以律己，谋事要实、创业要实、做人要实”的要求，聚焦对党忠诚、个人干净、敢于担当，把思想教育、党性分析、整改落实、立规执纪结合起来。通过县纪委常委班子成员带头讲党课，组织集中学习，开展“远学焦裕禄、近学文朝荣”正反典型教育，到息峰集中营开展党性体验活动，在县委党校封闭学习一星期，召开研讨会，结合实际谈心得、说体会等，全体纪检监察干部深化了对“三严三实”的认识理解，理清了“三严三实”的重大意义和丰富内涵，认清了“不严不实”的具体表现和严重危害，记清了“三严三实”的实践要求，做到谋事做事有方向、有准则、有约束，促进党员、干部守纪律、讲规矩、明底线，用心谋事、踏实干事。以活动为契机，深入开展“四风”和作风突出问题专项整治，推进纪律检查体制机制改革，建设“两个责任”与干部作风监督网络平台，推动党风廉政建设党委主体责任和纪委监督责任进一步明确细化和督查落实。推进纪检监察机构全覆盖，在县医院、中医院、花竹山集团公司、县公共资源交易中心等设纪委、纪检组并配备纪委书记、纪检组长。创新工作方式方法，实施党政纪案件公开审理，达到以案促廉、以案施教、惩防并举、标本兼治的效果。建立健全委局各室工作制度及工作流程图，进一步规范行为，促进作风转变。其中“两个责任”网络平台建设和案件公开审理工作得到上级肯定，在全州进行推广。

2016 年 5 月起，根据中央、省、州、县的统一部署，县纪委监察局机关党支部在全体党员中开展“学党章党规、学系列讲话，做合格党员”的“两学一做”学习教育，通过开展“手抄党章 100 天”、专题集中学习研讨、“两学一做”学习闭卷测试等形式，让党员把政治纪律规矩刻在心上，将党内法规内化于心、外化于行。同时，以学促做，干部职工以饱满的工作激情投身助力脱贫攻坚和执纪监督实践，支部组织开展向玉山镇小开洲村高尚元组被毒蛇咬伤的精准扶贫对象黄胜平献爱心活动，募集爱心帮扶资金 5750 元。积极响应“慈善一日捐”倡议，发动支部党员干部捐款 13700 元作为扶贫资助金，并从委局办公经费中挤出资金帮助小开洲村在读 20 名高中生，每人每月给予 200 元生活补助费直至高中毕业。党支部积极为村“两委”壮大集体经济，加快农村基础设施建设想法子、找路子，协调 60 万元为该村发展养鸡规模 2000 只以上的养殖场 1 个，办面积 200 亩的果园 1 个，带动群众种植结桃 250 余亩，争取项目资金 200 万元完成了小开洲至桐梓园 6 公里通组公路改造。在实践中，全体党员干部聚焦执纪监督主业，推动党风廉政建设和反腐倡廉向基层延伸，以民生监督和驰而不息纠“四风”为重点，着力查处群众身边的腐败，提升群众的获得感。全年查处民生领域案件 148 件，党政纪处分 155 人；查处违反中央“八项规定”问题 13 条，处理干部 23 人，党政纪处分 13 人。

第三节　制度建设

1988 年 5 月，为调动各级党组织和组织、纪检、政工干部工作积极性和创造性，使县党务工作取得新突破，县委、县政府出台《关于对区（镇）、机关党务工作考核计分细则》，对组织、纪检工作考核并进行奖惩。1991年后，由县纪委监察局每年制定《年度工作目标责任制考核办法》，单列对下级纪检监察机构进行考核。

1999年9月，为严肃工作纪律，加大执法力度，规范纪检监察干部的办案行为，县纪委常委会研究出台了《关于纪检监察干部办案十条纪律的决定》，明确了严禁越权办案，严禁对违纪人违规询问，严禁违规滥用“两规”“两指”，严禁拖案迟办，严禁接收违纪人礼品礼金，严禁接受违纪人宴请，严禁接受违纪单位和直接管理对象宴请和礼金礼品，严禁酗酒办案，严禁办人情案、关系案，严禁泄露案件秘密等“十严禁”纪律要求。

2002年2月，在机关作风转变建设中，县纪委监察局“以制度正行为，以行为出绩效”，根据自身工作特点拟定《工作管理制度》，分《学习制度》《会议制度》《上班签到制度》《上班工作制度》《请假制度》《下乡工作制度》《来信来访接待制度》《文字材料打印签发制度》《文件收发管理制度》《信息材料奖励制度》《工作奖励制度》《办案纪律制度》《保密制度》《用电管理制度》《电话管理制度》《财务管理制度》《接待就餐制度》、《车辆管理制度》《安全制度》《清洁卫生制度》共二十项一百零九条。

2009年9月，为了加强纪检监察机关行政效能监察，规范行政行为，强化行政责任，县纪委、监察局制定了《瓮安县纪委监察局执法过错责任追究制度》。

2011年12月，为进一步加强纪检监察干部管理工作，推动纪检监察机关干部任免工作制度化、规范化、程序化，县纪委、县委组织部、县监察局联合下发了《关于进一步规范纪检监察机关干部任免审批程序的通知》，对乡镇纪委副书记、监察室主任及派驻部门监察室主任等股级干部的调整审批程序进行了规范细化，达到了把好纪检监察系统干部入口关的目的。

2012年7月，在县纪委监察局下设4个正科级派驻纪工委（监察分局），分别对派驻部门纪检组进行统一管理。为了规范纪工委监察分局工作，促进工作的整体推进，县纪委、监察局制定出台了《纪工委监察分局管理试行办法》《纪工委监察分局议事决策程序管理试行办法》《纪工委监察分局与负责部门工作联系试行办法》《纪工委监察分局日常工作流程管理试行办法》《纪工委监察分局廉政勤政约谈制度》。

2012年7月，县纪委监察局在原有工作管理制度基础上，修改完善出台了《中共瓮安县纪委监察局纪律规定和内部管理制度》，分《廉洁自律守则》《工作纪律》《办案纪律》《保密纪律》《议事规则》《学习制度》《请假制度》《收发文制度》《财务管理制度》《档案管理制度》《瓮安廉政网管理制度》《惩罚制度》等。

2012年9月，随着县督促检查局挂牌成立并归口县纪委管理，县纪委、监察局联合支部党员增至41名，入党积极分子增至20名。为加强对党员的教育管理，加强对入党积极分子的培养教育力度，将支部党员划分为5个党小组进行网格化管理，制定出台《中共瓮安县纪委监察局支部划分党小组实施方案》，对党小组长、成员工作职责进行了明确，同时完善了《支部大会制度》《支部委员会制度》《党小组会议制度》《党课制度》等。

2012年9月，为有效预防纪检监督干部“灯下黑”，加强内部监督，打造过硬队伍，完善监督机制，县纪委、监察局制定印发了《内部监督相关管理制度规定》，分《报告工作制度》《酝酿协商制度》《谈心谈话制度》《述职述廉制度》《学习调研制度》等。2016

年 12 月，在此基础上，制定出台了《瓮安县纪检监察干部监督工作制度》，对纪检监察干部分层分级进行监督并明确了监督主体的监督责任、监督方式和纪律要求等。

2013 年 6 月，为增强机关服务意识，提高办事效率，县纪委、监察局通过媒体向社会和公众公开八项工作承诺，接受社会监督：不让来办事的人员在我这里受冷落；不让工作的事项在我这里积压延误；不让工作的差错在我这里发生；不让工作的机密在我这里泄露；不让影响团结的言行在我身上出现；不让违纪违法行为在我身上发生；不让机关形象因我受到影响；不让群众的利益因我受到侵害。对吃请受礼的，推、拖、卡、要的，以言代法、以权谋私、优亲厚友的，态度冷漠、作风粗暴的，经查证属实严肃处理。

2013 年 3 月至 5 月，为不断提高县纪委、监察局全体干部职工法律素质，切实增强依法决策、依法行政、依法管理、依法办事的能力，先后制定出台了《瓮安县纪委监察局学法用法制度》《瓮安县纪委监察局重大决策前的法律咨询审核制度》。

2013 年 3 月，在全县处理加速发展、加快转型、推动跨越的关键历史时期，针对建设项目较多、项目资金量大、监管难度大的问题，县纪委、监察局制定并提请县政府审定印发了《瓮安县重大工程项目派驻监督员制度》，对政府投资额在 5000 万元以上（含 BT 模式投资额在 5000 万元以上）工程项目及中央投资在 1000 万元以上的工程项目，在纪委监察、审计、财政、发改等部门聘请在职、退休人员作为监督员，负责项目建设实施过程中的监督工作，工作经费列入财政预算。

2014 年 3 月，为加强县纪委、监察局机关干部学习培训成果运用，提高学习质量和效果，推进学习培训制度化、规范化建设，制定了《中共瓮安县纪委、瓮安县监察局机关学习培训成果运用制度》，规定委局干部职工参加 5 天以上由中央、省、州、县或其他单位组织的，由本单位支付相关费用学习培训的，必须于培训后 10 内撰写学习情况报告，在委局集中学习会上进行发言。委局相关科室视情况将学习情况报告以信息文稿形式在内部刊物上刊登或推荐向外部媒体刊登，同时归入干部职工学习培训档案。

2015 年 1 月，为贯彻纪检监察机关“三转”有关精神，突出“监督执纪问责”主业主责，县纪委、监察局制定《责任追究案件报告制度（试行）》，以严格执行“查办腐败案件以上级纪委领导为主，线索处置和案件查办在向同级党委报告的同时必须向上级纪委报告”的“两个为主”的工作要求。

2015 年 2 月至 3 月，为贯彻落实中央“八项规定”精神，努力降低行政运行成本，推进“三公”经费管理长期化、规范化、制度化，县纪委、监察局制定出台了《瓮安县纪委监察局三公经费管理制度》和《瓮安县纪委监察局公务出差和公务接待管理暂行办法》，对因公出国（境）经费、公务车辆经费、公务接待经费等审批及报销进行了规范。

2016 年 2 月，为认真贯彻落实十八届中纪委五次、六次全会精神，使纪检监察机关“转职能、转方式、转作风”精神具体化、规范化、有形化，县纪委常委会研究印发了《关于深入推进“三转”实行量化考核的实施意见》，围绕“情况明、数字准、责任清、作风正、工作实”5 项工作要求，分别制定委局班子成员、纪工委书记、内设机构负责人、派驻部门纪检组长、乡镇（街道）纪（工）委书记、民生监督组长、专项监督人员、村（居、社区）纪检员工作考核指标，实现对纪检监察干部工作的精细化管理。

2016 年 4 月，为贯彻落实党的十八届三中全会关于“各级纪委书记、副书记的提名和考察以上级纪委会同组织部门为主”的精神，县委研究制定了《瓮安县乡镇（街道）纪委（纪工委）书记、副书记、监察室主任提名考察办法（试行）》《瓮安县纪委派驻纪检组长、监察室主任提名考察办法（试行）》，进一步规范了县纪检监察系统选人用人工作。

第十一届县纪委产生后，为提高班子成员政治理论素质和政策水平，加强领导班子思想作风建设，于 2012 年 2 月制定《中共瓮安县纪委监察局中心组学习制度》，中心组每月开展一次集体学习、组织讨论、交流学习心得等学习活动，中心组成员每年至少写一至二篇学习论文。同时制定了《中共瓮安县纪委监察局党支部各项学习制度》，规定支委每季度集体学习一次，党员每周一集体学习一次，业务繁忙时保证两周学习一次。随着县纪委、监察局机关人员队伍的不断增加，县纪委常委会更加重视党员干部的理论学习工作，于 2016 年 2 月对《中共瓮安县纪委监察局中心组学习制度》进行了修订。中心组成员为县纪委班子成员，根据需要，委局中层以上干部列席，坚持每季度集中学习一次，一次一天，其中半天集中学习，半天自学，全年集中学习不少于 4 次，每次集中学习研讨前，成员做好准备，先自学有关内容，写出提纲，积极发言。

2016 年 7 月，为进一步加强民生监督工作力度，县纪委、监察局制定了《瓮安县民生案件一周查结工作制度》，提出“一周内完成案件交办”“一周内完成案件初核（初审）”“一周内完成案件调查”“一周内完成案件审理”“一周一次检查调度”等“五个一周”工作法，大大提高了工作效率，提升了群众满意度。

人　物

一、人物传略

董德宽　男，汉族，1948年1月生，籍贯贵州瓮安，1969年1月参加工作，1970年4月加入中国共产党，大专学历。1969年1月至1973年9月，在解放军7655部队服役；1973年9月至1976年8月，在贵州农学院读书；1976年8月至1983年1月，贵州省瓮安县科委办事员；1983年1月至1984年1月，贵州省瓮安县雍阳区太文乡党委副书记；1984年1月至1985年5月，贵州省瓮安县玉山区区长；1985年5月至1997年6月，贵州省瓮安县纪委常委［其间：1986年10月至1989年5月兼任县纪委办公室主任，1989年1月至1991年6月兼任县纪委审理科（室）主任；1994年2月至1997年6月兼任县纪委教育研究室主任］；1997年6月至2001年3月，贵州省瓮安县纪委派驻县交通局纪检组长。2001年3月逝世。

罗真明　男，仡佬族，1942年12月生，籍贯贵州瓮安，1964年9月参加工作。1966年1月加入中国共产党，1964年9月至1978年8月，在昆明军区第十四军42师125团后勤处服役；1978年8月至1983年6月，转业到贵州省瓮安县农业局工作；1983年6月至1984年2月，贵州省瓮安县纪委工作员；1984年2月至1987年8月，贵州省瓮安县纪委常委；1987年8月至1991年11月，贵州省瓮安县玉山区委副书记、纪委书记；1992年1月至2001年6月，贵州省瓮安县鱼河乡人大主席。2001年6月逝世。

张昇江 男，汉族，1920年4月生，籍贯甘肃庆阳，1938年3月参加革命工作，同年参加八路军，为385旅战士。1941年9月加入中国共产党，先后任冀鲁豫军区第八军分区警卫连副班长、第十一军分区教导队班长，晋冀鲁豫军区第一纵队二旅排长、副连长；抗日战争胜利后，曾任中国人民解放军二野补训团副连长、连长。1950年1月，随部队西进贵州，曾任贵州省清镇县警卫营副政委、贵定县三区区委书记、贵定县委组织部副部长、贵定县人民法院院长、省委监察委员会监察员等职。1953年4月至1954年10月在贵州省委党校学习，1957年7月调贵州省瓮安县工作，曾先后任县监委副书记、县委组织部部长、县人民法院代理院长、县人民法院院长、县政协副主席等职。1979年10月至1984年2月，任贵州省瓮安县委纪委书记；1986年2月离休，享受副地级待遇。2001年11月逝世。

李家祥 男，汉族，1929年3月生，籍贯贵州瓮安，1951年3月参加工作，1954年5月加入中国共产党，初中学历。1951年3月至1954年12月，贵州省瓮安县平定营乡政府文书；1954年12月至1960年3月，贵州省瓮安县委组织部工作员、统计干事；1960年3月至1960年10月，贵州省瓮安县直属机关党委副书记；1960年10月至1970年4月，贵州省瓮安县委组织部副部长；1970年4月至1973年3月，贵州省瓮安县革委群众工作组负责人；1973年3月至1978年10月，贵州省瓮安县县委组织部副部长；1978年10月至1979年10月，贵州省瓮安县委纪委代理副书记，1979年10月至1984年2月，贵州省瓮安县委纪委副书记；1984年2月至1989年12月，贵州省瓮安县委统战部副部长；1989年2月退休。2006年11月逝世。

雷兆发 男，苗族，1947年生，籍贯贵州瓮安，1967年9月参加工作，1971年9月加入中国共产党，中专学历。1967年9月至1970年11月，贵州省黔南州学办工作员；1970年11月至1977年，调到贵州省瓮安县草塘区青池公社工作，先后任秘书、管委会副主任；1977年至1978年，贵州省瓮安县新华公社副主任；1978年至1980年，贵州省瓮安县珠藏公社党委书记；1980年至1982年，贵州省瓮安县珠藏区委副书记；1983年至1984年3月，贵州省瓮安县民政事务委员会副主任；1984年3月至1987年10月，贵州省瓮安县草塘区委书记；1987年10月至1988年7月，贵州省瓮安县纪委副书记，主持工作；1988年7月至1993年4月，贵州省瓮安县纪委书记；1993年4月至2006年12月，贵州省瓮安县人大副主任。2006年12月逝世。

黄廷忠 男，汉族，1956年6月生，籍贯贵州瓮安，1974年8月参加工作，1979年4月加入中国共产党，大专学历。1974年8月至1976年12月，贵州省瓮安县雍阳区银盏公社知青；1976年12月至1979年4月，广州军区55军163师炮团一营三连战士；1979年4月至1988年9月，先后任广州军区边防三师炮团二营五连战士、排长、连长；1988年9月至1989年1月，在贵州省瓮安县监察局工作；1989年1月至1993年6月，

贵州省瓮安县监察局监察科副科长；1993 年 6 月至 1997 年 5 月，贵州省瓮安县纪委监察局副主任科员（其间：1994 年 9 月至 1997 年 6 月在贵州省委党校函授大专经济管理专业学习）；1997 年 5 月至 2001 年 6 月，贵州省瓮安县纪委监察局执法监察室主任；2001 年 6 月至 2003 年 3 月，贵州省瓮安县纪委常委、执法监察室主任；2003 年 3 月至 2006 年 10 月，贵州省瓮安县纪委常委、监察局副局长、执法监察室主任；2006 年 10 月至 2007 年 2 月，贵州省瓮安县监察局副局长、执法监察室主任。2007 年 2 月逝世。

雷诗亮 男，汉族，1934 年 9 月生，籍贯四川乐至，1951 年 7 月参加工作，1956 年 10 月加入中国共产党。1951 年 9 月至 1952 年 1 月，贵州省贵阳专区税务局干部培训班学员；1952 年 1 月至 1956 年 5 月，贵州省瓮安县珠藏税务科税务员、副科长；1956 年 5 月至 1959 年 8 月，贵州省瓮安县委肃反领导小组办公室工作员；1959 年 8 月至 1961 年 9 月，贵州省瓮安县道坪公社（区）党委办公室秘书、主任；1961 年 9 月至 1963 年 12 月，贵州省瓮安县人民检察院秘书、检察员；1963 年 12 月至 1970 年 1 月，贵州省瓮安县委组织部干部；1970 年 1 月至 1973 年 3 月，贵州省瓮安县委法制部秘书组工作员；1973 年 3 月至 1984 年 3 月，贵州省瓮安县委办公室副主任；1984 年 3 月至 1987 年 5 月，贵州省瓮安县纪委书记；1987 年 7 月至 1993 年 8 月，贵州省瓮安县粮食局党组书记、局长；1993 年 8 月至 1995 年 4 月，贵州省瓮安县委巡视员。1995 年 4 月退休，2009 年 8 月逝世。

吴定能 男，汉族，1964 年 10 月生，籍贯贵州瓮安，1987 年 9 月参加工作，1999 年 4 月加入中国共产党，大学学历。1987 年 9 月至 1993 年 6 月，贵州省瓮安县审计局企业审计股干部；1993 年 6 月至 1996 年 5 月，贵州省瓮安县审计局企业审计股副股长；1996 年 5 月至 2000 年 4 月，贵州省瓮安县审计局企财审计股股长（其间：1993 年 9 月至 1996 年 6 月在贵州省委党校函授大专经济管理专业学习）；2000 年 4 月至 2003 年 5 月，贵州省瓮安县审计局经济责任审计股股长；2003 年 5 月至 2004 年 1 月，贵州省瓮安县纪委监察局干部；2004 年 1 月至 2004 年 3 月，贵州省瓮安县纪委监察局纪检监察室主任；2004 年 3 月至 2007 年 7 月，贵州省瓮安县纪委常委、纪检监察室主任；2007 年 7 月至 2008 年 11 月，贵州省瓮安县纪委常委、监察局副局长、纪检监察室主任；2008 年 11 月至 2010 年 4 月，贵州省瓮安县纪委常委、监察局副局长。2010 年 4 月逝世。

二、人物简介

一、纪委书记

王洪飞 男，汉族，1947年11月生，籍贯贵州福泉。1966年参加工作，1972年3月加入中国共产党，大学学历。1987年明确为县级干部，1997年明确为副厅级干部。退休前相继在贵州省瓮安县和贵州省瓮福矿肥基地工程建设指挥部（1994年6月改制组建为贵州宏福实业开发有限总公司，2008年更名为瓮福集团有限责任公司）工作。在贵州省瓮安县工作期间，历任秘书、干事，区委副书记、书记，县委办公室主任、县委常委、县纪委书记（1987年5月至1987年10月）、县委副书记、县长等职务。1990年11月，调贵州省瓮福矿肥基地工程建设指挥部工作，历任处长、部长、总经理助理兼政治部部长、总经理助理兼办公室主任、指挥部党组成员、宏福总公司副总经理、党委委员、董事会董事等职务。2008年3月退休。

刘仕刚 男，汉族，1950年8月生，籍贯贵州瓮安，1973年8月参加工作，1973年6月加入中国共产党，中专学历。1973年8月至1974年2月，贵州省瓮安县老坟嘴小学教师；1974年2月至1977年3月，贵州省瓮安县永和区公所政治辅导员；1977年3月至1979年11月，贵州省瓮安县永和区组织干事；1979年11月至1984年3月，贵州省瓮安县纪委专职委员；1984年3月至1988年2月，贵州省瓮安县永和区委书记；1988年2月至1993年6月，贵州省瓮安县监察局局长；1993年6月至1997年9月，贵州省瓮安县委常委、县纪委书记；1997年9月至2001年7月，贵州省黔南州纪委常委、监察局副局长；2001年7月至2001年10月，贵州省黔南州纪委副书记、监察局副局长；2001年10月至2010年7月，贵州省黔南州纪委副书记；2010年7月至2010年12月，贵州省纪委监察厅派驻省民族事务委员会纪检组、监察室副厅级纪律检查员、监察专员。2011年1月退休。

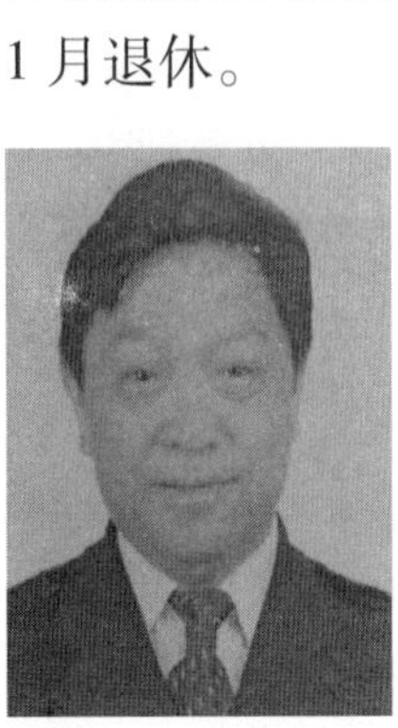

兰昌福 男，汉族，1958年2月生，籍贯贵州瓮安，1978年3月参加工作，1980年1月加入中国共产党，大学学历。1978年3月至1980年4月，贵州省瓮安县中坪区柏香公社半脱产干部；1980年4月至1981年9月，贵州省瓮安县中坪区柏香公社干部；1981年9月至1982年8月，贵州省瓮安县中坪区柏香公社团委书记；1982年8月至1987年8月，贵州省瓮安县中坪区委秘书；1987年8月至1988年1月，贵州省瓮安县中坪区白沙乡党委书记；1988年1月至1989年8月，贵州省瓮安县中坪区中坪乡党委书记；1989年8月至1991年12月，贵州省瓮安县天文区副区长、武装部长；1991年12月至1993年5月，贵州省瓮安县金竹乡党委书记；1993年5月至1998年5月，贵州省瓮安县天文镇党委书记（其间：1994年9月至1996年7月，在贵州省委党校函授大

专经济管理专业学习）；1998 年 5 月至 2001 年 6 月，贵州省瓮安县委常委、县纪委书记；2001 年 6 月至 2002 年 7 月，贵州省瓮安县委副书记、县纪委书记；2002 年 7 月至 2006 年 10 月，贵州省贵定县委副书记、县纪委书记（其间：2000 年 9 月至 2003 年 1 月在贵州省委党校函授本科法律专业学习）；2006 年 10 月至 2009 年 2 月，贵州省贵定县委副书记；2009 年 2 月至 2010 年 1 月，贵州省黔南州体育事业局党组书记；2010 年 1 月至今，贵州省黔南州体育局党组书记。

孙志清 男，满族，1967 年 8 月生，籍贯吉林集安，1990 年 8 月参加工作，1992 年 1 月加入中国共产党，大学学历。1990 年 8 月至 1994 年 2 月，先后任贵州省黔南州委办公室秘书科办事员、科员（其间：1992 年 4 月至 1994 年 1 月挂职任贵州省贵定县盘江镇副镇长）；1994 年 2 月至 1994 年 10 月，贵州省黔南州委办公室秘书（副科级）；1994 年 10 月至 1997 年 5 月，贵州省黔南州委办公室秘书（正科级）；1997 年 5 月至 1998 年 5 月，贵州省黔南州委办公室秘书科副科长；1998 年 5 月至 2002 年 7 月，贵州省黔南州委办公室秘书科科长；2002 年 7 月至 2003 年 1 月，贵州省瓮安县委常委、县纪委书记；2003 年 1 月至 2008 年 8 月，贵州省瓮安县委副书记、县纪委书记；2008 年 8 月至 2009 年 5 月，贵州省瓮安县委副书记；2009 年 5 月至 2014 年 1 月，贵州省平塘县委副书记；2014 年 1 月至今，贵州省黔南州环境保护局党组书记、局长。

毛全安 男，汉族，1964 年 2 月生，籍贯贵州贵定，1986 年 8 月参加工作，2002 年 11 月加入中国共产党，大学学历。1986 年 8 月至 1993 年 3 月，贵州省黔南州财政局企财科工作员（其间：1987 年 1 月至 1988 年 1 月在贵州省平塘县职中支教）；1993 年 3 月至 1998 年 3 月，贵州省黔南州财政局企财科副科长；1998 年 3 月至 1998 年 10 月，财政部驻贵州省财政监察专员办事处黔南组工作员；1998 年 10 月至 1999 年 7 月，贵州省黔南州财政局企财科工作员；1999 年 7 月至 2002 年 4 月，贵州省黔南州财政局监察科副科长；2002 年 4 月至 2008 年 1 月，贵州省黔南州财政局监督检查科科长（其间：2005 年 2 月至 2006 年 3 月挂职任贵州省惠水县摆榜乡政府副乡长）；2008 年 1 月至 2008 年 8 月，贵州省黔南州发展和改革局党组成员、纪检组长；2008 年 8 月至 2011 年 12 月，贵州省瓮安县委常委、县纪委书记；2011 年 12 月至 2012 年 4 月，贵州省黔南州纪委常委，瓮安县委常委、县纪委书记；2012 年 4 月至 2013 年 3 月，贵州省黔南州纪委常委、州监察局副局长；2013 年 3 月至 2014 年 11 月，贵州省黔南州公共资源交易中心主任；2014 年 11 月至今，贵州省黔南州公共资源交易中心党组书记、主任。

王华 男，汉族，1966年3月生，籍贯贵州龙里，1985年4月参加工作，1992年12月加入中国共产党，大学学历。1985年4月至1987年7月，贵州省龙里县公安局羊场派出所民警；1987年7月至1990年9月，贵州省龙里县公安局刑侦队办事员级侦察员；1990年9月至1991年11月，贵州省龙里县公安局刑侦队科员级侦察员；1991年11月至1993年6月，贵州省龙里县公安局羊场派出所副所长；1993年6月至1994年5月，贵州省龙里县公安局羊场派出所所长；1994年5月至1997年7月，贵州省龙里县公安局谷脚派出所所长；1997年7月至1997年12月，贵州省龙里县公安局谷脚派出所所长（副科级）；1997年12月至1998年11月，贵州省龙里县谷脚镇党委副书记；1998年11月至1999年1月，贵州省龙里县猫场镇党委副书记；1999年1月至2001年2月，贵州省龙里县猫场镇党委副书记、镇长；2001年2月至2002年6月，贵州省龙里县猫场镇党委书记；2002年6月至2013年4月，贵州省龙里县醒狮镇党委书记；2003年4月至2007年1月，贵州省龙里县龙山镇党委副书记、镇长，龙里工业园区管委会副主任；2007年1月至2007年2月，贵州省龙里县交通局党组书记，龙里县龙山镇党委副书记、镇长，龙里工业园区管委会副主任；2007年2月至2007年7月，贵州省龙里县交通局党组书记、局长，龙里县龙山镇党委副书记、镇长，龙里工业园区管委会副主任；2007年7月至2010年4月，贵州省龙里县交通局党组书记、局长；2010年4月至2011年10月，贵州省龙里县政府党组成员，县财政局党组书记、局长；2011年10月至2012年4月，贵州省瓮安县公安局政委（副县级）；2012年4月至2012年10月，贵州省瓮安县委常委、县纪委书记；2012年10月至2013年9月，贵州省瓮安县委常委、县纪委书记，兼任县督促检查局局长；2013年9月至2016年10月，贵州省瓮安县委常委、县纪委书记；2016年10月至2016年12月，贵州省黔南州纪委第五纪工委书记；2016年12月至今，贵州省黔南州纪委常委、第五纪工委书记。

陈刚 男，汉族，1973年9月生，籍贯贵州长顺，1995年9月参加工作，1998年7月加入中国共产党，大学学历。1995年9月至2002年3月，先后任贵州省长顺县经贸局工作员、综合股副股长（其间：1998年9月至2001年6月在贵州省委党校函授大专经济管理专业学习）；2002年3月至2002年4月，贵州省长顺县经贸局办公室主任；2002年4月至2002年12月，贵州省长顺县纪委监察局工作员；2002年12月至2003年9月，贵州省长顺县纪委监察局办公室副主任；2003年9月至2003年12月，贵州省长顺县纪委监察局副主任科员、办公室副主任；2003年12月至2009年1月，贵州省长顺县纪委常委、办公室主任（其间：2001年9月至2004年1月在贵州省委党校函授本科经济管理专业学习，2007年9月至2008年3月在贵州省黔南州纪委上挂学习）；2009年1月至2009年2月，贵州省长顺县摆所镇党委副书记；2009年2月至2011年1月，贵州省长顺县摆所镇党委副书记、镇长；2011年1月至2011年6月，贵州省长顺县摆所镇党委副书记、镇长，县纪委副书记；2011年6月至2011年8月，贵州省长顺县摆所镇党委副书记、镇长，县纪委副书记、县监察局局长；2011年8月至2015年5月，贵州省长顺县纪委副书记、县监察局局长；2015年5月至2016年10月，贵州省黔南民族医学高等专科

学校纪委副书记；2016年10月至今，贵州省瓮安县委常委、县纪委书记。

二、纪委副书记、监察局局长

陆安银 男，汉族，1938年7月生，籍贯贵州兴义，1956年3月参加工作，1956年11月加入中国共产党，小学学历。1956年3月至1965年1月，先后任贵州省公安独立团瓮安总队战士、副排长、排长；1965年1月至1976年10月，先后任贵州省军区独立师一团三营九连副政治指导员、教导员、协理员；1976年10月至1979年1月，贵州省瓮安县中坪区革委副主任、武装部长；1979年1月至1981年2月，贵州省瓮安县中坪区委副书记；1981年2月至1984年2月，贵州省瓮安县委纪委副书记；1984年2月至1996年10月，贵州省瓮安县纪委常委、副书记；1996年10月至1998年6月，贵州省瓮安县纪委助理调研员（副县级），1998年6月退休。

文淑云 女，汉族，1943年1月生，籍贯四川，大学学历，1967年9月参加工作。1968年12月至1969年4月，在贵州省602部队锻炼；1969年4月至1983年7月，先后在贵州省瓮安县军事管理委员会、县公安局、县检察院工作；1983年7月至1984年12月，贵州省瓮安县纪委副书记；1984年12月至1988年7月，贵州省瓮安县委常委、组织部长；1988年7月至1990年12月，贵州省瓮安县委副书记、组织部长；1990年12月至1991年7月，贵州省黔南州人民检察院党组副书记、副检察长；1991年7月至2001年5月，贵州省黔南州人民检察院党组书记、检察长；2001年5月至2003年2月，贵州省黔南州人大副主任。2003年4月退休。

雷志烈 男，苗族，1945年11月生，籍贯贵州福泉，1969年5月参加工作，1969年10月加入中国共产党。1968年8月毕业于昆明军区军医学校大专班。1969年5月至1973年8月，在陆军161师483团服役，历任排长、政治指导员等职；1973年8月至1977年11月，在贵州省瓮安县磷肥厂工作；1977年11月至1985年5月，在贵州省瓮安县劳动局、劳动人事局工作；1985年5月至1986年12月，贵州省瓮安县纪委副书记；1986年12月至1992年5月，贵州省瓮安县公安局政治教导员、党组副书记；1992年5月至2001年12月，先后任贵州省瓮安县委政法委副书记、书记等职；1993年7月，明确为副县级干部。2001年12月退休。

张毓真 男，汉族，1933年3月生，籍贯四川简阳，1950年10月参加工作，1954年7月加入中国共产党，初中学历。1950年10月至1952年7月，四川内江军分区简阳警卫营战士、文书；1952年7月至1956年8月，解放军3478队三支队文书；1956年8月至1958年4月，四川石油管理局工人管理科管理员；1958年4月至1962年，先后在贵州石油局、贵州云贵石油大队等工作；1962年至1966年7月，中国人民银行瓮安支行人秘股副股长；1966年7月至1979年8月，贵州省瓮安县农林政治队

秘书；1979年8月至1984年2月，在贵州省瓮安县委纪委工作；1984年2月至1987年11月在贵州省瓮安县纪委工作；1987年11月至1988年7月，贵州省瓮安县纪委常委；1988年7月至1991年6月，贵州省瓮安县纪委副书记；1991年6月至1995年11月，贵州省瓮安县委组织部工作。1995年12月退休。

王儒德 男，汉族，1942年2月生，籍贯贵州瓮安，1960年9月参加工作，1963年11月加入中国共产党，大专学历。1959年12月至1982年1月，在步兵49师侦察连服役，先后任班长、排长、副连长等职；1982年1月至1982年5月，贵州省瓮安县草塘区委组织委员；1982年5月至1984年2月，贵州省瓮安县委组织部工作员；1984年2月至1991年6月，贵州省瓮安县劳动人事局局长；1991年6月至1993年6月，贵州省瓮安县纪委副书记；1993年6月至1996年7月，贵州省瓮安县纪委副书记、监察局局长；1996年7月至2001年12月，贵州省瓮安县委宣传部副部长。2001年12月退休。

杨安军 男，汉族，1951年6月生，籍贯四川安岳，1968年12月参加工作，1974年8月加入中国共产党，大专学历。1968年12月至1971年11月，贵州省瓮安县玉山区鱼河公社知青；1971年11月至1976年3月，贵州省瓮安县玉山区鱼河公社秘书；1976年3月至1984年8月，贵州省瓮安县玉山区委秘书；1984年8月至1987年8月，贵州省瓮安县委组织部干事；1987年7月至1988年8月，贵州省瓮安县委组织部科员；1988年8月至1991年1月，贵州省瓮安县委组织部副部长（其间：1989年9月至1990年7月在贵州省委党校党政管理大专班学习）；1991年1月至1992年12月，贵州省瓮安县退休干部管理局局长；1992年12月至1993年5月，贵州省瓮安县人大常委会委员；1993年5月至1996年7月，贵州省瓮安县人大办公室主任；1996年7月至1996年10月，贵州省瓮安县纪委副书记；1996年10月至1998年5月，贵州省瓮安县纪委副书记、监察局局长；1998年5月至2011年7月，贵州省瓮安县政协社会联谊与文史学习委主任。2011年7月退休。

周学林 男，汉族，1959年5月生，籍贯贵州瓮安，1977年8月参加工作，1984年5月加入中国共产党，大学学历。1977年8月至1979年8月，贵州省瓮安县中坪区果园场知青；1979年8月至1984年4月，贵州省瓮安县中坪区建中乡计生专干；1984年4月至1987年7月，贵州省瓮安县中坪区建中乡工作员；1987年8月至1991年4月，贵州省瓮安县中坪区柏香乡党委委员、副乡长（其间：1988年9月至1990年7月在贵州民族学院干训部党政专业学习）；1991年4月至1991年11月，贵州省瓮安县中坪区柏香乡党委副书记；1991年11月至1992年10月，贵州省瓮安县白沙乡组织委员（副科级）；1992年10月至1994年8月，贵州省瓮安县白沙乡党委副书记、组织委员；1994年8月至1996年2月，贵州省瓮安县中坪镇党委副书记；1996年2月至1998年5月，贵州省瓮安县中坪镇党委副书记、镇长；1998年5月至2001年2月，贵州省瓮安县纪委副书记、监察局局长（其间：1997年9月至2000年6月在贵州省委党校函授本科法律

专业学习）；2001 年 5 月至 2003 年 1 月，贵州省罗甸县委常委、县纪委书记；2003 年 1 月至 2006 年 10 月，贵州省罗甸县委副书记、县纪委书记；2006 年 10 月至 2006 年 11 月，贵州省黔南州人民防空办公室党组副书记；2006 年 11 月至 2007 年 11 月，贵州省黔南州人民防空办公室党组副书记、主任；2007 年 11 月至 2009 年 2 月，贵州省黔南州人民防空办公室党组书记、主任；2009 年 2 月至 2009 年 3 月，贵州省黔南州移民开发局党组书记；2009 年 3 月至 2010 年 2 月，贵州省黔南州移民开发局党组书记、局长；2010 年 2 月至 2010 年 4 月，贵州省黔南州水利水电工程局党组书记；2010 年 4 月至 2014 年 9 月，贵州省黔南州水利水电工程局党组书记、局长；2014 年 9 月至 2014 年 11 月，贵州省黔南州政府政务服务中心主任；2014 年 11 月至 2016 年 4 月，贵州省黔南州政府政务服务中心党组书记、主任。2016 年 4 月 20 日因严重违纪，受到开除党籍、开除公职处分。

段仕杯 男，汉族，1952 年 9 月生，籍贯贵州瓮安，1971 年 11 月参加工作，1974 年 8 月加入中国共产党，中专学历。1971 年 11 月至 1978 年 11 月，贵州省瓮安县草塘区新华公社宣传干事、秘书；1978 年 11 月至 1984 年 9 月，贵州省瓮安县草塘区小河山公社秘书；1984 年 9 月至 1987 年 5 月，先后任贵州省瓮安县草塘区小河山公社副书记、乡长、书记；1987 年 5 月至 1989 年 1 月，贵州省瓮安县草塘区公所秘书；1989 年 1 月至 1993 年 6 月，贵州省瓮安县监察局监察科科长；1993 年 6 月至 1996 年 7 月，贵州省瓮安县纪委监察局纪检监察室主任；1996 年 7 月至 1996 年 10 月，贵州省瓮安县监察局副局长；1996 年 10 月至 2000 年 6 月，贵州省瓮安县纪委常委、县监察局副局长；2000 年 6 月至 2001 年 12 月，贵州省瓮安县纪委副书记；2001 年 12 月至 2007 年 9 月，贵州省瓮安县审计局党组书记、局长；2007 年 9 月至 2008 年 5 月，贵州省瓮安县审计局局长；2008 年 5 月至 2012 年 9 月，贵州省瓮安县审计局主任科员。2012 年 9 月退休。

王登华 男，汉族，1964 年 1 月生，籍贯贵州瓮安，1980 年 12 月参加工作，1982 年 5 月加入中国共产党，大专学历。1982 年 7 月至 1984 年 3 月，贵州省瓮安县珠藏区羊关公社秘书；1984 年 3 月至 1984 年 9 月，贵州省瓮安县珠藏乡政府乡长；1984 年 9 月至 1986 年 7 月，贵州省黔南州委党校党政专业大专脱产学习；1986 年 7 月至 1990 年 2 月，贵州省瓮安县珠藏区牛场坝乡党委书记；1990 年 2 月至 1991 年 12 月，贵州省瓮安县珠藏区铜锣乡党委书记；1991 年 12 月至 1992 年 2 月，贵州省瓮安县铜锣乡政府乡长；1992 年 2 月至 1994 年 8 月，贵州省瓮安县高水乡政府乡长；1994 年 8 月至 1997 年 8 月，贵州省瓮安县高水乡党委书记；1997 年 8 月至 1998 年 12 月，贵州省瓮安县松坪乡党委书记；1998 年 12 月至 1999 年 12 月，贵州省瓮安县草塘镇政府镇长；1999 年 12 月至 2001 年 6 月，贵州省瓮安县草塘镇党委书记；2001 年 6 月至 2003 年 5 月，贵州省瓮安县纪委副书记、监察局局长；2003 年 5 月至 2008 年 11 月，贵州省瓮安县委政法委副书记、综治办主任；2008 年 11 月至 2014 年 12 月，贵州省瓮安县委政法委副书记、综治办主任、帮教办主任；2014 年 12 月至今，贵州省黔南州委政法委政治部主任。

肖天祥 男，汉族，1962年9月生，籍贯贵州瓮安，1979年12月参加工作，1984年5月加入中国共产党，大学学历。1979年12月至1981年10月，云南省35459部队战士；1981年10月至1983年10月，云南省35459部队副班长；1983年10月至1985年1月，云南省35459部队政治处代理新闻干事；1985年1月至1986年6月，贵州省瓮安县永和区文化站干事；1986年6月至1987年6月，贵州省瓮安县永和区老坟嘴乡武装部长；1987年6月至1990年1月，贵州省瓮安县永和区武装部干事；1990年1月至1991年11月，贵州省瓮安县永和区尖坡乡乡长；1991年11月至1996年6月，贵州省瓮安县岚关乡纪委书记；1996年6月至1997年5月，贵州省瓮安县纪委常委；1997年5月至2000年4月，贵州省瓮安县纪委常委、纪检监察室主任（其间：1994年9月至1997年6月参加贵州教育学院党政干部管理专业本科自学考试）；2000年4月至2001年6月，贵州省瓮安县纪委常委、监察局副局长、纪检监察室主任；2001年6月至2003年5月，贵州省瓮安县纪委副书记、监察局副局长、纪检监察室主任（其间：2000年9月至2003年1月在贵州省委党校函授本科法律专业学习）；2003年5月至2004年1月，贵州省瓮安县纪委副书记、监察局局长、纪检监察室主任；2004年1月至2006年9月，贵州省瓮安县纪委副书记、监察局局长；2006年9月至2014年10月，贵州省平塘县委常委、县纪委书记；2014年10月至2014年12月，贵州省黔南州纪委第四纪工委书记；2014年12月至今，贵州省黔南州纪委第四纪工委书记，兼州委教育工委委员。

吴应忠 男，汉族，1968年9月生，籍贯贵州瓮安，1989年8月参加工作，1993年2月加入中国共产党，大学学历。1989年8月至1991年12月，贵州省瓮安县团委工作员；1991年12月至1995年11月，贵州省瓮安县团委办事员（其间：1993年9月至1995年7月在贵州省委党校经济管理及现代文秘专业大专脱产学习）；1995年11月至1996年1月，贵州省瓮安县木老坪乡政府办事员；1996年1月至1998年11月，贵州省瓮安县木老坪乡政府副乡长；1998年11月至2001年2月，贵州省瓮安县玉华乡党委副书记；2001年2月至2001年12月，贵州省瓮安县玉山镇党委副书记；2001年12月至2003年12月，贵州省瓮安县玉山镇党委副书记、镇长（其间：2000年9月至2003年1月在贵州省委党校函授本科法律专业学习）；2003年12月至2004年2月，贵州省瓮安县龙塘乡党委副书记；2004年2月至2006年7月，贵州省瓮安县龙塘乡党委副书记、乡长；2006年7月至2007年2月，贵州省瓮安县纪委副书记；2007年2月至2009年2月，贵州省瓮安县纪委副书记、县监察局局长；2009年2月至2011年9月，贵州省瓮安县纪委副书记、县监察局局长、县政府党组成员；2011年9月至2014年10月，贵州省龙里县委常委、县纪委书记；2014年10月至2016年4月，贵州省龙里县委副书记，兼任龙里高效生态农业示范区管理委员会主任；2016年4月至今，贵州省黔南州纪委副书记、州监察局局长。

罗亚 女，仡佬族，1963年4月生，籍贯贵州瓮安，1985年10月参加工作，1984年11月加入中国共产党，大学学历。1985年10月至1987年4月，贵州省瓮安县天文区平坝乡政府秘书；1987年4月至1988年4月，贵州省瓮安县天文区平坝乡政府科员；1988年4月至1993年6月，贵州省瓮安县监察局办公室科员；1993年6月至1997年5月，贵州省瓮安县纪委监察局科员（其间：1993年9月至1996年6月在贵州省委党校函授大专经济管理专业学习）；1997年5月至2000年1月，贵州省瓮安县纪委监察局信访室副主任；2000年1月至2004年3月，贵州省瓮安县纪委监察局信访室主任（其间：1997年9月至2000年6月在贵州省委党校函授本科法律专业学习）；2004年3月至2005年9月，贵州省瓮安县纪委常委、信访室主任；2005年9月至2006年10月，贵州省瓮安县纪委常委、监察局副局长、信访室主任；2006年10月至2007年7月，贵州省瓮安县纪委副书记、监察局副局长、信访室主任；2007年7月至2008年11月，贵州省瓮安县纪委副书记、信访室主任；2008年11月至2016年7月，贵州省瓮安县纪委副书记。2016年7月至今，贵州省瓮安县纪委监察局正科级干部。

罗晓璐 女，汉族，1972年7月生，籍贯贵州瓮安，1993年8月参加工作，1993年6月加入中国共产党，大学学历。1993年8月至1994年9月，贵州省瓮安县草塘中学教师；1994年9月至1999年8月，贵州省瓮安二中教师；1999年8月至2003年12月，贵州省瓮安县纪委监察局审理室工作员；2003年12月至2006年10月，贵州省瓮安县纪委监察局综合室主任（其间：2001年9月至2004年1月在贵州省委党校函授本科法律专业学习）；2006年10月至2007年6月，贵州省瓮安县纪委常委、综合室主任；2007年6月至2008年11月，贵州省瓮安县纪委常委、审理室主任；2008年11月至2010年6月，贵州省瓮安县纪委常委；2010年6月至2011年10月，贵州省瓮安县纪委常委、监察局副局长；2011年10月至2012年4月，贵州省瓮安县纪委副书记、监察局副局长；2012年4月至2014年12月，贵州省瓮安县委组织部常务副部长；2014年12月至今，贵州省黔南州纪委常委、秘书长，兼任办公室主任。

石毅 男，汉族，1971年11月生，籍贯贵州余庆，1993年7月参加工作，2001年5月加入中国共产党，大学学历。1993年7月至1998年5月，贵州省瓮安县新华磷肥厂子校教师；1998年5月至2001年3月，贵州省瓮安县报社编辑、记者；2001年3月至2002年5月，贵州省瓮安县委办公室信息科副科长；2002年5月至2003年4月，贵州省瓮安县委办公室信息科科长；2003年4月至2007年6月，贵州省瓮安县委办公室副主任；2007年6月至2008年11月，贵州省瓮安县委党史研究室、县地方志办公室副主任；2008年11月至2009年9月，贵州省瓮安县委办公室常务副主任；2009年9月至2010年11月，贵州省瓮安县委办公室常务副主任、国家安全领导小组办公室专职副主任；2010年11月至2012年4月，贵州省瓮安县委办公室常务副主任；2012年4月至2014年3月，贵州省瓮安县纪委副书记、县监察局局长；2014年3月至2016年7月，贵州省瓮安县政府党组成员、县纪委副书记、县监察局局长；2016年7月至今，贵州

省瓮安县总工会党组书记、副主席。

夏俊 男，汉族，1970年2月生，籍贯贵州瓮安，1989年10月参加工作，1992年10月加入中国共产党，大专学历。1989年10月至1991年11月，贵州省瓮安县中坪区中坪乡政府计生专干；1991年11月至1994年12月，贵州省瓮安县中坪镇团委书记、文化站站长；1994年12月至1995年12月，贵州省瓮安县岚关乡党委组织委员；1995年12月至2001年2月，贵州省瓮安县老坟嘴乡党委副书记；2001年2月至2004年1月，贵州省瓮安县建中镇党委副书记、政法委书记；2004年1月至2006年6月，贵州省瓮安县建中镇党委副书记、纪委书记；2006年6月至2006年11月，贵州省瓮安县牛场坝乡党委副书记；2006年11月至2008年11月，贵州省瓮安县牛场坝乡党委副书记、乡长；2008年11月至2012年7月，贵州省瓮安县牛场坝乡党委书记；2012年7月至2013年9月，贵州省瓮安县纪委第一纪工委书记；2013年9月至2014年1月，贵州省瓮安县督促检查局局长；2014年1月至2014年6月，瓮安县纪委副书记、督促检查局局长；2014年6月至今，贵州省瓮安县委办公室副主任、县督查考核局局长。

郑南兵 男，汉族，1975年10月生，籍贯贵州瓮安，1996年9月参加工作，1999年5月加入中国共产党，大专学历。1996年9月至1998年9月，贵州省瓮安县建中镇党政办公室办事员；1998年9月至2002年4月，贵州省瓮安县建中镇教科文卫办公室主任（其间：1998年9月至2001年6月在贵州省委党校函授大专经济管理专业学习）；2002年4月至2004年1月，贵州省瓮安县高水乡党委委员、武装部副部长；2004年1月至2006年8月，贵州省瓮安县高水乡党委副书记；2006年8月至2008年11月，贵州省瓮安县高水乡党委副书记、纪委书记；2008年11月至2012年7月，贵州省瓮安县牛场坝乡党委副书记、乡长；2012年7月至2013年7月，贵州省瓮安县牛场坝乡党委书记；2013年7月至2014年8月，贵州省瓮安县江界河镇党委书记；2014年8月至2016年4月，贵州省瓮安县江界河镇党委书记，兼任江界河文化旅游园区党工委书记；2016年4月至2016年7月，贵州省瓮安县委办公室正科长级干部；2016年7月至今，贵州省瓮安县纪委副书记、县监察局局长。

冉丽娟 女，汉族，1975年9月生，籍贯贵州平塘，1996年8月参加工作，1997年12月加入中国共产党，大学学历。1996年8月至1999年3月，贵州省瓮安县玉山镇党政办公室办事员；1999年3月至1999年9月，贵州省瓮安县委组织部办事员；1999年9月至2004年12月，贵州省瓮安县委组织部科员（其间：1998年9月至2001年6月在贵州省委党校函授本科法律专业学习）；2004年12月至2006年11月，贵州省瓮安县委组织部干部科副科长；2006年11月至2008年11月，贵州省瓮安县委组织部干部科科长；2008年11月至2010年5月，贵州省瓮安县纪委监察局党风廉政教育研究室主任；2010年5月至2010年12月，贵州省瓮安县纪委常委、党风廉政教育研究室主任；2010年12月至2012年7月，贵州省瓮安县纪委常委、党风廉政建设室主任；2012年7月至2012年12月，贵州省瓮安县纪委常委、党风廉政建设室主任，县纪委监察局第三纪工委副书

记、监察分局局长；2012 年 12 月至 2014 年 3 月，贵州省瓮安县纪委常委、第二纪工委书记、党风廉政建设室主任；2014 年 3 月至 2016 年 7 月，贵州省瓮安县纪委常委、第二纪工委书记；2016 年 7 月至今，贵州省瓮安县纪委副书记。

三、纪委常委、监察局副局长

宋锡爱 男，汉族，1941 年 1 月生，籍贯贵州瓮安，1959 年 11 月参加工作，1972 年 6 月加入中国共产党，中专学历。1959 年 11 月至 1962 年，解放军总参测绘局第六地形测绘训练大队学员；1963 年至 1964 年，昆明军区随军测量队技术员；1965 年至 1976 年 7 月，昆明军区作战部作战地图管理员、助理员；1976 年 7 月至 1980 年，转业在贵州省瓮安县木引公社工作，先后任武装部长、党委书记；1980 年至 1984 年 2 月，调贵州省瓮安县永和区公社工作，先后任宣传委员、组织委员；1984 年 2 月至 1986 年 10 月，贵州省瓮安县纪委常委；1986 年 10 月至 1988 年 4 月，贵州省瓮安县纪委常委、纪律检查科科长；1988 年 4 月至 2001 年，贵州省瓮安县工商局副局长、主任科员。2001 年 1 月退休。

罗兴炎 男，汉族，1947 年 2 月生，籍贯贵州瓮安，1970 年 8 月参加工作，1977 年 3 月加入中国共产党，大学学历。1970 年 8 月至 1974 年 4 月，贵州有色局地球物理探矿队技术员；1974 年 4 月至 1975 年 1 月，贵州省瓮安县知青办秘书；1975 年 1 月至 1977 年 1 月，贵州省瓮安县木老坪乡秘书；1977 年 1 月至 1984 年 1 月，贵州省瓮安县工交办（纪委）政工干事；1984 年 1 月至 1984 年 2 月，贵州省瓮安县雍阳区委副书记；1984 年 2 月至 1986 年 10 月，贵州省瓮安县纪委常委；1986 年 10 月至 1988 年 8 月，贵州省瓮安县纪委常委、案件审理科科长；1988 年 8 月至 1997 年 5 月，贵州省瓮安县科学技术委员会主任；1997 年 5 月至 2002 年 1 月，贵州省瓮安县科技局局长；2002 年 1 月，贵州省瓮安县科技局主任科员。2007 年 2 月退休。

聂启文 男，汉族，1950 年 1 月生，籍贯贵州瓮安，1967 年 12 月参加工作，1971 年 7 月加入中国共产党，中专学历。1967 年 12 月至 1970 年 3 月，步兵一二三团二营炮二连通讯员；1970 年 3 月至 1970 年 5 月，步兵一二三团二营炮二连副班长；1970 年 5 月至 1971 年 4 月，步兵一二三团二营炮二连班长；1971 年 4 月至 1973 年 2 月，步兵一二三团二营炮二连排长；1973 年 2 月至 1979 年 10 月，步兵一二三团二营四连排长；1979 年 10 月至 1983 年 6 月，贵州省瓮安县教卫办公室办事员；1983 年 6 月至 1984 年 8 月，贵州省瓮安县政府办秘书；1984 年 8 月至 1988 年 3 月，贵州省瓮安县人事劳动局科长；1988 年 3 月至 1989 年 5 月，贵州省瓮安县纪委常委；1989 年 5 月至 1991 年 4 月，贵州省瓮安县纪委常委、案件检查科科长；1991 年 4 月至 1997 年 3 月，贵州省瓮安县农牧局副局长；1997 年 3 月至 2001 年 11 月，贵州省瓮安县国土局党组副书记、纪检组长、主任科员；2001 年 11 月至 2010 年 1 月，贵州省瓮安县国土资源局主任科员、党组副书记。2010 年 1 月退休。

金正祥 男，汉族，1959年11月生，籍贯贵州瓮安，1975年5月参加工作，1984年7月加入中国共产党，大专学历。1975年5月至1977年8月，贵州省瓮安县雍阳区平定营公社知青；1977年8月至1979年8月，在贵州省供销学校学习；1979年8月至1986年11月，先后任贵州省瓮安县雍阳区供销社会计、副主任、主任（其间：1981年9月至1984年8月在贵州省教育学院行政管理专科班学习）；1986年11月至1988年4月，贵州省瓮安县财政局企财股股长；1988年4月至1992年1月，贵州省瓮安县监察局副局长；1992年1月至1998年5月，贵州省瓮安县粮食局副局长、县粮油公司副总经理；1998年5月至2001年12月，贵州省瓮安县粮食局局长、县粮油公司总经理；2001年12月至2002年3月，贵州省瓮安县财政局局长；2002年3月至2007年1月，贵州省瓮安县政府党组成员、县长助理，县财政局党组书记、局长；2007年1月至2009年10月，贵州省瓮安县人大常委会党组成员、副主任，兼任县人大财经委主任、县财政局党组书记；2009年10月至2010年3月，贵州省瓮安县人大常委会党组成员、副主任兼财经委主任；2010年3月至2011年12月，贵州省瓮安县人大常委会党组成员、副主任；2012年3月至今，贵州省瓮安县人大常委会党组成员、副主任，县总工会主席。

黄政武 男，汉族，1957年5月生，籍贯贵州瓮安，1973年8月参加工作，1979年8月加入中国共产党，大专学历。1973年8月至1976年12月，在贵州省瓮安县雍阳区茅坡农科站工作；1976年12月至1979年7月，在广州军区第55军163师第488团特务连服役；1979年7月至1981年7月，在中国人民解放军石家庄陆军学校军事专业学习（脱产中专）；1981年7月至1982年1月，北京军区守备一师二团一连排长；1982年1月至1983年11月，北京军区守备一师二团一连司务长；1983年11月至1984年11月，北京军区守备一师二团后勤处军需股副连职助理员；1984年11月至1986年12月，北京军区守备一师二团后勤处军需股正连职助理员；1986年12月至1989年9月，贵州省瓮安县中坪区委纪检员；1989年9月至1989年12月，贵州省瓮安县中坪区委纪检组长；1989年12月至1991年4月，在贵州省瓮安县纪委工作；1991年4月至1991年6月，贵州省瓮安县纪委常委；1991年6月至1993年6月，贵州省瓮安县纪委常委、纪律检查室主任；1993年6月至1996年6月，贵州省瓮安县纪委常委、党风廉政室主任；1996年6月至2002年10月，贵州省瓮安县林业局纪检组长、主任科员（其间：1994年10月至1998年12月参加贵州大学行政管理专业大专自学考试）；2002年10月至2005年8月，贵州省瓮安县林业局党组成员、主任科员；2005年8月至2010年11月，贵州省瓮安县林业局党组副书记、主任科员；2010年11月至2013年7月，贵州省瓮安县信访局副局长（正科长级）；2013年7月至2016年12月，贵州省瓮安县信访局主任科员。

夏德伦 男，汉族，1946年1月生，籍贯贵州瓮安，1971年11月参加工作，1972年1月加入中国共产党，初中学历。1964年9月至1971年11月，在贵州省瓮安县中坪区新土坪民校任教；1971年11月至1979年10月，贵州省瓮安县中坪区公所青年干事、团区委副书记；1979年10月至1984年4月，在贵州省瓮安县人事局工作；1984年4月至1989年5月，在贵州省瓮安县纪委案件审理科工作；1989年5月至1991年6月，贵州省瓮安县纪委专职纪检员（副局级）；1991年6月至1993年6月，贵州省瓮安县纪委常委、案件审理室主任；1993年6月至2001年12月，贵州省瓮安县纪委常委、县纪委监察局案件审理室主任；2001年12月至2006年1月，贵州省瓮安县纪委常委、县纪委监察局审理室主任、主任科员。2006年1月退休。

李仕华 男，汉族，1956年10月生，籍贯贵州瓮安，1976年2月参加工作，1978年7月加入中国共产党，大学学历。1976年2月至1981年9月，先后任解放军35206部队战士、班长、排长；1981年9月至1983年8月，昆明陆军学院政工队学员；1983年8月至1985年9月，解放军35208部队119团副连长、连长；1985年9月至1987年3月，解放军35208部队政治部干事；1987年3月至1988年12月，解放军35205部队120团宣传股股长；1988年12月至1992年1月，贵州省瓮安县监察局办公室主任；1992年1月至1993年6月，贵州省瓮安县监察局副局长兼办公室主任；1993年6月至1994年3月，贵州省瓮安县纪委常委、县监察局副局长；1994年3月至1995年12月，贵州省瓮安县纪委常委、县监察局副局长、县纪委监察局执法监察室主任（其间：1995年9月至1995年12月挂职任广西壮族自治区环江县思恩镇党委副书记）；1995年12月至1996年2月，贵州省黔南州纪委副科级干部；1996年2月至1997年10月，贵州省黔南州纪委办公室负责人（正科级）；1997年10月至2001年7月，贵州省黔南州纪委办公室主任（副县级）；2001年7月至2012年11月，贵州省黔南州食品药品监督管理局党组成员、纪检组长（其间：2002年3月至2003年3月挂职任贵州省惠水县委副书记，2002年9月至2005年1月在贵州省委党校函授本科法律专业学习）；2012年11月至2016年12月，贵州省黔南州食品药品监督管理局正县级干部。2016年12月退休。

王春泉 男，汉族，1952年4月生，籍贯贵州瓮安，1968年9月参加工作，1985年11月加入中国共产党，中师学历。1968年9月至1970年8月，贵州省瓮安县天文区乌江小学民办教师；1973年8月至1974年9月，贵州省瓮安县天文小学教师；1974年9月至1988年4月，贵州省瓮安县珠藏中学教师；1988年4月至1993年6月，贵州省瓮安县监察局审理科副科长；1993年6月至1996年10月，贵州省瓮安县纪委监察局副主任科员、案件审理室副主任；1996年10月至1997年5月，贵州省瓮安县纪委常委、副主任科员、案件审理室副主任；1997年5月至1999年12月，贵州省瓮安县纪委常委、党风廉政建设室主任；1999年12月至2003年6月，贵州省瓮安县财政局纪检组长；2003年6月至2005年8月，贵州省瓮安县财政局副主任科员；2005年8月至2012年4月，贵州省瓮安县财政局主任科员。2012年4月退休。

郭豫 女，1961年4月生，汉族，籍贯河南滑县，1980年3月参加工作，大专学历。1980年3月至1994年6月，贵州省瓮安县林业局木材公司副经理、绿色开发公司副经理（其间：1988年4月至1988年7月在贵州省农业管理干部学院林业财务培训班学习）；1994年6月至1996年6月，贵州省瓮安县林业局雍阳林业站副站长（其间：1993年1月至1995年8月在贵州电大中专行政管理专业学习）；1996年6月至1997年3月，贵州省瓮安县茶叶总公司副经理；1997年3月至1998年5月，贵州省瓮安县青山茶叶集团总公司副总经理；1998年5月至2003年3月，贵州省瓮安县监察局副局长；2003年3月至今，贵州省瓮安县人大常委会副主任（其间：2003年9月至2006年1月在贵州省委党校函授大专行政管理专业学习）。

张兴贵 男，汉族，1950年7月生，籍贯贵州瓮安，1973年8月参加工作，1985年1月加入中国共产党，中专学历。1973年8月至1977年9月，贵州省平塘县谷硐小学教师；1977年9月至1978年9月，贵州省平塘县甲青小学教师；1978年9月至1984年3月，贵州省平塘县河中小学教师；1984年3月至1985年9月，贵州省平塘县河中小学校长；1985年9月至1986年9月，贵州省平塘县者密教育辅导站工作员；1986年9月至1990年8月，贵州省瓮安县教育局工作员；1990年8月至1991年9月，贵州省瓮安县城关二小教师；1991年9月至1993年6月，贵州省瓮安县监察局工作员；1993年6月至1997年6月，贵州省瓮安县纪委监察局主任科员；1997年6月至2001年6月，贵州省瓮安县纪委监察局教育研究室主任、主任科员；2001年6月至2001年12月，贵州省瓮安县纪委常委、教育研究室主任、主任科员；2001年12月至2006年10月，贵州省瓮安县纪委常委、党风廉政教育研究室主任、主任科员；2006年10月至2007年8月，贵州省瓮安县纪委监察局党风廉政教育研究室主任、主任科员；2007年8月至2010年8月，贵州省瓮安县纪委监察局主任科员。2010年8月退休。

商玉章 女，汉族，1958年11月生，籍贯贵州瓮安，1977年4月参加工作，1989年8月加入中国共产党，大专学历。1977年4月至1978年7月，贵州省瓮安县永和区岚关乡花桥小学教师；1978年7月至1979年9月，贵州省瓮安县岚关小学教师；1979年9月至1985年3月，贵州省瓮安县永和小学教师；1985年3月至1985年9月，贵州省瓮安县教育局人事股办事员；1985年9月至1991年1月，贵州省瓮安县城关一小教师（其间：1986年9月至1988年9月在贵州省贵定师范教育专业中师脱产学习）；1991年1月至1993年6月，贵州省瓮安县纪委办公室办事员；1993年6月至1999年12月，贵州省瓮安县纪委监察局办公室办事员；1999年12月至2001年12月，贵州省瓮安县纪委监察局党风廉政建设室副主任；2001年12月至2006年10月，贵州省瓮安县纪委监察局纠风室主任；2006年10月至2008年11月，贵州省瓮安县纪委常委、纠风室主任；2008年11月至2010年11月，贵州省瓮安县纪委常委，瓮安县人事劳动和社会保障局党组成员、纪检组长；2010年11月至2014年2月，贵州省瓮安县人力资源和社会保障局副主任科员。2014年2月退休。

潘飞 男，汉族，1975年8月生，籍贯贵州余庆，1999年9月参加工作，2003年5月加入中国共产党，大学学历。1999年9月至2002年2月，贵州省瓮安县纪委监察局工作；2002年2月至2006年4月，贵州省瓮安县纪委监察局科员；2006年4月至2006年10月，贵州省瓮安县纪委监察局审理室副主任；2006年10月至2007年6月，贵州省瓮安县纪委常委、审理室副主任；2007年6月至2011年10月，贵州省瓮安县财政局党组成员、副局长；2011年10月至2012年3月，贵州省瓮安县财政局副主任科员、瓮安工业园区管理委员会财政局副局长（主持工作）；2012年3月至2013年8月，贵州省瓮安工业园区管理委员会财政局局长、银盏镇正科级干部，兼任县财政局党组成员、副局长；2013年8月至2014年9月，贵州省瓮安经济开发区财政局局长，兼任县财政局党组成员、副局长，银盏镇正科长级干部；2016年5月至今，贵州省都匀市纪委副书记。

瞿远伏 男，苗族，1971年4月生，籍贯贵州瓮安，1994年8月参加工作，1993年6月加入中国共产党，大学学历。1994年8月至1999年3月，中国电子振华集团都匀风光电子工厂子弟学校教师（其间：1996年6月至1996年12月在贵州省罗甸日报经济版担任编辑、记者）；1999年3月至2005年9月，贵州省瓮安二中教师（其间：2000年9月至2002年7月在贵州大学汉语言文学专业本科脱产学习，2003年4月至2004年1月抽调到贵州省瓮安县委办公室工作）；2005年9月至2007年8月，贵州省瓮安二中校长助理（其间：2005年1月至2006年8月抽调到瓮安县委保持共产党员先进性教育活动领导小组办公室工作，2007年4月至2007年8月抽调到瓮安县机关作风教育整顿活动办公室工作）；2017年8月至2007年11月，贵州省瓮安县纪委党风廉政教育研究室主任；2007年11月至2008年11月，贵州省瓮安县纪委常委、党风廉政教育研究室主任；2008年11月至2012年3月，贵州省瓮安县纪委常委、纠风室主任；2012年3月至2013年9月，贵州省瓮安县委办公室副主任、政策研究室主任；2013年9月至2014年6月，贵州省瓮安县委办公室副主任、政策研究室主任、党校副校长；2014年6月至今，贵州省黔南州委政策研究室改革科科长。

王天伦 男，汉族，1976年7月生，籍贯贵州瓮安，1998年7月参加工作，2001年5月加入中国共产党，大专学历。1998年7月至2001年5月，贵州省瓮安县草塘镇党政办公室工作员；2001年5月至2007年11月，贵州省瓮安县草塘镇党政办公室副主任（其间：2002年3月至2002年9月、2004年3月至2007年11月在瓮安县委办公室学习）；2007年11月至2009年11月，贵州省瓮安县委办公室科员；2009年11月至2010年5月，贵州省瓮安县委办公室秘书科科长；2010年5月至2010年12月，贵州省瓮安县纪委常委、综合室主任；2010年12月至2011年8月，贵州省瓮安县纪委常委、办公室主任；2011年8月至2012年10月，贵州省瓮安县纪委常委、猴场镇党委副书记；2012年10月至2013年7月，贵州省瓮安县猴场镇党委副书记；2013年7月至2014年9月，贵州省瓮安县雍阳街道办事处党工委副书记；2014年9月2014年11月，贵州省瓮安县水利局党组成员、纪检组长；2014年11月至2016年3月，贵州省瓮安县水务局党组成员、纪检组长；2016

年3月至今，贵州省瓮安县林业局党组成员、副局长。

赵启安 男，苗族，1977年1月生，籍贯贵州瓮安，1997年9月参加工作，2001年3月加入中国共产党，大学学历。1997年9月至2002年5月，贵州省瓮安县鱼河乡政府工作员；2002年5月至2003年11月，贵州省瓮安县鱼河乡经济发展办公室副主任、团委书记（其间：1999年9月至2002年6月在贵州省委党校函授大专经济管理专业学习）；2003年11月至2006年7月，贵州省瓮安县鱼河乡团委书记（其间：2004年4月至2006年2月在贵州省瓮安县委组织部上挂学习）；2006年7月至2007年3月，贵州省瓮安县鱼河乡党委委员、团委书记；2007年3月至2008年11月，贵州省瓮安县纪委监察局科员（其间：2005年9月至2007年12月在中央党校函授本科法律专业学习）；2008年11月至2011年10月，贵州省瓮安县纪委监察局信访室主任；2011年10月至2014年4月，贵州省瓮安县纪委常委、信访室主任；2014年4月至2015年11月，贵州省瓮安县纪委常委、宣传教育室主任。2015年11月至2016年6月，贵州省瓮安县纪委常委、猴场片区纪工委书记、宣传教育室主任；2016年6月至今，贵州省瓮安县纪委常委、猴场片区纪工委书记。

周艺 男，汉族，1973年5月生，籍贯贵州瓮安，1994年9月参加工作，大学学历。1994年9月至2002年1月，贵州省瓮安县司法局天文司法所助理员；2002年1月至2002年3月，贵州省瓮安县司法局珠藏司法所助理员；2002年3月至2003年4月，贵州省瓮安县司法局基层工作股办事员；2003年4月至2006年4月，贵州省瓮安县司法局基层工作股科员（其间：2001年7月至2005年12月参加法律专业大专自学考试）；2006年4月至2007年7月，贵州省瓮安县司法局普法依法治理办公室副主任；2007年7月至2008年11月，贵州省瓮安县纪委监察局执法室科员（其间：2006年9月至2008年6月在贵州广播电视大学函授本科法律专业学习）；2008年11月至2011年12月，贵州省瓮安县纪委监察局执法监察室主任；2011年12月至2012年6月，贵州省瓮安县监察局副局长、执法监察室主任；2012年6月至2014年12月，贵州省瓮安县监察局副局长；2014年12月至今，贵州省瓮安县人民法院副院长。

冷国辉 男，汉族，1964年4月生，籍贯贵州瓮安，1985年8月参加工作，1986年9月加入中国共产党，大学学历。1985年8月至1988年9月，贵州省瓮安县天文区财政所会计；1988年9月至1993年9月，贵州省瓮安县财政局资金管理所工作员（其间：1991年9月至1993年6月在江南财经管理干部学院会计专业大专脱产学习）；1993年9月至1993年10月，贵州省瓮安县财政局资金管理所所长；1993年10月至1994年12月，贵州省瓮安县银盏乡党委副书记；1994年12月至2002年3月，贵州省瓮安县财政局副局长（其间：1995年9月至1995年12月挂职任广西壮族自治区宜州市财政局副局长，1997年9月至2000年6月在贵州省委党校函授本科法律专业学习）；2002年3月至2012年9月，贵州省瓮安县审计局党组成员、副局长；2012年9月至今，贵州省瓮安县纪委常委、县监察局常务副局长。

周祥 男，汉族，1976年10月生，籍贯贵州瓮安，1995年9月参加工作，大学学历。1995年9月至2001年3月，贵州省瓮安县司法局铜锣司法所工作员；2001年3月至2006年3月，贵州省瓮安县司法局玉山司法所工作员（其间：2001年9月至2004年7月在贵州大学法律专业学习，1999年9月至2002年6月在贵州省委党校经济管理专业学习）；2006年3月至2011年3月，贵州省瓮安县司法局玉山司法所所长；2011年3月至2011年8月，贵州省瓮安县司法局法制宣传科科长；2011年8月至2011年11月，贵州省瓮安县天文镇政府镇长助理；2011年11月至2014年11月，贵州省瓮安县天文镇政府副镇长（其间：2009年9月至2012年6月在中央广播电视大学法律专业学习）；2014年12月至今，贵州省瓮安县监察局副局长。

黄枭勇 男，苗族，1974年12月生，籍贯湖南隆回，1999年9月参加工作，2007年3月加入中国共产党，大学学历。1999年9月至1999年12月，贵州省瓮安县人民法院民庭办事员；1999年12月至2002年9月，贵州省瓮安县人民法院玉山人民法庭办事员；2002年9月至2007年7月，贵州省瓮安县人民法院玉山人民法庭科员（其间：2001年9月至2004年7月在贵州省委党校函授本科法律专业学习）；2007年7月至2008年11月，贵州省瓮安县纪委监察局信访室科员；2008年11月至2014年4月，贵州省瓮安县纪委监察局纪检监察室主任；2014年4月至2014年10月，贵州省瓮安县纪委监察局纪检监察一室主任；2014年10月至2015年9月，贵州省瓮安县纪委第三纪工委副书记、监察分局局长；2015年9月至2015年11月，贵州省瓮安县纪委监察局第一纪检监察室主任（正科级）；2015年11月至今，贵州省瓮安县纪委常委、第一纪检监察室主任（正科级）。

徐艳红 女，汉族，1977年8月生，籍贯贵州瓮安，1996年9月参加工作，2000年1月加入中国共产党，大学学历。1996年9月至2002年2月，贵州省瓮安县司法局松坪司法所助理员；2002年2月至2003年4月，贵州省瓮安县司法局法律援助工作管理股办事员；2003年4月至2005年9月，贵州省瓮安县司法局法律援助工作管理股科员；2005年9月至2006年3月，贵州省瓮安县司法局党组成员、局长助理；2006年3月至2008年11月，贵州省瓮安县司法局党组成员、局长助理、办公室主任；2008年11月至2013年1月，贵州省瓮安县司法局党组成员、政工科科长；2013年1月至2014年3月，贵州省瓮安县政府办公室党组成员、纪检组长；2014年3月至2015年11月，贵州省瓮安县纪委监察局党风政风监督室主任（其间：2012年2月至2014年6月在四川大学函授本科法学专业学习）；2015年11月至2016年10月，贵州省瓮安县纪委玉山片区纪工委书记；2016年10月至今，贵州省瓮安县纪委常委、玉山片区纪工委书记。

四、纪工委书记、监察分局局长

廖斌 男，汉族，1969年7月生，籍贯贵州瓮安。1989年9月参加工作，1991年6月加入中国共产党，大专学历。1989年9月至1992年4月，贵州省瓮安县天文区玉屏乡政府工作员；1992年4月至1995年8月，贵州省瓮安县天文镇政府办公室秘书（其间：1994年9月至1997年6月在贵州省委党校函授大专经济管理专业学习，1995年7月至1997年9月借调到贵州省瓮安县统计局工作）；1995年8月至1997年9月，贵州省瓮安县天文镇政府办公室副主任；1997年9月至1998年9月，贵州省瓮安县永和镇政府工作员；1998年9月至1999年7月，贵州省瓮安县永和镇综治办公室副主任、农村经济发展办公室副主任；1999年7月至1999年9月，贵州省瓮安县永和镇政府工作员；1999年9月至2001年1月，贵州省瓮安县纪委工作员；2001年1月至2001年12月，贵州省瓮安县纪委办公室副主任；2001年12月至2003年12月，贵州省瓮安县小河山乡党委副书记；2003年12月至2006年6月，贵州省瓮安县天文镇党委副书记；2006年6月至2008年11月，贵州省瓮安县天文镇党委副书记、纪委书记；2008年11月至2010年11月，贵州省瓮安县乡镇企业局党组成员、纪检组长；2010年11月至2014年9月，贵州省瓮安县水利局党组成员、纪检组长；2014年9月至今，贵州省瓮安经济开发区纪工委书记、监察审计局局长、银盏镇正科长级干部。

肖林君 男，汉族，1969年1月生，籍贯贵州瓮安，1989年9月参加工作，1991年3月加入中国共产党，大学学历。1989年9月至1991年12月，贵州省瓮安县中坪区中坪乡政府工作员；1991年12月至1997年3月，贵州省瓮安县中坪镇政府工作员（其间：1994年9月至1996年6月在贵州省委党校经济管理专业大专脱产学习）；1997年3月至1997年9月，贵州省瓮安县中坪镇计生股长；1997年9月至2001年2月，贵州省瓮安县中坪镇计生办公室主任；2001年2月至2001年12月，贵州省瓮安县中坪镇党委委员、纪委书记（其间：2001年9月至2004年1月在贵州省委党校函授本科法律专业学习）；2001年12月至2004年1月，贵州省瓮安县木老坪乡党委副书记；2004年1月至2008年8月，贵州省瓮安县鱼河乡党委副书记、纪委书记；2008年8月至2008年11月，贵州省瓮安县中坪镇党委副书记；2008年11月至2012年7月，贵州省瓮安县中坪镇党委副书记、镇长；2012年7月至2012年12月，贵州省瓮安县纪委监察局第一纪工委副书记、监察分局局长；2012年12月至2014年10月，贵州省瓮安县纪委监察局第四纪工委副书记、监察分局局长；2014年10月至今，贵州省瓮安县纪委第四纪工委书记。

江洪 男，汉族，1963年1月生，籍贯贵州瓮安，1981年3月参加工作，1995年5月加入中国共产党。1981年3月至1985年9月，贵州省瓮安县珠藏农推站工作；1985年9月至1987年7月，贵州农学院干训部农业经济管理专业学习；1987年7月至1988年9月，贵州省瓮安县农业局农经股工作员；1988年9月至1997年1月，贵州省瓮安县土地管理局用地股工作员；1997年1月至1998年5月，贵州省瓮安县牛场坝乡党委副书记；1998年5月至2001年2月，贵州省瓮安县国土资源管理局党组成员、副局长；2001年2月至2004年3月，贵州省瓮安县高水乡党委书记；2004年3月至2008年11月，贵州省瓮安县政协教科文卫委主任；2008年11月至2010年11月，贵州省瓮安县招商引资局党组书记、局长；2010年11月至2012年7月，贵州省瓮安县发展和改革局（县招商引资局）党组副书记、常务副局长；2012年7月至2012年12月，贵州省瓮安县纪委第二纪工委书记；2012年12月至2014年10月，贵州省瓮安县纪委第四纪工委书记；2014年10月至今，贵州省瓮安县发展和改革局正科长级干部。

沈茂均 男，汉族，1962年1月生，籍贯贵州瓮安，1992年8月参加工作，1993年8月加入中国共产党，大专学历。1992年8月至1993年7月，贵州省瓮安县金竹乡农牧站工作员；1993年7月至1996年1月，贵州省瓮安县金竹乡农牧站副站长；1996年1月至1999年1月，贵州省瓮安县金竹乡政府副乡长（其间：1994年9月至1996年12月参加贵州农学院农学专业大专自学考试）；1999年1月至2000年1月，贵州省瓮安县小河山乡政府工作员；2000年1月至2001年2月，贵州省瓮安县铜锣乡政府乡长助理（其间：2000年10月至2000年12月挂职任云南省通海县河西镇政府镇长助理）；2001年2月至2004年7月，贵州省瓮安县铜锣乡党委副书记；2004年7月至2006年7月，贵州省瓮安县铜锣乡人大主席；2006年7月至2008年11月，贵州省瓮安县珠藏镇党委委员、人大副主席（正科级）；2008年11月至2011年11月，贵州省瓮安县草塘镇党委委员、人大主席；2011年11月至2012年7月，贵州省瓮安县猴场镇党委委员、人大主席；2012年7月至2015年9月，贵州省瓮安县纪委监察局第二纪工委副书记、监察分局局长；2015年9月至今，贵州省瓮安县纪委正科级干部。

蔡吉安 男，汉族，1960年6月生，籍贯湖南益阳，1977年8月参加工作，2001年8月加入中国共产党，大学学历。1980年10月至1981年4月，贵州省瓮安县车队工作员；1981年4月至1984年4月，贵州省瓮安县车队车间主任；1984年4月至1985年10月，贵州省瓮安县车队副队长；1985年10月至1988年9月，贵州省瓮安县车队队长；1988年9月至1989年2月，贵州省瓮安县交管站工作员；1989年2月至1991年4月，贵州省瓮安县汽车维修办工作员；1991年4月至1994年12月，贵州省瓮安县农机局副局长；1994年12月至2001年8月，贵州省瓮安县农机局局长（其间：1997年9月至2000年6月在贵州省委党校函授大专经济管理专业学习）；2001年8月至2003年5月，贵州省瓮安县建设局党组副书记、局长；2003年5月至2007年1月，贵州省瓮安县旅游局党组书记、局长（其间：2001年9月至2004年1月在贵州省

委党校函授本科法律专业学习）；2007 年 1 月至 2008 年 11 月，贵州省瓮安县委统战部副部长、县工商联党组书记、县台办主任；2008 年 11 月至 2010 年 11 月，贵州省瓮安县科学技术局党组书记、局长；2010 年 11 月至 2012 年 7 月，贵州省瓮安县交通运输局党组副书记、常务副局长；2012 年 7 月至 2014 年 10 月，贵州省瓮安县纪委第三纪工委书记；2014 年 10 月至今，贵州省瓮安县交通运输局正科级干部。

李旭 男，汉族，1965 年 10 月生，籍贯贵州瓮安。1989 年 8 月参加工作，1994 年 11 月加入中国共产党，大专学历。1989 年 8 月至 1990 年 8 月，贵州省瓮安县水电局王家冲果鱼场工作员；1990 年 8 月至 1992 年 7 月，贵州省瓮安县水电局中火水库管理所工作员；1992 年 7 月至 1995 年 8 月，贵州省瓮安县水电局王家冲果鱼场副场长；1995 年 8 月至 1997 年 1 月，贵州省瓮安县水电局王家冲果鱼场场长；1997 年 1 月至 1997 年 4 月，贵州省瓮安县水电局车地水库管理所副所长；1997 年 4 月至 1999 年 4 月，贵州省瓮安县草塘水利站副站长；1999 年 4 月至 2002 年 7 月，贵州省瓮安县天文水利站站长；2002 年 7 月至 2004 年 12 月，贵州省瓮安县水利局九洞水灌区管理所所长（其间：2000 年 9 月至 2002 年 12 月在贵州省委党校函授大专经济管理专业学习，2004 年 5 月至 2004 年 8 月挂职任贵州省瓮安县小河山党委副书记）；2004 年 12 月至 2006 年 6 月，贵州省瓮安县小河山乡党委副书记、纪委书记、政法委书记；2006 年 6 月至 2008 年 11 月，贵州省瓮安县小河山乡党委副书记、纪委书记；2008 年 11 月至 2012 年 12 月，贵州省瓮安县林业局党组成员、纪检组长；2012 年 12 月至 2013 年 1 月，贵州省瓮安县纪委第一纪工委副书记、监察分局局长，县林业局党组成员、纪检组长；2013 年 1 月至 2014 年 10 月，贵州省瓮安县纪委监察局第一纪工委副书记、监察分局局长；2014 年 10 月至 2015 年 9 月，贵州省瓮安县纪委第一纪工委书记；2015 年 9 月至今，贵州省瓮安县林业局党组成员、机关党委书记（仍正科级）。

韩真旗 男，汉族，1977 年 12 月生，籍贯贵州瓮安。1998 年 9 月参加工作，2001 年 4 月加入中国共产党，大学学历。1998 年 9 月至 2001 年 5 月，贵州省瓮安县牛场坝乡政府工作员；2001 年 5 月至 2003 年 5 月，贵州省瓮安县牛场坝乡党政办公室副主任（其间：1996 年 12 月至 2003 年 6 月参加贵州大学法律专业大专自学考试）；2003 年 5 月至 2007 年 9 月，贵州省瓮安县委组织部科员（其间：2001 年 9 月至 2004 年 1 月在贵州省委党校函授本科法律专业学习）；2007 年 9 月至 2007 年 12 月，贵州省瓮安县委组织部办公室副主任；2007 年 12 月至 2009 年 2 月，贵州省瓮安县委组织部办公室主任、信息科科长；2009 年 2 月至 2009 年 3 月，贵州省瓮安县委组织部干部科科长；2009 年 3 月至 2011 年 12 月，贵州省瓮安县委组织部部务委员、干部科科长（其间：2009 年 6 月至 2010 年 7 月挂职任贵州省瓮安县老坟嘴乡党委副书记、党建扶贫队队长）；2011 年 12 月至 2012 年 4 月，贵州省瓮安县委组织部副部长、干部科科长；2012 年 4 月至 2012 年 12 月，贵州省瓮安县委组织部副部长；2012 年 12 月至 2014 年 10 月，贵州省瓮安县纪委监察局第三纪工委副书记、监察分局局长；2014 年 10 月至 2016 年 7 月，贵州省瓮安县纪委第三纪工委书记；2016 年 7 月至今，贵州省瓮安县人大办公室主任。

汤兴明　男，汉族，1975年4月生，籍贯贵州瓮安。1994年8月参加工作，2010年8月加入中国共产党，大学学历。1994年8月至1998年8月，贵州省瓮安县铜锣小学教师；1998年8月至2002年8月，贵州省瓮安县珠藏镇水田小学教师（其间：2000年9月至2002年7月在贵州教育学院计算机科学与技术专业学习）；2002年8月至2004年8月，贵州省瓮安县珠藏中学教师；2004年8月至2007年12月，贵州省瓮安中学教师；2007年12月至2012年4月，贵州省瓮安县农村党员干部现代远程教育领导小组办公室专职副主任（其间：2005年2月至2008年2月在贵州省黔南民族师范学院计算机科学与技术专业学习）；2012年4月至2013年8月，贵州省瓮安县委基层组织局副局长；2013年8月至2014年11月，贵州省瓮安县委组织部部务委员、基层组织局副局长；2014年11月至2016年5月，贵州省瓮安县纪委监察局第一纪工委副书记、监察分局局长；2016年5月至今，贵州省瓮安县人社局机关党委书记。

黄国兴　男，汉族，1969年2月生，籍贯贵州瓮安。1989年8月参加工作，1994年5月加入中国共产党，大学学历。1989年8月至1991年12月，贵州省瓮安县天文乡青年干事；1991年12月至1992年9月，贵州省瓮安县天文镇团委书记；1992年9月至1996年1月，贵州省瓮安县天文镇政府工作员（其间：1992年9月至1994年7月在贵州省黔南州委党校党政管理专业大专脱产学习）；1996年1月至2003年12月，贵州省瓮安县天文镇政府副镇长（其间：1994年8月至1997年7月在贵州省委党校函授本科经济管理专业学习）；2003年12月至2006年6月，贵州省瓮安县龙塘乡党委副书记；2006年6月至2008年11月，贵州省瓮安县玉华乡党委副书记、纪委书记；2008年11月至2010年11月，贵州省瓮安县农业局党组成员、纪检组长；2010年11月至2013年1月，贵州省瓮安县农村工作局（县扶贫开发局）党组成员、纪检组长；2013年1月至2014年11月，贵州省瓮安县农村工作局党组成员、纪检组长，兼任县科学技术协会副主席；2014年11月至2015年6月，贵州省瓮安县纪委监察局第四纪工委副书记、监察分局局长；2015年6月至今，贵州省瓮安县纪委瓮水片区纪工委书记。

杨国熙　女，汉族，1975年6月生，籍贯贵州遵义。1997年9月参加工作，2002年5月加入中国共产党，研究生学历。1997年9月至2002年1月，贵州省瓮安县招商引资局科员；2002年1月至2005年2月，贵州省瓮安县发展计划局科员；2005年2月至2005年8月，贵州省瓮安县发展和改革局规划股股长；2005年8月至2008年11月，贵州省瓮安县发展和改革局党组成员、副局长（其间：2003年9月至2006年7月在贵州省委党校在职研究生班经济学专业学习）；2008年11月至2009年1月，贵州省瓮安县政府办公室党组成员、副主任；2009年1月至2010年11月，贵州省瓮安县民政局党组副书记、常务副局长；2010年11月至2012年2月，贵州省瓮安县政府办公室党组成员、副主任、县行政服务中心常务副主任；2012年2月至2015年9月，贵州省瓮安县委党校（瓮安县行政学校）常务副校长；2015年9月至今，瓮安县纪委第一纪工委书记。

犹飞 男，汉族，1975年10月生，籍贯贵州瓮安。1996年9月参加工作，2000年5月加入中国共产党，大学学历。1996年9月至1999年4月，贵州省瓮安县银盏乡计生办公室工作员；1999年4月至2004年7月，贵州省瓮安县永和镇计生办公室主任（其间：1997年9月至2000年7月在贵州省委党校函授大专经济管理专业学习）；2004年7月至2005年8月，贵州省瓮安县政府办公室综合督办股副股长；2005年8月至2012年4月，贵州省瓮安县人口和计划生育局党组成员、副局长（其间：2005年8月至2007年12月在中央党校函授本科法律专业学习）；2012年4月至2014年12月，贵州省瓮安县人口和计划生育局党组副书记、常务副局长；2014年12月至2016年7月，贵州省瓮安县市场监督管理局党组副书记、常务副局长；2016年7月至今，贵州省瓮安县纪委第二纪工委书记。

三、先进个人

县纪检监察组织建立后，不断加强自身建设，在各项工作中积极开展争先创优、建功立业活动，涌现出了许多先进个人。

人物表1-1　　1989—2016年瓮安县纪检监察系统获县级以上个人表彰一览表

年份	先进个人	荣誉称号或奖项	表彰机关或部门
1989	黄政武	优秀纪检工作者	贵州省纪委监察委员会
1991	李辅珍	全省优秀纪检干部	贵州省纪委监察委员会
1996	肖天祥	优秀党务工作者	中共瓮安县委
1996	陆安银	贵州省先进军队转业干部	贵州省人事厅、贵州省军区政治部
1997	夏德伦	案件审理工作先进个人	贵州省纪委监察厅
1998	黄廷忠	案件检查工作先进个人	贵州省纪委监察厅
1998	肖天祥	案件检查工作先进个人	贵州省纪委监察厅
1998	杨安军	全省纪检监察机关调研工作先进工作者	贵州省纪委监察厅
1998	张兴贵	《行政监察法》知识竞赛个人纪念奖	中央纪委监察部、人事部、司法部
2004	夏德伦	优秀共产党员	中共黔南州委
2005	夏德伦	全省纪律监察案件审理与申述复查工作先进工作者	贵州省纪委、省监察厅
2010	罗　亚	瓮安县委优秀党务工作者	中共瓮安县委
2011	吴应忠	全省纪检监察系统先进个人	贵州省纪委、省人事厅、省监察厅
2011	罗　亚	黔南州委优秀党务工作者	中共黔南州委

续表

年份	先进个人	荣誉称号或奖项	表彰机关或部门
2012	赵启安	全省“三访”工作先进个人	贵州省纪委监察厅
2013	彭华先	优秀共产党员	中共瓮安县委
2014	彭华先	森林防火先进个人	瓮安县人民政府
2014	罗　亚	瓮安县委优秀党务工作者	中共瓮安县委
2015	冉丽娟	优秀党务工作者	中共瓮安县委
2015	刘文华	《瓮安县志（1978—2012）》编纂工作先进个人	中共瓮安县委、瓮安县人民政府
2016	罗　亚	黔南州委优秀党务工作者	中共黔南州委
2016	罗　亚	贵州省委优秀党务工作者	中共贵州省委

附 录

一、工作报告

中共瓮安县委纪律检查委员会工作报告

（1981 年 6 月 24 日）

张昇江

同志们：

我现在代表中共瓮安县委纪律检查委员会向大会报告工作，请审议。

我们党对党的纪律检查工作历来是重视的。开始，管纪律检查工作的是党务委员会。全国解放后，成立了纪律检查委员会，后来又改为监察委员会，在党的领导下，认真贯彻执行党的纪律检查工作的方针和政策，维护党规党法，严肃党纪党风等，做了大量的工作，成绩是主要的。但在“文化大革命”期间，林彪、“四人帮”出于篡党夺权的反革命需要，全盘否定了建国 17 年来党的纪律检查工作成绩，恶毒污蔑党的检察机关是“复辟资本主义的黑据点”“招降纳叛、结党营私的垃圾堆”“没有起过什么好的作用”等等，撤销了各级纪律检查机构，摧残了党的纪律检查工作。他们在党内大搞法西斯专政，破坏党的组织原则和纪律，肆意践踏党规党法，破坏党纪党风，制造了大量的冤、假、错案，使我们的党受到了严重的创伤。

党的十一届三中全会根据历史的经验教训，选举产生了中央纪律检查委员会。我县纪律检查委员会是 1979 年 10 月重建并开展工作的。一年多来，我们在县委和上级纪委的领导下，同有关部门配合，围绕党的工作着重点转移到社会主义现代化建设这个中心上来，做了一些工作，取得了一定的成绩，主要是：

一、加强了对党员的思想教育。党的十一届三中全会决定将全党工作着重点转移到社会主义现代化建设上来，为了提高党员的思想认识和政治觉悟，抓好党风，以保证党的路线、方针、政策的贯彻执行，我们密切配合组织、宣传等部门，以党章（修改草案）和

《关于党内政治生活的若干准则》为主要教材，对全县党员干部和干部进行了轮训。据统计，全县仅农村党员就有4623人参加了轮训学习，占86.6%。通过对党员和干部的轮训，各级党组织、广大党员和干部提高了执行党的路线、方针、政策的自觉性，党的优良传统和作风逐步恢复，县、区、公社各级党委建立了民主生活制度，开展了批评和自我批评，党内不正之风有所克服，党组织的战斗力和党员的规范作用有所增强。

二、严肃认真地检查处理了一批违纪案件。一年多来，我们共受理党员违纪案件43件，经过调查核实，已处理结案38件，占80%。这些违纪案件中，有的是官僚主义、工作失职，给国家和集体财产造成了巨大损失；有的是贪污、挪用公款；有的是乱砍滥伐山林；有的是工作作风粗暴，方法简单，打骂群众；还有的是搞封建迷信活动以及腐化堕落等等。对于各种违纪案件，我们根据所犯错误的性质和认错态度，按照党的“惩前毖后，治病救人”的方针，有的给予了一定的党纪处分，也有的给予批评教育，免予处分。通过违纪案件的查处，有效地维护了党的纪律，教育了全体党员。

三、配合有关部门，平反纠正了一批冤、假、错案。党的十一届三中全会前后，根据中央关于认真落实党的干部政策的一系列重要指示精神，在县委的领导下，按照“有反必肃，有错必究”的方针，本着“宜粗不宜细，宜宽不宜严”的原则，实事求是地平反纠正了林彪、“四人帮”在“文化大革命”期间所制造的大批冤、假、错案以及在历次运动中遗留的一部分案件。我县在“文化大革命”、“四清”、反右倾、反右派等四个时期中，共处理党员、干部案件256件，已复查253件，占98.8%。同时复查纠正了历史老案47件和1977年、1978年因极左路线的影响而发生的错案9件。在复查纠正的案件中，改变原结论后收回安排工作的有108人，恢复党籍的3人。对“文革”中不幸去世的5人和以后去世的5人，已重新作了结论和善后工作。通过落实党的干部政策，进一步发展了我县安定团结的政治形势，调动了广大干部和群众建设“四化”的积极性。

四、接待和处理了一批人民来信来访。县纪委重新开展工作以来，共收到人民来信1255件，接待来访群众300余人（次）。在这些人民来信来访中，属于控告各级领导干部的83件、控告一般干部的21件、检举党员不按准则办事的64件、反映各级干部违反政策的137件、党员对处分不服提出申诉的28件，要求落实农村经济政策和解决其他纠纷的564件。遵照中央纪委关于“加强县一级信访工作，把问题解决在基层”的指示，对于人民的来信和来访，我们都认真地进行了登记和热情地接待。除控告领导干部和上级需要报处理结果的以外，其余大部分信件，按照“归口处理”的原则，转交有关部门调查处理。到目前为止，共处理了1064件，占85%。人民来信来访的认真处理和热情接待，使一些人的申诉、要求，得到了及时解决或解释，促进了安定团结，密切了党群关系。

随着党的十一届三中全会以来所制定的路线、方针、政策的贯彻落实，我县在贯彻《准则》，纠正不正之风方面，做了不少工作，取得了一定的成绩。但是，从目前党的状况来看，在党风方面，存在的问题还没有根本的好转。党内不正之风在一些单位和党员、干部，特别是领导干部中还不同程度地存在着。例如：有的对党中央的路线、方针、政策消极应付，甚至阳奉阴违，说什么党的路线“右了”“偏了”“修了”“倒退了”等等；有的破坏党的民主集中制，实行家长式的领导，听不进不同意见，个人说了算，有的搞特权，谋私利，生活特殊化；有的善于搞“关系学”、拉“关系户”，走后门；有的说假话、大话、空话，骗取组织信任和荣誉；有的人专门吹喇叭、抬轿子，也有的人喜欢坐轿子；有的官僚主义，衙门作风，工作不深入，不调查研究，办事拖拉，互相推诿，遇事“踢皮球”，对群众的疾苦漠不关心；有的热衷于追求享受，甚至违法乱纪，贪污盗窃、投机倒把、行贿受贿，有的至今还在继续用公款请客送礼，大吃大喝，有的利用婚、丧等事，大办酒席，收取钱、物；还有的党员、干部敬神送鬼，搞封建迷信，甚至参加赌博等等。这些不正之风，虽然表现在少数党员、干部身上，但它严重地腐蚀党的肌体，败坏党的声誉。陈云同志指出：“执政党的党风问题，是有关党的生死存亡的问题。”端正党风，搞好党的建设，是全党的大事。为了纠正党内存在的不正之风，增强党的战斗力，保证新时期党的路线、方针、政策的贯彻执行，各级党组织要着重抓好以下几项工作。

第一，继续广泛深入地在全党进行党性、党规、党法的教育，提高对搞好党风重要意义的认识。全县各级党组织要认真传达贯彻中央纪委第三次会议精神，采取政治学习、党日活动、上党课等多种形式，组织党员、干部认真学习陈云同志关于搞好党风的意见。学习中纪委第三次会议文件，学习胡耀邦、黄克诚同志在中央纪委第三次贯彻《准则》座谈会上的讲话，学习中央〔1981〕5号文件，学习毛主席的哲学著作和《整顿党的作风》等文章，联系实际，总结历史经验，分析当前党风党纪状况，从思想上、理论上解决对搞好党风重要性的认识，使广大党员和干部真正认识到“执政党的党风问题，是有关党的生死存亡的问题”，真正做到“以革命利益为第一生命，以个人利益服从革命利益，无论何时何地，坚持正确的原则，同一切不正确的思想和行为作不疲倦的斗争”，振奋革命精神，做好本职工作。

第二，搞好党风必须从领导做起，层层带头。当前要着重抓好领导机关和领导干部的党风问题。各级党组织的领导同志要以身作则，严格党的组织生活制度，带头执行《准则》、以《准则》为镜子，开展批评。对犯了错误的同志要立足于挽救教育和满腔热情地帮助，实行“惩前毖后、治病救人”的方针。要坚持实事求是的原则，重证据、重调查研究，核对材料，并和本人见面。处分党员一定要严格按照党章和有关规定办理，做到事实清楚，定性准确，处理恰当，手续完备。处理后，真正达到教育的目的。

第三，认真做好人民来信来访工作。各级党组织都要重视人民来信来访工作，各级领导同志要亲自接待和处理一些重要的来信来访。对于合理的要求，反映情况属实的，要坚决支持和尽快解决，对有些要求不合理或一时不能解决的，要做耐心细致的解释工作，无理取闹的要进行批评教育。对于有意诬告、陷害的，查实后要严肃处理。力争把大量信访工作在基层解决，严防和禁止把控告信件转到被告人手里。要继续做好落实干部政策的工作，实事求是地平反纠正冤、假、错案，妥善解决落实干部政策工作中的遗留问题，把落实干部政策的工作做到善始善终。

第四，加强纪委自身的组织建设和思想建设，使我县的纪律检查工作在实现四化中发挥更大的作用。党中央提出“在经济上实行进一步的调整，在政治上实现进一步的安定”的方针，我们每个同志都担负着艰巨的任务，面临复杂的斗争。纪律检查工作必须适应新形势，为经济调整、政治安定做出贡献。因此，要求每个党员、领导干部，特别是纪检干部和分管纪检工作的同志，一定要认真学习党在新时期的一系列方针、政策和中央领导同志的重要讲话，努力提高政策水平和业务能力，坚定信心，实事求是，排除干扰，振奋精神，知难而进，进一步树立为党为人民高度负责的精神，把我县各级党组织建设好。每个同志必须从现在做起，从自己做起，从每件事做起，为维护党规党法，搞好党风，为四化建设做出新的贡献。

同志们：让我们在县委的领导下，坚持四项基本原则，在政治上同中央保持一致，认真总结历史的经验教训，全党动员，同心同德，奋发努力，把党内不正之风扭转过来，恢复和发扬党的优良传统，为使我们的党以更高大的形象出现在广大人民群众心目中而共同奋斗。

中共瓮安县纪律检查委员会
在中共瓮安县第五次代表大会上的工作报告

（1985 年 5 月）

雷诗亮

同志们：

这届纪律检查委员会，是 1981 年 6 月由四届县委一次全会选举产生的，至今将近四年时间了。根据党章规定，现在，我代表中共瓮安县第四届纪律检查委员会，向中共瓮安县第五次代表大会报告工作，请予审查。

过去四年工作的回顾

几年来，县纪委在县委和州纪委的双重领导下，根据《中国共产党章程》赋予纪委的主要任务，紧紧围绕严肃党纪，端正党风这个中心，主要做了以下几个方面的工作：

一、坚持预防为主，加强党性党风党纪教育

根据中纪委第二次全体会议“关于搞好党风、严肃党纪，我们党的方针是，预防为主，教育为主，先立法，先教育，有法必依，违法必究，执法必严，既坚决又稳妥地进行”的指示，我们在工作中以预防为主，教育为主的方针，坚持了教育和执法不可偏废，始终把工作重点放在预防和教育上的原则。几年来，配合党的宣传部门、组织部门、直属机关党委，采取组织党员到县委党校学习，纪检系统、区、乡分别集中党员培训等形式，系统学习《中国共产党章程》《关于党内政治生活的若干准则》《全面开创社会主义现代化建设的新局面》、经济理论和党的路线、方针、政策。在工作中，我们督促各级党组织健全组织生活，坚持“三会一课”制度，定期进行党风对照检查，促使党的政治生活正常化。在具体工作开展时，都分别召开会议，交代政策，晓之以理。如去年 10 月清理“招、转、调”和干部职工短欠公款的不良行为，我们联系实际系统地对县直八百多名党员进行了以下几个方面内容的教育：一、党风问题是有关党的生死存亡的问题；二、严明党的纪律是取得胜利的必要条件；三、共产党员应该做党的肌体上的细胞，为端正党风，严肃党纪，恢复和发扬党的优良传统和作风，我该怎么办的问题。通过反复不断的教育，广大党员对党的性质、地位、作用等基本知识有了更多的了解，增强了贯彻执行党的路线、方针、政策的自觉性，提高了思想政治觉悟，认识到只有自觉增强党性，端正作风，严肃党纪，才能顺利完成工人阶级政党肩负的伟大历史使命，发挥党组织的战斗堡垒作用、党员的先锋模范作用。

二、维护党规党法，端正党风

我们在工作中逐步树立了以主要精力用于查处党员违纪案件转为以主要精力协助党委抓党风上来，实现党风根本好转为中心的指导思想，组织和配合有关部门大规模地、有节奏地狠刹了以权谋私的不正之风。一是检查纠正了党员干部建房分房中的不正之风。对县直部、委、办、局以上负责干部（包括调研员）的住房进行了丈量、登记，实行三榜定案，分别进行了处理。县直局以上负责干部202名中，超标准住房的占17.8%，面积为620.8平方米，同时，查处了个别案件。二是清理纠正干部职工短欠公款行为，全县干部职工短欠公款57.48万余元，已退回17.4%。三是清理纠正了党员干部在“招、转、调”中的不正之风。我们处分了在招工中违反纪律的党员负责干部，同时辞去违法招进的人员。对在招工中犯错误的干部，责成他们在党员群众会上进行了检讨，向组织检查了错误。四是查处了用公款的歪风。对吃喝中的典型案件，经过调查，报经县委决定，由吃喝的干部在会上进行检讨，退回了用公款购买的纪念品。五是检查纠正了干部突击退休、子女突击顶替的歪风。我们把干部突击退休、子女突击顶替当作端正党风的一件大事来抓，对退休的16名干部和不符合顶替的16名子女，一律作了纠正处理。六是坚决刹住、纠正新的不正之风。经过这段时间的努力，党政干部经商、办企业的问题已经禁止，滥发服装的已扣押，用公款大吃大喝的歪风已大大收敛。目前，整治新的不正之风的工作尚在深入进行中。通过向不正之风作坚决斗争，党的优良传统和作风正在恢复和发扬，群众关系、干群关系得到加强，党的威望日益提高。

三、严肃党纪，认真查处违纪案件

由于社会的、历史的世界观的种种原因，我们虽进行了大量教育工作，也还有少数党员触犯党规党法，违法乱纪。这就要求对违纪案件不断进行查处，做到违法必究、执法必严，以维护党的纪律，保护党的肌体的健康。据统计，四年中，我们共处分违纪党员71人（占全县党员总数的1%），其中：州委管理干部1人，县委管理的干部5人，一般党员干部47人，一般工作人员18人；警告1人，严重警告5人，撤销党内职务3人，留党察看28人，开除党籍34人。在查处违纪案件中，我们注意到排除干扰，坚持实事求是的思想路线；而在处理时，我们根据违纪具体情况，给予了恰当的处理。处理违纪案件，教育了党员和干部，在群众中挽回了不良影响。

四、打击经济领域中的严重犯罪活动

1982年1月，中共中央发出关于打击经济领域中严重犯罪活动的紧急通知后，我们密切配合公安、检察院、法院等有关部门，做了大量工作。截至目前，全县立案审查的各类经济犯罪案件48件，已结案处理44件，占立案总数的91.67%。其中：开除党籍4人，给予政纪处分12人，判处5人，追回赃款及赃物折款143514元。

五、落实党的干部政策

几年来，我们继续配合有关部门开展了纠正冤假错案、落实干部政策工作。对“文化大革命”及以前历次政治运动中应该复查的案件责成有关部门进行了复查，冤假错案分别作了纠正。由于各方面的共同努力，全县落实干部政策的工作取得了有效进展，作退休处理的10人，恢复党籍的28人，取消其他处分11人。通过落实党的干部政策，发展了安定团结的政治局面。

六、认真处理人民来信来访

信访工作是党联系群众的一条重要渠道，是人民群众行使民主权利的重要手段。我们以严肃认真的态度对待来信来访工作，为人民来访进行了登记，对人民来访热情接待，对上级转来要处理结果的案件进行了查处上报，对申诉信件进行了复查，对于应该转办的信件，迅速转到有关部门办理。几年来，共收到群众来信402件（重复来信212件），不属于纪检部门业务范围的140件，接待来访180人（次）。这些来信来访，使纪检机关获得了不少信息，掌握了一些党员的基本情况，为端正党风、严肃党纪提供了有利条件。

为了适应工作需要，较好地完成党和人民赋予纪检机关的任务，我们加强了自身的组织建设和思想建设。机构改革后，组建了纪委常委会。目前，我县各级领导班子同中央的思想保持高度一致，软弱涣散的问题有所克服，制度进一步完善，党员干部的纪律观念得到加强，政治思想的状况有了好转，全党抓党风的局面已初步形成，以权谋私的官僚主义不正之风已基本刹住，全县党风已明显好转。这是党中央下决心狠抓党风党纪的结果，同全县各级党组织和共产党员的共同努力是分不开的。

今后工作的意见

在回顾过去的工作，肯定成绩的同时，应当清醒地看到，我们党存在不少问题，主要表现是：有的党员和领导干部，“左”的影响还没有肃清，缺乏同中央在政治上保持一致的自觉性；领导干部把自己主管单位看成个人“领地”，不执行上级指示也不接受群众监督，甚至对群众进行打击压制；有的个人主义膨胀，有的软弱涣散，斗志衰退，不讲原则，不负责任，遇事拖拉推诿，对好人好事不支持，对坏人坏事不斗争；有的对抓党风的极端重要性仍未引起高度重视，纠正各种不正之风阻力还大，查处违纪案件和经济犯罪案件还不得力。

以上问题虽然只发生在少数党员、干部身上，但对党的事业造成的危害是严重的，它损害了党的威望，影响了党群关系，挫伤了群众建设四化的积极性，使党的路线、方针、政策得不到顺利地贯彻执行，使党在“四化”建设中的指导作用得不到充分发挥。

以上问题之所以得不到迅速、根本的纠正，党风之所以得不到根本好转，固然有许多客观原因，但应着重从主观上找原因。其中，最主要的原因是有的党组织及其负责同志对胡耀邦同志提出的“党风好不好，是党能不能站得住、发展和存在的问题，向不正之风作坚决的斗争，是思想教育工作的一个重要内容”和陈云同志提出的“执政党的党风问题，是有关党的生死存亡的问题”没有引起应有的重视，这种状况需要改变。今后几年，我们必须要遵照党中央、省委和州委统一部署，通过体制的改革全面整党，进一步严肃党纪，狠刹不同时期的几股歪风，使全县党内思想不纯、作风不纯和组织不纯的状况根本的改变，达到全党在思想上政治上高度一致、全心全意为人民服务和坚持民主集中制这三项基本要求，实现全县党风根本好转，使党的优良传统和作风得到恢复并发扬光大。为此，当前要抓好下列工作：

一、深入进行党性党风党纪教育，提高党员的政治素质

无数事实证明，在对外开放、对内搞活中，一些党员能够严格要求自己，而另一些党

员却在资产阶级思想腐蚀下，腐化堕落；在经济体制改革中，一些党员能够锐意改革，为国家和人民创造更多的财富，而另一些党员却钻改革的空子，损公肥私；在一些新的不正之风中，一些党员能够做到令行禁止。因此，要消除党内不正之风，根本的措施是对党员进行党性党风党纪教育，提高党员的思想政治素质。全县各级党委、总支、支部，要通过开办党员轮训班、举行报告会、过组织生活、进行党员对照检查等各种形式，反复组织党员学习《中国共产党章程》《中共中央关于调整党的决定》《关于建国以来党的若干历史问题的决议》《关于党内政治生活的若干准则》等文件，学习邓小平同志最新提出的团结起来建设社会主义“一靠理想，二靠纪律”和陈云同志提出的“党性原则和党的纪律不存在松绑，没有好的党风，改革是搞不好的。共产党不论是地下党的时期或执政时期，任何时候都必须坚持党的纪律”的指示，在全党实行马克思列宁主义、毛泽东思想基本原理的教育，关于共产主义理论和党的路线、方针、政策的教育，关于彻底否定“文化大革命”的教育，关于党的基本知识和共产党员的标准的教育，把抓好党员的教育作为实现党风根本好转的中心环节抓紧抓好，使党员全面增强党性观念：一是牢固树立为共产主义事业奋斗的伟大理想，懂得我们党现在实行的各项政策、进行的改革和“四化”建设，都是为了发展社会主义经济和整个社会主义事业，最终实现共产主义，要把党的最终奋斗目标同当前的现实任务统一起来，把远大理想同务实的精神统一起来，为改革和“四化”建设做出贡献；二是增强全心全意为民服务的观念，真正懂得全心全意为人民服务是党的根本宗旨，共产党员只有勤勤恳恳为人民服务的义务，而没有利用职权为个人或小团体谋取私利的权力，从而为实现党的任务、人民的利益而艰苦奋斗；三是增强全局观念，真正懂得党和人民的利益高于一切，每个部门、每个单位的工作都必须自觉地把局部的、个人的利益服从全局的、整体的利益，而决不能只顾局部不顾整体，只顾眼前不顾长远，从而对损公肥私的行为进行坚决抵制和斗争；四是增强组织纪律性，真正懂得纪律是我们事业取得胜利的保证，而遵守纪律的最高标准，是真正维护和坚决执行党和国家的方针、政策，真正维护和坚决执行国家的法律，从而坚决克服和纠正无组织无纪律的行为。要引导党员认真学习文件，密切联系自己思想和工作实际，开展批评与自我批评，从而使广大党员彻底摆脱“文化大革命”的消极影响，增强抵制资本主义的腐朽思想和种种歪风邪气侵蚀的能力，更好地适应对外开放和对内搞活的新的历史环境，做执行党的政策的模范、遵纪守法的模范，维护共产党员在人民群众中的光辉形象。

保证党的路线、方针、政策的贯彻执行，维护党的团结稳定，巩固党同群众的密切联系，各级党组织要在抓好对党员教育的同时，实行分级负责的办法，认真查处党员违纪案件。违纪案件要坚持实事求是，重证据，重调查研究，核对材料，本人见面。处分党员一定要严格按照党章规定办理，做到证据确凿、定性准确、处理恰当、手续完备，经得起历史检验。

二、支持、保护经济体制改革的顺利进行

要做到既要旗帜鲜明地支持改革，允许试验，允许探索，允许改革犯错误，又要敢于检查纠正干扰、阻碍甚至破坏改革的不健全的东西，以保证经济体制改革的顺利进行，促进社会生产力的发展，让国家和人民尽快地富裕起来。

三、坚决制止、纠正新的不正之风

中纪委文件指出的新的不正之风，有不少看来确实存在着，而且有的还比较严重，如滥发服装、乱发补贴、用公款大吃大喝等。新出现的不正之风，同改革因无经验而出毛病是两回事，干扰了经济体制改革，破坏了党风和社会风气，破坏了党群关系，腐蚀了人们的思想，任其蔓延辖区，将会毁掉一批党员和干部。有效地纠正新的不正之风，克服“一切向钱看”的思想倾向，提高党员的思想水平和党性原则，是当前全党的一项紧迫任务，是今年各级检查部门的中心工作。目前，我县纠正新的不正之风的工作已见成效，但个别单位仍在等待观望，而有的隐瞒的问题尚需深入去发现和纠正。第一，维护党的纪律，是党的每个组织的重要责任。党组织如果在党的纪律方面失职，必须受到追究。各级党组织都要严格按章办事，摆正政治与业务的关系，真正做到两个文明一起抓，根本好转一起抓，把党风列入自己的议事日程，形成定期研究讨论、全党抓党风的局面。第二，搞好检查对照。中央、国务院对纠正新的不正之风，已发出了许多有关通知和规定，任何党员、任何领导干部、任何党组织，都必须严格遵守和执行。要在学习中央有关文件的基础上，由领导干部带头，逐条进行对照检查，在“纠”“改”二字上狠下功夫，为群众作出表率。第三，严格执行党纪、政纪。各级党组织对新的不正之风在本地区、本部门、本单位的具体表现要一级一级地查，一股一股地查，认真清理。扫除讲面子不讲党性、讲关系不讲原则、人情大于党纪国法的腐败现象，敢抓敢管敢于碰硬，对犯有严重错误的党员和干部，依照党纪国法，严肃处理，该撤职的撤职、该开除党籍的开除党籍。对于个别部门、地方和单位发生了新的不正之风，以权谋私，损公害己，又放任不管，不及时纠正，要追究党组织和主要领导责任。与此同时，要树立先进典型，推广先进经验，“立其善风”，使广大党员从先进典型中受到鼓舞，得到教益。

今后，搞以权谋私的人也总还会有的，因此，纠正不正之风不是一劳永逸的。要根据上级的部署，在一定时期内选择本地区、本单位两股群众意见最大的不正之风，上下左右一齐动手，雷厉风行，坚决纠正，切实抓出成效。

四、继续抓紧打击经济领域中严重犯罪活动的斗争

打击经济领域中严重犯罪活动的斗争，是新的历史时期阶级斗争的重要表现，是一项长期的任务。我们在坚持对外开放，对内搞好团结的同时，要认真贯彻中共中央、国务院、中纪委的指示，继续提高对这场斗争重要意义的认识，克服打击不力的倾向，把打击严重经济犯罪活动的斗争深入持久地开展下去。各地区、各部门、各单位，已经揭露的案件，要采取定案件、定力量、定时间、定质量的办法抓紧查处，尤其要集中力量抓好大要案件和新发生案件的查处，防止久拖不决。

各级党组织要把打击经济犯罪活动与整党和反腐蚀教育结合起来，让所有牵连的问题不论涉及到什么人，都必须认真查清，明确是非，吸取经验教训，增强抵制资本主义思想腐蚀的能力。建立和健全规范性制度，堵塞各种漏洞。要认真掌握政策，严格划清违法犯罪同正当经济活动的界限，稳、准、狠地打击经济犯罪分子。对拿不准的问题，及时请示报告。

五、加强纪检队伍的组织建设、思想建设和作风建设

由于纪检机关工作任务繁重，涉及面宽，政策性强，情况复杂，必须加强纪律检查队

伍的自身建设。在组织建设上，都要请示党委按照条件配备专职或兼职纪检干部，较大的局级单位，要尽快把纪检员配备起来，要抓紧纪检干部的思想教育和业务学习，不断提高纪检干部的素质，适应工作发展。纪检干部要做到“议大事，懂全局，管本行”，服从于、服务于党的总任务、总目标。县纪委要按照要求尽早完成整党任务，协同有关部门加强对整党工作的指导。要模范地执行党章和《准则》的规定，自觉地在政治上同中央保持一致，树立良好的思维和工作作风。要坚决依靠党委领导，取得党委的支持，并在党章的范围内，对党委及其成员实行监督。要增强党性，树立信心，刚正不阿，坚决同歪风邪气作斗争，为实现党风的根本好转做出突出贡献。

同志们！端正党风，严肃党纪，增强党性，加强纪律，实现党风根本好转，促进和保证改革的顺利进行，是各级党组织面临的一项重要任务。我们深知自己肩负的使命，已经下了最大的决心，采取了一系列强有力的措施。各级党组织几年以来已经建立抓党风的政治责任制，把党风问题纳入了承包书。党内外群众迫切要求，支持端正党风。我们坚信，只要全县各级党组织在党中央的坚强领导下，深入贯彻党中央、中纪委和省、州党委、纪委一系列指示精神，深入了解端正党风的重大意义，发扬对党对人民高度负责的精神，上下联动，行动起来，无私无畏地去抓党风，就一定能够尽快地实现党风的根本好转，恢复和发扬党的优良传统，提高党的战斗力！

中共瓮安县纪律检查委员会
在中共瓮安县第六次代表大会上的工作报告（摘录）

（1988 年 7 月 12 日）

雷兆发

一、三年来的工作回顾

（一）从严执纪，查处违纪案件

三年来，我们坚持实事求是的原则，认真贯彻“惩前毖后、治病救人”的方针，严肃认真地查处了一批违纪案件，处分违纪党员 164 人，占党员总数的 1.97%。开除党籍 36 人，留党察看 63 人，严重警告 26 人，警告 39 人；贪污、行贿受贿、投机倒把 13 人，以权谋私 5 人，盗窃、赌博 4 人，失职渎职 2 人，封建迷信、腐化堕落 9 人，违法乱纪 10 人，违反计划生育政策 110 人（占受处分总数的 67%），诬告他人 1 人，其他 10 人。对那些犯有一点错误、认错态度好的，又主动检查、愿意改正错误的同志，经过批评教育，没有给予纪律处分。通过这些工作，挽回了党在群众中的不良影响，教育了犯错误的同志和广大党员，严肃了党的纪律。

（二）集中力量纠正不正之风，促进改革深入发展

中共中央、国务院、中纪委关于制止、纠正各种不正之风的一系列文件下达后，县纪委在县委的统一部署下，多次召开有关职能部门负责人会议贯彻落实，配合县直机关党委召开县直机关各级党组织负责人会议及时进行传达，要求全县各级党组织安排时间组织党内外群众深入学习、讨论，提高思想认识，明确政策界限。制定纠风和防止措施，为了保护改革的顺利进行，促进社会生产力的发展，帮助各级干部、全体党员正确区分正常经济

活动与不正之风的界限，我们根据上级有关规定参照外地的一些做法，与有关部门共同研究，拟定了《关于划分正常经济活动与不正之风若干问题的界限》，要求各级党组织和各部门认真参照执行。同时，联系实际进行检查纠正。1985年下半年至1986年，中办发〔1985〕57号和中纪委〔1985〕16号文件下发后，我们集中力量协同有关部门纠正了六股不正之风。清查处理了假、劣药300余件，各种变质饮料酒23533瓶，各种霉烂变质糖果、罐头180余斤，霉烂变质、冒牌烟1280包。刹住纠正乱发奖金、实物、服装之风，查出超标发奖金单位18个，金额417199元；制发服装单位21个，职工1055人，耗资57482元，收回金额56015元。刹住纠正了自行决定发放职务补贴、岗位津贴、工龄津贴和浮动工资之风共计29554元，检查清理了乱涨物价之风，查处乱涨物价案件5件。同时，在整党中开展了“公物还家”活动，清退借支、挪用及短、欠公款123944元，清退滥发奖金、补贴、实物等11815.98元。对县水电局、县体委少数同志以“参观学习”“购买材料”名义游山玩水进行了查处。

1986年下半年起，开展了纠正行业不正之风的工作，各级党组织、各部门把纠正行业不正之风纳入了重要议事日程，加强了对职工的职业道德教育，建立了规章制度。对草塘区农牧站把玉米杂交种掺假出售谋取私利，珠藏区农牧站高价出售农药，天文区平坝乡烟叶站收“人情烟”等坑农害农敲诈勒索的行业不正之风进行了严肃查处。这些工作，对于加强我县社会主义精神文明建设，端正党风，促进改革的深入发展起到了积极作用。

（三）坚持党性党纪党风教育提高党员素质

陈云同志指出：“端正党风的关键是提高党员的素质。”三年来，我们坚持贯彻了“教育为主，预防为主”的方针，把提高党员的素质，作为端正党风任务之一来抓。采用办理论培训班、党纪党风巡回报告，通报典型案例、开展回访受处分党员活动等形式，对全县党员干部进行了党性党纪党风教育。主要做了以下工作：一是积极参加整党。从仅有的12名干部中抽出9人（正副书记2名，专职常委3名，专职委员3名，工作员1名）分别参加了县整党办公室的工作。根据县委的安排，纪委负责同志在县直单位党员大会上作了《牢记伟大理想，增强纪律性，促进党风实现根本好转》的报告，进行了理想、党风、党纪教育。二是在中央关于坚持四项基本原则、反对资产阶级自由化的一系列文件下达后，纪委配合宣传部、组织部、县直机关党委等单位举办了科局以上理论培训班，进行了坚持四项基本原则，遵守党的政治纪律教育。三是配合宣传部组织了党纪党风巡回报告团，深入基层巡回报告，对有理想的人讲理想，守纪律的人讲纪律，开展了生动的革命传统、理想、纪律教育。四是针对性地通报了一批不正之风和查处违纪案件的典型案例，对党员进行了遵纪守法教育。1987年以来，我们为使纪检工作真正成为促进改革的力量，把党性党风党纪教育贯穿于纪检工作的全过程。五是调动一切积极因素为两个文明建设服务，开展了对受处分党员进行回访的工作，加强了对受处分党员、干部的思想转化工作。经过回访和他们交心谈心，帮助他们认识错误，鼓励他们放下包袱努力工作，绝大多数受处分党员对自己所犯错误有了正确认识，能积极工作。这些工作，对于不断提高全县党员抵制歪风和防腐蚀能力，提高思想、政治素质，增强党性，实现全县党风好转，起到了一定作用。

（四）加强信访队伍建设

几年来，我们认真贯彻中纪委《加强县级信访工作座谈会会议纪要》精神，加强了对纪检信访工作的领导，明确了一名专职信访干部，并由一名副书记和一名常委分管信访工作。由于各级党组织的重视，明确了专兼职信访干部69人，加强了信访队伍建设，各区（镇）党委还建立了赶场天领导干部接待群众来信来访制度，及时解决基层存在的问题。三年中，接待处理群众来信来访898件（次），其中群众来信757件、群众来访141次，立案查处51件。通过处理这些案件发现了党风方面存在的问题，掌握了一批党员违纪案件线索，发挥了党内外群众的监督作用，进一步密切了纪委与群众的联系。

（五）加强纪检队伍建设

在县委的重视和支持下，纪委内部设置了纪律检查科、案件审理科和办公室等机构。各级党组织认真贯彻执行了县委〔1985〕3号文件，落实了全党抓党风责任制，加强了队伍建设，建立了纪检组15个，明确了专兼职纪检员85人，各基层党支部均按照党章规定选举了纪检员。这些组织建设人员配备后，处理了一批纪检信访信件和查处了大批违纪案件，这对端正党风、严肃党纪起到了重要作用。

此外，三年来我们配合政法、审计、工商等职能部门，遵照中纪委、中央政法委关于《必须严厉打击严重诈骗犯罪活动》的通报，必须把经济犯罪分子的嚣张气焰打下去的精神，立案查处经济犯罪案件20件，处理了19人。其中党纪处分3人，政纪处分4人，刑事处罚12人。追回赃款和赃物折款61434元，追回诈骗贷款25.1万元，追回欠款27万元，为国家挽回经济损失582434元，有力打击了经济犯罪分子的嚣张气焰，保证了我县经济体制改革和经济建设的顺利进行。

在回顾过去的工作，肯定成绩的同时，我们也必须清醒地看到我县在党风方面还存在的严重问题。确有少数党员，包括一些党员领导干部，经不起执政和改革开放的考验，有的以权谋私、假公济私，有的讲排场、摆阔气、奢侈浪费，有的弄虚作假、报喜不报忧，有的敷衍塞责、玩忽职守，有的任人唯亲、搞关系网，有的压制民主、打击报复，有的甚至敲诈勒索、索贿受贿。贪污和腐败现象危害了国家、集体和群众的利益，干扰了改革开放，影响了党和政府的威信，群众对此反应强烈，各级党组织都必须认真研究解决。

党的十三大会议，阐明了我国社会主义初级阶段的理论，提出了我们党建设中国特色社会主义的基本路线，确定了今后经济建设、经济体制改革和政治体制改革的基本方针，同时还确定了在改革开放中加强党的建设的基本方针，强调必须从严治党，严肃党纪。今后三年，我们纪检工作必须按照中央的这些指导思想来开展，并着重从搞好党风建设、严肃执纪，增强全党的纪律观念，健全党内生活，加强民主监督，加强纪检队伍自身建设等方面把新时期党的纪检工作提高到一个新的水平。

二、今后三年工作任务

（一）集中力量管好党纪

党的十三大指出："党的纪律检查委员会不处理法纪和政纪案件，应当集中力量管好党纪，协助党委管好党风。"我们的一个基本任务，就是维护党规党法，依照党章规定发挥好以下职能，保护党员的民主权益，使之不受侵犯。惩处违反党纪的党员，清除党内腐败分子，监督党的各级组织特别是领导机关、领导干部执行党的路线、方针、政策、决议和贯彻民主集中制的情况，教育党员遵纪守法、履行义务，发扬党的优良作风，增强反腐蚀能力。

认真查处党内违纪案件，是严肃党纪的中心环节。在查处违纪案件过程中我们必须坚持实事求是的原则，严格按照“事实清楚、证据确凿、定性准确、处理恰当、手续完备”的要求办案。对受处分党员认真进行回访登记，使案件的处理扎实可靠，经得起历史的检验。按照干部的管理权限，采取分级负责的办法，一级管好一级。结合瓮安实际，当前查处案件着重注意群众意见大、反映强烈的几个方面，利用职权牟取私利，侵犯群众利益，严重官僚主义，奢侈浪费和挥霍国家、集体财产，破坏党的民主集中制，侵犯党员民主权利等问题，特别是对那些钻改革空子，视企业为“唐僧肉”弄权勒索贪污盗窃等严重违法乱纪的腐败分子，都要按中央精神坚决清除，决不能心慈手软，姑息养奸。在改革开放过程中，党内反腐败的斗争是不可回避的，我们必须严格执行党的纪律，对干扰改革的违纪案件要一抓到底，纪检工作要切实保证改革的顺利进行。

纪检工作要认真处理好群众来信来访，发挥好纪检机关信访工作信息的特殊作用。纪检工作要主动与有关执法执纪机关配合协助，把关系理顺，在实践中努力探索管好党纪党风的新路子。

（二）搞好新时期的党风建设

纪委的一项重要任务是协助党委管好党风。全党抓党风，是党风建设上的一条成功的宝贵经验。党的十三大提出：“各级党组织要从繁重的行政事务中摆脱出来，集中主要精力抓好党的自身建设。”省委书记刘正威在全省纪检工作会上强调：“搞好党风建设是全党的责任，不能认为只是纪委或某个部门的事，必须全党抓。”执政党的党风问题关系到党的生死存亡，对党风建设内外都十分关心。党的十三大后，中央对党风的估价有两个要点，一个是党风的基本方面，主流是好的；一个是党风方面确实还存在问题，有些还比较严重。去年 12 月，中央书记处召开的两次党风建设座谈会提出，要把党风问题放在科学的基础上进行分析，以改革、制度建设和从严治党入手加强党风建设。这对我们各级党组织做好这方面的工作都具有十分重要的指导作用。

搞好党风建设是全党的任务，但关键在于党的领导。在党内存在不正之风的情况下，犯罪分子可以利用和助长不正之风，掩护、支持犯罪活动，并且成为滋生犯罪活动的温床。要从根本上铲除滋生不正之风的温床和土壤，就必须认真抓好党风建设。各级党委必须按照中央要求把党风建设放到重要的议事日程上来，真正形成全党抓党风的局面。领导干部要以身作则，严于律己，凡是要求下面做到的，领导必须自己首先做到，领导干部要理直气壮、旗帜鲜明地反对和抵制一切不正之风。

今后，在协助单位抓党风方面，我们纪律检查部门要配合好宣传、组织等部门，大力表彰在两个文明建设中涌现的大批思想解放、勇于探索、廉洁奉公、先人后己、不计较个人得失的优秀共产党员和先进党组织。把纠正不正之风贯彻于改革开放的过程，并从自己的实际情况出发，抓住危害严重的倾向性问题，集中力量认真加以解决。

（三）增强党的纪律观念

党的纪律，是实现党的路线、方针和政策的可靠保证，是维护党的团结、统一的有力武器，是保持党的先进性和纯洁性的重要条件。党的纪律，是对党员在自觉基础上带有约束性的行为规范，随着改革开放的扩大，商品经济的活跃，资本主义腐朽思想和封建残余思想对我们党的队伍的腐蚀和影响会有所增加，社会上一些原来已经绝迹的丑恶现象沉渣泛起，也会侵蚀党的肌体。鉴于我县目前在为数不少的党组织和党员中，纪律观念淡薄，纪律松弛的现象还比较普遍，如何使广大党员增强反腐蚀能力，从而胜利地接受执政和改革开放的考验，如何使党政机关在收入低的情况下继续保持全心全意为人民服务的思想和廉洁奉公的作风，这是摆在我们面前的新课题。中央反复重申党的纪律，强调增强党的纪律观念，要求各级组织和全体党员在政治上同党的十一届三中全会以来的路线保持高度一致，要求广大党员时刻牢记自己是共产党员。一切按照共产党员的标准要求自己，一切以国法党纪为准绳，要求广大党员带头维护和发展安定团结的政治局面。

随着经济、政治体制改革的深入而不断地有所发展，赵紫阳同志提出："经济要繁荣、党政机关要廉洁。"墨守成规是不对的，但以为改革开放就可以放松纪律则更是不对的。党章明文规定："坚决维护党的纪律，是每个党组织的重要责任，党组织如果在维护党的纪律方面失职，必须追究。"我们纪检组要配合有关部门对全县广大党员干部进行经常性的纪律教育，采取多种措施整改纪律，增强党员的纪律观念。

（四）努力使纪检工作成为促进改革的重要力量

改革，就是要促进社会生产力的发展，我们在改革开放这场深刻的社会变革过程中，由于新旧体制的交替，各种利益的调整再加上政策不配套，法制不完善，管理工作跟不上，出现这样那样的不协调、矛盾和乱子，是难以完全避免的。我们纪检干部应联系实际深入学习十三大文件精神，进一步解放思想，努力提高自己的思想政治水平和工作水平，努力适应改革形势发展的需要。不但要把握好是否有利于发展生产力是我们考虑一切问题的出发点和检验一切工作的根本标准，把检查党性原则同执行党的现行政策很好统一起来，满腔热情地支持、保护那些勇于改革勇于探索的同志，诚恳耐心地帮助那些因改革缺乏经验而出现失误的同志总结教训，鼓励他们继续前进，严肃处理那些钻改革空子、破坏改革、违纪乱法的人，而且要不断总结支持改革的新经验，推广改革中的新事物，努力使纪检工作成为促进改革的重要力量。

（五）继续加强纪检队伍的自身建设

加强对党的纪律检查工作的领导，搞好纪律检查队伍的建设是党的建设的一部分。由于纪检机关工作繁重，涉及面宽，政策性强，情况复杂，难度较大，加之我们从事纪检工作的同志在思想观念、政策水平、工作方法方面还有同新形势、新任务有许多不相适应的地方，目前需要进一步提高纪检干部的政治业务素质，加强各级纪检机构建设，下一步县纪委要有计划地组织全县专、兼职纪检干部集中培训，努力提高广大纪检干部的政策水平、思想水平、理论水平和工作水平。为充实和加强纪检部门工作，请县区两级党委把已定编了的专职纪检干部尽快配齐，各级党委都要支持保护敢于同违法乱纪行为和歪风邪气做斗争的纪检干部。我们从事纪检工作的同志要为新形势努力学习上级的一系列方针政策，不断加强自身的组织、思想和作风建设，提高办事效率；要认真处理好自觉接受党委的统一领导和监督其执行党的路线、方针、政策及贯彻民主集中制的情况，以及党员领导干部思想作风方面情况的关系，真正发挥好纪检机关在党内监督、教育、执纪的特殊作用。

同志们，新时期纪检工作任务艰巨，责任重大，我们相信，在中央和各级党委及上级纪委的领导下，有全县各级党组织、广大党员及人民群众的支持，依靠全体纪检干部的努力，一定能克服困难，为瓮安党风的好转，为实现瓮安经济腾飞做出新的贡献。

中共瓮安县纪律监察委员会
在中共瓮安县第七次代表大会上的报告（摘录）

（1991 年 6 月 26 日）

雷兆发

各位代表：

本届纪律检查委员会是 1988 年 7 月县的第六次党代表大会选举产生的。我受本届委员会的委托将三年来的工作向县的第七次党代表大会报告如下，请审议。

三年来的工作回顾

三年来，县纪委在县委和州纪委的直接领导下，认真贯彻执行党的路线、方针、政策，积极完成上级纪委、县第六次党代表大会为纪检工作规定的任务。在治理整顿、深化改革中，紧紧围绕严肃党纪、端正作风，为保证我县经济发展和改革开放的顺利进行，主要做了以下工作。

一、协助党委抓党风建设，加强党性党风党纪教育

执政党的党风问题，关系到党的生死存亡。党风建设，党内外都十分关心。全党抓党风，是党风建设上的一条成功的宝贵经验。我们纪检机关在协助党委抓党风建设方面，始终把教育党员、提高党员素质作为一项长期的工作任务来完成。工作中坚持预防为主、教育为主的方针，组织党员系统地学习了《中国共产党章程》《党内政治生活的若干准则》《中共中央关于加强党同人民群众联系的决定》，转发了中纪委《对参与嫖娼、卖淫活动的中共党员及有关责任者党纪处分的暂行规定》《关于对妨碍违纪案件查处的党组织和党员党纪的处分的规定（试行）》《关于共产党员在经济方面违法违纪党纪处分的若干规定（试行）》《关于共产党员违反社会主义道德党纪处分的若干规定》等党员行为规范文件，要求各级党组织认真组织党员学习。同时，纪委的主要领导分别在党校举办的区乡级干部培训班，县直属机关党委组织的党员、积极分子培训会等会上对与会同志进行党风党纪教育，并利用违纪案件的典型案例进行教育。三年来，我们共印发剖析典型案例，找出违纪原因这类通报九期，我们在查处珠藏乡党政干部集体贪污私分公款一案后，写了题为《被贪欲“吃”掉的领导班子》的案例分析，被省纪委采用，作为党内教育材料刊登在《结案后的反思》一书中。各区（镇）党委，各纪检组也通过各种会议、到基层党校授课等形式对广大党员干部进行党风党纪教育。对受处分的党员进行回访教育，帮助受处分党员认识错误，痛改前非。通过做艰苦细致的思想教育工作，绝大一部分受处分的党员能悔过自新，重新做人，在工作中发挥应有的作用，有的还被评为先进工作者，受到了组织的表彰。我们还利用电视录像进行教育，县纪委购了党风党纪录像五部，先后在县的三干会、纪委全委扩大会、县委年终表彰会及各区（镇）的有关会议上播放，同时利用闭路电视进行播放。

在抓党风党纪教育的同时，积极协助县委抓以纠正行业不正之风及廉政制度建设为主要内容的党风建设，认真贯彻上级纪委和县委有关加强廉政制度建设的精神。1989 年县委

对如何贯彻省的廉政制度建设会议提出的八点意见和加强廉政建设的实施意见，以及县委领导在各种会议上所作的关于廉政制度、党风建设的报告，纪委要求各区（镇）党委、县直机关党组织、各级纪检组要根据各自的具体情况，制定和完善各种规章制度，本单位什么问题突出就纠正解决什么问题，做到严格执行制度，办事公开，接受群众监督。各级党组织在县委的统一领导和部署下，制定了廉政建设制度。如县工商局党支部针对部门工作性质制定了对内“五公开”、对外“六公开”的廉政措施，坚持党风廉政建设常抓不懈。据不完全统计，近两年来，仅工商系统职工就拒贿80多人次，拒贿金额3000多元。多数区乡、部门制定了“两公开、一监督”制度，公开接受群众的监督。这些制度的贯彻执行，增强了党政机关的廉洁和工作的透明度。纪委坚持一年一度的党风党纪检查，通过召开各种座谈会，收集了解全县党风情况，及时向县委提出党风建设的建议。

在1989年至1990年间，根据县委安排，由纪委牵头，在监察局、财政局、审计局等部门的密切配合下，对全县干部职工挪用拖欠的公款公物进行了清理，共清出干部职工挪用拖欠的公款1311955元，其中干部职工借欠款771825元、职工营业差货短款540130元，均由部门做出了处理。

纪委在治理整顿、深化改革过程中，积极参与了县的清房工作，对全县干部职工“三违”占地建私房进行了清理，全县共清出干部职工“三违”占地私建房131户，现已处理兑现127户；参与了“三查”清理整顿公司，清理整顿再建项目等工作。积极参与了县的“双清”工作，对在1989年发生的政治风波中全县党员干部的言论及行动情况进行了清理和调查，配合县财政局对全县违控购买小车的不正之风进行了清理。根据群众检举，对部门区、乡用超生罚款和计划生育押金乱发奖金进行了清理，查处违纪金额142397.94元，并及时向县委汇报和通报全县。县纪委还制定了党员违反计划生育的量级规定。这些工作，使我县党风建设得到加强，行业不正之风得到遏制，各级党组织和广大党员和人民群众的联系进一步密切。

二、严肃执纪，认真查处党内违纪案件

三年来，我们坚持实事求是的原则，严格按照“事实清楚、证据确凿、定性准确、处理恰当、手续完备”的要求，严肃认真地查处了一批违纪案件。查处中把群众反映强烈的渎职、贪污受贿案件作为重点来抓，查处贪污受贿党员21人，金额81619.04元。

三年来，共审结党员违纪案件226件，挽回经济损失40多万元，处分违纪党员247人（占全县党员总数的8551人的2.89%）。其中：开除党籍70人，留党察看127人，撤销职务3人，党内严重警告20人，党内警告27人。按其错误的性质分：贪污受贿21人、违法乱纪18人、道德败坏3人、赌博1人，违反计划生育政策187人，其他17人。按级别分：区局级干部5人，乡股级干部30人，一般干部15人，一般党员197人。

三年中，为留党察看处分期满、表现好、未犯新错误的100名同志按期恢复了正式党员权利。在查处中，我们坚持“惩前毖后、治病救人”的方针，对那些犯有一定错误、认错态度好、主动检查交代、积极改正错误的同志，给予批评教育，免予党纪处分；同时对那些受到错告、误告的同志，也给其澄清了问题，保护了他们的积极性。为了发挥监督职能部门的整体效能，由纪委牵头，从1989年3月起，定期召集了有检察院、监察局等职能部门参加的案件检查联席工作会议16次，加快了办案速度，保证了办案质量，通过这些工作，提高了党在群众中的威望，教育了犯错误的同志和广大党员，严肃了党的纪律，纯洁了党的组织。

三、加强纪检信访工作，密切党和人民群众的联系，保护党员的民主权利

纪检信访工作是党的群众工作的一部分，是维护党内外群众民主权利，对党员尤其是党员干部实行有效监督的重要手段，是领导机关了解情况的重要渠道，是违纪案件的重要信息来源之一。三年来，我们加强了纪检信访工作的领导。首先是加强信访组织建设，在内部机构中增设了信访室，各区（镇）也分别建立了信访领导小组，由分管书记任组长，乡、村和大部分村民组配备了兼职信访员；二是各级领导重视信访工作，亲自督促纪检干部查办信访案件；三是各级领导和纪检干部实行挂牌办理接待来信来访者；四是制定落实了信访工作目标管理责任制，认真贯彻执行了中共中央《关于加强党同人民群众联系的决定》和全国第二次纪检信访工作会议的精神。三年来，我们共受理党内外群众来信来访472件（次）。其中举报控告462件（次）、申诉10件（次）、重越信访28件（次），达到了上级纪委要求的重越信访率下降到15%以下的要求，共办结461件，办结率97%。本届期间群众来信来访比上届的898件次下降了47.4%，信访下降的主要原因是：干部法制观念增强，违纪案件减少；干部作风转变，帮助群众解决实际问题，将问题解决，消化在基层。三年来，我们实现了信访“五率”达标，通过处理人民来信来访，掌握了一部分党员违纪案件的线索，发挥了党内外群众的监督作用（我们查处的党内违纪案件，70%左右的线索来源于信访渠道），密切了各级党组织和党内外群众的联系，帮助群众解决了一些实际问题。

四、加强纪检机关的自身建设，不断提高纪检干部的素质

为了适应新形势下纪检工作的需要，必须加强纪检机关的自身建设。三年来，我们着重抓两件事：一是建立健全纪检工作网络。按照省的纪检工作会议精神，在县直机关二级机构的党组织新建了8个纪检组，新增专职纪检干部12人，现全县共有纪检组25个，专兼职纪检干部73人，从而加强了纪检队伍的力量；二是加强了纪检干部的政治、业务学习，我们始终把学习党的路线、方针、政策，把纪检干部的思想政治教育放在重要位置，要求纪检干部坚持原则、廉洁奉公，敢于同党内不正之风及违纪行为做斗争。为使全体纪检干部在政治上、思想上、行动上和党中央保持高度一致，我们做了大量工作：在1989年春夏之交发生的政治风波中，我们通过召开会议，编发通报、简报、下发文件等形式，组织全体纪检干部认真学习了党中央、国务院、中纪委的一系列文件精神，学习了江泽民、邓小平、李鹏等领导同志的讲话，从而统一了全体纪检干部的思想和行动，使广大纪检干部在实际工作中坚持四项基本原则，反对资产阶级自由化，带头坚守工作岗位、恪尽职守，以高度的政治责任感，坚强的党性原则，坚决维护和严肃执行党的纪律。

1990年和1991年初，我们还认真学习党的十三届六中、七中全会精神。在贯彻落实过程中，始终坚持了“一个中心、两个基本点”，转变了工作作风，深入基层为民办实事，密切了党群关系。在学习七中全会精神时，结合学习了省委、州委、县委全委扩大会议精神，并以纪委〔1991〕5号文件发出通知。要求全体纪检干部要更好地服务于、服从于经济建设工作，纪检工作要为改革开放、搞活经济“保驾”，要求纪检干部要深入实际，调查研究，及时发现改革开放和经济建设中的新情况、新问题，了解熟悉经济工作，掌握经

济建设中的客观规律和要求，树立全局观念，把原则性和灵活性结合起来，把惩处和保护结合起来，正确对待改革中的是非问题，实事求是地处理涉及经济问题的案件，真正做到保护改革者、鼓励探索者、帮助失误者、惩处违纪者。

有计划地对纪检干部的业务素质进行培训。除了坚持平常的以会代训外，1990 年 6 月份，我们对全县的专兼职纪检干部 65 人进行了为期 9 天的系统业务培训。参加培训的纪检干部通过系统的学习研讨，业务能力有很大提高。由于掌握了有关政策界限及办案程序，办案质量有较大的提高，新手对党的纪检业务熟悉较快，业务培训前后办理的案件质量大不一样，反复取证，吃“二道饭”，跑回头路的少了。三年来，我县纪检工作发展较快，取得了一定的成绩，县纪委 1989 年度被州纪委评为先进单位，信访室连续三年被州纪委评为先进集体，纪委信访室、中坪区纪检组及两名专职纪检干部分别被省纪委评为先进纪检组织、优秀纪检干部。这些成绩的取得，是与县委的正确领导、有关部门的密切配合、全县各级党组织、广大党员干部、群众的支持分不开的。

在回顾过去的工作，肯定成绩的同时，我们也必须清醒地看到，我县党风方面还存在不少问题。在改革开放，搞活经济的过程中，确有少数党员，包括一些党员领导干部，经不起改革开放的考验，滥用职权搞行业不正之风，以权谋私，搞钱权交易，甚至贪污盗窃，索贿受贿等违反党纪的现象也时有发生。这些腐败现象，损害了国家、集体和群众的利益，干扰了改革开放，影响了党和政府的威信，群众反映强烈，各级党组织都必须认真研究解决。

由于我们还处于社会主义初级阶段，法制不够健全，监督制约机制也不够完善，客观上有种种原因的束缚。主观上我们努力不够，有畏难情绪，有些工作关系没完全理顺，深入实际调查研究少，执纪不严现象确有存在，使得我们的纪检工作离党中央的要求和人民群众的希望有一定差距。要实现党风、民风、社会风气的根本好转，我们今后的任务还十分繁重。

今后工作的意见

纪检工作在指导思想上必须明确，维护党的章程和其他重要的规章制度，协助党委整顿党风，检查党的路线、方针、政策和决议的执行情况，是党的纪律检查机关的主要任务。必须坚持教育为主和严格执行纪律相结合的方针，依照党章规定，发挥好以下职能：保护党员的民主权利，使之不受侵犯；惩处违反党纪的党员，清除党内腐败分子；监督党的各级组织，特别是领导机关、领导干部执行党的路线、方针、政策、决议和贯彻民主集中制的情况；教育党员遵纪守法、履行义务，发扬党的优良作风，增强反腐蚀的能力。

为确保我县十年规划和“八五”计划的顺利实施，保证这次党代会提出的奋斗目标、方针和任务的实现，今后三年，全县纪检工作必须在党委的统一领导下，紧紧围绕党的基本路线，抓好以下几个方面。

一、继续深入学习、贯彻中央十三届七中全会精神，保证中央决策的顺利实施

党的十三届七中全会通过的《中共中央关于制定国民经济和社会发展十年规划和“八五”计划的建议》，深刻总结了十一届三中全会以来社会主义建设和改革的经验，科学分析了国际国内形势，提出了今后十年和第八个五年计划时期，我国国民经济和社会发展的

基本任务及方针政策，进一步明确了第二步战略目标，为本世纪内我国的社会主义现代化建设指明了方向，是指导我们把建设有中国特色的社会主义事业继续推向前进的纲领性文件。按中纪委第七次全委会要求："各级党组织，全体共产党员必须认清形势，振奋精神，同心同德、步调一致，坚决保证中央提出的奋斗目标和方针政策的贯彻落实。"在今后的工作中，要继续深入学习七中全会精神，坚持纪检工作为党的基本路线服务的指导思想，坚定不移地贯彻执行党的十一届三中全会，十二大、十三大以来确定的各项重大方针政策及各级党委的决议、决定，纪检工作必须保证党的基本路线的贯彻执行，服从于、服务于经济建设这个中心。

二、积极协助党委抓好党风建设，增强党员拒腐防变能力

党风问题是关系到党的生死存亡、人心向背的大问题，各级党组织必须引起高度重视，要坚持不懈地抓好党风建设，全县纪检干部要振奋精神，坚持从严治党，努力为加强廉政制度建设和搞好党风建设做贡献。按照中纪委提出的进一步加强党风党纪和廉政建设，继续抓好六中全会《决定》的贯彻落实，充分相信和依靠群众，加强党内监督，协同有关部门扎扎实实地解决群众反映强烈的问题，发扬党的优良传统和作风，增强党的凝聚力和战斗力，坚持不懈地开展党风党纪教育，组织广大党员认真学习党的基本知识，掌握、了解、熟悉各项规章制度，增强广大党员的纪律观念和反腐蚀能力的要求，全体纪检干部要积极主动地协助党委管好党风，采取多种形式进行党风党纪检查，配合组织、宣传、机关党委等部门，开展党规党风教育，抓党性党风党纪教育，纪检干部责无旁贷。为防患于未然、立足于教育挽救，使惩治腐败达到既治标又治本的目的，要认真贯彻教育为主、预防为主的方针，结合实际，采取多种形式对党员进行生动的、形象的党性党风党纪教育，增强党员的党纪观念。

三、集中力量管好党纪、严肃查处党内违纪案件

查处党内违纪案件是惩治腐败的一项重要内容，是严肃党纪的中心环节，是从严治党的重要措施，中纪委要求："要坚持从严治党的方针，坚决同腐败现象作斗争。严肃查处有令不行、有禁不止和贪污盗窃、行贿受贿、敲诈勒索、违反财经纪律、严重官僚主义和以权谋私等违纪违法案件。严格执行纪律，维护国家和社会的稳定，努力为经济建设和改革开放创造良好环境。"全县纪检组织和纪检干部要充分认识维护党纪，查处党内违纪案件的极端重要性，继续把查处案件工作摆在重要位置上，充分认识到整饬党的纪律、严肃查处违纪案件、清除腐败分子，是各级党组织和纪检干部光荣而艰巨的任务。在查处党内违纪案件时，各级党组织要加强对案件查处工作的领导。纪检机关要主动发挥作用，进一步加强对案件查处工作的领导。纪检机关要主动发挥作用，进一步加强与有关执纪执法部门的配合，充分发挥监督部门的整体效能；纪检干部要秉公执纪、无私无畏，不惧强暴、弘扬正气，坚决抵制，纠正"谋私有理"论，坚持"违纪必究、纪律面前人人平等"的原则。要重点查处那些带有倾向性、群众反映强烈、严重损害党和政府形象的党内违纪案件，集中力量管好党纪。

四、坚定不移地支持和保护改革开放，为瓮安县的经济建设健康发展"保驾护航"

党的十三届七中全会和省委、州委、县委扩大会议，都强调党的各级组织和广大党员，必须坚定不移地把工作重点转移到经济建设上来，要一心一意地搞好经济建设，全县纪检

工作干部要坚持以经济建设为中心，坚持四项基本原则，坚持改革开放，深入经济建设第一线，了解、熟悉情况，满腔热情地支持保护改革开放，使纪检工作成为促进改革开放的重要力量。今后纪检工作在为改革、开放、搞活经济的服务中，要注意解决以下问题：一是要牢固树立服务的观念，增强服务意识。确立支持和促进经济建设的指导思想，为经济建设服务，为促进生产力发展和社会全面进步服务，既要忠于纪检职责，又要保证完成党的中心任务。二是要正确履行保护职能，充分尊重和保护企业的权利。企业滥用权利是违纪行为，有关部门对企业的不正当干预、限制和侵犯同样是违纪行为。三是要严格执纪，惩治腐败。在查处经济案件中，把原则性与灵活性结合起来，注重区分为公与为私的界限，正当交往和非正当交往的界限，合理报酬与非法所得的界限，追求经济效益与“一切向钱看”的界限，工作失误与失职、渎职的界限。围绕促进经济建设来执纪办案，对破坏经济建设的行为，以权谋私等腐败现象，要旗帜鲜明地予以惩治。四是要在理解和参与中强化监督，在强化监督中加深理解和参与。纪检工作与企业，本着参与不横加干预，监督不阻碍搞活的精神，开展正常的党内监督，为瓮安经济建设“保驾护航”，使纪检工作真正成为支持和促进改革开放的重要力量。

五、加强纪检机关的自身建设

中纪委强调：“要适应新形势、新任务的要求，切实加强纪检机关的自身建设，提高纪律检查工作的整体水平，以卓有成效的工作，保证党的路线和各项方针政策的贯彻执行。”当前形势和今后任务对纪检工作提出了越来越高的要求，要使我们的认识和工作适应新的形势，必须努力提高纪检干部的政治思想和业务素质。全县纪检干部在思想建设上要继续贯彻执行中央六中全会的决定，转变工作作风，深入实际、深入群众，为民办实事；在组织建设上要尽量保持纪检队伍的相对稳定，对于缺编人员，请各级党委重视，积极选好干部，尽快将人员配齐配好，以适应工作的需要；在制度建设上，要认真执行上级纪委的目标管理责任制，促进纪检工作的规范化。不断提高工作效率，努力搞好纪检调研工作，理论联系实际地研究，探讨新形势下纪检工作面临的新情况、新问题，揭示出带规律性的东西。在业务培训方面，要采取集中培训和以会代训相结合的方法，经常对专兼职纪检干部进行培训，进一步理顺工作关系，不断提高纪检干部的政治觉悟、业务能力。

同志们，新时期纪检工作任务艰巨、责任重大，我们相信，在党的十三届七中全会精神的指导下，在县委和上级纪委的正确领导下，在全县各级党组织、广大党员及人民群众的支持下，我们一定能够克服前进中的困难，使全县纪检工作跃上一个新台阶，为瓮安县党风的根本好转，为瓮安十年规划和“八五”计划的实施做出新的贡献。

中共瓮安县纪律检查委员会
在中共瓮安县第八次党代表大会上的工作报告（摘录）

（1996 年 10 月 23 日）

刘仕刚

各位代表：

我受中国共产党瓮安县第七次纪律检查委员会的委托，向大会报告工作，请予审议。

一、五年来的主要工作

在县委和省、州纪委的领导下，牢固树立纪检监察工作为贯彻落实党的基本路线服务的指导思想，紧紧围绕经济建设这个中心，坚持四项基本原则，坚持改革开放，认真贯彻执行从严治党的方针，深入开展党风和廉政建设，与消极腐败行为和现象进行了严肃的斗争，在促进我县改革开放、经济发展和社会安定团结方面发挥了积极的作用。

（一）坚持以经济建设为中心，支持和保护我县的改革开放，促进经济建设的健康发展。“发展才是硬道理”。改革开放和发展生产力，是建设有中共特色社会主义的必然要求。我们把支持保护改革开放，促进我县经济建设健康有序地发展，作为纪检监察工作的出发点和归宿，积极探索深化改革，发展经济的途径。

端正纪检监察工作的指导思想，强化为改革开放和经济建设服务的意识，县纪委把全面理解和正确执行党的基本路线，作为提高纪检监察工作的整体水平的首要任务来抓。深入学习邓小平同志建设有中国特色社会主义理论和党的十四届三中、四中、五中全会精神，全县各级纪检监察干部进一步认识到，党风的好与坏关系到党的生死存亡。纪检监察工作必须服从于和服务于党的基本路线，服务于经济建设这个中心，在反腐败斗争中，提高反腐败斗争的积极性，为我县的改革开放和经济发展保驾护航。

深入实际，调查了解经济建设的全局。全县各级纪检监察机关把深入实际、调查新情况、了解新问题、总结新经验，作为为改革开放和经济建设服务的宗旨。全县 23 个乡镇纪委、17 个机关纪委、纪检监察组均先后建立了支持改革工作的联系点，经常了解和反映深化改革、扩大开放中的“热点”和“难点”问题。围绕党和国家有关深化改革的重大决策在我县更好地实施，分别就如何搞好企业，以“两公开、一监督”为主要内容的廉政制度建设，发展个体私营经济和乡镇企业，规范党政机关干部分流创办经济实体的行为等，开展了专题性调查研究。通过与一些企业和经济管理部门的同志接触，逐步增进了理解，与此同时，积极开展了进一步解放思想的大讨论，使全县纪检监察干部的思想、观念更贴近改革开放的实际，拓宽了纪检监察工作的视野。同时，县纪检监察机关和各级纪检监察机关参与了同级党政组织领导有关深化改革的决策及实施活动。参与有关职能部门拟定有关支持企业搞活生产经营方面的措施，尽管不够完善，但起到了支持我县改革、发展经济的作用，并对企业在转换经营机制中出现的问题和困难，及时向党委和政府汇报。

（二）坚决惩治腐败，严肃查处各种违纪案件。全县各级纪检监察机关坚持从严治党，严肃党的纪律，五年来，认真查处各种违纪案件 144 件、161 人，给予党纪处分的 126 人，党内批评教育 5 人，给予政纪处分 26 人，行政批评教育 4 人。在受到党纪处分的 126 人中，开除党籍 69 人、留党察看 42 人、严重警告 9 人，警告 6 人；科局级干部 10 人，股所站级干部 22 人，一般干部 26 人，一般党员 68 人。

全县各级纪检监察机关把履行好惩处职能，查处违纪案件，作为严肃纪律的中心环节来抓。县纪检监察机关实行主要负责人统管，常委包案，层层负责，一级抓一级的办案责任制。根据省、州纪委和县委的要求，1991 年以来，建立由县纪委牵头的各执法监督部门有关负责人参加联席会议制度，各司其职，相互配合，有力地查处了一批大案要案。不少乡镇纪委还实行了书记接待日，利用赶场天或节假日接待来访群众，方便群众举报，密切了党群关系，扩大了案件线索来源。五年来，县纪检监察机关共受理人民来信 907 件，其中重信和多投信147件，接待人民来访96人（次），已查处的违纪案件中，有85%的案件是通过来信来访的渠道举报反映出来的。

严肃党的政治纪律，保持党在思想上、政治上的高度一致。我们把保持党在思想上和政治上的高度团结统一，作为严肃党纪的重要任务来抓。县纪检监察机关积极配合组织、人事部门开展了一年一度的干部考核和考察工作，加强了对各级党组织和党员干部贯彻执行党的路线、方针和政策情况的监督检查，从而维护了党的政治纪律。

严肃查处干扰、破坏改革和经济建设的违纪案件。全县各级纪检监察机关把查处贪污贿赂、敲诈勒索、利用职权谋取私利、严重官僚主义使国家和集体蒙受重大损失，以及与经济犯罪分子相勾结，坑害国家和群众等败坏改革声誉，阻碍经济建设的违纪案件，作为纪检监察机关为我县改革和经济建设服务的重点。五年来，查处经济方面的违纪案件29件、40人，处分经济方面违纪的党员28人，有12名干部受到了行政纪律处分，为国家和集体挽回经济损失431429.61元。

同时，对收到举报，经调查核实构不成违纪的5名同志和不够纪律处理的10名同志作了组织调查结论，对受到错告、误告的10名同志澄清了是非，保护了一批干部。

此外，受理不服纪律处分的申诉案件3件、17人。本着有错必纠、不错不纠、错多少纠多少的原则，对处理偏重的11人改变了原处分决定，维持原处分决定的6人。

五年来，各级纪检监察机关按照“事实清楚，证据确凿，定性准确，处理恰当，手续完备”的要求，正确区分是非界限，严格执行党的政策，确保了案件的质量。

（三）抓好干部廉洁自律，开好专题民主生活会。根据中纪委和中组部的规定及省、州、县委的要求，县纪委积极与县委组织部配合，对我县的6个县级单位、98个科局、23个乡镇、254个乡镇站所和7个国有企业，均在每年的7月和12月先后召开了领导干部廉洁自律专题民主生活会。五年来，参加专题民主生活会的县（处）级以上领导干部630人（次），科局级领导干部2325人（次），乡镇领导干部1060人（次），基层站所负责人1240人（次），国有企业领导干部60人（次）。在民主生活会上，严格按照领导干部廉洁自律的十四条规定31个不准，认真开展了自查自纠，从而使各级领导干部进一步明确了政策界限和行为规范，增强了廉洁自律意识。

认真清理领导干部违反规定乘坐超标准小轿车和违反规定挂公安车牌号。1995年5月，县纪委监察机关与县公安部门等有关单位配合，对我县1992年7月以来购买的各类小车进行了清理，全县购买的124辆小汽车中有超标准的小轿车4辆。经州委、州政府批准，对不属于清理范围的3辆小轿车启封使用，对违反规定的1辆小轿车由省公产处作变卖处理，收回车款30余万元。对清出挂公安牌号的15辆小轿车，已全部更换为地方车牌号。

认真清理领导干部违反规定购买、建私房、集资建房和用公款超标准装修住房。全县16名（含离退休）县（处）级以上领导干部中，有109名购买了公有住房，购买面积为7542.94平方米，有6名不同程度的超规定面积共42.72平方米，对超标准部分，已按省办发〔1996〕10号文件规定进行了处理，收回超标准部分购房款7455.36元。同时，对科局级领导干部违反规定购房、建私房、集资建房和用公款超标准装修住房进行了清理。全县745名（含退休）科局级领导干部中，有407名购买了公有住房，购买面积为25935平方米，有186名不同程度的超规定面积共2954平方米，待进一步清理核实后按照有关规定作出处理。

（四）开展专项治理，狠刹群众反映强烈的不正之风。抓住群众反映强烈的在公路上乱设卡、乱收费、乱罚款，中小学乱收费，农民乱摆摊、乱收费等问题开展了行业不正之风的治理。一是在公安和交通部门的积极配合下，1994年初，集中时间对县境内公路上设的8个检查收费站进行清查，已全部撤除，没有出现回潮，我县境内公路“三乱”得到有效制止。二是在县教育行政部门的大力支持配合下，对部分中小学乱收集资费、活动费等情况进行了清理纠正，共清退乱收费金额102521元，有效地制止了中小学乱收费的蔓延。三是切实减轻农民负担，清理废除加重农民负担的有关文件。1993年以来，我们积极配合县农牧部门，清理废除加重农民负担的收费文件10个，取消不合理的收费项目42项。从抽查的情况看，农民负担控制在上半年纯收入5%以内。四是配合有关部门，对党政机关无偿占有企业钱物进行了清理，共清理纠正了违反规定无偿占有企业资金5963元。五是围绕开展廉政制度建设，积极配合单位对群众意见大、问题较多的行业和部门进行了整顿，纠正了农产品收购、农业生产资料提供中的行业不正之风，维护了农民的合法权益。

（五）认真开展党风党纪教育，提高广大党员遵守和维护纪律的自觉性。县、乡纪检监察机关，在进行每年年初的工作安排时，都拟定了党风党纪教育计划，对党风党纪教育的主要内容、任务、目标提出了要求。在实施过程中，针对我县党内违纪案件发生的原因、特点，采取了形式多样的教育活动。一是在每年的“七一”期间，组织党员进行不同形式的报告会、座谈会，对党员进行党的优良传统作风教育。二是利用县、乡党校举办培训班，对党员进行全心全意为人民服务的宗旨教育。三是利用有线广播电视，组织党员收看《夕阳在晚秋中沉沦》和《百万特大贪污案的反思》等十余部电教片，对党员进行党纪党规和反腐倡廉的教育。四是利用反腐倡廉演讲会，将正反典型案例编写成典型材料进行演讲，对党员进行职业道德和职业纪律的教育。五是开展《党风党纪百题知识竞赛》等，通过多种形式的教育活动，增强了全县各级党组织和广大党员的纪律观念和维护党规党纪的自觉性。

（六）加强纪检监察机关组织建设，不断提高纪检监察干部的素质。县纪委监察局机关按照党中央确定的“一个机构两个机关名称，履行两种职能”的体制和省、州的部署进行合署办公的工作，准备工作于1993年6月20日结束。在合署办公筹备期间，广泛征求意见，从实际出发，本着精简、高效的原则，制订比较合理、可行的合署方案，合并职能相近的内部科室，保留职能不同科室，增设工作需要机构，加强力量薄弱的科室。合署后的机关内设机构比合署前减少12.5%。在合署期间，尽快理顺职能关系，制定和完善各项工作制度，认真履行“两种职能”。合署后，集中精力、集中时间，组织本机关干部学习纪检监察业务知识，使纪检监察工作人员尽快地进入角色。

五年来，我县纪检监察机关的建设得到了进一步加强，纪检监察队伍得到了进一步充实。在县委的领导和组织部的支持下，全县23个乡镇纪委、16个机关纪检监察组都配备了专职或兼职纪检监察干部，充实了队伍。

为了提高纪检监察干部的业务素质，加强培训工作，一是集中纪检监察干部进行短期业务知识的培训学习，共培训了纪检监察干部178人（次）。二是选送了5名干部到中纪委监察部举办的业务培训班进行学习，选送了4名干部到省纪委监察厅举办的业务培训班进行学习。除此之外，还选送了14名干部到贵州民院、省委党校和省教委等单位在瓮安举办的大中专班进行深造。

全县纪检监察系统先后涌现出了一批先进集体和先进个人。受到省、州、县表彰的纪检监察先进集体7个，先进个人5名。

五年来，我县各级党委、政府切实加强了对纪检监察工作的领导，各级纪检监察机关为加强党风廉政建设和反腐败做了大量工作，取得了一定成绩。我县各级党组织是坚持“两手抓”，重视和支持纪检监察工作的，广大党员干部是廉政勤政、积极投身于改革开放和经济建设的，各级纪检监察机关和纪检监察干部是尽职尽责、敢于同腐败现象进行斗争的。绝大多数党员和干部是清正廉洁的，党风的主流是好的。

但是，还必须看到：五年来，我县的党风廉政建设还存在一些问题。党政机关、司法、行政执法和经济管理部门的违纪违法案件时有发生，以权谋私为基本特征的消极腐败现象和一些行为、部门的不正之风未得到有效制止，少数地方单位部门小团体注意掩盖助长了消极腐败。这些问题的产生，主要在于少数单位和部门执行“两手抓，两手都要硬”的方针不够有力，思想政治工作薄弱。从计划经济体制向市场经济体制转换时期的法制纪律体系还不完备，在监督和管理上存在一些薄弱环节，纪检监察机关的工作不够得力。总之，我县党风廉政建设和反腐败将面临着新的情况和新的问题，必须时刻保持清醒的头脑。

二、五年工作的体会

（一）党委重视支持，是搞好纪检监察工作的关键。五年来，各级党委政府对纪检监察机关的工作非常重视，为纪检监察机关解决了查办案件所需的物力和经费等困难，为查处违纪案件提供了有利的条件。

纪检监察机关在党委政府的领导下开展工作，取得党委政府的重视和支持，是搞好纪检监察工作的关键。在工作中，我们主要采取了“三主动”的方法，即主动向党委政府汇报工作，争取党委政府的了解支持，主动反映群众意见和党风廉政建设的情况，并结合实际提出落实的计划和措施，列入党委政府的议事日程，主动承担党委政府交办的任务，以中心工作带动纪检监察业务工作的开展，落实好反腐倡廉的各项任务。

（二）正确执行党的基本路线，坚持“两手抓，两手都要硬”的方针不动摇。我县党风廉政建设和反腐败斗争中的一些问题可以说明，群众反腐败积极性的高与低，惩治腐败成效的好与不好，无不与执行中央“两手抓，两手都要硬”的方针是否坚决紧密相关。坚持“两手抓，两手都要硬”的方针，纪检监察工作要紧紧围绕经济建设这个中心，时刻防止和纠正游离于中心任务之外甚至干扰中心任务的现象，紧贴改革开放、发展经济的实际，时刻防止和解决脱离实际生搬硬套。坚持“两手抓，两手都要硬”的方针，就是要坚持党的基本路线，坚持用“三个有利于”标准判断是非。在抓住经济建设这个中心的同时，坚决反对腐败，在促进改革深化、发展经济的同时，坚决纠正打着改革旗号钻改革空子的行为。

（三）落实三项任务和履行四项职能，提高纪检监察工作的整体水平。党章赋予纪检机关维护党的章程和党内其他法规，协助党委加强党风廉政建设，检查党的路线、方针、政策和决议执行情况的三项任务，纪检工作负担“保护、惩处、监督、教育”的四项职能，是党的纪检工作长期实践经验的科学总结，是为党的基本路线服务的保证。在新的形势下，不仅要求纪检干部要坚决维护党章和党内其他法规，协助党委抓好党风廉政建设，努力为党的路线、方针、政策和决议的贯彻执行排除阻力和干扰，也要求纪检监察干部树立解放思想、实事求是的观念，把邓小平同志提出的“三个有利于”标准与执行纪律标准正确统一起来，用辩证的观点判断是非，正确执行量纪，正确处理社会主义市场经济中出现的新情况和新问题，支持和保护改革者，惩治腐败者，更好地为党的基本路线服务。

（四）深入调查研究，了解新情况，解决新问题，才能使纪检监察工作保持生机和活力。在改革开放新形势下出现的新情况和新问题，往往是利与弊相伴，是与非共存，简单地进行处理，容易挫伤党员和干部的积极性。加强对新形势下出现的新情况、新问题的调查研究，特别是对群众反映强烈的“热点”问题进行调查研究，从现行体制管理和监督上找准问题的症结所在，有针对性地提出相应的对策，着力于调动广大群众搞好改革开放发展经济的积极性，保持党和人民群众的血肉联系，有效地排除改革开放和经济建设中的各种阻力和干扰。

三、今后工作的建议

今后五年，我县党风廉政建设的基本任务是：在邓小平同志建设有中国特色社会主义理论和党的十四届四中、五中、六中全会精神指引下，坚持党的基本路线，坚持“两手抓，两手都要硬”的方针，紧紧围绕经济建设这个中心，联系实际开展反腐败斗争，加强党风廉政建设，努力实现县第八次党代表大会确定的各项任务。

（一）切实加强党风廉政建设，为贯彻落实党的基本路线服务。加强我县党风廉政建设，全面贯彻执行党的基本路线，增强以经济建设为中心的观念，强化为改革开放和经济建设服务的意识，树立在建立和完善社会主义市场经济体制过程中开展反腐败斗争的思想，积极推动我县的深化改革和经济建设的顺利进行。

全县各级纪检监察机关要结合深化改革措施和行政、经济重要决策的实施深入开展调查研究，了解新情况、解决新问题、总结新经验，制定完善纪律和制度，及时规范党员和干部的行为。实行惩治腐败与表彰先进相结合，克服消极腐败现象与加强党风党纪教育相结合，纠正行业不正之风与完善各项规章制度相结合，逐步走出一条既靠纪律、法制，又靠提高广大党员和干部的思想觉悟来加强党风和廉政建设的新路子。认真贯彻“一要坚决，二要持久”的方针，既要取得明显的阶段性成效，又要坚持不懈，与消极腐败现象进行长期的斗争。

坚决维护中央的权威，保证党和国家大方针在我县的贯彻落实。加强信访举报工作，切实密切党同政府与人民群众的联系，保护广大党员干部和群众建设有中国特色社会主义和发展瓮安经济的积极性。

（二）坚决克服消极腐败现象，严肃查处违纪案件。按照党中央和省、州、县委关于开展反腐败斗争的部署，继续抓好三项工作，不断把反腐败斗争和党风廉政建设引向深入。一是继续抓好党政机关领导干部廉洁自律。认真开好廉政自律专题民主生活会，各级领导干部要带头执行好中央和省、州、县的各项规定，严格自律，为政清廉，带头发扬党的优良传统和作风，做艰苦奋斗、甘于奉献的榜样。严格遵守纪律和法律，做奉公守法、秉公办事的楷模。同时要畅通群众批评监督的渠道，把各级党政领导班子和领导干部的廉洁自律情况真正置于人民群众的监督之下。二是切实纠正巧立名目乱收费、乱罚款，利用职权强行“服务”，以及向基层转嫁经济负担或无偿占用基层的财产等不正之风。结合实际明确各个时期纠风的重点，一个问题一个问题地解决，治一项，巩固一项。三是认真查处各种违纪案件。针对违纪案件的复杂特点，进一步改进办案方法和提高办案技能，增强查办大案要案的力度。继续加强与司法和行政部门的密切配合，充分发挥各执法执纪部门在反腐败斗争中的整体效能。继续实行书记负责，常委办案，分工人员专司其职，限期结案的办案责任制。按照“分级负责，归口办理”的原则，各级纪检监察组织要下大力气抓好所辖范围内的案件。坚决杜绝畏难推诿、有案不查、瞒案不报，在查处违纪案件的过程中既要坚决，又要慎重，重证据，重调查研究，务必搞准，严格区分两类不用性质的矛盾，正确执行纪律。既要切实保护举报人，严肃处理打击报复举报人的问题，又要切实保护党员和干部的民主权利，坚决查处诬告陷害的案件。

（三）坚持“两手抓，两手都要硬”的方针，加强对党风廉政建设和反腐败的领导。各级党委、政府和纪检监察机关要充分认识当前反腐败面临的形势和消极腐败现象的严重性、危害性，增强克服消极腐败现象的责任感，把党中央“两手抓，两手都要硬”的方针贯穿于改革开放的全过程，落实到各项工作中去。党风廉政建设和反腐败必须在各级党委的统一领导下进行，实行党政一齐抓，党政主要领导负全面责任，党政领导班子成员对其分管部门和单位主要负责人的问题负责，各部门对其所属党员和国家公职人员的问题负责，一级抓一级的党风廉政建设责任制。对不认真履行职责造成严重后果的，要追究所在单位主要负责人及其有关责任者的责任。各级党委政府要继续支持纪检监察机关全面履行职能，从物力、财力上提供支持和帮助。

（四）抓好党的优良传统作风教育，认真贯彻十四届六中全会精神。加强党风廉政建设，发扬党的优良传统和作风，是社会主义精神文明建设的重要组成部分。抓好党的优良传统作风教育，要理论联系实际，进一步解放思想，实事求是，改革创新，反对不思进取和弄虚作假、搞形式主义，树立全心全意为人民服务的思想，反对官僚主义、享乐主义和个人主义，认真开展批评与自我批评，敢于同各种不良现象做斗争，反对不讲原则、不分是非的好人主义，发扬廉洁执法、高效务实的作风，反对讲排场、比阔气、以权谋私、权钱交易等腐败现象。各级领导干部要带头学习和贯彻执行六中全会精神，以身作则、廉洁自律，凡是要求别人做的个人首先做到，凡是禁止别人做的自己坚决不做。各级纪检监察机关，要积极协助各级单位狠抓党风党纪教育，从而提高广大党员干部贯彻执行党的路线、方针、政策和遵纪守法的个人觉悟。

（五）加强纪检监察机关的自身建设，进一步提高纪检监察工作的水平。用邓小平同志关于建设有中国特色社会主义的理论武装全县纪检监察干部的头脑，消除与新形势不相适应的陈旧观念，进一步改进作风。县纪检监察机关要进一步理顺职能关系，建立和完善各项工作制度，强化党的纪律监察和行政监察两种职能。各纪检监察机关要在同级党委政府和上级纪检监察机关的双重领导下，切实履行职能，切实提高纪检监察干部的政治素质和思想道德水平，有组织、有计划地培训学习纪检监察业务知识，努力把我县纪检监察干部队伍建设成政治坚定、纪律严明、作风优良、业务过硬、有战斗力的集体。

纪检监察机关的工作任重道远。全县纪检监察机关要在县委的领导下，依靠广大党员和人民群众，坚定不移地执行党的基本路线，坚定不移地执行“两手抓”的方针，为实现我县“九五”计划和第八次党代表大会所确定的各项任务做出积极的贡献。

中共瓮安县纪律检查委员会
在中共瓮安县第九次党代会上的工作报告（摘录）

（2001年6月16日）

兰昌福

一、五年来的主要工作

过去五年，中共瓮安县纪律检查委员会在县委和省、州纪委的领导下，以邓小平理论为指导，坚持党的基本路线，全面履行纪检监察职能，按照中央、省、州纪委的部署和要求，依靠全县各级各部门党组织、广大党员干部和人民群众，紧紧围绕经济建设这个中心，进一步加强党风廉政建设，深入开展反腐败斗争，坚持标本兼治、综合治，各项工作取得了阶段性成果，保障和促进了全县两个文明建设的健康发展。

（一）深入开展党性党风党纪教育，提高广大党员干部遵守和维护纪律的自觉性。为了提高党员干部遵守和维护纪律的自觉性，各级纪委、纪检组组织广大党员干部广泛学习马列主义、毛泽东思想和邓小平理论，学习党的方针、政策，开展了以“讲学习、讲政治、讲正气”为主要内容的党性党风党纪教育。结合我县实际采取了形式多样的教育活动：一是加强政治业务学习，把业余自学与集中学习有机结合起来，使学习工作两不误。制订了纪检监察干部“一八·二一”学习计划，并规定学习内容，把《中国共产党纪律处分条例》《中华人民共和国行政监察法》及《江泽民总书记在中纪委四次全会上的讲话》等24篇法律法规和重要讲话作为学习的必读篇目，年终进行考试。二是利用节日期间，组织党员干部开展不同形式的报告会、宣讲会、座谈会等，对党员干部进行党的优良传统教育。三是利用党校举办培训班，对党员进行为人民服务的宗旨教育。四是利用有线电视，在乡镇、机关、厂矿组织广大党员、干部职工收看了《中国共产党纪律处分条例》《胡长清案件警示录》《生死抉择》等20余部电教片，进行党纪党规和反腐倡廉教育。五是在广大党员、干部中发放《邓小平论党员领导干部廉洁自律》《以案施教、警钟长鸣》等警示教育读本1000余册。开展廉洁自律和警示教育，进一步增强了全县各级各部门党组织和广大党员干部维护党规党纪的自觉性。

（二）严肃党的纪律，认真查处违纪违法案件。五年来纪检监察机关认真处理群众来信来访794件（次），经初查转立案查处147件164人。给予党纪处分88人，其中党内警告9人、党内严重警告12人、留党察看17人、党内撤职1人，开除党籍49人。给予政纪处分92人，其中行政警告21人、行政记过11人、行政记大过15人、撤职15人、降级13人，开除公职17人。在受党政纪处分中，乡科局级干部23人、股级干部36人、党员干部95人、一般党员10人。在查办的案件中，大案要案16件、23人，追获赃款98.6万元，为国家和集体挽回经济损失417.15万元。

同时，对群众信访举报经查失实的37名干部在一定范围内予以澄清，使其放下包袱，大胆工作。此外，对受到举报经查有一定错误，但构不成违纪的31名干部作了批评教育，从而保护了一批党员干部。

五年来，各级纪检监察机关严肃党的纪律，认真查处违纪违法案件，严惩腐败行为，有力地推动了反腐败工作深入开展。

（三）加强干部廉洁自律，抓好规范领导干部从政行为工作。廉洁自律是领导干部从政的必备条件和基本要求，为加强领导干部廉洁自律，进一步规范领导干部从政行为，主要抓了以下五点：

1. 进一步落实中央关于领导干部廉洁自律的各项规定，在全县各级党组织和干部中广泛开展廉政建设教育，建立了全县副股级以上干部廉政档案1200个，为提拔任用干部提供依据。

2. 根据上级要求，与县委组织部联合行文，每年在全县4个县级单位、55个科局、23个乡镇、214个乡镇站所和9个国有企业中分别召开领导干部廉洁自律专题民主生活会，并按照干部廉洁自律的有关规定开展了自查自纠，规范从政行为，增强了廉洁自律意识。

3. 清理通信工具。根据省办发〔1998〕9号文件精神，对我县领导干部用公款购买手机和安装住宅电话进行清理，共清出用公款和占用企业资金购买手机57部，清出公款安装住宅电话330部，对清出的手机、住宅电话已全部按政策规定过户，对不符合配置的21部手机进行公开拍卖，为财政收缴（移动、住宅）不应报销的话费18.74万元。通过整顿，每年为财政节约经费开支38万余元。清理工作结束后，纪委与县财政局联合制定了《移动话配置及管理规定》，对群众举报违反规定购买手机或超标报销话费的党员、干部，已分别按党政纪给予处理。

4. 配合财政等部门清理干部职工拖欠公款。全县清理127名干部职工拖欠公款75.6万元，已监督归还51.1万元。

5. 为加强党员干部管理，建立监督制约规章制度，先后制定了《关于禁止党员干部以各种形式赌博的规定》《关于严格控制接待费和招待费的规定》《关于严禁非专职驾驶员驾驶公车的通知》《关于禁止机关党员、领导干部大操大办酒席的规定》，还牵头与组织部、人事局、审计局等部门研究制定《关于实行领导干部离任审计制度的规定》等。在2000年底纪委监察局组成联合检查组，对执行情况进行全面检查，通过对这些规定的检查，党员干部廉洁自律明显增强、不正之风明显收敛。

（四）开展执法监察，纠正部门和行业不正之风，为经济建设创造条件。五年来，纪检监察机关紧紧围绕群众反映强烈的“热点”“难点”问题，重点突出治理、整顿，从八个方面抓了落实：

1. 抓好减负工作。近年来，纪检监察机关配合有关部门采取各种措施，取消农民不合理负担、整顿农村电价、纠正各种摊派和农村教育集资、严肃查处加重农民负担的案件，共减轻农民负担达272万元，使每年的村提留乡统筹费都严格控制在上年农民人均收入规定的范围内。

2. 治理公路“三乱”。纪检监察机关与有关部门配合，对全县公路收费站逐一清理和重点审计，与交通、公安等部门加强监督检查，严肃查处“三乱”案件，撤除违规站（卡）12个，维护了正常的交通秩序。

3. 清理整顿中小学乱收费。春秋两季开学期间，配合教育、物价、审计等部门对全县中小学收费进行检查，累计查出违规收费项目31项，涉及金额46万余元，已清退32万元。并对查出的问题进行了处理。

4. 开展民主评议行风工作。五年来，先后对工商、电力、地税、国税、邮政、电信等部门开展民主评议行风。去年重点对全县卫生医疗系统进行民主评议，纠正开大处方、搭车开药、乱收费和收受红包等不正之风，整顿了行业作风，使卫生系统服务态度明显改变。同时，配合工商、卫生等部门对23个乡镇卫生院、297家个体诊所进行检查，查出假冒药品21件，销毁伪劣药品121箱，进一步纠正了医疗购销中的不正之风。

5. 对国有企业下岗职工基本生活保障、失业保障金、社会保险金进行清理检查，对发现的苗头性问题及时纠正，保证了我县专项资金的有效使用。

6. 开展有形建筑市场和工程招投标的执法监察，及时处理工程招投标中的违纪行为，基本杜绝“领导工程”“条子工程”和违纪工程，堵塞了漏洞，为国家节约了大量资金。

7. 对重特大事故的调查处理。几年来共参加重特大事故调查处理14起，一般事故18起，还参与“关井压产”的执法监察，与有关部门一道，关闭不符合开采条件小煤窑81个，取缔无证煤窑52个、土法炼焦场4个，保证了国家“关井压产”政策的进一步落实。

8. 开展对粮改政策实施的执法监察。在执法检查中，查处违章经营粮食案件5件，查获未经批准收购玉米20.1万公斤，进一步维护了正常的粮食市场秩序，确保粮改工作顺利进行。

通过执法监察，为我县经济发展和各项政策的顺利实施提供了保障。

（五）加大标本兼治力度，着力治本抓源头。我县纪检监察机关按照中央和省委、州委的部署和要求，在党风廉政建设和反腐败斗争中坚持标本兼治，综合治理，采取各种措施在四个方面开展了源头治理工作。

1.“收支两条线”管理规定进一步落实。纪检监察机关配合财政等部门开展对罚没收入、预算外资金、银行账户进行清理，清出不符合规定收费项目21个，取消不合理收费项目19个（涉及金额68万元），清理销毁不合理票据5种，清理银行多头账户28个，取消违纪账户9个，查处违反“收支两条线”管理规定的案件2件。

2. 强化会计委派制的作用。监督财会人员履行职责，严格执行财经纪律，有效控制了过去一些部门财务管理的混乱现象。

3. 开展“阳光工程”，实行“政务、村务、厂务、校务”公开。为有效监督村务公开工作，在247个村中聘请了“农民义务反腐监督员”，配发了工作证、监督卡，对群众关心的热点、难点、疑点和重点问题，设立公开栏，定期公开内容，接受群众监督。通过“四公开”，扩大基层民主，进一步密切了党群关系。

4. 开展领导干部离任审计。与审计等部门配合，开展7个乡镇和9个县直机关领导干部离任经济责任审计，查处违纪案件11件，使干部离任时不交马虎账，上任不接糊涂班。

五年来，纪检监察机关结合我县实际，狠抓落实，层层签订工作目标管理责任书，推动了纪检监察工作的全面开展，并得到了省州的肯定，1998年案件检查工作、调研工作被省纪委评为先进集体；1999年纪检监察全面工作获全州第一名、案件查处工作获全州第一名；2000年综合目标考核获全州一等奖。

二、五年工作的主要体会

五年来，全县各级各部门纪检监察机关在党风廉政建设和反腐败工作中解放思想、实事求是，研究新情况、解决新问题、探索新经验，主要有以下四点体会：

（一）开展党风廉政建设和反腐败斗争是稳定和推动经济建设的有力保障。各级各部门纪委、纪检组始终把党风廉政建设和反腐败斗争放在全县改革开放、经济建设中来认识和把握，紧紧围绕经济建设这个中心开展工作。在反腐败任务的提出、纪律的制定、工作的部署方面，都以兴瓮富民为出发点和落脚点；反腐败工作的开展，都注意同深化改革、发展经济重大措施的实施紧密结合，为改革、发展和稳定服务。实践证明，深入开展党风廉政建设和反腐败斗争，创造廉洁健康的政治环境和工作环境，就能有效地保证两个文明建设协调发展，促进社会全面进步。

（二）坚持反腐败三项工作格局，必须突出重点，加强监督检查。党中央确定的领导干部廉洁自律、查处违纪违法案件、纠正部门和行业不正之风三项工作格局，涵盖了标本兼治、综合治理的要求。按照中央对反腐败三项工作格局的要求，结合我县实际，每年有重点地解决几个问题，有利于反腐败工作的整体推进、协调发展。在实际工作中，把党内监督、法律监督、行政监督、民主监督、群众监督以及舆论监督结合起来，发挥各方面力量在反腐败斗争中的作用，加大监督检查力度，促进各项任务的落实。这样做，既保证反腐败斗争取得实效，又增强党内外群众的信心，并通过阶段性成果的逐步积累，达到推进反腐败整体目标的要求。

（三）加强思想政治教育，牢固建立思想道德防线，是抓好党风廉政建设的基础。深入开展反腐败斗争一定要严厉惩治腐败分子，决不允许腐败分子在党内有藏身之地。但腐败分子毕竟是少数，干部队伍中存在的主要是风气不正的问题，解决这些问题，需要充分发挥党的思想政治工作优势，特别是领导干部要带头廉洁自律，以身作则，作出表率。因此，加强党员干部思想政治教育和法制教育，提高其抵御资产阶级腐朽思想和生活方式侵蚀的能力，牢固筑起拒腐防变的思想道德防线十分重要。在引导广大党员干部树立正确的世界观、人生观和价值观的同时，针对新形势下党员干部中出现的或可能出现的问题，制定道德和行为规范，及时教育，防范在先，体现党组织对广大干部的严格要求和关怀爱护。

（四）坚持党的领导是党风廉政建设和反腐败斗争的根本保证。各级各部门党委、党组切实加强对党风廉政建设和反腐败斗争的领导，为反腐败斗争的健康有序发展提供根本保证。在县委领导下，各级各部门党委、党组要把党风廉政建设和反腐败斗争列入重要议事日程，认真贯彻党中央、中纪委反腐败工作部署和要求，及时研究解决重大问题，旗帜鲜明地支持纪检监察机关依法履行职责。纪检监察机关、司法机关以及行政执法机关，密切配合，形成合力，才能提高反腐败工作的整体效能。

五年来，各级各部门纪检监察机关在党风廉政建设和反腐败斗争方面做了大量工作，取得一定成绩。这些成绩的取得，离不开各级党组织的重视和支持，离不开广大党员干部的关心和帮助，离不开各级纪检监察机关和纪检干部的尽职尽责工作。但我们还必须看到：反腐败斗争的形势依然严峻，任务还很艰巨。有的腐败现象不但没有得到遏制，甚至还在一些单位和部门蔓延滋长；党员领导干部贪污贿赂、失职渎职、公款腐败案件以及大案要案、共同违纪案件时有发生；有些部门和单位领导干部对腐败现象的严重性和反腐败斗争的重要性认识不足，工作还不够得力，对党员、干部的要求、教育、管理不严格，廉洁自律的一些规定没有落实，对案件查处不力；有的单位和部门纠风工作抓得不紧；纪委在指导乡镇、单位和部门开展业务工作等方面做得不够。因此，我们必须高度重视，在今后的工作中认真加以解决。

三、今后工作的建议

在新世纪之初，我国社会主义建设已进入第十个五年，也是我县建设黔中生态公园县起步实施的关键时期，抓好党风廉政建设和反腐败工作意义重大，任务更加繁重。总体要求是：坚持以邓小平理论和党的基本路线为指导、实践“三个代表”的重要思想，深入贯彻落实中纪委五次全会精神，深化反腐败三项工作，加大从源头上预防和治理腐败力度，强化责任，狠抓落实，不断推进党风廉政建设和反腐败工作深入开展，为实现“十五”规划和建设黔中生态公园县的良好开局提供政治保证。各级各部门党委、党组要切实负起责任，认真抓好以下五个方面工作：

（一）加强干部廉洁自律，规范领导干部从政行为。廉洁自律是党和人民对领导干部的基本要求，也是每个领导干部从政所必须具备的素质和品德。对此，我们要加强廉洁自律，规范从政行为。

领导干部不准收受以下单位和个人的现金：直接管理和服务的对象；主管范围内下属单位和个人；与其行使职权有关系的单位和个人；外商和私营企业主。凡违反上述规定的，一律给予党政纪处分或组织处理，涉嫌犯罪的，要追究刑事责任。

严禁领导干部参加公款旅游活动，更不得接受与其行使职权有关系的单位和个人出资的旅游活动。凡违反规定的，一律给予主要领导党政纪处分或组织处理。

加大干部离任审计。对干部在任职期间主管的财务收支、专项经费支付是否符合有关规定，直接担保或承办的贷款手续是否完备、还款是否落实，主抓的工程项目质量是否达到要求、能否按期交付使用，在任职期内有无浪费国有资产和严重损失现象以及有无失职、渎职、贪污浪费等行为进行审计。

对未审计和正在接受审计的干部，组织人事部门不予办理离任手续，重点审计对象在审计结果未出来以前，领导机关不能讨论任用。

刹住领导干部“公款腐败”风。在从事公务活动中，领导干部要严格要求自己，廉洁自律，不准以“集体研究”为幌子掏公家的“腰包”，挥霍浪费，吃喝玩乐；不准出假据、报假账。对违反规定的，一律给予党政纪处分或组织处理，情节严重的，要追究刑事责任。

抓好每年的领导干部廉洁自律民主生活会，增强班子及其个人解决自身问题的能力。要认真按照上级有关规定，抓住领导干部廉洁自律方面存在的突出问题，帮助整改，使其能认识自身存在的问题和不足，达到自觉“诊治”、增进团结、推动工作的目的。

在领导干部中深入开展党性党风党纪教育活动，着重解决在坚持党的宗旨和理想信念方面存在的突出问题，教育领导干部树立正确的世界观、人生观和价值观，经受住改革开放和市场经济的考验，正确行使权力，过好金钱关、美色关、配偶子女关。要在县直机关部门认真开展“三个代表”重要思想的教育活动，提高干部的思想政治素质和工作水平；利用典型案件开展警示教育，使党员干部尤其是领导干部时刻保持清醒头脑，增强拒腐防变能力。

各级各部门领导干部，尤其是执收执法部门负责人要按照中央提出的领导干部廉洁自律若干规定，联系实际认真自查自纠，切实解决阻碍经济发展的突出问题。

（二）加大查处力度，严厉惩处腐败分子。查办违纪违法案件是我们党同腐败分子最直接、最激烈的较量，是反腐败斗争的主要突破口，也是我们党惩治腐败、严厉打击腐败分子的重要环节。在惩治腐败中要重点查办党政领导机关、行政执法机关、司法机关、经济管理部门的违纪违法案件；重点查办贪污、贿赂、挪用公款以及走私贩私、骗税骗汇、金融诈骗案件；查办吸毒、赌博、嫖娼、卖淫等道德败坏案件；查办重大失职、渎职案件；查办司法干警贪赃枉法、徇私舞弊的案件及国有企业领导人员在企业改制、产权变动过程中私分、侵吞、转移国有资产的案件；查办个人擅自决定重大事项给国家、企业造成严重损失的案件以及造谣中伤、诬陷干部的违纪违法案件。各级各部门领导干部要切实负起责任、抓好“四个落实”，即：落实“一把手”责任制，对自己管辖范围内发生的案件要积极配合办案机关严肃查处，对弄虚作假、压案不查、瞒案不报、相互包庇，要坚决追究领导责任；落实纪检监察机关办案负责制，纪检监察机关要按照“二十字”方针，高举廉政刀，对群众举报、领导交办的案件做到快查快结，严格执行主办负责制，错办追究制；落实联合办案制，在党委统一领导下，联合查处大案要案，纪检监察机关、司法机关、审计部门，要协调配合，优势互补，发挥整体效力，严惩腐败分子；落实党委负责制，要坚持党委对查办案件工作的统一领导，对重大疑难案件，主要领导要亲自过问、听取汇报、掌握案情，加强指导。

实行垂直领导的部门在查办案件过程中要与当地纪检监察机关协作配合，主动接受协调和指导，及时沟通情况和处理结果，并执行当地党委、政府和纪检监察机关作出的有关规定。

（三）继续抓好纠正部门和行业不正之风工作，切实解决群众反映的突出问题。各级各部门要把纠正部门和行业不正之风作为从严治政的一项重要任务，按照“一坚持、二持久、三要不断取得阶段性成果”的方针，切实抓好减轻农民负担和减轻企业负担的工作，严肃查处加重农民负担和乱收费、乱罚款、乱摊派案件；切实抓好“阳光工程”，进一步深化政务、村务、厂务、校务公开工作，在公开中重点突出财务和办事公开，自觉接受群众监督；进一步深化实行“收支两条线”管理规定，加大清理预算外资金力度，严查账外账和“小金库”，监督财会执行“联签字”制度；进一步规范中小学收费，严格执行收费标准，把住入学收费关，加大清理巧立名目乱收费乱摊派力度。对违反规定的负责人，一律给予党政纪处分或组织处理。

（四）强化领导职责，进一步落实党风廉政建设责任制。今后五年，党风廉政建设和反腐败斗争任务艰巨而繁重，各级党委、政府要把党风廉政建设和反腐败斗争摆上重要议事日程，强化责任，改进作风，狠抓落实。要把党风廉政建设责任制作为一项政治纪律认真执行，进一步形成党委统一领导、党政齐抓共管、纪委组织协调、部门各负其责，全党动手抓党风廉政建设和反腐败工作的局面，保证反腐败各项任务落到实处。各级各部门党政主要负责人要对职责范围内的党风廉政建设负总责，要严格执行责任追究的规定。在继续抓好中纪委第四次全会提出的责任追究四个重点的同时，结合我县实际，还要认真执行以下两项规定：领导干部对自己职责范围内的反腐败工作敷衍塞责，不抓不管，以致屡屡发生大案要案、造成恶劣影响要追究领导责任；对选拔任用干部违反有关政策和规定、用人失察的，必须追究有关领导的责任。各级各部门要切实改进工作作风，尤其要坚决纠正形式主义和官僚主义，对中央部署的反腐败任务要一项一项抓落实，并对落实情况加强监督检查。要加大宣传力度，把党风廉政建设和反腐败斗争的宣传纳入工作的总体部署，大力宣传反腐败的方针政策和重大成果，宣传反腐败的形势以及廉洁奉公、勤政为民的先进典型，坚定干部群众对反腐败的信心和斗志。

（五）强化纪律检查机关的职能作用，加强纪检干部队伍建设。为适应社会主义市场经济条件下党风廉政建设和反腐败斗争的需要，各级各部门纪检监察机关，肩负着监督检查党的路线、方针、政策和国家法律法规以及政令的正确贯彻执行，肩负着惩治腐败保证改革开放和经济建设健康发展的历史重任。全县各级各部门纪检监察干部要按照江泽民总书记提出的“政治坚强、公正清廉、纪律严明、业务精通、作风优良”的要求，努力学习，不断对纪检监察干部采取轮训、培训等多种形式，组织学习马列主义、毛泽东思想和邓小平理论，学习业务知识、法律知识、市场经济知识，拓宽知识面，不断提高纪检监察干部的政治素质和业务素质，努力建设一支观察问题敏锐、分析问题深刻、处理问题周密，有较强业务能力、较高政策水平，经得起新形势下腐蚀与反腐蚀斗争考验的纪检监察干部队伍。各级各部门党委党组，要继续加强对纪检监察机关工作的领导，按照党中央、中纪委和省委、州委的要求，加强纪检监察机关班子建设，关心、爱护、培养纪检干部，为纪检监察机关履行职能创造条件。

各位代表：我国社会主义现代化建设事业已进入二十一世纪的关键时期，我们的工作任重而道远，任务繁重而艰巨，党和人民把党纪党风的根本好转寄托在我们身上，我们要高举邓小平理论伟大旗帜，解放思想、实事求是、更新观念、振奋精神、敢于碰硬，切实履行“教育、保护、惩处、监督”四项职能，坚持标本兼治，综合治理，以崭新的姿态和卓有成效的工作，为建设瓮安黔中生态公园县做出新的贡献。

全面加强党风廉政建设　促进瓮安经济社会健康发展

——中共瓮安县纪律检查委员会工作报告（摘录）

（2006年10月21日）

孙志清

各位代表：

下面，我代表中共瓮安县纪律检查委员会，向大会作纪委工作报告，请予审议。

一、县第九届党代会以来的主要工作回顾

五年来，在县委和州纪委的正确领导下，在县人大、县政协的关心监督下，县纪委按照党的十六大确定的反腐败五年工作目标和县第九届党代会的部署，紧紧围绕经济建设这个中心，切实履行党章赋予的各项职责，各项工作取得了新的进展。

（一）强化思想教育，党员干部拒腐防变能力进一步得到增强

坚持教育为主、预防为辅的方针，把加强党员干部的思想教育特别是党风廉政教育放在突出位置来抓。以深入开展“三个代表”重要思想、“保持共产党员先进性教育”活动为契机，着力解决党员干部特别是领导干部在党性党风方面存在的突出问题，筑牢党员干

部思想道德防线。一是以“勤政、廉政”为重点，开展从政道德教育、党纪条规教育，引导领导干部树立正确的权力观、地位观和利益观，增强遵纪守法的自觉性。二是开展正面典型示范教育，树立干净干事、清白做人的先进典型，使广大党员干部学有榜样、赶有目标。三是加强警示教育，深刻剖析领导干部的违法违纪案例，使党员干部从中汲取教训，引以为戒。四是积极探索多种形式的廉政教育。通过演讲、知识竞赛、发放党纪政纪条规手册，对新任领导干部进行廉政谈话，对全县领导干部家属进行“廉内助”教育，对党员领导干部进行廉政勤政教育等多种形式，增强了教育的针对性和有效性。五是强化党风廉政宣传教育形式，加强与组织、宣传、新闻等部门密切协作，利用多方面的宣教资源，努力形成党风廉政大宣教格局，营造了反腐倡廉的良好舆论氛围。六是建立健全党内监督机制，聘请了四位党性强、觉悟高，曾在纪检监察战线上工作过的老干部组建了瓮安县党风廉政建设巡视组，出台了《瓮安县党风廉政建设巡视制度试行办法》，巡视工作开展顺利。

（二）严格自律要求，着力规范领导干部从政行为

五年来，坚持以自查自纠为主要形式，把自律与专项治理、群众监督、建章立制等结合起来，认真落实了不准领导干部收受现金、有价证券和支付凭证的规定，先后对领导干部配偶、子女经商办企业，领导干部配备住宅电话、移动电话，违规收受礼品礼金、违规建楼堂管所、违规超标准购置小汽车等开展了清理工作，对 11 辆超标车作出了处理建议。在清理纠正国家机关工作人员和国有企业负责人投资入股煤矿工作方面，通过清理登记，对 11 名投资入股煤矿人员进行了纠正，其中 10 人先后完善退股撤资手续，1 人自愿辞去公职。在解决用公款吃喝方面，出台了相关措施，在各个乡镇建立了“廉政食堂”，每年每个乡镇可节约资金 1. 8 万~3 万元，五年节约资金 300 余万元。在建章立制方面，不断完善了领导干部个人重大事项报告、廉政谈话、专题民主生活会、经济责任审计等制度，增强了领导干部廉洁自律意识，促进了各级领导干部的廉洁从政行为。

（三）加大查处力度，有效维护了党纪、政纪的严肃性

五年来，始终坚持把查办案件作为反腐败斗争的主要突破口，坚持以查办“三机关”“一部门”和领导干部的违纪违法案件为重点，集中力量突破了一些典型大要案，共立案查处党员干部违纪违法案件 243 件、247 人。给予党纪处分的 151 人，其中党内警告 47 人、党内严重警告 25 人、撤职 1 人、留党察看 20 人、开除党籍 56 人，免予党纪处分的 2 人；给予政纪处分的 104 人，其中行政警告 37 人、行政记过 19 人、行政记大过 12 人、降级 6 人、撤职 7 人，开除公职 23 人（双重处分的 8 人）。受处分人员按级别分类：乡科 37 人，股站 39 人，一般党员干部 95 人，农村党员 76 人；按错误性质分类：违反社会管理秩序类 86 人，贪污、贿赂、挪用公款 73 人，其他经济类 28 人，失职类 48 人，违反组织人事纪律类 6 人，侵犯党员公民权利类 6 人。为国家和集体挽回经济损失 400 余万元。通过执纪办案，惩治了腐败分子，纯洁了党员干部队伍，进一步维护了党纪、政纪的严肃性，增强了人民群众反腐败的信心。同时，坚持重证据、重实事求是的原则，为 30 名党员领导干部澄清了是非，有效地保护了党员干部的合法权益。

（四）狠抓纠风治乱，群众反映强烈的一些问题逐步得到解决

坚持纠建并举的方针和“谁主管谁负责”的原则，紧紧围绕经济建设这个中心和群众反映强烈的热点问题，在深化治理和行风建设上取得了明显成效。一是对涉农收费项目进

行清理，城轻农民负担2088.92万元。二是治理中小学收费工作不断深入，治理不合理收费5.8万元，减轻中小学费用负担173.8万元，进一步规范了收费行为。三是行风评议活动取得成效，通过对教育、质监、工商、电信等十多家“窗口”单位进行了行风评议，进一步推动了行风建设。四是认真纠正医药购销中的违规违纪行为，整顿药品市场，确保了人民群众用药安全，进一步规范了药品市场秩序。在开展粮食流通体制改革、重点工程建设项目、国债资金和社会保障四项资金的管理使用等专项执法监察工作方面，共开展执法检查工作37项，查出违规金额102.3万元。在清理吃“空饷”工作方面，共清理各类财政供养非在岗人员370人，辞退120余人，清理纠正回岗上班100余人。清理长期借用人员280余人，清退临时人员100余人。通过清理，有效地遏制了非在岗人员和单位违反财经纪律虚报、冒领工资及其他经费的现象，为财政挽回经济损失200余万元。

（五）加大治本力度，源头预防和治理腐败工作全面推进

加大改革行政审批制度力度，提高行政效率，精减审批事项19项，进一步规范和完善“一站式”办公大厅；建立了政府采购中心，通过政府采购，节约资金296.364万元，节药率达10.55%。在深化土地审批制度改革方面，加快经营性土地使用权出让、转让市场机制建设，进一步加强和规范了国有土地出让管理。在改革财政管理制度方面，建立了县级会计结算中心，巩固了“收支两条线”工作成果，开展了对单位部门银行户的清理工作，全县共清理撤销银行账户26户，县级共有8家单位纳入财政专户管理。

在干部人事制度改革方面，加强对干部选拔任用工作的监督，对乡科级干部进行任前廉政谈话300余人次，健全和完善副科级以上干部廉政档案450份。政务、村务和厂务公开工作在县乡两级全面展开，增强了群众的知情权和参与权，加强了民主监督。

（六）贯彻落实党风廉政建设责任制，反腐败领导体制和工作机制进一步完善

围绕县委制定的《关于实行党风廉政建设责任分解表的通知》，各级纪检机关进一步发挥组织协调职能，重点围绕党风廉政建设责任制的任务、内容、分解、实施和监督检查等几个重要环节，精心组织，具体指导，建议和督促县、乡（镇）各级领导各尽其责，层层督办，齐抓共管，保证党风廉政建设责任制落到实处。县委领导高度重视，亲自带队检查，党政班子及其领导成员按责任分工，定期研究听取全县及其分管部门党风廉政建设工作汇报，乡（科）级党政班子成员认真落实，具体安排，具体督办，层层签订责任状。目前，“党委统一领导，党政齐抓共管，纪委组织实施，部门各负其责，依靠群众支持和参与”的党风廉政建设责任制得到较好落实。

（七）以“三个代表”重要思想为指导，加强队伍自身建设

以保持共产党员先进性教育活动为契机，认真开展了作风和纪律整顿，着力加强队伍和班子的党性锻炼，不断提高纪检监察工作专业水平和能力。教育和督导纪检干部知法守法，严格执行办案纪律和保密纪律，自觉接受党组织、党员和群众的监督，加强内部管理，认真落实奖惩规定，加大教育培训力度，认真做好干部轮岗交流工作，严格把好进人关和查办案件关，坚决维护纪检机关的形象和声誉。总的来看，我县党风廉政建设和反腐败斗争呈现出健康发展的良好态势，各级党组织普遍加强了对党风廉政建设和反腐败斗争的领导，广大党员干部的廉洁自律意识明显增强，人民群众对反腐倡廉工作满意度不断提高、信心不断增强。可以说，经过全县各级党组织和广大党员干部的共同努力，基本实现了县

九届党代会确定的反腐倡廉工作目标。

这些成绩的取得是县委正确领导的结果，是全县各级党组织和全县各级纪检机关努力工作的结果，也是各部门齐抓共管的结果。在充分肯定成绩的同时，我们也清醒地看到，当前滋生腐败现象的土壤和条件仍不同程度地存在，领导干部违纪违法案件时有发生；领导干部廉洁自律的有些规定还没有得到落实；有些群众反映强烈的部门和行业不正之风还没有得到有效治理，一些不正之风的治理成果还有待巩固和加强；一些单位和部门的领导干部对反腐败斗争重要性的认识不足，“一手硬、一手软”的现象仍然存在；对党员干部教育、管理、监督上还存在着薄弱环节，监督渠道不够畅通；有的作风不实，抓落实不够。县纪委自身的工作也存在着一些不足，对社会主义市场经济条件下开展反腐败斗争的特点、规律认识和研究都不够，纪检干部队伍的一些思想观念、工作作风、工作方式和素质还有待进一步改进和提高，这些问题必须引起高度重视，在今后的工作中认真加以解决。

二、五年工作的基本经验和主要体会

回顾五年来的工作实践，在党风廉政建设和反腐败斗争中，主要有以下五个方面的经验和体会：

（一）要紧紧围绕经济建设这个中心，服从服务于发展稳定的大局

纪检工作是党的工作的重要组成部分，必须自觉地服从服于全党的工作大局，服从服务于发展和经济建设这个中心。纪检职责只有同经济建设和工作大局有机结合，才能更好发挥作用，促进发展，为维护稳定服务，才能真正得到广大干部群众的拥护和支持。

（二）党风廉政建设和反腐败工作必须坚持党的领导

要保证新形势下反腐倡廉工作在错综复杂的环境中始终沿着正确的政治方向健康发展，不断取得新成效，就必须坚持党的领导。如果没有党的坚强领导，没有全县上下齐抓共管反腐倡廉工作局面的形成和县委旗帜鲜明的有力支持，反腐倡廉工作也难以取得成效。

（三）坚持标本兼治、综合治理的方针，加大从源头上预防和治理腐败的力度

在经济体制转换和改革不断深入的过程中，一些体制、机制和制度还没有完善，存在滋生腐败现象的可能性。因此反腐倡廉必须坚持既要遏制正在发生的腐败现象，又要着眼于机制、制度的改革和不断完善，只有把标本兼治的方针全面贯彻到领导干部廉洁自律、查办违纪违法案件、纠正部门和行业不正之风三项工作中去，才能既治标，又治本，逐步减少腐败现象。

（四）坚持反腐败机制，努力形成全党动手、党政齐抓共管的整体合力

反腐倡廉工作涉及到方方面面，单靠某个方面的力量，采取某个方面的措施，不可能取得很大的成效，必须动员各方面力量共同努力完成。各级党委两手抓、两手都要硬的举措有力地形成了全党动手、党政齐抓共管的整体合力，确保了反腐倡廉机制作用的发挥。

（五）查办案件要坚持惩教结合

在查办案件中，必须始终坚持以事实证据为依据，既依纪依法办案，查清问题，据实处理，又要注意区别情况，宽严相济，注重教育和挽救，从有利于工作大局考虑，确保办案效果、政治效果、经济效果和社会效果的统一。

三、今后五年工作的建议

今后五年全县党风廉政建设和反腐败工作的总体思路和目标是：继续高举邓小平理论

伟大旗帜，全面贯彻“三个代表”重要思想，以党的十六大精神为指导，坚持从严治党的方针，紧紧围绕经济建设这个中心，开拓创新，标本兼治，着力构筑防范体系，坚定不移地落实党中央、省委和州委关于反腐倡廉的各项任务，不断把党风廉政建设和反腐败斗争引向深入，为实现十一五规划提供坚强有力的政治保证。

（一）全面贯彻落实科学发展观，进一步为构建社会主义和谐社会提供有力保证

认真开展监督检查，坚决维护党委权威。各级纪委以高度的政治责任感，围绕加强党的执政能力建设的任务和部署，加强监督检查，促进县委各项决定的贯彻落实。对有令不行、有禁不止、各行其是的行为，必须坚决制止；对拒不执行党的决定和决议的行为，必须严肃查处。

坚持从严治党，维护和执行党的纪律。严明党的纪律是加强党的执政能力建设的重要措施，是确保全县各项工作有利开展并取得成效的重要保证，重点是严明党的组织纪律，严治软弱涣散和不正之风；严明党的经济工作纪律，严肃查处以权谋私、滥用职权和经济领域的违纪问题；严明党的群众工作纪律，严肃查处与民争利、吃拿卡要等侵害群众利益的行为。

（二）立足教育，进一步筑牢拒腐防变的思想道德防线

要加强党风廉政教育，提高广大党员干部的思想政治素质。要进一步把党风廉政教育作为党的建设的重要内容，统一部署、统一落实，建立健全经常化、规范化的思想教育机制，规划党风廉政教育工作，做到既有长远的计划，又有阶段的安排。

要继续深入开展党性党风党纪教育和廉政法规教育。进一步加强示范和警示教育，引导党员干部特别是领导干部牢记“为民、务实、清廉”的宗旨；进一步牢固树立正确的人生观、价值观、荣辱观，正确对待和行使人民赋予的权力，自觉做到“八个坚持、八个反对”。

要坚持和完善党风廉政大宣教格局。建立健全各部门职责明确、配合协调的工作制度，充分发挥纪检、组织、宣传、党校以及新闻、文化等单位的作用，进一步形成整体合力。把党风廉政教育纳入党校及各类干部培训计划，每年对新任领导干部进行党风廉政教育培训。

（三）突出重点，进一步把反腐败斗争不断引向深入

认真落实党风廉政建设责任制。在县委的领导下，全县各级党委、纪委要继续健全和完善党风廉政建设责任制，按照逐级负责的原则，进一步明确领导集体和领导个人对党风廉政建设所肩负的责任。要充分调动各方面的积极性，形成条块结合、上下联动、齐抓共管的工作局面；要紧紧抓住责任追究这个关键，强化监督检查，确保党风廉政建设和反腐败各项责任落到实处。

继续抓好领导干部廉洁自律工作。各级领导干部，要按照中央提出的“八个坚持、八个反对”的要求，严格检查自己，正确开展批评与自我批评，解决在思想作风、学风、工作作风和生活作风方面存在的突出问题，始终做到清正廉洁。

继续深入贯彻《党内监督条例》。进一步提高监督能力，重点对党的各级领导机关和领导干部，特别是各级领导班子主要负责人进行监督，切实加强对县委工作部署贯彻落实情况的监督检查，确保政令畅通；加强对管钱、管物、管人的干部的监督，严格执行述职

述廉、民主评议、谈话诫勉、民主生活会、廉政巡视等制度，进一步拓宽和健全监督渠道，把党内监督与党外监督、上级监督和下级监督、群众监督和新闻监督等有机结合起来，增强群众对反腐工作的信心。这方面，各级纪检机关要在党委的领导下，做接受监督的表率，更加强化内部的管理和监督。

继续加大查办案件工作力度。重点查办党政领导机关、行政执法机关、司法机关和经济管理部门中领导干部违纪违法的案件；查办严重违反政治纪律、组织人事纪律的案件；查办金融、工程承包、土地管理、矿产开发和政府采购等领域的案件；查办侵害国家、集体和群众利益的案件，尤其是查办影响发展环境的人和事；要切实抓好信访工作，畅通信访渠道，拓宽案源，要继续加强和改进办案方法，提高依纪依法办案的能力。

继续深入开展纠正部门和行业不正之风工作。把纠风工作纳入部门和行业的日常管理之中，认真纠正医药购销中的不正之风；抓好减轻农民负担和企业负担工作；深入治理乱收费、乱集资、乱摊派问题；努力巩固治理公路“三乱”和中小学校乱收费的成果。加强专项执法检查工作，针对群众反映强烈的突出问题，集中力量进行专项治理。

（四）标本兼治，进一步加大从源头上预防和治理腐败的力度

坚持“教育是基础，法制是保证，监督是关键，通过深化改革，不断铲除腐败滋生蔓延的土壤”的工作思路，围绕县委的中心工作，加强监督检查，严格执纪，强化各级党员干部廉政勤政、依法行政、关心群众的责任意识，促进全县经济社会全面协调可持续发展；要不断深化行政审批制度、财政管理体制、投资体制改革，进一步规范和完善建设性工程招标投标、经济性土地使用权出让、产权交易、政府采购等制度。不断拓宽从源头上预防和治理腐败的领域，继续推进干部人事制度改革，加大干部群众的参与权、知情权、选择权和监督权。要充分发挥党风廉政建设巡视组的作用，把党内监督同人大监督、政协监督、法律监督、行政监督、群众监督和舆论监督有机结合起来，提高监督效能。

（五）优化环境，进一步发挥好职能作用

“环境既是资源，又是生产力、竞争力，营造良好的经济发展环境是纪检机关的重要职责。”

要围绕经济建设这个中心，自觉把反腐倡廉寓于发展之中，要把反腐倡廉工作的重点放在全县经济建设的进程中来把握，与发展改革相一致。深入市场经济领域，及时发现和解决妨碍经济发展的突出问题。根据影响我县经济发展的非经济因素仍然较多的现状，我们必须针对容易发生问题的重点领域、关键环节，加大工作力度，监督关口前移，“积极参与全县重大经济活动，在参与中加强监督、搞好服务，对经济发展的决策和部署，要做到思想同心，目标同向，工作同步。要找准切入点，发挥职能优势，通过执法检查，专项治理，查办案件等手段，努力消除影响我县经济发展的障碍。”要把优化经济发展环境作为第一要务，充分发挥好职能作用。在优化政策环境方面，要通过严肃党纪政纪，保证全县经济发展各项决策得以顺利实施，不允许“上有政策、下有对策”；在优化法制环境方面，要着力解决严重阻碍发展的突出问题，重点治理少数部门不依法办事，不依法行政，有法不依、执法不公的问题，重点整治敲诈勒索、冷硬横推等歪风，重点解决滥用职权、徇私枉法等严重违纪违法问题；在优化诚信环境方面，着重抓好从严治政，以建设诚信政府为关键，对政府经济管理部门和行政执法部门滥用职权或行政不作为而发生严重信誉危机的

要进行责任追究；在优化服务环境方面，要大力开展机关效能建设，加强行政效能监察、开展专项执法监察，大力开展行风评议，不断促进政府部门改进作风，提高效率。

正确处理好保护与惩处的关系，充分调动党员干部干事创业的积极性。要大力支持干事创业的好干部，对政治上靠得住，工作有本事，想干事、能干事的党员领导干部要多给予政治上的理解、支持和保护；对有缺点和不足的，要关心教育，批评帮助；对工作上出现失误的要帮助补救；对犯错误的做好思想工作，帮助他们放下包袱；对受到诬告的尽快澄清事实，尽快正名。要严厉追究不干事不作为的党员干部，对不干事但又对积极干事创业者说三道四、评头论足的要严肃批评，对造谣恶意诬告诽谤者，坚决依法依纪追究。要严肃惩处腐败分子，着力查办破坏经济发展环境、影响恶劣的案件。

（六）求真务实，进一步加强纪检监察干部队伍建设

加强思想政治建设，认真学习马克思列宁主义、毛泽东思想、邓小平理论、“三个代表”重要思想，学习《党章》和其他党内法规，牢固树立法制观念和纪律意识。加强领导班子建设，严格执行民主集中制，努力把纪检监察机关领导班子建设成为讲学习、讲政治、讲正气，具有较强指导和组织协调能力、团结坚强的领导班子。加强组织建设、作风建设，建立健全内部管理监督机制，增强工作的主动性、预见性和系统性。严格工作纪律，尤其是办案纪律、保密纪律。加强业务培训，改善知识结构，不断提高执纪水平。完善查办机制，提高执纪办案能力。把从严治党贯穿于纪律检查的各项工作中，要建立健全查办案件工作的内部制约和监督机制，健全信访处理、案件检查、案件审理等程序性规定，建立执纪办案工作责任制。要坚持实事求是的原则，正确运用办案手段，保证严格执纪，不断提高查办案件工作能力，特别是突破大案要案的工作能力。

同志们，推进党风廉政建设和反腐败斗争，既是一项长期而艰巨的任务，又是一项现实而紧迫的工作。让我们在党的十六大精神指引下，高举邓小平理论伟大旗帜，按照“三个代表”重要思想的要求，在县委和上级纪委的领导下，紧紧依靠全县人民和广大党员干部，抓住机遇，扎实工作，不断开创全县党风廉政建设和反腐败工作新局面，为实现县第十届党代会提出的各项任务而努力奋斗，为维护瓮安改革、发展、稳定的大局贡献我们的力量！

扎实推进党风廉政建设和反腐败工作
为实现瓮安强县升位目标提供坚强保障

——在中国共产党瓮安县第十一次代表大会第一次会议上的工作报告（摘录）

（2011 年 10 月 29 日）

毛全安

各位代表、同志们：

我代表中共瓮安县纪律检查委员会，向大会作工作报告，请予审议。

一、县十届一次党代会以来的工作回顾

县十届一次党代会以来，在县委、县政府和上级纪委的领导下，全县纪检监察机关以科学发展观为统领，以务实创新的思路和举措，紧紧围绕全县改革发展稳定大局，扎实推

进惩治和预防腐败体系建设，全面开展反腐倡廉各项工作，为实现瓮安科学发展、和谐发展、率先发展提供了坚强保证。

（一）严明党的纪律，多措并举促发展

紧紧围绕县委、县政府的重大决策部署和中心工作的贯彻落实开展监督检查，切实维护政令畅通，是纪检监察工作的一项重要任务。五年来，全县纪检监察机关对雪凝、旱灾期间执行工作纪律，帮助群众解决问题、市场物价临时干预的执行情况，“瓮安事件”后“防反弹、保稳定、快恢复、促发展”部署执行情况等进行了全方位、全过程监督检查，对25名干部进行责任追究。会同有关部门对全县218个中央新增投资项目（设计资金6亿元）实施情况开展检查26次，责令42个问题项目限期整改，对落实责任不到位的4个单位予以全县通报批评，确保了项目建设顺利进行。组织开展工程建设领域突出问题专项整治，在摸清项目底数、开展自查自纠、梳理分析问题、督促整改落实上下功夫、用实招，查处国家工作人员35人，其中科级干部9人。深入开展茶产业、“185”工程的督促检查，清收欠缴罚款49.5万元；对29起死亡1人以上的安全生产责任事故进行调查，追究15名党员领导干部的责任。会同县委组织部严肃换届纪律，加强宣传教育，对干部提名推荐、考察、公示和换届选举等进行监督检查，确保换届风清气正。

（二）强化“一岗双责”，齐抓共管促落实

认真贯彻落实中央《关于实行党风廉政建设责任制的规定》，着力在细化中分解任务，严格按照中央、省、州纪委全会提出的总体工作思路，将党风廉政建设和反腐败工作任务逐项分解细化到县级领导、牵头单位部门、协办单位中，层层签订责任，层层落实责任。着力在检查中落实责任，采取自查、抽查、半年检查、常委带队年终检查等形式，对全县党风廉政建设责任制的贯彻落实情况逐项检查考核。着力在追究中强化责任，实行包保联系责任制、“一票否决”制等，强化各级党组织和党政主要领导的责任意识。五年来，先后有24名乡科级领导干部被问责，9个单位被“一票否决”。认真开展“基层勤廉双述”活动，健全村民会议和村民代表会议制度，在各村和社区设立纪检员。五年来，共查处农村党员违纪案86件88人，其中村支两委“一把手”16人，挽回经济损失80余万元。

（三）加强教育监督，严格规范促廉洁

按照县委宣传教育总体部署，以“机关作风整顿”“学习实践科学发展观”“创先争优”“三个建设年”活动为契机，搭建理想信念教育平台；以党性党风党纪教育专题报告会、党纪条规知识竞赛、职务犯罪人员现身说法、案件通报等为载体，搭建警示教育平台；以学习先进事迹，树立我县的省、州勤廉先进典型，参观猴场会址，重走长征路等为载体，搭建模范典型教育平台。截至目前，共开展各种形式的勤廉教育30余场次5000余人次，进一步筑牢了党员干部的拒腐防线。

认真贯彻落实领导干部廉洁自律规定，着力推动民主生活会、“三谈两述”、函询、全员廉政承诺等制度的落实，会同组织部门制发了《瓮安县乡科级领导干部报告个人有关事项暂行规定》；着力开展公务清理、“小灵通”捆绑使用办公电话、巧立名目滥办酒席、赌博、领导干部违规驾驶公车和领导干部经商办企业、国家干部入股煤矿、廉政风险防范机制建设等专项活动。五年来，纪委同乡镇、部门党政主要负责人谈话20人次；对4名违规驾驶公车的科级领导干部作出严肃处理，对15起大办酒席举报进行调查核实处理；在19

个重点部门查找廉政风险点427个，制定防范措施404个。

（四）坚持从严治党，持续有力抓查处

查办违纪违法案件，是党章和国家法律赋予纪检监察机关的神圣职责，也是惩治腐败和端正党风政风的重要措施。县十届党代会以来，全县纪检监察机关坚持依法依纪办案，充分发挥反腐败协调机制作用，整合力量，严肃查办滥用职权、贪污贿赂、失职渎职、严重损害群众利益、违反财经纪律和组织人事纪律等案件，查处了“瓮安事件”失职责任追究案、珠藏镇原党委书记宋泽华受贿案、雍阳镇原党委书记杨兆明涉黑案等一批大要案件。五年来，共收到群众来信、来访、电话举报1282件（次），初核981件，立案280件，审结224件、236人，其中乡科级干部59人，挽回经济损失600余万元。在惩处的同时，正确处理惩处和保护的关系，为14名干部澄清问题；充分发挥纪检监察机关办案的惩戒和治本功能，查处一起案件、完善一套制度、教育一批干部、规范一个行业，取得良好的社会综合效果。

（五）切实关注民生，纠风治乱促和谐

紧紧围绕人民群众关注的热点难点问题，加大执法监察和行风建设工作力度。在治理教育乱收费方面，着力规范和纠正中小学收费，责令清退教育乱收费131万元；在纠正医药购销和医疗服务不正之风方面，督促卫生系统加强医德医风建设，查处相关案件47件；在强农惠农项目的监督检查方面，全面实行收费项目标准公示制，对191个强农惠农项目进行监督检查，纠正问题8个，减轻农民负担9.425万元；对永和镇、铜锣乡违反规定实施危房改造行为进行责任追究，清退资金8万元，问责5名干部；在全县窗口单位开展民主评议政风行风活动，集中解决了群众反映强烈的吃拿卡要、态度粗暴、执法不公等问题；组织协调相关部门开展执法检查21次，为6500多名农民工追讨工资1820余万元，查出违规金额172.4万元；针对执法监察、信访接待、“三访”活动中发现的共性问题，及时梳理归纳分析后责成有关部门加强管理，完善制度，并向县委、县政府提出预防和治理工作建议。

（六）把握关键环节，治本清源夯基础

围绕“权、钱、事、人”四个方面，深化环境建设，拓展行政服务中心建设，完成全县43个部门（含垂管单位）的304项行政审批（许可）及44项非行政许可事项的清理公布，稳步推进重点审批部门集中办公、联合审批；深化政府投资项目监管，强化重点工程建设资金拨付使用程序管理，制定了关于建筑工程采购招标代理机构选择、国土资源信息公开、中央预算内（国债）基本建设项目管理等规定；深化县、乡财政体制改革，建立国库集中支付中心，实行集中收付，全面实行部门预算，增强财政预算的约束力；深化干部人事制度改革，建立健全科级干部绩效考核评价制度，畅通干部交流渠道，引入“公推直选”竞争机制；扎实推进“小金库”专项治理，对64个党政机关、28个事业单位、14个国有及国有控股企业、7个社会团体进行全面检查。对发现的问题及时进行纠正，追缴违规资金10.8万元。

（七）注重队伍锤炼，狠抓素质促提高

按照“政治坚强、公正清廉、纪律严明、业务精通、作风优良”的要求，在全县纪检监察干部中深入开展学习实践科学发展观、“做党的忠诚卫士、当群众的贴心人”创先争优等主题活动。着力加强队伍建设，在全县全部设置乡镇纪委副书记、纪委委员，对22个纪检监察派驻机构及时进行了调整和充实；在全县89个行政村支部设立村级纪检员，并聘请147名义务反腐监督员。不断完善县纪委常委会学习、议事和系统学习培训成果运用等制度，纪委班子决策能力和领导水平进一步提高。不断加大对纪检监察干部的培养、选拔和交流任用力度，20名优秀纪检监察干部被提拔到重点岗位担任领导职务，委局多名同志得到省、州纪委嘉奖表彰。

五年来，在县委和上级纪委的正确领导下，全县反腐倡廉工作在继承中发展，在发展中创新，2010年7月14日得到省纪委老领导王正福书记的肯定。省、州纪委组成调研组到瓮安进行全面调研，以"凤凰涅槃，浴火重生"为标题撰写了我县抓党风廉政建设促经济社会发展的综合报告，先后在中纪委、省委刊发。2010年11月24日，省委常委、纪委书记宋璇涛同志到瓮安视察，充分肯定瓮安县党风廉政建设和反腐败工作。

五年的实践，五年的工作，我们深切地感到：

必须坚持党委的统一领导。五年来，县委始终把反腐倡廉工作纳入全县的总体部署，与经济工作同部署、同检查、同考核、同落实，统筹推进。实践证明，只有在党委的坚强领导下，才能保证党风廉政建设和反腐败斗争始终沿着正确的方向健康发展。

必须坚持围绕中心服务大局。五年来，全县各级纪律检查机关紧紧围绕党委、政府的中心工作，切实解决党风政风行风方面妨碍改革发展稳定大局的突出问题，较好地发挥了促进保障作用。实践证明，只有把反腐倡廉建设放在全县大局中把握，才能使反腐倡廉建设更加具有生命力。

必须坚持维护群众切身利益。五年来，全县各级纪律检查机关始终践行以人为本、执政为民的理念，通过对群众反映的热难点问题的有效整治，有力维护了群众的切身利益。实践证明，只有切实解决群众关注的实际问题，才能使反腐倡廉建设赢得人民群众的广泛支持、参与和信任。

必须坚持惩防并举注重预防。五年来，全县各级纪律检查机关在加大惩治腐败力度的同时，更加注重在治本抓源头上下功夫，加强教育，健全制度，强化监督。实践证明，只有坚持一手抓坚决惩治，一手抓有效预防，才能使反腐倡廉建设更富成效。

必须坚持与时俱进改革创新。五年来，全县各级纪律检查机关认真调查研究，从实际出发，敢想、敢干、敢拼搏，创新、创先、创一流，反腐倡廉建设水平进一步提高。实践证明，只有把改革创新贯穿于反腐倡廉建设始终，才能更好地适应时代要求和形势变化。

各位代表、同志们！过去的五年，是齐心协力、艰苦奋斗的五年，是解放思想、积极进取的五年。五年的进步和成绩，是县委和上级纪委正确领导的结果，是全县党员干部群众大力支持的结果。在此，我代表中共瓮安县纪委，向全县各级各部门和广大党员干部群众，表示衷心的感谢，并致以崇高的敬意！五年来虽然取得了一些成绩，但我们也必须清醒地看到，在少数重点领域和关键岗位干部的违纪违法问题突出，腐败现象在一些领域仍然易发多发；少数领导干部工作作风和廉洁从政方面仍然存在不少问题；有效预防腐败的制度还不完善、制度执行不力现象仍然存在；少数乡镇和部门在落实党风廉政建设责任制方面还存在认识不全面、工作不到位的现象；纪检监察机关自身建设还有待进一步加强等。对此，我们深感责任和压力，必须采取有效措施，持之以恒地继续抓紧抓实抓好，以反腐倡廉建设新的实际成果取信于民。

二、今后五年工作建议

今后五年，是全面实施我县“十二五”规划的五年，是实现瓮安“强县升位”的重要五年，是推动瓮安科学发展、创新发展、和谐发展的关键五年。当前和今后一段时期，全县党风廉政建设和反腐败工作的总体要求是：高举中国特色社会主义伟大旗帜，以邓小平理论和“三个代表”重要思想为指导，深入贯彻落实科学发展观，坚持标本兼治、综合治理、惩防并举、注重预防的方针，紧紧围绕“发展、民生、稳定”三大主题，“城乡统筹、三化同步、科学发展、强县升位”四大目标，深入开展党风廉政建设和反腐败斗争，扎实推进惩治和预防腐败体系建设，确保县第十一次党代会确定的各项目标任务顺利实现。

（一）服务发展，确保政令畅通，在推进瓮安强县升位上有新作为

强化监督是反复倡廉建设的关键环节，要按照贺国强同志在全国纪检监察系统纪念建党90周年表彰大会暨反腐倡廉建设理论研讨会上重要讲话的要求，以中央和省、州重大决策部署贯彻落实情况为重点内容，围绕严肃党的政治纪律、转变经济发展方式、改善民生等方面加强监督检查，特别是要围绕“加速发展、加快转型、推动跨越”主基调、“城乡统筹、三化同步、科学发展、强县升位”目标等重大决策开展监督检查，及时跟进，全程参与。要抓好中央应对国际金融危机、加强宏观调控特别是扩大内需保持经济平稳较快增长政策措施执行情况的检查，加强对强农惠农政策落实和涉农资金管理使用情况、矿产资源开发情况、资源节约和环境保护法律法规落实情况的监督检查，及时发现问题，督促整改，严肃查处违背科学发展观的行为，坚决查处有令不行、有禁不止的行为，确保政令畅通。

（二）关注民生，狠抓纠风治乱，在建设和谐瓮安上有新建树

坚持把以人为本、执政为民贯穿党风廉政建设全过程，加强专项治理，着力解决就学、就医、社会保障、安全生产、城镇建设等事关群众切身利益的问题；加强重点治理，坚决纠正损害群众利益的不正之风，督促完善食品药品监管责任制，落实安全生产法律法规，强化社保基金、住房公积金、扶贫和救灾救济资金以及政府专项资金监督检查；加强行业自律和社会诚信建设，深化政风行风热线工作，创新社会管理；加强对农村土地林地承包、土地征用、村级组织选举，农村集体资金、资产、资源使用和处置情况的监督，坚决查处和纠正侵害农民利益、民主权利的突出问题，切实维护群众权益和社会稳定；加强对基层站所的管理，坚持纠建并举，加大防治力度，注意解决苗头性、倾向性问题，努力使反腐倡廉建设的成果惠及于民。

（三）教育监督，加强廉洁自律，在深化作风建设上有新进展

加强和改进党的作风建设，是我们党不断增强创造力、凝聚力、战斗力的优良传统和宝贵经验。要深入开展作风建设，教育引导党员干部增强党的意识、宗旨意识、执政意识、大局意识、责任意识。要加强反腐倡廉建设教育工作，要突出教育重点，丰富教育内容，创新教育载体，深入开展正面典型示范教育、反面典型警示教育、岗位廉政风险教育、廉政文化“六进”等活动，教育引导党员干部做到秉公用权、清正廉洁，始终保持共产党人的政治本色。要严格落实《中国共产党党员领导干部廉洁从政若干准则》，认真落实党内监督各项制度，严格执行述职述廉、诫勉谈话、函询、领导干部报告个人有关事项等制度。

严格贯彻落实党风廉政建设责任制，动态调整量化考核内容和标准，强化责任追究，确保党政“一把手”总负责、领导班子成员“一岗双责”落到实处，以党风带政风促民风。

（四）从严治党，加大协调力度，在严格依纪依法办案上有新业绩

查办案件是反腐败的最有效手段，要以强有力的惩治，增强教育的说服力、制度的约束力和监督的威慑力。严肃查办违纪违法案件，以发生在领导机关、领导干部和群众身边的腐败案件为重点，严肃查办违反政治纪律的案件，以权谋私、权钱交易的案件，损害群众利益的案件，失职渎职、滥用职权的案件，违反组织人事纪律的案件。对有案不查、瞒案不报甚至阻扰办案的，要严肃追究责任。要完善信访举报、案件检查、案件审理、案件管理、办案纪律等方面的制度，加强反腐败协调机制，建立健全案件及时发现、及时排查、及时查处机制；加强对基层办案工作的指导，不断提高纪检监察机关依纪依法办案水平，切实做到既严惩腐败分子、又保护广大党员干部干事创业的积极性。要发挥查办案件治本功能，继续落实案件检查和案件剖析双报告及典型案件通报制度，把查办案件与加强教育警示、推进建章立制、强化制约监督结合起来，促进惩治成果向预防成果转化。

（五）标本兼治，注重改革创新，在构建惩防体系上有新突破

按照《建立健全惩治和预防腐败体系 2008—2012 年工作规划》，以改革创新为动力，党政机关、行业系统、城乡基层为重点，制度建设为支撑，围绕权力运行关键点、腐败现象易发点和民意诉求集中点，加快重点领域、重点部门、重点环节的制度体系建设。配合和督促有关部门进一步精减和调整行政审批事项，进一步深化财税管理体制、国有资产管理体制改革，进一步整治行业协会、市场中介组织违规违法问题，进一步深入推进行政服务中心建设，进一步发挥县行政效能投诉中心作用，进一步完善党务公开、政务公开、厂务公开、村（居）务公开，进一步加快行政电子监察系统建设，积极探索“制度+科技”的预防腐败措施，依托电子政务外网，将行政审批、公共资源交易、行政执法、政务信息公开，重大资金项目和政府效能评估纳入电子监察系统，构建符合瓮安实际的反腐倡廉惩防体系。

（六）队伍建设，提高综合能力，在加强自身建设上有举措

加强纪检监察机关自身建设是完成反腐倡廉建设任务的重要保证。要按照“四开四干”“五公五安”的要求，加强思想政治建设，打造一支对党忠诚、信念坚定的纪检干部队伍；加强组织建设，认真贯彻落实中纪委《关于加强地方县级纪检监察机关建设的若干意见》，抓好县、乡纪检干部队伍建设，深化派驻纪检机构统一管理，打造一支眼界宽广、胸襟宽阔的纪检干部队伍；加强制度建设，健全内部监督制约机制，强化纪律作风，打造一支公道正派、纪律严明的纪检干部队伍；加强工作能力建设，打造一支作风过硬、本领过硬的纪检干部队伍，树立可亲、可信、可敬的良好形象，做党的忠诚卫士、当群众的贴心人。

同志们！新时期反腐倡廉任务光荣而艰巨，让我们按照县第十一次党代会确定的奋斗目标和工作要求，以更加坚定的意志决心、更加创新的思想观念、更加进取的精神状态、更加扎实的工作作风，努力开创我县党风廉政建设和反腐败工作新局面，在服务、保障、促进瓮安经济社会又好又快、更好更快发展中唱响主旋律、打好主动仗、争当主力军！

坚持全面从严治党　忠诚履职尽责
为十三五决战决胜提供坚强纪律保证

——在中共瓮安县第十一届纪律检查委员会第六次全体会议上的工作报告（摘录）

（2016 年 3 月 1 日）

王　华

各位代表、同志们：

我代表第十届县纪委向大会报告工作，请予审议。

这次会议的主要任务是：学习贯彻十八届中纪委六次全会、十一届省纪委五次全会、十届州纪委六次全会精神，总结 2015 年党风廉政建设和反腐败工作，部署 2016 年工作任务。刚才，州委常委、县委书记张文强同志就全面从严治党作了重要讲话，为当前和今后一个时期党风廉政建设和反腐败工作指明了方向。我们要认真学习领会，深入抓好贯彻落实。

一、2015 年工作回顾

2015 年，全县纪检监察机关在县委、县政府和上级纪检监察机关的领导下，坚决贯彻县委、县政府和上级纪检监察机关的部署要求，聚焦主业主责，严格监督执纪问责，深刻把握新形势下纪律审查工作的新思路、新部署、新要求，积极探索，勇于实践，坚持不懈刹风正纪，坚定不移惩治腐败。全县党风廉政建设和反腐败工作在实践中创新，在创新中突破，在突破中深化。

（一）把纪律挺在前面，强化纪律刚性约束

加强党的纪律建设。深入开展纪律教育和监督，把严明党的政治纪律和政治规矩摆在首位。深入学习贯彻《中国共产党廉洁自律准则》《中国共产党纪律处分条例》《中国共产党巡视工作条例》等党纪党规，在县委党校举办全县纪检监察干部学习贯彻两项法规专题研讨班。把学习贯彻两项法规、政治纪律、组织纪律执行情况作为纪律检查、专项巡察和派驻监督的重点，督促党员干部深查细照“七个有之”和“五个比如”，坚决查处无视制度、不守规矩，随意变通、恶意规避的突出问题，推动两项法规落地落实。

突出关键少数。以“知纪明纪守纪”为主题，把党章党规党纪教育贯穿领导干部教育培养的全过程。举办全县廉政文艺汇演，发送廉政短信 5.1 万余条，任前廉政谈话 150 人，组织 6000 余人（次）接受警示教育，邀请省州纪委领导为 500 名党员干部上党课，编印《瓮安县典型案例 29 篇》2000 册，张贴廉政广告 154 张，使宣传教育入脑入心，教育党员领导干部不碰党纪国法“底线”。

推行“大约谈”。结合“三严三实”专题教育，深入开展党风廉政建设突出问题集中专项整治，集中排查和解决“两个责任”“四风”和损害群众利益等方面问题 46 个，19 名干部主动报告自身存在问题，6 名干部主动作深刻检查，2 个单位主动上交违纪款物 5.25 万元。从问题线索中甄选出适宜约谈的问题和对象，分层分级由县纪委班子成员陪同县委“五人小组”对 46 名党员干部开展“大约谈”，各单位主要负责人约谈 186 人，“一岗双责”约谈 2758 人，责令 5 个单位提出整改方案，71 个单位、13 个乡镇和街道办事处共清退发放的违规津补贴 238.36 万元。

（二）以零容忍态度惩治腐败，强化“不敢腐”的氛围

健全反腐败体制机制。充分发挥县委反腐败协调小组作用，加强反腐败工作组织领导和统筹协调，坚持资源共享、手段互补、力量共用，在信息、情况通报、线索移送、查办案件等方面相互协作，制定《瓮安县反腐败协调配合暂行办法》等，把执纪和执法贯通起来，推进反腐败斗争合力。2015 年，召开 3 次反腐败协调会议，通报家电下乡补贴违规资金追缴、小微企业调查情况以及违法违纪人员处理情况。

规范问题线索管理和处置。制定信访举报件归口管理和跟踪督查等办法，严格落实五类处置标准和方式，形成“日清、周转、月报、季结”的线索管理新机制，问题线索处置实现动态“清零”。完成县级纪委信访信息管理系统建设，实现中央、省、州、县四级信访信息互联互通。按照五类标准处置问题线索 86 件，其中，初核 86 件，拟立案 6 件，函询 7 件，了结 78 件。

加大纪律审查力度。强化惩治腐败的高压态势，营造风清气正的政治生态。正确理解和把握运用监督执纪“四种形态”，坚持既见“树木”，又见“森林”，既盯“烂树”，更治“病树”、正“歪树”、护“森林”，抓大不放小、抓重不放轻、抓多不放少、抓早不放缓、快查快审快结，发现轻微违纪问题及时处置，涉嫌犯罪的案件及时移送司法机关。今年以来，立案 100 件、118 人，结案 96 件，党政纪处分 108 人，移送司法机关 1 人。

（三）深入开展专项整治，坚持不懈刹风正纪

持之以恒纠“四风”。坚持以往节前提醒、节中明察暗访、节后查处整改的做法，综合用好抓重要节点、抓具体问题、抓执纪监督、抓通报问责等有效手段，一寸不让、露头就打。扎实开展八类作风突出问题专项治理，723 名科级以下领导干部签订廉政承诺书，集体提醒谈话 87 名主要领导，查处违反中央“八项规定”精神问题 4 起，给予党政纪处分 4 人，收缴违规操办酒席资金 6. 3 万元上缴财政，点名道姓通报批评 76 人和 10 个单位。

强化巡视整改。根据省委巡视组反馈巡视工作存在的突出问题，督促 72 个单位围绕“两个责任”、“四风”、损害群众利益和廉洁自律方面查找出突出问题 434 个，各单位列出整改“任务清单”，制定 451 条“整改措施”、排出“时间表”、逐个“对账销号”，抓好整改落实。下发整改通知书 154 份并责令各单位限期整改，警示谈话 24 人，督促清退违规发放的各类津补贴 591. 66 万元，点名道姓集中通报巡视整改工作不力的 2 个单位和 5 人。同时，进一步规范了食堂管理、带薪年休假制度、党政机关公务接待管理、各类奖项等，奖励性考核由 17 项缩减为 8 项。

抓实民生监督。把民生监督作为县乡两级纪检监察机关履行监督责任的具体实践，民生监督工作服务攻坚，保障小康的作用逐步彰显。通过开展家电下乡补贴资金、中等职业学校和普通高中学生资助金管理使用情况，城乡低保、农机补贴政策等专项监察，收集问题 114 个，立案查处家电下乡、城乡低保等民生领域案件 83 件，给予党政纪处分 94 人，83 户经销商退还骗补资金 613. 1 万元。

（四）深化纪检体制改革，推进组织和制度创新

着力深化“两个责任”。以省、州、县“两个责任”清单为“线路图”，与上海同济大学共同建设“两个责任”与干部正风监督网络平台，分级分层分解“责任清单”，责任落实到人，该项工作得到了省纪委的高度肯定。约谈落实“两个责任”不力的 6 个单位，发

整改通知书52份，通报批评落实“两个责任”不力的1个单位和18名纪检组长。创新“同级三述”，县委常委会和县人大常委会等5个党组、32名县级领导和69名“一把手”向县纪委全委会述责述廉述德并接受评议。

着力深化“两个为主”。规范下级纪委向上级纪委报告问题线索处置和执纪审查工作，督促对问题线索进行集中排查、统一管理、分类处置，对拟立案、初核类问题线索进行重点跟踪督办。推行案件公开审理，全州党政纪案件公开审理现场会在瓮安召开并全州推广。会同县委组织部提请县委审定《关于乡镇党委、街道纪工委书记、副书记、监察室主任以及派驻部门纪检组组长、监察室主任提名考察办法（试行）》《关于在学校设置纪检员的实施方案》，严格选人程序。

着力深化“两个全覆盖”。成立4个片区纪工委，配备99名村（居、社区）专职纪检员，每2月抽调纪检监察干部2人轮流到所属纪工委全脱产办公。制定《关于在全县党政机关实行监督巡察的暂行办法》，把乡镇和街道作为常规巡察对象，严查群众身边的“四风”和腐败问题，督促有关单位建章立制、堵塞漏洞。目前，对3个单位开展专项巡察，发现问题11个，立案调查10件、14人。

（五）加强队伍自身建设，严格教育管理监督

开展“三严三实”专题教育。全县纪检监察机关深入开展“三严三实”专题教育，深入查摆问题，逐一制定整改措施整改。落实纪检监察机关党建工作，3次组织中心组理论专题学习，举办各类培训班2期轮训190人（次），选调3人上挂省、州纪委学习。

注重日常管理监督。以“三严守九严禁”为行为规范，建立健全内部监督机制并认真执行，以“零容忍”的态度坚决查处纪检监察干部的违纪行为，督促纠正2个单位纪检组长分管本职外工作的问题。

过去一年，党风廉政建设和反腐败工作取得的成绩，得益于县委、县政府和上级纪检监察机关的坚强领导，得益于各位县纪委委员、各级各部门和社会各界的大力支持，得益于全体纪检监察干部的共同努力。在此，我代表县纪委常委会向大家表示衷心感谢！

在肯定成绩的同时，也要冷静清醒地看到，党风廉政建设和反腐败工作还存在一些不容忽视的问题。比如，有的党委（党工委、党组）落实主体责任还不到位，全面从严治党的责任意识有待增强。一些党员干部“不担当、不作为、不落实”的问题还没有得到有效解决。对一些重点部门和关键环节权力运行的监督制约还不到位，减少腐败存量、遏制腐败增量仍需不懈努力。有的纪检监察干部对把纪律和规矩挺在前面、监督执纪“四种形态”等新理念、新部署，领会不深，把握不好，在队伍建设中还存在少数人认识不到位、精力不集中、能力不匹配等等问题。以上问题，我们要认真研究，采取有效措施加以解决。

回顾一年来的工作，县纪委常委会越来越深刻地体会到：一是必须紧紧牵住“主体责任”这个牛鼻子。各级党组织要切实担负起主体责任，发挥领导核心和战斗堡垒作用。纪委要坚守监督执纪问责的定位，维护党章、严明党纪，检查党的路线方针政策执行情况，协助县委加强党风建设和组织协调反腐败工作。二是必须严明纪律和规矩。全面从严治党，要抓全党的纪律，使纪律成为管党治党的尺子、党员不可逾越的底线。各级党组织必须克服惯性思维，以纪律为戒尺，发现苗头就要及时提醒，触犯纪律就要立即处理。纪委要依纪监督、从严执纪，真正把纪律立起来、严起来，执行到位。三是必须聚焦主业主责。全

面从严治党，要运用监督执纪“四种形态”，在严明纪律中体现严格要求和关心爱护。把严明纪律体现在干部教育日常管理监督中，坚持不懈抓到底，严格执纪，抓早抓小，强化不敢腐、不能腐、不想腐，用最坚决的态度减少腐败存量，用最果断的措施遏制腐败增量。四是党风廉政建设和反腐败斗争永远在路上。在抓党风廉政建设上，有县委坚强的领导，正确的决策，坚决的态度，扎实的工作，群众的认可，是我们抓党风廉政建设和反腐败工作的组织保障。因此，我们始终要以人民高兴不高兴、满意不满意、答应不答应，作为工作的根本标准，务必坚定信心和决心、砥砺勇气和斗志、保持定力和韧劲。同时也必须清醒认识到，从严管党治党是永恒的课题，反腐倡廉建设永远在路上，良好的政治生态不是一朝一夕就能形成的，必须久久为功。

二、2016 年主要任务

2016 年工作的总体要求是：深入贯彻党的十八大、十八届历次中央全会和习近平总书记系列重要讲话精神，以及十八届中央纪委六次全会、十一届省纪委五次全会、十届州委历次全会和十届州纪委六次全会精神，落实全面从严治党、依规治党各项要求，严明政治纪律和政治规矩，围绕县委中心工作谋划思考，强化监督执纪问责，建设忠诚干净担当的纪检监察队伍，深入推进党风廉政建设和反腐败斗争，为全县守底线、走新路、率先小康提供坚强纪律保证。

（一）严明党的纪律，维护党规党纪

尊崇党章，全面唤醒党章党规党纪意识。党章是党的理想信念、根本宗旨、组织原则和纪律要求的集中体现，是党的总章程，是各级党组织和全体党员必须遵守的总规矩。各级党组织和纪检监察机关要以党章为根本遵循，督促各级党组织加强党的建设，以《中国共产党廉洁自律准则》《中国共产党纪律处分条例》为基本准绳，全面加强纪律建设，督促党员干部时时反省自己、纠正问题，切实严守党的六大纪律，增强政治意识、大局意识、核心意识和看齐意识，坚决维护党规党纪权威性、严肃性。

抓大多数，深入抓好“两学一做”专题教育。严格贯彻执行《中国共产党廉洁自律准则》《中国共产党纪律处分条例》两项法规，将 2016 年作为两项法规的学习宣传年。严格按照“两学一做”要求开展专题教育，组织广大党员反复精读原文，充分发挥廉政教育基地主阵地作用，利用好各类新闻和媒介的平台优势，开展多层面、多角度、全方位、生动活泼的宣传，使其学深悟透、融会贯通，把握主要内容和精神实质，增强贯彻执行的自觉性和坚定性。

严明纪律，确保政令畅通。把贯彻执行《准则》和《条例》体现到监督执纪问责全过程，加强对纪律执行情况的监督检查，切实把监督执纪问责落到实处。要把执行政治纪律和政治规矩摆在首要位置，加强对中央和省委、州委、县委重大决策部署执行情况的监督检查，确保政令畅通。要加大对不作为、懒政怠政、贻误工作等问题的督查和问责力度，严肃查处影响和破坏经济发展环境的违纪违规问题。要抓住领导干部这个关键少数，坚决查处自行其是、阳奉阴违，欺骗组织、对抗组织，政治利益和经济利益相互勾连等问题。要严肃换届纪律，做好问题线索清理处置，及时核实换届信访问题，从严从快查处跑官要官、买官卖官、拉票贿选等行为，坚决防止“带病上岗”“带病提拔”等问题，促进形成风清气正的政治生态环境。

（二）驰而不息整治“四风”，推进党风政风持续好转

狠抓关键节点，积小胜为大胜。发扬“钉钉子”精神，锲而不舍整治违反中央“八项规定”精神和“四风”问题，扩大成果、不断深化。要紧盯十八大后、中央“八项规定”出台后、党的群众路线教育实践活动后、省委巡视组巡视瓮安后、“三严三实”专题教育后5个重要节点，紧盯年节假期，一个节点一个节点坚守，管住重要环节，一个问题一个问题解决。

盯住新动向，保持针对性。坚持以上率下，看住“关键少数”。集中整治收送礼金红包、滥发钱物、借婚丧喜庆事宜敛财等突出问题，强化公务用车制度改革政策执行情况监督检查。对在执纪审查中发现的“四风”问题线索，要深挖细查、决不放过。密切注意“四风”新情况、新动向，创新监督方式，扩大群众监督渠道，深入开展明察暗访、监督检查和警示提醒，加大曝光力度。对隐形变异的“四风”问题要从重、从速处理，对不收手、不知止，规避组织监督的一律从严查处，越往后执纪越严。

自律与他律并重，保持长效性。把贯彻《廉洁自律准则》作为改进作风的重要抓手，引导党员干部继承和发扬党的优良传统和作风，引导党员干部自觉培养高尚道德情操、抵制不良风气。大力弘扬优秀传统文化，不断总结提炼作风建设的经验做法，推进作风建设制度化、长效化，以优良的党风带动社会风气的持续好转。

（三）力度不减、节奏不变，持续保持遏制腐败高压态势

突出纪律审查重点。紧紧围绕遏制腐败蔓延势头目标，切实加强对反腐败工作的统一领导，坚持反腐无禁区、全覆盖、零容忍，把握力度和节奏。要紧盯十八大后不收敛不收手的干部，问题线索反映集中、群众反映强烈的干部，现在重要岗位且可能还要提拔使用的领导干部“三类重点人”。着力解决损害群众利益的不正之风和腐败问题，重点查处扶贫领域虚报冒领、截留私分、挥霍浪费等问题；基层党员干部在“三资”管理、低保医保等领域以权谋私、贪污挪用等严重问题；严肃查处“小官大贪”等腐败问题。

突出执纪监督的特点和重点。牢固树立纪在法前、纪法分开、纪严于法的执纪观，把实践好“四种形态”作为检验工作的标准，实现惩处极少数、教育大多数的政治效果和社会效果，有效减少腐败存量，遏制腐败增量。强化日常批评教育提醒，认真贯彻执行廉政谈话制度，对党员干部苗头性、倾向性问题，早提醒、早纠正，让咬耳扯袖、红脸出汗成为新常态，守住纪律和规矩第一道防线；要坚持抓早抓小，对党员领导干部发生的轻微违纪问题，及时采取纪律轻处分和组织处理，用纪律管住大多数；要坚持惩前毖后、治病救人，对严重违纪的党员，给予党纪政纪重处分、作出重大职务调整，形成震慑；要坚持重典治乱，严惩腐败，对违法违纪的党员，必须立案审查，移送司法机关，严肃惩处。

扩大纪律审查效果。坚持以案促教、以案促纠、以案促建，强化“不敢腐、不能腐、不想腐”有效机制建设。继续深入开展以案明纪教育，通过制作警示教育片，重大案件通报曝光，组织党员干部参加党政纪案件公开审理，组织干部和家属参观廉政教育基地等方式，用好用活身边的反面教材，发挥警示、震慑和教育作用。注重总结教训，深刻剖析发案原因，督促发案单位举一反三，建章立制，堵塞漏洞，着力铲除滋生腐败的土壤。

（四）推进纪律检查体制改革，完善监督机制

落实“两个责任”。主体责任是政治责任，是各级党组织职责所在、使命所系。要充

分利用大数据优势，调整充实“两个责任”与干部正风监督网络平台内容，向民生监督延伸，确保平台更具有针对性、时效性、可操作性。各级党组织要切实担负起抓党风廉政建设的主体责任，党委（党工委、党组）书记要履行好“第一责任人”责任，班子成员要切实落实好“一岗双责”；各纪检监察机关要全面履行监督责任，把问责作为全面从严治党的重要抓手。对执行党的路线方针政策不力，管党治党主体责任缺失、监督责任缺位、“四风”和腐败问题多发频发、巡视整改不落实的，坚持“一案双查”。

突出“两个为主”。进一步强化上级纪委对下级纪委的领导，严格执行向上级纪委报告线索处置和执纪审查情况制度，认真执行好纪委书记、部门纪检组长、副书记、监察室主任提名考察办法和在学校配置纪检员工作，坚持以县纪委会同县委组织部为主。

强化派驻监督。在中央、省、州纪委实现向党和国家机关派驻机构全覆盖的基础上，做好工作衔接，抓紧把派驻工作机构调整到位。强化派驻工作机制制度建设，加大对派驻机构人员的培训力度，加强对派驻机构的联系、服务、指导和监督，发挥“派”的权威和“驻”的优势。各派驻机构纪检组长（纪委书记）要经常与派驻单位党委（党组）书记交换意见、通报问题，并充分利用好与驻在部门领导班子成员廉政谈话、约谈、问责等制度，发现问题及时上报、及时处理。对该发现的重大问题没有发现，发现问题匿情不报、不处理的要从严追究责任。深化专项巡察，把巡察和派驻监督结合起来，紧盯重点人、重点事和重点问题，对敷衍整改、责任不落实的严肃追责。

（五）加强基层党风廉政建设，切实解决群众身边腐败问题

责任压到基层。以开展民生领域整治铸廉行动为抓手，党委（党工委）要发挥关键作用，纪检监察机关要围绕精准扶贫，紧盯民生工程，把查处侵害群众利益的不正之风和腐败问题作为主要工作任务，督促有关部门加强管理监督，严肃问责失职渎职行为。各民生监督组要强化问题线索梳理，对反映集中、性质恶劣的，重点督办、限期办结。

严肃查处侵害群众利益的问题。对扶贫等领域民生资金有计划、分步骤开展专项监察，提升民生监督的精准度，重点查处和纠正超标准超范围向群众筹资筹劳、摊派费用，违规收缴群众款物和处罚群众，克扣群众财物、拖欠群众钱款的突出问题；集体“三资”管理、土地征用和惠农等领域强占掠夺、贪污挪用等严重问题；扶贫救助、社保等领域虚报冒领、截留私分、优亲厚友、挥霍浪费等严重问题；在办理涉及群众事务时作风粗暴、吃拿卡要甚至欺压群众的违纪行为；严肃查处基层和农村党员干部公款旅游、违规公款吃喝等问题。

加强基层监督。坚持制度防范和科技防范相结合，督促职能部门完善民生资金监管系统，提高民生资金管理使用的透明度。充分发挥村（居、社区）村级纪检员作用，推进党务公开、村（居、社区）务公开等工作。定期曝光违纪问题，加强群众监督和舆论监督，坚决遏制群众身边的“四风”和腐败问题发生。

（六）加强自身建设，打造忠诚干净担当的纪检监察队伍

聚焦主业主责。进一步深化“三转”，坚持把纪律挺在前面与深化“三转”有机结合，坚持把突出执纪特色、提高执纪效果作为“三转”的目标要求，切实履行好党内监督专门机关的职责。

全面增强履职能力。深刻领会把握党纪党规和法律条规，提高政策理论水平和业务能

力。巩固深化“三严三实”专题教育成果，紧紧围绕监督执纪问责、实践“四种形态”，转变理念思路，改进工作方式，注重归纳总结，加强重大课题研究。加强党风廉政建设宣传工作，加强形势任务分析和思想舆论引导，提高工作的预见性、精准性和实效性。

带头严守纪律规矩。全县纪检监察机关要强化自我监督，加强党内监督，接受社会监督。积极配合县委做好县乡纪委换届工作，落实三个提名考察办法，进一步畅通纪检监察干部进出渠道。坚持“严管就是厚爱”，进一步加强内部监督，不断健全内控机制，注重发挥纪检监察干部室的监督作用，以“零容忍”的态度清除自身腐败，坚决问责不敢抓不敢管、监督责任缺位的问题，用铁的纪律打造一支忠诚、干净、担当的纪检监察干部队伍。

同志们，党风廉政建设和反腐败工作使命光荣、责任重大，我们一定要坚定信心，认真履职，扎实工作，为不断开创党风廉政建设和反腐败斗争的新局面做出应有的贡献！

坚持全面从严治党　强化监督执纪问责
为全面建设“五个瓮安”提供坚强纪律保证

——在中国共产党瓮安县第十二次代表大会上的报告（摘录）

（2016 年 10 月 25 日）

陈　刚

各位代表、同志们：

县第十一次党代会以来，在县委及上级纪委的坚强领导下，以邓小平理论和“三个代表”重要思想为指导，深入贯彻落实科学发展观，按照党的十八大以来中央、省、州、县历次全会精神，全面履行党章赋予的职责，扎实推进党风廉政建设和反腐败工作，为全县经济社会发展提供了有力保障。现将五年来工作情况和今后五年工作建议，向县第十二次党员代表大会报告如下，请予审议。

过去五年的工作回顾

过去的五年，是我县经济持续健康发展、民生明显改善、城乡面貌焕然一新、精神文明和民主法制显著加强、人民群众获得感最强的五年。在有力推进经济建设、政治建设、文化建设、社会建设和生态建设的同时，县委坚持“两手抓、两手都要硬”的方针，全面推进党的建设新的伟大工程，切实加强对党风廉政建设和反腐败工作的领导。2013 年，县委作出了《关于推进清廉瓮安建设的实施意见》的重大决策部署。五年来，坚持标本兼治、综合治理、惩防并举、注重预防方针，以“清廉瓮安”建设为总抓手，紧紧抓住党风廉政建设责任制，强化责任落实，为形成全县党政齐抓共管局面，促进纪检监察机关履职尽责创造了有利条件。在县委的坚强领导下，全县各级纪检监察机关转职能、转方式、转作风，聚焦中心任务，强化监督执纪问责，全面把握运用“四种形态”，党风廉政建设和反腐败工作不断取得新的明显成效。

锁紧责任链条，“两个责任”层层压实。五年来，我们抓牢党委主体责任、纪委监督责任，为落实全面从严治党提供了坚实的基础和保障。一是重明责，细化责任清单。在全州率先制定《严格落实党风廉政建设党委主体责任和纪委监督责任的实施意见（试行）》，明确党委9项主体责任、纪委5项监督责任。依托大数据，建设“两个责任”与干部正风监督网络平台，分层细化县乡各级党委（党组）、第一责任人、班子成员主体责任清单和纪委监督责任清单，形成完整的“共性+个性”的清单模式，得到省纪委高度肯定并在我州推广。同时，严格签字背书，县委与各单位党组织签订主体责任书，县纪委与各纪检监察机关签订监督责任书，“两个责任”与干部正风监督网络平台记录各类工作记实信息22.22万条，形成了一级抓一级、层层抓落实的责任体系和工作机制。二是重履责，强化压力传导。创新制定实施勤政廉政约谈、廉政访谈以及县纪委向县委、下级纪委向上级纪委和同级党委、县委常委会和县人大、县政府等5个县级党组向县纪委全委会报告工作等制度。勤政廉政约谈党政“一把手”86人（次），领导班子成员、中层干部、村（居、社区）干部1256人（次），“一把手”在县广播电视台“廉政访谈”“公开述责述廉述德”195人（次），县级5大党组、县级领导和乡镇部门党政“一把手”每年向县纪委全会述责述廉述德并接受评议，县纪委每年向县委全委会报告上年度工作情况并接受测评。三是重考责，强化结果运用。坚持把责任清单落实作为检查考核的重点，突出动态监督。采取自检自查、平台审核、突击检查、交叉联查、年终考评等方式，发现并约谈落实“两个责任”不力的11个单位，通报批评1个单位和18名纪检组长，发整改通知书52份，把检查考评结果作为对领导班子总体评价和领导干部业绩评定、奖励惩处、选拔任用的重要依据。

持续正风肃纪，党风政风为之一新。五年来，我们把监督执行中央八项、省委十项、州委九项和县委八项规定精神作为一项经常性工作来抓，加大组织协调和督办力度，建立多方联动、整体推进的“大督查”格局，持续发力，“四风”顽疾得到有效遏制，干部作风明显好转。一是着力专项整治。扎实开展会员卡清退、“六风一卡”“吃空饷”“八类作风突出问题”“党风廉政建设突出问题集中专项整治”等整治行动，发现各类问题37个，“大约谈”53名党员干部，19名干部主动报告自身存在问题并作出深刻检查，10个单位和个人主动上交违纪款物11.95万元，责令69个单位提出整改方案，党纪处分9人，政纪处分5人。针对信访举报、案件查处和个人报告事项抽查情况扎实开展提醒谈话，集体提醒谈话主要领导354人（次），预防提醒谈话4955人（次），询问警示谈话433人（次），纠错诫勉谈话33人次，问责处分约谈3人次。二是狠抓关键节点。抓重要时段、抓具体问题、抓监督执纪、抓通报曝光，以暗访检查、随机抽查、交叉检查和个别约谈相结合的方式，织密监督网。采取对民营企业经济发展环境进行监测、陪同企业办事等方式，加强执法人员和办事窗口作风监督。共开展明察暗访、专项督查320次，下发督查通知书157份，点名道姓通报批评14个单位163人，组织处理89人，收缴违规操办酒席资金18.484万元。三是强化巡视整改。根据省委巡视发现的突出问题，督促72个单位围绕“两个责任”、“四风”、损害群众利益和廉洁自律方面找出突出问题434个，制定整改措施，排出时间表，逐个“对账销号”，抓好整改落实。下发限期整改通知书154份，警示谈话24人，点名道姓通报批评整改不力的2个单位和5名干部，追缴清退违规津补贴955.442万元，规范了机关内部食堂管理、党政机关公务接待、津补贴发放等问题。

创新宣传教育，纪律防线更加牢固。五年来，我们把执行政治纪律和政治规矩摆在首要位置，用纪律教育和管理全体党员干部，营造学纪、明纪、遵纪、守纪的浓厚氛围，增强了党员干部党章党规党纪意识。一是教育“绝大多数”。升级改版“清廉瓮安”网，建成瓮安县反腐倡廉警示教育基地，编印《瓮安县典型案例29篇》2000册、纪律手册7500册，上廉政专题党课500余堂（次），发送廉政短信25.1万条，张贴廉政广告154张，举办全县廉政文艺会演、演讲比赛、知识竞赛、廉政漫画作品展等，组织400名干部家属开展家庭助廉活动，创建省级廉政文化示范点5个，县级廉政文化示范点9个。二是盯紧“关键少数”。聘请229名党风政风义务监督员，落实“一把手”“五个不直接分管”“末位表态”“三重一大”等制度。创新实行拟提拔科级领导干部人选个人财产公示制度，462名提拔人选进行了个人财产公示。认真开展廉政风险排查和防控管理、新任科级领导干部任前廉政考试等工作。出台《瓮安县村（居）务工作权力清单》，规范村干部权力运行，开展农村基层干部廉政培训234人次。三是强化现场教育。坚持“开门反腐”，充分运用猴场红色文化教育基地、县警示教育基地、北斗山监狱等阵地，采取党政纪案件公开审理、法院职务犯罪案件庭审旁听等方式，强化理想信念、纪律观念教育，受教育党员干部群众6万余人次，收到了较好的警示、震慑和教育效果。

铁腕高压反腐，压倒性态势正在形成。五年来，我们把惩治腐败放在突出位置，始终保持力度不减、节奏不变、尺度不松，“不敢腐”的效应初步显现。一是规范信访处置。严格落实五类处置标准和方式，受理信访举报614件（次），其中，转立案67件，函询33件，了结499件，正在核实15件，为76名党员干部澄清了问题，信访量与上届同期1282件相比下降了52.11%。二是坚持抓早抓小。从“盯违法”转“盯违纪”，抓大不放小、抓重不放轻、抓多不放少、抓早不放缓，发现轻微违纪问题及时处理，重大案件线索按规定上报县委和州纪委监察局，实行案件质量终身负责和错案责任倒查问责制，立案366件413人，结案335件，党纪处分251人，政纪处分131人（双重处分14人），免予处分13人，收缴违纪款1491.12万元，挽回直接经济损失2023.84万元。查办案件数持续上升，特别是近三年来上浮较大，其中，2013年37件48人、2014年46件53人、2015年100件118人，同比分别增长54.17%、24.32%、117.39%。截至2016年9月，立案119件126人，同比增长133.33%。三是力求快查快结。准确运用“四种形态”，建立案件“一周工作查结”“一案双查”“安全文明办案”等制度，批评教育164人，提醒谈话95人，诫勉谈话17人，函询33人，占总数的50.08%；党纪轻处分152人，占总数的24.64%；党纪重处分129人，占总数的20.91%；移送司法机关27人，占总数的4.37%。召开反腐败协调会议6次，解决疑难问题6件，移送问题线索126条。探索实施党政纪案件公开审理，公开审理9件11人，受州纪委高度肯定并在我州推广。回访教育受处分党员干部281人，“一案双查”3人，案件综合效应得到充分发挥。

维护群众利益，护航民生成效显著。五年来，我们把民生监督作为县乡两级纪检监察机关履行监督责任的具体实践，扎实开展“整治铸廉”三年行动，切实推进全面从严治党向基层延伸。一是坚持问题导向。把人民群众最关注，最攸关人民群众切身利益的项目、资金落实问题作为监督的重中之重，构建片区纪工委具体负责、民生监督组主抓落实、村（居、社区）延伸监督的三级监督网络，采取“见人”“见项目”“见资金”的“三见”工作法，严查群众身边的腐败问题。二是提高民生知晓率。充分发挥宣传功效，将民生监督宣传工作纳入大宣传格局。在99个村（居、社区）配备民生监督员并举办专题培训班，建成13个教育谈话室，发放民生监督卡2.6万张、宣传折页5000份、宣传海报500份、《以案说纪》1500份。多形式提高国家公职人员、村（居、社区）干部“四要五严禁”行为规范知晓率，有效提升群众参与民生监督的积极性。三是开展专项监察。制定《关于在全县党政机关实行监督巡查的暂行办法》，先后开展了廉租房、危房改造、家电下乡补贴等14项专项监察，发现问题4394个，立案212件，组织处理1人，党纪处分151人，政纪处分61人，移送司法机关4人，下发专项监察建议书16份，收缴资金791.49万元。

强化队伍建设，履职能力明显提升。五年来，我们把加强纪检监察机关自身建设作为提高党风廉政建设和反腐败工作水平的重要措施抓好抓实，一支反腐“铁军”在锤炼中得以成长。一是持续深化“三转”。进一步强化主业主责，纪检监察机关参与的议事协调机构由122个减至19个，精简率达84%，切实解决职能越位、错位、缺位问题。聚焦“情况明、数字准、责任清、作风正、工作实”“十五字”方针，选好配强专职纪检监察干部，细化履职考核指标管理，推动转职能、转方式、转作风向乡镇（街道）纪（工）委延伸。二是全面深化改革。严格执行下级纪委向上级纪委报告工作、线索处置和执纪审查向同级党委报告的同时必须向上级纪委报告制度。会同县委组织部制定纪检监察系统干部提名考察办法，抓住干部选拔、培训、交流等环节，不断优化干部队伍结构。优化设置县纪委监察局10个内设机构，向28个部门派驻纪检组，成立13个民生监督组、6个纪工委、4个片区纪工委，在县委办设立主体办，在县教育局设立教育纪工委，在医院、花竹集团等企事业单位设立纪委。三是全力提升素养。牢固树立“信任不能代替监督”的理念，坚持以更高的标准、更严的纪律加强对纪检监察干部的监督管理，努力建设一支忠诚、干净、担当的纪检监察干部队伍。通过开展群众路线教育实践活动、“三严三实”和“两学一做”专题学习教育，选调干部到省、州纪委跟班学习8人（次），选派干部参加省、州、县培训340人（次），大力提升纪检监察干部理想信念、职业道德、党纪国法意识和业务工作水平。

总的来看，过去的五年，全县反腐倡廉建设在继承中发展、在创新中提高，工作成效明显。这些成绩的取得，得益于县委和上级纪委的坚强领导，得益于县人大、县政府、县政协的高度重视和大力支持，得益于历届纪委打下的良好基础，得益于各级各部门的通力协作，是全县各级党组织和干部群众共同努力、团结拼搏的结果，也是全县广大纪检监察干部勇于担当、扎实工作的结果。在此，我谨代表中共瓮安县第十一届纪律检查委员会向所有关心支持纪检监察工作的领导、社会各界、全县广大党员干部群众、全体纪检监察干部表示衷心感谢！

在总结成绩的同时，我们也清醒地认识到，有的党组织全面从严治党责任意识还不强，少数党员干部“不担当、不作为、不落实”的问题还很突出；一些重点部门和关键环节权力运行监督制约还不到位，一些损害群众利益的问题还未根本解决，减少腐败存量、遏制腐败增量还需不懈努力；部分纪检监察干部“三转”不到位、监督执纪问责不力、不敢不会不愿监督的问题还不同程度的存在，等等。对于这些问题，我们必须高度重视，在下步工作中，采取有效措施，切实加以解决。

五年来的工作体会

回顾五年来深入开展党风廉政建设和反腐败工作的实践，我们深刻体会到：

坚持党的领导是做好党风廉政建设和反腐败工作的政治保证。在全面从严治党的过程中，我们始终贯穿党的领导。五年来，在县委的统一领导下，各级党组织紧紧围绕党风廉政建设主体责任和管党治党政治责任，第一责任人强化责任担当，一级抓一级，层层传导压力，不断凝聚起上下联动的强大合力，为纪检监察机关履行职责创造了良好条件。实践证明，没有县委的统一领导，没有县人大、县政府、县政协的高度重视和大力支持，没有各级党组织和群众（社会）的广泛参与，县纪委不仅不能聚焦主业主责，党风廉政建设更不可能取得明显成效。

聚焦主业主责是做好党风廉政建设和反腐败工作的第一要务。党风廉政建设和反腐败工作永远在路上，必须久久为功。五年来，全县纪检监察机关驰而不息纠“四风”，准确把握运用“四种形态”，持续保持反腐高压态势，严格执纪，抓早抓小，用最坚决的态度减少腐败存量，用最果断的措施遏制腐败增量，维护经济社会发展更加坚定有力。实践证明，纪检监察机关只有聚焦主业主责，严格监督执纪问责，才能真正围绕中心、服务大局，在服务保障发展中体现自身的作用和价值。

严明党的纪律是做好党风廉政建设和反腐败工作的制胜法宝。纪律是管党治党的尺子，是治党之重器。五年来，我们坚持把强化纪律观念和规矩意识放在首位，牢固树立纪律和规矩意识，全县各级党组织把党的纪律和规矩内化于心、外化于行，做到政治上讲忠诚、组织上讲服从、行动上讲纪律，营造了风清气正的政治生态环境。实践证明，只有建立守纪律讲规矩的新常态，只有把纪律和规矩挺在前面，只有让纪律规矩戒尺高悬，才能让党员干部有权不“任性”，对党纪国法心存敬畏，全面从严治党才能不断推进。

维护群众利益是做好党风廉政建设和反腐败工作的坚实基础。党风廉政建设和反腐败工作做得好不好，关键看群众满不满意。五年来，我们坚持把执纪为民的根本要求落实到反腐倡廉之中，把保障和改善民生作为根本出发点和落脚点，紧紧抓住群众最直接、最关心、最现实的利益问题，坚持问题导向，从解决具体问题入手，严肃查处发生在群众身边的腐败问题，广大群众对党风廉政建设和反腐败工作的知晓率、参与率、满意度不断提高。实践证明，只有立足群众做好各项工作，只有矢志不渝地关注民生，只有维护好、发展好、实现好人民群众的根本利益，才能赢得广大人民群众的拥护和支持。

坚持改革创新是做好党风廉政建设和反腐败工作的强大动力。深化纪律检查体制改革，是全面从严治党的必然要求。十八届三中全会以来，我们坚持以改革的精神、创新的思路，解决滋生腐败的深层次矛盾和问题。通过组织制度创新，“两个责任”逐步落地生根，“三转”不断深化，工作的针对性和实效性不断增强，推动了党风廉政建设和反腐败工作向纵深发展，为全面从严治党提供了有力支撑。实践证明，只有用创新的思维指导实践，只有用创新的成果固化制度，只有用创新的机制推动工作，反腐倡廉建设才具有强大的生机和活力。

今后五年的工作建议

今后五年，是我县围绕省委、州委主基调主战略，全力推进“五大跨越”任务，大力实施“五大精准”行动，着力建设“五个瓮安”最为重要、最为关键的五年。新的起点、新的征程，赋予了反腐倡廉新的使命、新的任务。当前和今后一个时期，全县各级党组织和纪检监察机关要高举中国特色社会主义伟大旗帜，以马列主义、毛泽东思想、邓小平理论、“三个代表”重要思想、科学发展观为指导，深入贯彻习近平总书记系列重要讲话精神，坚持全面从严治党、依规治党，严明政治纪律和政治规矩。围绕县委中心工作凝心聚力，筑强战斗堡垒。创新体制机制，持之以恒抓作风，坚定不移反腐败，着力营造风清气正的政治生态，不断开创党风廉政建设和反腐败工作新局面，为实现县第十二次党代会确定的目标任务提供坚强的纪律保证。为此，我们建议，着力抓好以下五方面的工作：

第一，突出全面从严，以纪律之尺践行党员干部行为规范。

尊崇党章，扛实主体责任。党章是党的总章程，是各级党组织和全体党员必须遵守的总规矩。推进全面从严治党，是各级党组织最大的主业。从党风廉政建设的主体责任到全面从严治党的主体责任，各级党组织和纪检监察机关要以党章为根本遵循，把党章赋予自身的职责印刻在党员干部心上。县委主体办要认真履职，定责任、设目标、交任务，切实抓好主体责任分解和工作督促，解决好党风廉政建设“建什么”“谁来建”“怎么建”的问题；县纪委要切实做好月审核和季度交叉联查工作，及时将审查联查情况交主体办处理，对主体责任的落实进行常态化、全过程的督查推进；各级党组织特别是“一把手”要牢固树立不管党治党就是严重失职的观念，围绕“两个责任清单”，把党委（党组）书记第一责任与班子成员“一岗双责”统一于主体责任之中，坚持书记抓、抓书记，推动全面从严治党落到实处。

管住多数，突出常态教育。管党治党，就是要用党规党纪约束各级党员干部的行为。要以加强纪律教育为重点，认真组织广大党员干部学习《党章》《准则》、两个《条例》和其他党规党纪，利用好各类新闻和媒介的平台优势，开展多层面、多角度、全方位的宣传，让广大党员干部学深悟透、融会贯通，把握主要内容和精神实质，紧扣“六大纪律”严明党纪戒尺，树立政治意识、大局意识、核心意识和看齐意识，坚持道德“高线”，守住纪律“底线”，解决好“总开关”问题。同时，深化党风廉政建设宣传教育，充分发挥警示教育基地主阵地作用，加大正反典型教育力度，督促党员干部时时反省自己、纠正问题，增强贯彻执行党规党纪的自觉性和坚定性。

盯住少数，严明纪律规矩。“没有规矩，不成方圆”。要把督促广大党员干部特别是领导干部守纪律讲规矩摆在首要位置，严肃党的政治纪律和政治规矩，加强和规范党内政治生活，增强党内政治生活的政治性、时代性、原则性、战斗性，全面净化党内政治生态。加强对中央和省、州、县重大决策部署、换届纪律等执行情况的监督检查，特别是加强对县第十二次党代会精神贯彻落实情况和“十三五”规划实施情况的监督检查，强化“一案双查”，让失责必问成为常态。坚决纠正“上有政策、下有对策”，有令不行、有禁不止、工作失职失责等同于工作失误的错误行为和现象，以严明的纪律、优良的作风保障“十三五”规划的贯彻实施，确保政令畅通，维护好风清气正的政治生态环境。

第二，坚决纠正“四风”，以优良党风带动民风政风持续向好。

狠抓节点，保持连续性。全面从严治党，落实“八项规定”精神，必须驰而不息，锲而不舍，坚持巩固深化。当前，“四风”问题稍有松懈就会反弹回潮，必须以抓铁有痕、踏石留印、“钉钉子”的精神，紧盯年节假期，一个节点一个节点坚守；管住重要环节，一个问题一个问题解决。集中整治收送礼金红包、滥发钱物、借婚丧喜庆事宜敛财等突出问题，强化公务用车改革政策执行情况监督检查。对在执纪审查中发现的“四风”问题线索，深挖细查，决不放过。

注意动向，保持针对性。“四风”问题比其他问题更具顽固性和复杂性，必须密切注意新情况、新动向、新表现，保持常抓的韧劲、长抓的耐心，紧紧扭住问题，把整改进行到底。要创新监督方式，扩大群众监督渠道，坚持日常监督不放松、节点监督不留空白，深入开展明察暗访、监督检查和警示提醒，发现一起、查处一起，点名道姓通报曝光一起；对隐形变异的“四风”问题、顶风违纪行为露头就打，从重从快处理，形成持续的打击和震慑。对不收敛、不收手，规避组织监督的一律从严查处，越往后执纪越严，并对顶风违纪者所在单位的党委（党组）、纪委（纪检组）严肃问责。

自律他律，保持长效性。要继续严格执行党员领导干部个人事项报告、民主生活会、述责述廉述德等制度，健全教育引导机制，把贯彻《廉洁自律准则》作为改进作风的重要抓手，引导党员干部继承和发扬党的优良传统和作风，引导党员干部自觉培养高尚道德情操，抵制不良风气。要加强廉政文化建设，大力弘扬优秀传统文化和优良家风，汲取家规家风、乡规民约中的精华，扬真抑假、扬善抑恶、扬美抑丑，移风易俗，推动社会风气持续好转。不断总结提炼作风建设的经验做法，推进作风建设制度化、长效化，做到纠树结合，确保作风建设落地生根，成为新常态。

第三，严格纪律审查，以四种形态保持惩治腐败高压态势。

加大纪律审查力度。要坚持无禁区、全覆盖、零容忍，加强与公安、检察、法院、审计等单位信息沟通，建立健全反腐败协调追责问责等机制，充分发挥反腐败协调小组作用，形成各负其责、齐抓共管、协调高效的反腐败工作格局。要继续保持纪律审查力度不松，标准不降，做到有诉必理，有案必查，对当老好人、怕得罪人、有案不查的，坚决问责。要进一步加大县直部门和乡镇纪律审查工作力度，坚决守住不发生事故的底线，提高纪律审查质量。

把握纪律审查重点。要在信访受理和线索处置中，把是否有违纪问题作为衡量标准，作出恰当处理。要着力解决损害群众利益的不正之风和腐败问题，严肃查处“小官大贪”等腐败问题，重点查处十八大后不收敛不收手，问题线索反映集中、群众反映强烈，现在重要岗位且可能还要提拔使用的“三种人”。继续推行党政纪案件公开审理，形成持续威慑，实现“不敢腐”；标本兼治，深化改革，完善制度，强化“不能腐”；坚定理想信念，按照忠诚干净担当的标准选对人、用好人，引导“不想腐”。

科学运用“四种形态”。要坚决减存量，严格分类处置问题线索，扩大谈话函询覆盖面，努力实现问题线索“零暂存”。坚决遏增量，切实把纪律和规矩挺在前面，抓早抓小、动辄则咎，注意把握政策、区分情形，让红脸出汗、咬耳扯袖成为常态，党纪轻处分、组织调整成为大多数，重处分、重大职务调整的是少数，而严重违纪涉嫌违法立案审查的只能是极极少数，使党员干部少犯和不犯大错误。对私存线索、以案谋私、跑风漏气的，发现一起查处一起，对在信访约谈、函询过程中，隐瞒事实、欺骗组织的严肃追责。

第四，深化民生监督，以实际行动推动从严治党延伸基层。

加强基层党风廉政建设。要发挥基层党支部管党治党的作用，督促支部书记切实履行“第一责任人”责任。要充分发挥民生监督员的作用，深入推进党务、政务、村（居、社区）务等各领域办事公开，加强对权力运行的监督制约，督促基层党员干部严格执行“四要五严禁”，严格按《村（居）务工作权力清单》秉公办事。要加强基层党员干部作风建设，加强群众监督和舆论监督，大力整治在办理涉及群众事务时吃拿卡要甚至欺压群众问题，坚决遏制群众身边的腐败问题发生。

民生监督工作压到基层。要紧扣“大扶贫”抓好民生监督工作，将压力传导到基层，发挥好党委（党组）、民生部门主体责任作用。要充分利用民生监督员，对扶贫等领域民生资金有计划、分步骤开展专项监察，提升民生监督的精准度。要紧紧盯住民生项目，发挥各民生监督组“监督的再监督，检查的再检查”作用，抓实各时段民生监督工作，找出问题、找准差距，找对方法、加强统筹，建立民生台账，强化问题线索梳理，对反映集中、性质恶劣的，重点督办、限期办结。

严查侵害群众利益问题。要重点查处扶贫领域优亲厚友、弄虚作假、虚报冒领、截留私分、挥霍浪费问题。要严肃查处和纠正超标准超范围向群众筹资筹劳、摊派费用，违规收缴群众款物或处罚群众，克扣群众财物、拖欠群众钱款的突出问题。要集中查处在土地征收流转、集体“三资”管理和强农惠农等领域与民争利甚至强占掠夺、贪污挪用等严重问题。坚持“一案双查”，督促民生项目主管部门切实履行职责，确保民生资金安全。

第五，加强自身建设，以铁的纪律打造过硬纪检监察队伍。

聚焦职责定位。全面从严治党越向纵深推进，越要发扬改革创新精神，实现思想观念、体制机制、管理监督、方式方法和工作作风的与时俱进。要在全面从严治党中找准定位，聚焦主业主责，紧紧围绕监督执纪问责，继续深化“三转”，切实履行好党内专门监督机关职责。

深化体制改革。要持续打造“数据铁笼”，全力深化拓展“两个责任”与干部正风监督网络平台。严格执行报告线索处置和执纪审查情况制度，加强对下级纪检监察机关执纪办案的领导，为基层办案排除干扰、减少阻力。落实“两个提名考察办法”，选好配强纪检监察干部，力争在全覆盖上有新的突破。以“发现问题、形成震慑”为重点推进巡察工作，设立县委巡察办，明确巡察范围，聚集巡察内容，强化巡察效果，以实际行动回应群众关注，密切干群关系，营造良好的政治生态。

严格日常管理。要严字当头，坚持“严管就是厚爱”，不断健全内控制度，进一步加强纪检监察系统内部监督。要学思践悟，争当排头兵，采取以案代训、跟案培训、选派培训等多种形式和手段，进一步提升纪检监察干部发现问题线索、开展纪律审查、组织协调和抵御风险的能力。要以“零容忍”的态度清理“门户”，严防“灯下黑”，对不敢抓不敢管、监督责任缺位的问题坚决问责。

同志们，做好新形势下党风廉政建设和反腐败工作，人民期盼、使命光荣、任务艰巨、责任重大。我们一定要在县委和上级纪委的坚强领导下，以更加坚定的信心、更加积极的态度、更加有力的措施、更加务实的作风，深入推进反腐倡廉建设，为全县经济社会跨越发展做出新的更大贡献！

二、特色工作摘录

瓮安县重拳出击　刹住了滥办酒席敛财不正之风

2007年，针对全县滥办酒席敛财不正之风越演越烈，群众反映强烈的情况，县委成立了查处违规办酒领导小组，在全县机关干部中开展了“刹办酒敛财风”的专项整治活动，取得了较好的成效。

（一）措施有力、过硬、管用

一是从财务工资和晋升考核等方面对违规办酒者本人作出处罚规定。财务上，凡违规办酒的国家党政机关、企事业单位的领导干部职工（含离退休职工），在所收礼金全部收缴国库外，还要扣一年工资总额的60%上缴财政（按月扣）；职务晋升上，除进行财务工资处罚外，还按干部管理权限，凡乡、科级（含主任科员、副主任科员）领导干部，违规操办酒席的，一律提请县委作免职和降级处理，同时给予党政纪处分；对股级以上干部顶风、违规操办酒席的给予免职和党政纪处分，两年内不得提拔任用；对一般干部和职工违反本规定的，年终考核一律不称职，两年内不得提拔任用；对事业单位和国有企事业职工违反规定的，另责成所在单位和主管部门给予其党政纪处理，5年内不参与职称评定，年终考核不称职；凡顶风违反本规定的干部职工，2年内不能参加县内各种公开选调和公开招考。二是对违规办酒者所在单位负责人制定包保规定。规定领导干部实行包保责任制，要以身作则，管好自己，管好班子成员、下属和亲属，凡主管单位发生党员、干部、职工违反本规定禁办的酒席一次以上，该单位不能参加文明单位评选，并对该单位进行通报批评，两次以上的责令该单位主要负责人写书面检查，并在全县通报批评和媒体曝光。单位主要负责人管理不严，制止不力，放任下属，导致本单位干部职工违反本规定办酒累计达三次以上的，主要负责人就地免职。凡干部职工操办阴寿酒的一律开除公职。

（二）重赏举报，加大监督力度

凡向县纪委、县委组织部举报后调查属实的，奖励举报人1000元；提供清晰的录像等视频资料，奖励举报人2000元。如出现多人举报的，按举报记录时间奖励最先举报者。

（三）深入宣传，签名到人

一是在实施前，组织召开了全县各单位各部门负责人动员大会，县委主要领导作了动员讲话，县查处违规办酒领导小组组长宣读了文件。二是在瓮安电视台开始了每天4次，连续1个半月的滚动播放。三是各单位组织学习文件，做到人人签名上报纪委存档。四是8月19日，及时在《黔南日报》“今日关注”头版整版作了报道，《贵阳晚报》也对该项活动作了正面报道，产生了积极影响。

（四）一经举报，查处到底

对群众举报的20余起办酒，都在第一时间到场调查，对唯一一名企业职工违规办酒进行了严肃处理：单位下文辞退职工，领导写检查，全县通报批评，新闻媒体曝光。

通过以上举措，重拳出击，刹住了滥办酒席敛财之风。

（2007年12月）

创建“勤政廉洁村” 推进新形式下农村基层党风廉政建设

2007年，县纪委监察局在农村基层党风廉政联系点鱼河乡开展了“勤政廉洁村”的示范创建活动，为下步在全县247个村中逐步开展创建“勤政廉洁村”总结了经验。7月22日，《黔南日报》头版头条对该做法进行了报道。

（一）制定了一套针对性非常强的“勤政廉洁村”评价标准

通过召开座谈会、走访群众和村组干部，结合多年农村工作的实际，认真总结和制定了一套“勤政廉洁村”评价管理体系。评价管理体系实行100分制，共分七大项，二十四小项。每一大项和小项都从实际出发，有所针对。如第二大项“强化教育”就分四个小项：一是年内村党员及子女无违反计划生育政策法规计4分；二是年内党员干部无违犯《治安管理处罚法》等法规计4分；三是年内党员无违犯《中国共产党纪律处分条例》的行为计4分；四是年内无党员干部违犯《公民道德规范》行为计3分。以上四项主要标准的考核，以乡纪委、派出所记录的处分和群众反映查实的情况为依据。

（二）对“勤政廉洁村”推行了一套公开、透明的量化考评程序，加强了群众监督自治管理

一是定期组织“勤政廉洁村”评选村的全体党员、村民代表、村民组长、育龄组长、信访联络员和义务反腐监督员总数的85%以上人员参加“勤廉双述”民主评议大会，做到“三个公开”。向参加会议的村组干部、群众代表、监督员、上级纪检监察机关及相关部门公开“勤政廉洁村”考评方案。二是组织村“两委”干部在大会上作年前年后的“勤廉双述”报告，公开村干部年前做了什么，年内要做什么。三是对村干部的“勤廉双述”报告进行无记名测评后，当场公开测评结果。通过考评，90分以上的，乡党委政府就授“勤政廉洁村”牌，并对村、支“两委”领导班子进行表彰奖励。被评定为“勤政廉洁村”后，第二年仍要参与全乡统一评定，评定时达不到90分的，取消其“勤政廉洁村”称号，重新参加评选。60分以下的，乡党委就对村“两委”班子进行诫免谈话，责令写出整改方案限期进行整改。

（三）村官按照“勤廉双述”所作报告，依托载体，“勤政廉洁村”创建工作开展得有声有色

采取定期或不定期的方式对“勤政廉洁村”的创建活动进行督查。各村对照“勤廉双述”报告中的承诺，围绕“三农”工作，成立理财委员会、设立义务反腐监督员、采取“一事一议”等载体开展村的各项工作。如，在乡政府财政困难的情况下，新场村通过多次召开支部村委联席会议和村民代表大会筹集了43000元改善新场村的办公房。茅塔、干塘两村建立村组两级扶贫项目实施小组和民主理财小组，通过“一事一议”召开群众大会，筹集了10多万元建设社会主义新农村资金，并严格对照勤政廉洁村的考核第六大项“廉洁理财”中的第一小项，落实了“勤政廉洁村”考核标准中的“实行‘村财乡管民理’制度”，主动将钱交乡管理等。

（2007年12月）

充分发挥反腐协调机制　提升案件查处整体效能

查办违纪违法案件是反腐败斗争的重要任务，是纪检监察机关的基本职责。近年来，瓮安县纪委监察局着眼全局，以有利于经济社会和谐发展为出发点，以提升案件查处综合效益为着力点，始终保持查案工作的强劲势头，内外协调，多方联动，在加强组织协调具体措施上进行探索创新，维护和促进改革发展稳定大局，取得良好的政治、法纪和社会综合效果。2008 年 1 月至 2010 年 10 月，共立案 152 件 166 人（审结 137 件 149 人，待审理 4 件 4 人，正在调查 11 件 13 人）。审结的 137 件 149 人中：给予党纪处分 107 人，给予政纪处分的 78 人（双重处分 37 人），不再给予党政纪处分 1 人。乡科级以上党员干部 49 人（正科级 28 人，副科级 21 人），一般干部 53 人，其他人员 47 人。重处分 97 人，大要案件 64 人，挽回经济损失 500 余万元。

（一）突出重点抓协调，确保案件查处“服务大局”

围绕中心、服务大局是查办案件工作的根本。在县委、县政府的正确领导下，县纪委监察局以经济发展、社会和谐稳定、提高执行力为查办案件的突破口，集中力量严肃查处党员领导干部滥用权力、以权谋私、失职渎职、损害群众利益、涉黑涉恶等案件，取得“查处一人，震慑一群，打击一点，影响一片”的效果。

围绕执行力，严肃查处失职渎职党员干部。制度的效用取决于制度的执行力，执行力的强弱，决定着效能的高低，没有执行力，就没有凝聚力和发展力。因此，县纪委监察局以提高执行力为着力点，紧紧围绕全县中心工作和阶段性任务，严肃查处在工作中玩忽职守、失职渎职、落实不力、违反工作纪律、有令不行、有禁不止的党员干部 39 人，涉及正科级领导干部 12 人，副科级 12 人。其中严肃查处了“6・28”事件相关责任人员 25 人，涉及乡科级干部 8 人。

围绕社会稳定，严肃查处涉黑涉恶党员干部。着眼全局，加强组织协调，把开展打黑除恶专项斗争与推进党风廉政建设和反腐败斗争结合起来，集中力量打好攻坚战，将查办大要案件摆在查办案件的首位，严肃查处涉黑涉恶党员干部 31 人，其中正科级领导干部 3 人、副科级 2 人。通过对涉黑涉恶党员干部的查处，有力地震慑了党员干部违法犯罪分子，纯洁了党员干部队伍，净化了社会风气，树立了正气，取得了良好的政治、经济和社会效果。

围绕经济发展，严肃查处工程建设领域党员干部。近年来，随着基础设施建设投入的不断加大，少数领导干部成了建筑商、开发商拉拢腐蚀的重点对象。为有效遏制工程建设领域违纪违法案件的发生，我们以整治县城规划区内非法经营房地产和违法建设清理为突破口，大力开展工程建设领域突出问题专项治理，共立案查处工程建设领域违法违纪党员干部 29 人，29 人中属受贿类的 13 人，非法经营罪的 16 人，涉及科级干部 6 人。

围绕社会和谐，严肃查处损害群众利益的党员干部。大局的稳定，核心问题是维护群众利益，密切党群、干群关系。为此，我们把严查损害群众利益的案件作为办案工作的重点之一，做到快查快结，严肃处理，较好地维护了群众利益和社会稳定。截至目前，共查处损害群众利益党员干部 16 人，涉及乡科级干部 5 人。

（二）整合力量抓协调，确保案件查处“掷地有声”

健全协调机制，形成办案合力是案件查办工作取得突破的关键。县纪委监察局自觉肩负起组织协调的责任，加强与检察、公安、审计等执纪执法部门的沟通联系，建立健全案件线索互送、重大案情互报、复杂案件互助、处理结果互通等制度，做到全员办案、分工不分家，形成了“党委统一领导，纪委组织协调，部门各负其责，广大群众参与”的良好格局。

强化组织协调，广辟案源渠道。掌握违纪线索是查办案件的主要环节。县纪委监察局采取多种形式，主动出击，深挖细掘。一是多种形式“抓”。开通了电话举报、网上举报，建立县、乡、村、组四级信访网络，聘请义务监督员搜集群众反映的热点问题及党员干部违纪线索，认真受理群众来信来访，从中摸排有价值、有份量的案件线索，及时处理倾向性、苗头性问题，2009 年与 2008 年同期相比下降 59. 45%，2010 年与 2009 年同期相比下降 51. 74%。二是专项审计“挖”。及时与审计部门沟通，从单位年度财务审计、专项审计、领导干部经济责任审计中摸排有价值的案件线索。三是及时沟通“找”。加强与司法机关和行政执法机关的联系沟通，及时发现案件线索，通过定期、不定期的沟通联系或召开案件协调会，从中掌握违纪违法人员动态，及时获取案件信息，发现可查性强的线索。四是主动出击“查”。通过行政监察、效能监察、纠正不正之风专项检查、党风廉政检查，发现案件线索。三年来，通过信访举报立案 62 件、审计部门移送 2 件、公检法移送 54 件。

强化组织协调，形成办案合力。组织协调反腐败工作是党章赋予纪检机关的一项重要职能，建立合理有效的领导体制和工作机制，是查办大案要案，深入开展反腐败斗争的重要保证。一是健全外部协同机制。在具体查办案件工作中，由县纪委牵头，检察院、公安、审计、组织、人事等各职能部门组成联合办案小组，充分发挥各自优势，密切配合，通力协作，实现了优势互补和法纪衔接的反腐整体合力，避免了纪检机关“单打独斗”、唱“独角戏”的局面。二是健全内部协作机制。突破室与室的界限，健全 23 个乡镇、县直各单位办案协作制，统一调度办案力量，对疑难复杂案件或有影响的案件，县纪委采取交流办案、捆绑办案的方式，及时抽调得力人员参与办案，确保办案力量。

（三）注重治本抓协调，确保案件查处“事半功倍”

充分发挥案件查办的治本功效，做到惩防结合，是案件查办工作的出发点和落脚点。瓮安县纪委监察局对查处的大案要案、典型案件或其他有影响的案件，注重从体制、机制、制度和管理上剖析发案原因，查找存在的漏洞，以案促醒、以案促改、以案促建，充分发挥查办案件的综合效应。

着力在警示教育上下功夫。“以人为镜，可知得失”，反腐倡廉警示教育是查办案件的一个延伸，只有把惩处与教育有机结合才是一个完整的工作。一方面从所查办的案件中挑选一些大要案件作为直观、形象、具体的警示教材，协调组织、宣传等部门联合下发案件通报、现身说法等，使各级各部门党员干部能够明辨是非，树立正确的人生观、价值观、权力观、世界观。比如：处理“6·28”案件后，针对少数干部缺乏责任意识、大局意识、忧患意识等问题，撰写了《6·28 事件责任追究案件通报》，组织全县 450 余名副科级以上干部学习。其次以每一个案件为载体，充分利用查案中见面材料谈话、召开基层会议、文件送达、审理回访等契机组织协调组织、人事及涉案单位开展条规性、警戒性教育，及时给全县党员干部打“预防针”“清醒针”“救心针”，达到了查处一案，教育一片的效果。三年来，撰写典型案例剖析报告22篇，案件总结报告16篇，召开案例座谈会50场次，警示教育会10场次。

着力在完善制度上下功夫。违法违纪案件的发生、发展，有其深层次的体制、机制、制度上的原因。因此，对办案中发现的体制、机制、制度和管理上存在的弊端和薄弱环节，建议和督促有关部门建章立制，深化改革，堵塞漏洞，加强管理。比如，在查办县农办领导干部受贿案、县建设局领导干部受贿案后，发现农办、建设局在项目审批、项目资金等方面缺乏有效监督管理，为此，我们一手抓查处，一手抓治理，向有关主要领导汇报，并会同县审计局、县财政局对县农办进行专项检查整治，及时向县农办、县建设局下发监察建议书，要求针对存在问题，规范项目审查审核内容，完善规划审批流程，健全内部监督制度。

着力在监督检查上下功夫。对办案中发现的带有普遍性、苗头性问题，及时开展专项治理，下发监察建议书，加强跟踪督查，确保整改到位。强化防控机制建设，保证权力正确行使。比如：2009年，在查处木老坪乡计生办主任张某挪用公款案中，发现该乡计生专用票款管理不规范，存在很大漏洞的问题，及时向全县下发《关于加强计生收支管理的若干规定》，组织对全县计生收支管理进行检查，督促发案单位及相关单位及时采取了整改措施，完善了监督制度，规范了内部管理。三年来，向发案单位发出整改建议书20余份，提出合理化建议30余条。

（2008年12月）

瓮安县以落实“三项制度”为抓手
新增中央投资项目督促检查取得明显成效

自中央实施扩大内需项目以来，瓮安县纪委监察局围绕中心，服务大局，认真履职，加强监督，推动中央和省、州扩大内需促进经济增长政策的贯彻落实，有力地促进了全县经济社会又好又快发展。

（一）中央扩内需项目监督检查基本情况

成立扩内需督促领导小组，认真落实项目备案、公示和责任追究“三项制度”，先后组织监察、发改、审计、财政等部门采取查阅资料、明察暗访、走访群众、设立义务监督员等方式，对我县2008年以来实施的新增中央投资项目开展了15次专项督查，检查项目157个，发《督查通报》15期，发现并整改问题52个。针对检查中发现的人饮工程开挖深度不够、个别项目进度缓慢、施工安全存在隐患等问题，县督查领导小组加大组织协调和督促力度，对整改迟缓的个别项目单位负责人进行警示谈话。截至目前，我县新增项目符合中央省州规定投向，未发现中央新增资金用于“两高行业”、低水平重复建设和产能过剩行业，未发现用于部门和乡镇办公楼等楼堂馆所等方面的情况和搞“形象工程”“政绩工程”的情况，群众满意得到了实惠。

（二）主要做法

一是建立组织机构，专项检查经费保障到位。

1. 组织机构快速建立到位。中央实施扩大内需政策后，县委、县政府迅速成立瓮安县中央扩大内需项目领导小组，领导小组下设项目实施和项目督查组，负责全县中央扩大内需项目申报、实施、推进和监督检查工作。项目督促检查组组长由县委常委、县纪委书记担任，成员由监察、发改、财政、审计等单位负责人组成，项目督促检查组下设两个检查小组和一个办公室，两个检查小组负责建设项目的监督检查、跟踪问效、督促落实。办公室设在县监察局，负责制定《瓮安县中央扩大内需项目监督检查实施方案》，下发督查通报，组织协调和落实项目督促检查领导小组交办各项工作。

2. 经费保障迅速落实到位。县委、县政府专门划拨 10 万元到纪委，作为瓮安县中央扩大内需项目专项监督检查工作经费，确保监督检查顺利开展。

二是认真落实“三项制度”，加大监督检查。

1. 严格实行县乡两级纪委项目备案制度。县乡纪委严格按照项目名称、项目实施地点，项目规模、资金组成、项目批复、实施单位对中央扩大内需项目进行备案。2008 年以来，县纪委备案 157 个项目，涉及资金 31390. 5 万元。乡镇纪委对本乡镇实施的中央扩大内需项目，特别是涉及群众生产生活的人饮工程、石漠化治理等也全部进行备案。

2. 加大县乡村三级公示制落实情况监督检查。各项目实施单位把项目公开、公示作为一项重要的内容来抓，严格要求项目实施部门要利用本单位公示栏对每个扩大内需项目进行公示，乡镇纪委要在乡所在地对本乡镇实施项目进行公示，同时要求在项目实施点或受益地对项目进行公示。我们主要按照每个项目聘请 1~2 名项目义务监督员的要求，在项目实施点或受益地聘请 120 名政治素质好、敢于监督的群众为义务监督员，根据项目公示情况对项目进度、质量、执行等进行监督，及时向县乡纪委反馈项目实施情况，有效防范事故风险和“豆腐渣工程”。

3. 加大项目责任追究力度。在项目建设中，严格实行项目包保责任制，明确项目包保领导，项目单位为第一责任人，相关部门为第二责任人，每个项目有具体责任人，并将扩大内需项目任务细化分解，明确扩大内需项目建设的时限、工作进度、质量要求，切实做到任务明确、责任清楚。强化干部作风建设，严禁失职、渎职，行政不作为、乱作为等现象发生，2008 年以来，对 2 个单位负责人、分管领导进行警示谈话，对违规操作红色旅游基础设施项目的原旅游局负责人给予党政纪处分。

三是跟踪问效确保检查出来的问题整改到位。

对检查出来的问题，通过多种方式督促整改落实。1. 检查现场下发整改通知书，责令立即整改落实。2. 根据检查的情况，下发督查通报到实施单位和乡镇，要求严格按照工程批复的要求落实。3. 加强组织协调，召开整改会。不定期召集相关部门和涉及乡镇的主要负责人开会，明确整改主体，加大项目涉及单位职能协调配合，确保整改效果和工程建设进度。4. 强化责任意识，对整改迟缓和整改不到位的项目单位进行全县通报批评，并将通报批评的结果纳入县委、县政府的目标考核当中。今年，我们对教育、畜牧等四个单位进行了通报，督促相关单位和部门整改问题 28 个。5. 对检查中发现的涉及体制影响项目建设的问题，检查组及时向县委、县政府提出改进的建议和意见，为县委、县政府当好参谋、作好决策。通过这些方式，确保项目建设有序推进，保证工程质量和建设资金安全。

（三）取得的初步成效

一是工作作风明显转变，投资环境得到进一步改善。

通过强化监督检查，推动全县各级各部门贯彻落实关于扩大内需促进经济增长政策的自觉性和主动性，重点解决了项目推进过程中的不作为、慢作为、乱作为问题，工作作风明显转变，营造了风清气正、干事创业的良好投资环境。

二是工作效能明显提升，扩内需促增长政策进一步落实。

通过强化监督检查，对贯彻执行政策措施不力，影响和贻误工作部署的进行严肃问责，促使全县各级各部门积极采取措施全面落实扩大内需促进经济增长相关政策，并针对各重大项目实施过程中存在的问题，建立推进项目建设的长效机制，使各建设项目有组织、有计划地实施，工作效能明显提升。

三是纪律保障明显加强，纪检监察机关的威信进一步提高。

全县纪检监察机关通过加大监督检查、跟踪问效、严厉问责，为全县各重大项目、重要工作、重点产业的顺利推进及中央扩大内需促进经济增长政策的落实排阻清障，为“保增长、保稳定、保民生”目标的实现、促进全县经济社会又好又快发展提供了坚强的政治和纪律保障。纪检监察机关的职能作用进一步发挥、威信进一步提高，达到了“围绕中心抓监督，抓好监督促发展”的良好局面。中央扩内需项目有力地拉动了全县经济社会发展，2009 年建成的一批事关民生的扩大内需项目，特别是人畜饮水工程的建成在今年的抗旱救灾工作中发挥了很好的作用。今年，全县经济运行情况良好，实现了抓好监督检查与推动经济社会又好又快发展相促进。

（2008 年 12 月）

瓮安县“五条措施”强化信息工作

2009 年，瓮安县纪委监察局充分发挥锥子效应，采取“五条措施”，推动信息工作，取得明显成效。

（一）出台信息激励机制。年初制定奖励办法，对被采用的党风廉政和反腐败工作信息实行双重奖励：一是从调动信息员积极性出发，州级刊物采用奖励作者 100 元/条，省级刊物采用奖励 300 元/条，中央级刊物采用 600 元/条，凭样刊兑现；二是从调动单位组织撰写信息的积极性出发，对单位采用信息累积加分，年终考核时，凡名列前 6 位的乡镇纪委和县直部门纪检组均予重奖。

（二）建立健全信息网络。今年，县纪委主要从三个方面着手，拓宽信息渠道。一是实行多头报送，充分发挥组织协调作用，明确要求相关单位和部门，凡涉及党风廉政建设和反腐败的工作信息，除向其上级单位报送外，必须向县纪委报送。二是建立固定信息网源，县纪委、县委办、县委宣传部、县政府办、县电视台成立信息联席会议，各联席单位定期或不定期将其所撰写、采用信息和播出的新闻目录通报一次。三是进一步完善原出台的纪检监察信息考核办法，明确县纪委各室、各乡镇纪委书记、县直部门纪检组长为信息报送的第一责任人，每月完成 2 篇以上的信息，并将完成情况与年终考核挂钩。

（三）培训信息写作队伍。近三年来，县纪委把信息培训列入重要内容，多次邀请州纪委领导及信息工作经验丰富的同志对委局各室，乡镇纪委书记、副书记，县直部门纪检组长进行培训，通过培训，纪检组干部撑握了一定的写作技巧，信息收集、整理、提炼、写作水平明显提高，信息的量和质有了很好保证。

（四）重要工作重点撰写。凡是县里开展的党风廉政建设和反腐败重要工作，县纪委主要领导都专门明确“写手”同步采访、及时报道。如所报送信息“贵州省瓮安县近来查处了房地产领域违法违规案件18起，其中涉及公职人员11名”在中纪委《要情专报》刊登后引起中纪委监察部有关领导重视；所报送的1条信息获省纪委监察厅主要领导批示，并以专刊方式作经验交流印发全省各县市。所报送的2条信息获州领导批示，1条获州监察局主要领导批示，3条信息被州纪委办公室作送阅件送州领导审阅。

（五）重点信息重点把关。凡是重点信息，县纪委分管领导都要亲自修改，主要领导亲自审阅。全县纪检监察队伍形成主要领导亲自抓、分管领导具体抓、全县纪检监察干部积极参与的良好氛围。

通过以上“五条措施”的办法，今年信息质量较去年明显提高，很好地宣传了我县党风廉政建设和反腐败工作，一些重要工作通过信息宣传后，为全省各地提供了一些经验和做法。如，我县重拳出击打击违法违章建筑工作在中纪委刊登和省纪委转发后，天津政法委、德江县纪委、龙里县纪委、习水县纪委等省内外10余个县市专程到我县考察学习。

（2009年12月）

群众是最好的监督员

——瓮安县聘请义务监督员对新增中央投资项目进行监督

2009年，为扩大群众知情权、参与权、监督权，进一步加强中央新增投资及涉农项目监督，确保项目顺利，群众满意，瓮安县专门聘请100余名项目义务监督员。

（1）请群众参与监督。瓮安县共获得新增中央投资项目95个，总投资19958.72万元，项目涉及农村人畜饮水、校舍改造、廉租房、“两污”项目等。针对项目点多面广，涉及千家万户的实际，为强化项目监督检查，认真贯彻落实省、州纪委“三项制度”，按照每个项目聘请1~2名义务监督员的办法，在项目实施点或受益地，专门聘请100余名热心公益事业、自愿参与、公道正派、大家公认的群众作为义务监督员，参与项目监督，以便随时了解项目实施情况，及时向县纪委监察局、乡镇纪委反映项目实施及群众意见和建议。

（2）让群众跟踪反馈。项目质量好不好、是否偷工减料、群众是否满意，项目实施点和受益地群众最有发言权。4月15日，建中镇暗峨山人饮工程义务监督员刘支宽向县纪委主要领导反映，暗峨山人饮工程穿公路水管开挖、填埋深度不够，铺设水管未打混凝土，有的地方只有二十公分，水管不平整，影响水的压力和管道防冻。得知这一情况后，县纪委主要领导专门带队进行实地查验，责令整改，并要求义务监督员做好跟踪监督反馈。截至目前，县新增中央投资项目监督领导小组先后开展了10次专项督查，发现问题62起，其中义务监督员反馈13起，义务监督员对项目立项、招投标及施工管理等方面提出建议或意见55起。根据督促检查和义务监督员反馈，下发督查通报9期，对人饮工程管槽开挖深度不够、个别项目进度缓慢等8个问题进行全县通报批评和限时整改，对整改迟缓的1个单位负责人进行诫免谈话，促进了项目建设。

（3）由群众评判好坏。每个项目完成后，县纪委监察局都要在项目验收前，认真听取义务监督员和群众反馈意见和建议，切实把项目义务监督员对项目的认可和群众满意作为项目验收的一个重要标尺，严格规定，凡是群众不满意，项目义务监督员提出问题得以证实的，必须整改验收后才能兑付工程款。截至目前，无一项群众不满意工程，无一起违纪违法行为。

（2009年12月）

创新“四项制度”　狠抓责任制落实

贯彻落实党风廉政建设责任制，关键在“抓责”。2010年，瓮安县创新四项制度，狠抓责任落实，推动反腐倡廉工作深入开展。

（一）实行“责任连带”制，构建齐抓共管责任体系

部门党风廉政建设实行县级领导分管连带制。县委书记与县委常委、县长与副县长分别签订责任状，规定年内分管的部门或单位班子成员2人以上因违纪违法受到党政纪处分的县领导，必须向县委作出书面检查。乡镇党风廉政建设实行包保连带制。将全县23个乡镇划分为4个片区，由四大班子主要领导包片，副县级领导及县直部门包乡镇。包保责任纳入年度目标管理，凡所包保片区或包保乡镇党风廉政建设责任制落实不力，包保县级领导个人绩效考核和包保部门年终目标考核受连带，实行同奖同惩。通过责任连带，确保业务工作抓到哪里，党风廉政建设就跟进到哪里。

（二）实行“督查通报”制，促进反腐倡廉责任的落实

把县直部门分成3个组，23个乡镇分成6个片区，由县纪委常委分别负责对其党风廉政建设工作进行联系指导和日常督查。2010年8月，由党风廉政建设领导小组办公室组织开展了半年检查。2010年11月，由县委常委带队进行了年终检查考核。州委常委、县委书记龙长春同志亲自到雍阳镇、公安局等单位和乡镇检查并提要求。2010年4月、9月，县纪委对两次督查中责任制落实不到位的9个单位进行了通报批评，并责令第一责任人作出书面检查。通报情况作为年终目标考核加减分依据。

（三）实行“一票否决”制，强化责任考核刚性

将党风廉政建设责任制落实情况纳入县综合目标考核的范围，实行“一票否决”。凡贯彻落实重大决策部署落实不力造成严重影响的，党政班子成员有违纪违法行为受到党政纪处分的，本单位或下属单位2名以上干部职工有违纪违法行为受到党政纪处分的，党风廉政建设和反腐败工作考核总评分在80分以下的部门和乡镇，年度目标综合考核执行“一票否决”，单位和领导不得参与评先选优，并扣发全体职工年终基本奖。2009年，县建设局等4个部门和乡镇被“一票否决”并受到处罚。通过“一票否决”，强化了各单位抓党风廉政建设的自觉性和主动性。

（四）实行“领导问责”制，增强干部责任意识

坚持“有职必须忠于职守、有权必须秉公用权、有责必须严格问责”，加大责任追究

力度，切实增强领导干部“一岗双责”的意识。凡是领导干部管辖范围内党风廉政建设工作发生重大问题的，不管是否是当事人，是否直接参与，只要负有“失教”“失察”“失管”和“失误”中的任何一种责任，都要予以追究。2010年，共有9名干部被问责，其中给予党政纪处分4人，诫勉谈话、通报批评5人。

（2010年12月）

依托三级联动平台　高效查处涉黑案件

今年来，瓮安县纪委监察局着眼全局，探索创新，以“四会”为抓手，搭建三级联动平台，协调州、县、乡在两个半月内规范高效查处涉黑涉恶党员干部职工38名，取得良好的政治、法纪和社会综合效果。

（一）搭建联席会平台，凝聚合力变“单”为“联”

健全机制，统一认识，是确保涉黑系列案件查处工作高效规范执纪到位的基础。2010年4月初在县委的坚强领导下，县纪委监察局组织公、检、法、组织、人事等单位召开涉黑涉恶系列党员干部职工违法违纪案件联席会，研究涉黑系列案件的移送措施和执纪执法中衔接畅通的相关问题，统一涉黑党员干部职工案件的处理范围、内容、程序等。

（二）搭建研判会平台，分析案情变“静”为“动”

把握重点、分析案件、准确定案是做好涉黑系列案件查处工作的关键。按照“个案分析、总体均衡”的原则，在认真审核涉黑案件材料基础上，变“书面、闭门”审案为“全面、动态”审案，2010年4月22日召开了涉黑涉恶系列案件研判会，对涉黑涉恶案件的违法违纪事实、定性、量纪等有关问题进行充分讨论研究。4月23日县纪委将研判会的统一意见梳理成《涉黑涉恶系列案件纪律处分情况征求意见表》，再次书面征求司法机关主要领导意见，并及时向州纪委审理室进行汇报。通过研判会这一平台，确保案件定性量纪更加精准。

（三）搭建协调会平台，三级联动变“零”为“整”

“为什么要办、怎样去办”是确保案件处理均衡一致的重点。瓮安县打黑除恶专项斗争涉案党员干部职工38名，其中州直单位11名、其他市县1名、机关部门17名、乡镇9名。2010年4月27日，县纪委监察局变个案协调为区域协调、整体协调，邀请州工商局等5个州级单位、3个垂管部门负责人，组织县内17个乡镇、机关党组织负责人召开涉黑犯罪人员纪律处分协调会。按照“宏观指导”原则，参会单位对照纪律条规，就判刑、免处、不诉中涉黑对象违法犯罪事实应把握的量纪标准、处理权限、法定程序以及适用条款等进行交流，统一了思想，确保了法、纪的均衡一致。

（四）搭建督查会平台，执纪效率变“慢”为“快”

只有处分决定执行到位，才能维护党纪政纪的严肃性和权威性。涉黑涉恶系列案件共涉及科级干部5人，股级干部10人，事业人员6人，农村党员6人，其他人员11人。为确保处理快速执行到位，避免执纪不严、拖拉草率的现象，县纪委监察局组织召开了涉黑案件处理督查会，及时了解案件办理进度，跟踪监督检查，及时协调处理执纪中各单位提出的问题。

从4月底至7月20日，38名涉黑党员干部职工均依纪依法作出了处理，其中，给予党纪处分19人，政纪处分25人（含双重处分11人），5人作辞退处理。涉黑党员干部职工案件在较短时间内规范处理到位，弘扬了正气，赢得了信任，维护了稳定，促进了发展，取得了良好的政治、经济和社会效果。

（2010年12月）

强化责任、创新机制，从源头解决信访突出问题

2008年以来，瓮安县教育、卫生系统信访问题居高不下。2008年56件，2009年37件，分别占县纪委监察局信访总量的13.3%和21.5%。针对这一异常情况，瓮安县纪委监察局以“强化责任、创新机制，从源头解决信访突出问题”为切入点，分别在两个系统开展专项整治，取得了明显成效，2010年共收到两个系统信访件2件，占全县总量的1.4%，信访严峻形势得到了有效控制。省纪委信访室以简报在“经验交流”栏全省刊发。

（一）明确责任，确保信访问题一抓到底

年初，县纪委分别对县教育局、卫生局党组下发了信访通知书，责令党组认真研究查找原因，采取有力措施及时整改。同时明确了三级责任制，即教育、卫生“一把手”负总责，县直属各中学、医院、各中小学校长、卫生院院长负直接责任，全县163所中小学、23个乡镇卫生院等有关单位负责落实责任，并通过签订目标责任状确保责任层层落实到人。

（二）创新机制，确保矛盾排查调处一步到位

结合实际，县教育局进一步健全了由局长、中学校长、各中心小学校长组成的三级信访网络机构；县卫生局完善了由局长、各医院（乡镇卫生院）院长组成的信访网络机构，定期开展矛盾纠纷排查，及时化解信访矛盾。一年来，县教育局和卫生局共排查矛盾隐患24起，并及时化解。

（三）加强整治，确保矛盾纠纷从源头一次根治

经调研分析，教育、卫生系统信访矛盾突出的主要诱因体现在校务管理、教师职称评聘、绩效工资分配、教师行为规范、医院院务管理、医疗服务、医患纠纷等方面。教育、卫生系统结合实际采取措施，从源头上根治信访突出问题。

县教育局以开展师德师风教育、校务管理为抓手，加强教师队伍素质建设，提高校务管理科学化、制度化、规范化、民主化建设。在全县163所中小学深入开展大讨论、大检查，对自查出涉及校务管理不透明、财务管理不公开问题及时规范和完善了校务管理的相关制度，增加透明度，从源头上消除矛盾隐患。

县卫生局以开展提高医疗服务水平和卫生诚信体系建设为切入点，完善和规范药品采购、院务公开、财务例行检查等制度；在23个乡镇卫生院、县人民医院、县中医院全面开展医德医风教育，并建立健全医务人员医德医风考评制度。全年开展财务例行检查2次，对因管理不善的11个卫生院院长进行了调整，对1名卫生院会计违反财经纪律进行了处理。进一步规范了院务管理，从源头上有效预防引发信访的突出问题。

（2010年12月）

着力巧打四套“组合拳” 狠抓教育系统廉政建设

为深入推进全县教育系统反腐倡廉建设，树立教育强县品牌，今年来，瓮安县“教、导、管、防在前，察、帮、诫、劝紧随，惩、处、罚、治”在后，多措并举，努力构建“制度+科技”的廉政防治模式，狠抓廉政建设，取得明显成效。

（1）“搭”平台，突显宣传教育唱好“廉政经”。一是系统教育，通过开展“师德师风”演讲比赛、廉政党课、民主评议、述职述廉等多种形式、多种载体把廉政宣传教育与学校的发展、与教书育人、与教育管理有机整合。二是针对教育，撰写《教育系统系列案件分析及治理建议》，县纪委、县检察院联合对教育系统61名学校“一把手”进行廉政约谈；以召开案件基层会、回访、送达等为契机，对教育系统“一把手”开展警示教育，以案明纪，以案施教。

（2）“整”合力，突显监督检查念好“紧箍咒”。一是借“科技”，建立廉政QQ管理方式，搭建批评建议、疑难答疑、问题反映的网络服务平台，收到反映或举报21件，相关工作咨询40余条。二是借“外力”，成立县“师德师风”专项整治领导小组，制订《瓮安县“师德师风”专项整治工作实施方案》，组织相关单位集中清理排查教育系统领导干部在“三重一大”事项决策意识、决策程序中是否做到公开透明，基建工程、物资采购、学生代办服务项目等是否存在权力寻租，教育收费是否规范等，发现并纠正问题5个。

（3）“挥”重拳，突显从严惩处开足“聚光灯”。一是加大组织处理的力度，及时处理松坪小学领导利用公款采购高压洗车设备供私人使用和珠藏小学领导在“事改”中加分不合理、牛场坝学校副教导主任在普通话考试中舞弊行为等问题；由县纪委、县委组织部联合行文责令县教育局免去涉嫌收受贿赂的城关一小黄某某、生活作风不严谨的玉华中学李某某校长职务。二是加大反腐协调力度，整合司法机关的力量集中查办了县教育局局长、副局长等在教育设备采购、学校基建等环节收受贿赂案件4件、5人；查办了三所完全中学在出租学生食堂中收受贿赂案件3件4人；集中调查了49所中小学校在办理学生平安保险费、购置书架中收受好处费的问题，收缴违纪款40余万元。

（4）“划”禁区，突显制度建设构筑“防火墙”。一是紧扣“管住权”构建惩防制度，围绕“三重一大”、基建工程、物资采购、教辅材征订、资金管理、学生代办服务项目等重点领域、关键环节，先后出台了《关于进一步加强学校工程建设管理的通知》《关于规范招生工作的通知》《关于清理和规范中小学订校服、班服及征订教辅资料的紧急通知》《关于禁止学校公款旅游、考察学习活动的紧急通知》等规范性文件，强化制度建设。二是紧扣“用好人”构建干部监督制度，明确各中小学一名副校长抓党风廉政建设，并必须聘请一名党风廉政建设义务监督员；建立竞争上岗工作机制，8月由组织、人事等单位牵头组织开展了中小学校长竞争上岗工作，任免学校中层以上干部163名，对12名校长、副校长作出免职处理，形成了用好的作风选人、选能力强的人的良好氛围。

（2011年12月）

“四创新”推行“廉政约谈”制度提高廉政效能

2012年以来，瓮安县纪委监察局强化关口前移，做到教育预警在先、监督防范在前，全面推行廉政约谈制度，在强化领导干部“一岗双责”意识，加强柔性化监督，提高廉政效能方面探索出一条有效途径。

（1）创新程序载体，增强谈话认知力。制定出台了《瓮安党政机关、企事业单位主要负责人、班子成员、重点岗位工作人员勤政廉政约谈暂行规定（试行）》，约谈前坚持“四个一”（一份审批表、一张通知书、一套考试卷、一纸谈话提纲），严格约谈审批、实施程序，并在正式谈话前，进行一次党纪条规知识闭卷测试，针对约谈对象岗位特点拟定谈话内容和要求，充分体现约谈纪律严肃性，在思想上引起约谈对象高度重视。

（2）创新约谈方式，增强思想冲击力。一是日常约谈，即定期听取各单位“一把手”汇报本单位党风廉政建设工作情况及本人履行“一岗双责”情况。二是警示约谈，即针对单位或个人存在的苗头性、倾向性问题，请约谈对象作说明，提出防范的对策和措施。三是诫勉约谈，即针对发现的轻微违纪问题，责令约谈人进行整改。四是任前约谈，即在新任干部到任前重申廉洁自律各项规定，并要求作出廉政承诺。通过因人因事而异的方式将问题点在约谈对象“心坎上”。一年来，日常约谈“一把手”86人（次），警示约谈8人（次），诫勉约谈11人（次），任前约谈357人（次），规范建立了约谈记录档案。

（3）创新问题疗法，增强行动感染力。对有反映，但不严重的苗头和倾向问题进行柔性治疗，帮助对象分析问题，善意提醒，引导其进行整改。2012年10月，县纪委收到瓮安中学校务管理民怨很大的信访反映，经调查发现存在校领导与教职工交流沟通不够，校务公开不规范、不及时等问题，由县纪委书记、分管副县长对校长进行了约谈，要求该校对校务公开工作进行整改，开好领导班子民主生活会和领导干部述职述廉会。通过思想沟通使该校长接受了批评和建议，自觉从行动上抓好整改落实，及时化解了矛盾。

（4）创新配套制度，增强效果延伸力。一是延伸重点监管效果，通过日常约谈摸清各单位廉政风险防范工作情况，制定了《瓮安县重点部门、重点岗位、重点人员、重点环节管理规定（暂行）》，按照分级管理原则由纪工委、纪检组进行重点监管。二是延伸作风建设效果，下发《关于进一步整顿工作作风严肃工作纪律的通知》，对30名干部的违纪行为进行通报、曝光，并开展警示约谈，进一步强化了纪律意识。三是延伸效能建设效果，对工作失职的领导干部进行诫勉约谈，强化“一岗双责”意识，并规范制定《瓮安县领导干部及工作人员有错无为问责暂行办法》，促进了效能建设常态化。

（2012年12月）

开展“一把手”廉政访谈　构建舆论监督新平台

2013年，瓮安县纪委监察局在2012年开展廉政约谈的基础上，在县直部门、乡镇“一把手”中深入开展了廉政访谈。于1月中旬联合县委宣传部在县电视台开辟《“一把手”廉政访谈》栏目，将各单位、乡镇、办事处主要负责人对党风廉政建设认识、工作措施、廉政承诺“晒”出来，把党内监督、舆论监督、新闻监督、群众监督结合起来，进一步提高领导干部廉洁自律意识，发挥党政主要负责人廉洁自律带头引领作用。

（1）认识到位，保障有力。抓好“一把手”党风廉政建设就抓住了反腐败工作的“牛鼻子”。开展“一把手”廉政访谈，帮助单位和部门主要负责人提升廉政意识，拓展工作思路，强化勤廉监督，是抓好“一把手”党风廉政建设的重要组成部分。我县将“一把手”廉政访谈作为贯彻落实党的十八大精神的重要举措，作为推进建设“清廉瓮安”的重要抓手，县委主要领导亲自过问，县纪委主要领导坐镇指挥，各乡镇、办事处及相关单位大力支持，严格按照访谈要求，精心准备访谈材料，积极参与节目录制，为访谈活动的有序开展提供了坚强的组织保障。

（2）措施扎实，责任明确。廉政访谈活动能否取得实效，关键是“一把手”们是否真正将自己平时在廉洁自律方面的做法和承诺公之于众。一是明确访谈单位。按照党风廉政建设责任制的要求，分期分批确定“一把手”廉政访谈单位，做好工作衔接。二是明确访谈内容。重点突出反腐倡廉建设的经验、存在问题和廉政风险防控措施，进行廉政公开承诺。三是明确访谈时间。细化时间安排，用2个月左右时间对48名重点部门和乡镇（办事处）“一把手”进行访谈。四是明确访谈程序。由“一把手”认真撰写访谈文稿，经县纪委主要领导审阅通过后，县电视台现场访谈，在《瓮安新闻联播》《瓮安周讯》中播出，接受全县广大干部群众的监督。五是明确工作责任。对态度不积极、敷衍塞责的，将视情节轻重给予组织处理。

（3）关注度高，效果明显。我县的“一把手”访谈活动既是一种提醒，又是一种监督，更是对警示教育的一种推进和深化。节目播出后，在社会上引发较强关注，反响良好，切实提高了“一把手”拒腐防变的意识和能力，促进了部门单位改进作风、依法行政，提高了行政效率和服务质量。很多群众表示，原来认为党风廉政建设和反腐败工作只是纪委的事，没想到单位和部门也有那么多的工作要做，把措施和廉政承诺公开出来，心里有了底，只要他们不按承诺办事，我们就敢于举报。在党员干部中，原来只认为本单位本部门的标准最高、措施最实、要求最严，没想到其他单位还有那么多值得借鉴和学习的地方。

我县“一把手”廉政访谈引起了诸多主流媒体的关注。人民网、新华网、贵州日报等10余家媒体进行了转载报道，既树立了“廉荣贪耻”的舆论导向，又营造了风清气正的发展环境，有力地促进了建设“清廉瓮安”工作。

（2013年12月）

瓮安58名干部晒家底　推行干部任前财产公示

2013年以来，为把好选人用人廉政关和干部监督管理关，瓮安县结合中共中央办公厅、国务院办公厅关于《领导干部报告个人有关事项的规定》和《中国共产党党员领导干部廉洁从政若干准则》等相关要求，制定出台了《瓮安县科级干部拟提拔人选财产申报公示规定（试行）》，公开“亮晒”家底，将个人财产收入置于纪检监察机关和社会有效监督之下，有利于广大群众监督，更有利于树立干部廉洁的形象，给群众一个“明白”，给干部一个“清白”，是监督干部的一种新途径。

明确申报对象，突出财产公示的全面性。《规定（试行）》规定“申报对象为中共瓮安县委拟提拔任用的正、副科级干部（含非领导职务）”。要求拟提拔对象必须填写《瓮安县科级干部拟提拔对象财产收入情况申报表》，即本人收入，本人和配偶及共同生活的子女所属的房产、车辆，本人、配偶、共同生活的子女独办、与他人合办企业、有价证券、股票、基金及其他投资性资产，本人、配偶、共同生活的子女所有银行存款，本人、配偶、共同生活的子女10000元以上债务，需要申报的其他财产和事项等7类财产家底。

明确责任追究，突出财产公示的严肃性。《规定（试行）》拟提拔人选拒绝申报财产的，本人须说明理由，并一律取消任职资格；对有意错报、瞒报、漏报的，一律先免职，再作纪律处分；在申报前如有违法违纪所得，均可以署实名上交至瓮安县廉政账户。凡在申报前主动上缴违纪违法所得的，对已上交部分涉及的违纪违法行为，瓮安县纪委一律按照《中国共产党纪律处分条例》有关规定对其免予纪律处分，并建议司法机关免予追究其刑事责任，法律另有规定的除外；在申报前不主动上缴违纪违法所得、隐藏转移相关财产的，一经发现，一律从重处理。

明确审查程序，突出财产公示的真实性。拟提拔科级干部申报表实行个人自审、单位复审、组织重审、群众监审等四层审核。即拟提拔科级领导干部必须在公示期间如实提交财产申报表，并对真实性等进行承诺，交本单位党组织；单位党组对申报人申报表内容进行审查，由单位党组织负责人签字并加盖公章报县纪委；县纪委对填报人是否按照规定时间格式和内容格式对申报进行审查，由县纪委和县委组织部对拟提拔对象财产申报内容选择性公开，将申报表、干部任前公示、申报公示承诺书在干部原单位和瓮安县电子政务平台同步予以公示，申报表装入干部廉政档案。

4月以来，瓮安县58名科级干部拟任人选经本人申报、县纪委审核后，在本单位公示栏、瓮安县电子政务平台进行了为期7天的“暴晒”，接受了党员干部群众的监督。期间，县纪委、县委组织部对收到1名公示对象财产方面的信访举报等问题进行了查证，拟提拔对象所填申报表属实，举报问题不属实。目前，58名干部已按组织程序就职相应岗位，成为瓮安县进行任前财产公示的领导干部。

（2013年12月）

瓮安县创新党政纪案件公开审理　推进党内民主

瓮安县不断创新纪检监察工作机制，全面推行案件公开审理，将审理工作置于“阳光”下运行，充分保障党员干部的合法权益，提升查办案件工作的透明度和公正性，扩大案件警示教育效果，以案施教、以案促廉。目前，公开审理案件8件，处理违纪人员10人，全州党政纪案件公开审理工作在瓮安召开。

（一）主要做法

1. 完善制度，健全机制。制定出台《案件公开审理工作方案》《关于案件公开审理的实施意见（试行）》，保障公开审理工作科学、规范、有序进行。一是明确公开审理原则。在公开审理中，采取公开、公平、公正的原则，严肃慎重、宽严相济、区别对待的原则，内部监督与外部监督相结合的原则，确保依法执纪。二是明确公开审理4类模式。即庭审式、沟通式、征询式、座谈式公开审理，确保有据可依。三是明确案件公开审理程序。按照公审准备、征求意见、审前告知、聘请助辩、核准身份、现场调查、当场辩论、审理总结的程序进行，确保规范操作。四是明确案件审理助辩制。助辩人一般为中共党员和国家机关工作人员，对案件的事实、程序、证据、定性及适用党政纪条规等内容提出质疑，但不能直接调阅或查看案卷材料。五是推行案件审理旁听制。被调查人所在单位、部门的党员或其他人员，组织、人社等部门的有关人员，反腐败协调工作小组成员、特邀纪检员、监察员、监督员等均可作为旁听代表全程旁听。

2. 挑选案例，大胆试行。突破瓶颈，大胆走出“闭门审”，将具有警示教育意义的案件纳入公开审理。一是围绕热点问题。从群众最盼、最忧、最怨的问题入手，把着力解决发生在群众身边的腐败问题摆上更加重要的位置来抓，将涉及民生领域的案件纳入公开审理范围。如，2014 年 7 月，庭审式公开审理了在 2008 年至 2012 年石漠化治理工程草食畜牧业项目实施情况和补助资金兑现过程中存在严重侵害群众利益的县发改局工作员杨某礼贪污和猴场镇农业服务中心工作员贺某城贪污、违反财经纪律一案的 2 起典型民生案件，挽回民生资金 35.3 万元。二是围绕焦点问题。把发生在干部作风、廉洁自律等领域，对党员干部有普遍教育意义的典型案件纳入公开审理。如，2015 年 8 月，在全州党政纪案件公开审理现场会上，庭审式公开审理了县国有林场原场长王中义违反财经纪律案。三是其他需要公开审理的案件。主要是当事人自己要求公开审理的案件和适宜公开的申诉案件，案件审理的公开层面上视案情而定，可以在纪检监察系统内部公开。如 2014 年 6 月，公开审理了袁某松、王某军等 2 起违反廉洁自律案件，以小范围形式在委局机关内部设庭审理，委局领导班子成员及发案单位仅 4 名代表参会。

3. 精心组织，规范操作。在公开审理前，召开专题会议讨论，指定案件公开审理的主审人和协审人。同时，在公开审理前 5 日，向被调查人送达《公开审理通知书》《权利义务告知书》，严格遵循调查、申辩、总结 3 个阶段有序审理。一是调查阶段。由案件调查人介绍案件的调查过程，阐述被调查人所犯的错误事实、性质、处分依据。二是申辩阶段，被调查人对调查认定的错误事实内容发表意见，表示接受或提出异议，由助辩人进行申辩和质证。三是总结阶段，由被调查人对案件事实、定性、量纪作最后陈述，最后由主审员对公开审理进行总结，初步认定当事人的错误事实和性质，记录人员将公开审理现场笔录交调查组、被调查人及其助辩人审核并签字。根据公开审理阶段调查和辩论的情况，审理人员再次对案件履行审议程序，形成审理报告，提交县纪委常委会或县监察局局长办公会议讨论决定。

（二）取得的成效

2014 年推行党政纪案件公开审理以来，改变了过去“闭门审理”的现象，在保障党员干部权益、接受社会监督和增强以案论纪效果方面取得了显著成效。

1. 提高了办案质量。实行公开审理，激活了办案人员直接对案件质量负责的责任心，及时对可能发生的争议，以及被调查人和助辩人的意见进行分析、研究，使案件事实、证据、定性、处理以及办案手续审核更全面、客观、准确，打破了审理人员以往“书面审理”的局限性，保证了办案质量。

2. 维护了当事人的合法权益。公开审理中，严格按照“事实清楚、证据确凿、定性准确、处理恰当、手续完备、程序合法”的二十四字办案要求，抓实每一个环节。这对于被调查人来说，有了相对宽松行使民主权利的平台，既保障了被调查人的知情权和申辩权，确保了案件审理的公正性，也使党员和监察对象的合法权益得到了有力的保护。

3. 擦亮了纪检监察机关的“窗口”。在公开审理过程中，所有案件经过审理把关后才能提交纪委常委会和监察局局长办公会讨论，下达的纪律处分由案件审理室按程序予以办理。通过公开陈述、公开质询、公开辩解、公开政策、公开评断“五公开”，高度透明，阳光作业，以事实说话，以证据服人，杜绝了冤、假、错案，审理的8件10人违纪案皆无一人申诉。通过公开审理这个“窗口”，既扩大了纪检监察机关办案的监督层面，充分展示了纪检监察机关秉公执法的一面，又起到了以正视听的作用。

4. 深化了以案论纪教育。推行公开审理以来，提高了党员干部对依法依纪办案的信任度，发挥了办案的综合效应，改变了以往被调查人变被动接受为现在主动参与廉政教育。相关单位，特别是案发单位1000余名领导干部应邀旁听、亲眼目睹身边人违纪的惨痛教训后，不断反思本部门管理工作的漏洞和薄弱环节，强化领导责任，加强管理，达到了“查办一案、震慑一线、教育一片”的效果，实现了纪律审查的政治效果、社会效果和法纪效果的统一。

5. 推动了“两个责任”的落实。在公开审理现场会上，违纪人员单位党委（党组）的主要负责人、纪委（纪检）组的主要负责人均在会上作发言。对发生违纪的原因深刻剖析，原因除违纪人员自身存在对党纪国法的学习、敬畏不够外，主要的原因还是党委书记没有履行好主体责任教育管理好干部，纪检组长没有监督好干部导致违纪，找准了发生问题的症结，强化今后主体责任和监督责任的落实。

（2015年12月）

三、刊文荟萃

凤凰涅槃　浴火重生

——瓮安县“狠抓党风廉政建设促进经济社会发展”调研报告

按：2010年7月14日，省委常委、省政协主席、省纪委书记王正福同志在省委办公厅《工作动态（增刊）》第25至27期上批示：“‘瓮安事件’发生后，瓮安县委认真贯彻执行中央和省委处置‘瓮安事件’的决策部署，高举邓小平理论、‘三个代表’重要思想的伟大旗帜，全面落实科学发展观，扎实抓党的建设伟大工程，下真功夫抓领导班子建设、干部队伍作风建设、党员干部党风廉政建设，带领全县各族干部群众聚精会神搞建设、一心一意谋发展。两年来，经济持续发展，社会稳定，各项事业取得明显进步。省纪委要会同黔南州纪委、瓮安县纪委认真总结狠抓党风廉政建设促进经济社会发展的经验，印发全省各地参阅。”

遵照王正福同志的批示要求，省纪委监察厅成立了瓮安县“狠抓党风廉政建设、促进经济社会发展”专题调研组，于2010年7月26日—30日赴黔南州和瓮安县，与州县四大班子、纪检监察机关、党委政府工作部门、乡镇、村组负责人和群众代表进行了座谈，实地考察了县城和周边乡镇（社区）、走访了有关人士、查阅了大量文献和资料，围绕瓮安县干部作风、环境形象、群众生活的转变和基层组织建设、党风廉政建设责任制落实情况等重点开展了专题调研。在掌握大量材料的基础上，对瓮安县狠抓党风廉政建设和反腐败斗争，促进经济社会又好又快发展的做法和经验进行了总结和提炼。现将调研报告印发全省参阅。

“6·28”事件发生后，瓮安县委、县政府在中央、省委和黔南州委的坚强领导和精心指导下，严格落实党风廉政建设责任制，充分发挥纪检监察机关组织协调职能，变坏事为好事，化教训为财富，把党风廉政建设和反腐败斗争融入经济社会发展各项工作之中，努力营造廉洁高效的政务环境和风清气正的社会环境，有力促进了全县经济社会又好又快发展。2009年，全县实现国内生产总值33.79亿元、固定资产投资15.17亿元、财政总收入4.54亿元、社会消费品零售总额6.52亿元、城镇居民人均可支配收入10070元、农民人均纯收入3425元，分别比2007年增长27.4%、166.14%、88.38%、57%、15.85%、22.18%。2010年上半年，经济社会发展继续呈现强劲势头：全县实现国内生产总值16.64亿元，固定资产投资12.19亿元，财政总收入2.62亿元，社会消费品零售总额2.88亿元，同比分别增长13.3%、68.5%、3.86%、20.3%。

一、狠抓作风转变，化解社会矛盾，密切党同人民群众的血肉联系

“6·28”事件从酝酿、发生到初期的处置不力，充分暴露了党员领导干部作风方面的许多问题：当地党政主要领导反应迟钝，思想犹豫，不善于区分和处理两类不同性质的矛盾，面对群体性突发事件不知所措；机关干部脱离群众，对群众缺乏感情，不善于做群众工作；党员干部党性观念淡薄，面对打砸抢烧行为不但不敢主动制止，甚至混杂在围观群众中看热闹。这些突出问题，严重影响党和政府的形象，直接危及改革发展稳定大局。瓮安县委县政府领导班子调整后，以铁腕行动开展干部作风整顿，弥合党群干群之间的裂痕，以优良的党风促政风带民风，推动瓮安经济社会科学发展、跨越发展、和谐发展。

（一）认真查找和解决党员干部作风方面存在的突出问题，深入开展作风整顿。面对“6·28”事件暴露出来的问题，瓮安县委县政府决定从转变作风入手，于2008年7月至9月在全县机关干部中开展为期三个月的集中整顿活动。作风整顿活动紧紧围绕反思“6·28”事件进行，在严肃追究25名（包括乡科级干部8名）相关责任人员责任的同时，印发中央、省委、州委有关文件指示和《“6·28”事件责任追究案件通报》，深入开展“我为谁工作，我为谁负责，我怎样工作”思想大讨论，引导广大党员领导干部增强立党为公、执政为民、守土有责、守土尽责的意识。要求通过自己查、领导点、相互找、群众提等方式，真正找准党员干部在思想状况、工作作风、联系群众、履行职责、廉洁自律、精神状态等方面存在的突出问题。同时要求强化措施，创新载体，以务实为民的作风逐步解决查找出来的突出问题。为确保作风整顿活动取得实效，明确要求县四大班子成员包片负责督查；抽调离退休老同志组建巡视指导组，负责对各乡镇、各部门作风建设进行巡视、指导和督促整改；选派纪检监察机关和组织人事部门的同志组成纪律暗访工作组，定期不定期开展暗访检查，并将检查结果作为干部选拔任用的重要依据。2009年，在深入学习实践科学发展观活动中，进一步深入查找和解决干部作风与科学发展观不适应不符合的突出问题，增强用科学发展观统领经济社会发展的自觉性。在此基础上，县委县政府进一步认清“欠发达、欠开发、欠开放”的基本县情，明确发展定位，理清发展思路，提出了“融入贵阳、面向两广、立足乌江、挤进长江”的战略构想，确立了“城镇经济带动、重大项目拉

动、人力资源推动”的发展战略，形成了“环境立县、工业强县、农业稳县、三产活县”的发展思路。通过切实有效的作风整顿活动，党员干部的忧患意识、宗旨意识、责任意识得到明显提高，在服务基层、服务群众、服务发展方面变得更加积极主动，充分展现了“立党为公、执政为民”的良好形象。

（二）重点整顿警纪警风，切实提高公安队伍立警为公执法为民意识。过去，瓮安曾流传这样一首民谣：“好人散了伙，坏人结了帮，治安抓不好，无法奔小康。”少数警察与地方黑恶势力相互勾结、欺压百姓、滥用警具警械、为所欲为，群众对公安队伍的不满从民谣中可见一斑。“6·28”事件之所以由一起简单的刑事案件演变为影响恶劣的群体性事件，其直接导火索就是少数警察漠视群众利益、公安机关处警不及时。事件发生后，瓮安县公安局新任领导班子对公安队伍进行了长达一年的作风整顿，采取有效措施改善警民关系。一是严肃纪律，严肃查处违纪违法干警。结合公安队伍“五条禁令”“十条警规”，对执法不公、以权谋私、徇私枉法、为黑恶势力当保护伞等不作为、乱作为的民警进行严肃查处，8 名公安民警涉嫌违法被逮捕，2 名干警因严重违纪被调离公安队伍。二是加强监督，严肃警纪警风。县公安局成立了警务督察大队，公安局所属各单位教导员均为警务督察员，从执法办案到警容风纪，实行明察暗访和全程监督。从社会各界聘请了 21 名警风警纪监督员，对公安民警实行不定时监督。三是采取“轮训轮值、战训合一”的方式，加强民警培训力度，提高民警执法水平和综合办案能力。四是开展多种为民服务活动，拉近警察与群众的距离。组建“百名民警下基层党员服务队”，深入乡村，与群众同吃同住同劳动 1 个月，了解群众疾苦，帮助解决实际困难，增进与群众的感情。认真开展“公安民警大走访”活动，根据群众的意见和建议，及时在各窗口单位和派出所推出上门服务等便民利民措施。开展民警帮扶“留守儿童、孤寡老人、特别困难户”活动，全局 323 名民警对口帮扶，每名中层以上干部负责 3 户，每名民警负责 1 户。五是开展“破案追逃、重点整治”活动，侦破了一批大要案，打掉了一批犯罪团伙，抓获了一批逃犯，整治了一批治安难点、乱点，收缴了一批赃款赃物，打出了声威、打出了气势，人民群众安全感得以大幅提升。据全省民调数据显示，2009 年度群众安全感达到 95.57%，比 2007 年上升了 36.48 个百分点，列全省第四、全州第一。

（三）认真排查矛盾纠纷，妥善解决群众的合理诉求。一是畅通民意诉求渠道。以“排民忧、解民难、助民困、释民惑、平民怨”为核心，深入开展县委书记大接访、千名干部大巡访、千名教师大家访、公检法司“四长”大联访、乡镇干部大走访等“五大访”活动，建立健全县级干部、乡镇科级干部坐班接访工作制度，在县政府网站开通县委书记、县长信箱，让群众“话有地方说、理有地方诉”。二是全面排查清理历年信访积案。把排查出来的积案分类登记建档，按照先易后难、因案施策的方法，分别提出解决措施。三是做好经常性的矛盾纠纷排查调处工作。认真开展“千名干部下基层，服务一线办实事”“记民情日记、建民情台账”“四访四问”等活动，及时发现可能引发群体性事件的苗头性、倾向性问题，努力把不稳定因素解决在基层，解决在内部，解决在萌芽状态。四是注意引导信访秩序。按照“合理诉求解决到位、过高要求说服到位、无理纠缠教育到位、触犯法律处置到位”的原则，妥善调处群众信访问题，引导群众依法信访。五是加大信访工作投入。县财政列支 800 万元建立信访调处资金，加大信访案件的调处化解力度。安排 100

万元法律援助资金，帮助群众依法行使诉讼权和兑现“法律白条”，着力转变信“访”不信“法”的思想观念。六是建立和完善矛盾纠纷排查调处责任机制。对重大信访案件实行“一把手督办、领导包案、部门承办、限时办结”制度。通过转变作风、扎实工作，共走访群众7万余户，收集群众反映突出问题1000余个，办实事800余件，投入办实事资金521万元，帮助群众解决生产生活困难问题755个。省交办的25件疑难信访件，除3件跨地区、跨部门的案件正在协调处理外，其余均已结案；州交办的37件信访件，已全部办结。2009年全县信访总量比2008年下降了54.96%，群众对干部作风满意率达85.6%，比“6·28”事件前上升了58个百分点。

二、重塑瓮安形象，改善发展环境，增强经济社会发展的后劲

瓮安坚持“环境立县不动摇”，从硬环境和软环境两个方面改善自身形象，努力营造有利于经济社会发展的良好氛围。

（一）建设优美文明的人居环境。坚持把城镇建设作为县域经济发展战略来抓，按照“高起点规划、高标准建设、高质量管理、高效益经营”的总体要求，紧紧围绕“新旧并举、东改西扩、南推北移”的工作思路，加快县城河西新区建设和旧城改造步伐。2009年，启动了县城20平方公里总规修编，完成了1平方公里的河西新区详规和19个乡镇的总规编制工作。河西新区新建县行政办公楼、会议中心主体工程基本完工，部分党政机关已入驻新楼办公。完善群众文化休闲娱乐设施，建成县文化馆、图书馆、青少年活动中心、河西新区5万平方米市民休闲广场并投入使用，启动塔坡公园和体育场馆规划建设。县城南部片区和10万平方米旧城改造项目已经启动，首期安置房即将移交拆迁群众。大力开展精神文明创建活动，开发建设猴场会议会址等爱国主义教育示范基地和江界河国家级风景名胜区，积极挖掘和传承龙狮文化、平定营灯夹戏等具有瓮安特色的非物质文化遗产，丰富群众文化生活，提高人民群众的整体素质和全社会的文明程度。扎实开展“整脏治乱”工作，启动县城雨污分流管网改造、县城污水厂建设和县城垃圾填埋场建设，全县“整脏治乱”工作从2008年度全省、全州挂末位置上升到2009年度全省第12名、全州第1名。

（二）建设配套齐全的基础环境。大力推进瓮安至马场坪高速公路、瓮安至江界河港区快速通道、瓮安至开阳哨上二级公路及江界河港口的申报和建设工作，紧紧抓住乌江航运四级航道、500吨级船闸开工建设的历史性机遇，以江界河库区为核心，加快“瓮安港区”总体规划和专项规划进程。按照“一区三园”的总体构想，高起点规划飞岭坝高科技工业园区，加强青坑磷化工、永和煤化工园区基础设施建设，加大工业园区与县城、工矿区之间的通道建设改造力度，确保煤、磷、矾等大宗物资货畅其流；积极推进瓮安1座220千伏变电站、3个110千伏变电站及线路双回路建设，抓好电力供应和调度，保障工业用电需求。

（三）建设和谐稳定的治安环境。加大对社会治安工作的支持力度，足额保障政法机关工作经费，全面取消政法机关罚没收入返还。严厉打击黑恶势力和各种违法犯罪，2008年以来，破获“两抢一盗”等各类侵财性案件678起，打掉黑恶势力团伙15个。严肃查处涉黑涉恶党员干部31人，其中正科级3人、副科级2人。坚持在县城及城乡结合部等重点部位实行24小时巡逻工作制，在治安复杂地段建立8个警务平台，安装了77个声调视频监控点。各乡镇组建了20人以上的专兼职联防队，村组建了10人以上的义务治安联防队。

刑事案件发案明显减少，人民群众的安全感大幅提升。加大对违法青少年帮教工作力度，全力做好“6·28”事件违法青少年帮教工作，积极探索未成年人违法及轻罪记录消灭制度，着力推进违法青少年教育、感化工作。目前，104 名参与“6·28”事件的违法青少年整体实现了校园、家庭、社会“三个平稳回归”。加强和谐矿区建设，成立矿业协会，建立和谐矿区建设基金，按照“谁开发、谁保护，谁受益、谁治理”的原则，明确政府、协会、矿主的责任和义务，有效解决矿产资源开发与群众利益、生态环境恢复治理的问题。

（四）建设高效便捷的政务环境。为进一步密切党群干群关系，方便群众办事，县委县政府创新服务群众工作思路，在全县 29 个县直部门、23 个乡（镇）、97 个村（居）建立了 149 个便民为民服务中心（站、点），将民政、计生、社保、国土、合医、农技等部门集中在一起办公，实行“一站式”服务。目前，各级便民为民服务中心（站、点）已接待群众 7.5 万余人（次），排查化解矛盾纠纷 478 件，为群众办理各类审批事项 9500 余件，为群众提供优质、高效、便捷服务，真正做到了“小事不出村、大事不出乡、难事不出县”。

（五）建设服务优良的投资环境。坚持实施“招大商、引大资、促大发展”的思路，完善招商引资优惠政策，实行重点招商和产业招商，努力实现外来资本、技术、人才与县内资源的有机组合。实行县级领导挂帮在建重点项目和重点企业制度，积极帮助企业解决实际困难。规范行政审批程序，认真开展“企业开单、政府签单、乡镇及部门限时办结”的“一站式”服务，着力解决企业办事难、部门效率低的问题。建立投资企业家联合会，搭建企业与政府的对话平台，定期召开座谈会，听取企业意见，改进政府服务。建立企业对部门测评考核机制，把部门的工作作风、服务态度、服务质量和服务效率作为测评的重要内容。发挥县行政投诉中心作用，严肃查处影响经济发展环境的“吃拿卡要、冷硬横推”等违纪违法行为，促进依法行政和廉洁从政。2009 年，县财政安排 4421 万元专项资金用于项目申报和资金匹配，争取到新增中央投资项目 95 个，总投资 2.57 亿元；招商引资到位资金 7.5 亿元，比上年增长 95%。2010 年上半年，争取到新增中央投资项目 12 个，总投资 1 亿余元；招商引资到位资金 5.15 亿元，同比增长 139.79%。

三、坚持纠建并举，着力改善民生，让人民群众共享改革发展的成果

“关注民生不够，该花钱的地方舍不得花钱。不少部门与民争利，产生了各种矛盾，最后形成叠加效应，引发群体性事件。”县委领导认为，“导致‘6·28’事件的一个重要原因是，政府原先对改善民生投入不够，经济社会发展一条腿长、一条腿短”。为切实解决经济社会发展不平衡问题，瓮安县坚持纠建并举，加大民生投入，发展社会事业，认真纠正损害群众利益的不正之风，确保人民群众共享改革发展的成果。

（一）改善学校办学条件，着力解决“读书难、读书贵”问题。瓮安历史上一向有重视教育的传统，但由于教育资源严重不足，校舍不够，以致出现 140 多名学生同挤一间教室、教师用喇叭授课的“大班额”现象，学生住宿也不得不选择去校外出租屋，由此衍生出若干治安和社会问题。为此，县委县政府克服财政压力，补拨历年拖欠的教育经费 4826.77 万元，下拨转移支付资金 903.9 万元、各种教育税附加 945.49 万元，向上争取到项目资金近 1.4 亿元。下大力气解决县城中小学“大班额”和学生出租屋问题，在县城河西新区开工建设可供 4000 名学生就读住宿的雍阳中学的同时，改扩建瓮安二中、城关一

小，新建县实验幼儿园。规范教育收费行为，纠正6起违规收取学生作业本费、饮水费和住校生蒸饭费行为，查处1起违规收取学生补课费行为，清退乱收费近11万元。加强教师师德师风建设，开展亲情在线活动，关爱留守学生。开展学生法制教育，编写法制教育教材，开设学生法制课程，全县146所学校配齐法制副校长。以“星级评价”为手段，开展校园周边环境专项治理，提升校园文化，推进素质教育，提高教育质量。2010年高考全县二本以上上线944人，比上年增加176人，其中两名学生分获黔南州文、理科第一名。

（二）改善医疗卫生条件，着力解决“看病难、看病贵”问题。加大医疗基础设施建设，投资4000万元将县医院搬迁至新区，投资576万元建设县中医院门诊大楼。进一步完善乡镇卫生院业务用房，建成48个村级卫生室。启动城镇居民基本医疗保障试点工作，农村合作医疗实现乡镇及行政村全覆盖，参合率达95%以上。认真纠正医疗卫生领域损害群众利益的不正之风，查处1起镇卫生院不规范销毁药品问题；查处1起涉及农户13户的诈骗合医资金案，涉及金额10万余元；查处7起冒名顶替套取合医资金案，涉及金额近8万元，并予以全部追回。

（三）实行积极就业政策，着力解决“就业难、再就业难”问题。把就业和再就业作为为民办实事的重要任务，进一步拓宽就业渠道，扩大就业空间。推行灵活多样的就业政策，引导和鼓励下岗失业人员、返乡农民工和大中专学生自主创业、自谋职业。加强就业技能培训，大力开发公益性岗位，切实解决好下岗失业人员和返乡农民工的就业和再就业问题。全年城镇登记失业率控制在4.3%以内，实现“零就业家庭”动态为零的目标。

（四）坚持让利于民原则，着力解决“征地难、拆迁难”问题。制定《瓮安县县城新区征地拆迁补偿安置方案》和《瓮安县县城规划区内房屋拆迁安置补偿方案》，确定了“拆一还一、结构陈新不补差”的拆迁补偿原则，确保被拆迁户的合法权益不受损害。制定《瓮安县被征地农民就业培训和社会保障方案》，妥善解决被征地农民的长远生计和社会保障问题。2009年5月以来，全县新区建设和旧城改造累计拆迁1636户248647平方米，没有损害群众利益和群众上访案件的现象发生，实现了拆迁工作零上访。群众从过去的不愿拆迁转变为主动要求拆迁，以实际行动拥护和支持城镇建设。

（五）整顿市场经济秩序，妥善处理违法建设和非法经营房地产问题。由于暴利驱使，移民安置不到位，土地管理无序，加上相关执法部门不作为、乱作为等原因，2004至2008年期间，瓮安县城违法建设和非法经营房地产问题突出，建筑市场混乱，许多违法建筑无规划许可、无用地许可、无正规施工图、无地勘资料、无质量检测和监测报告，成为影响城镇建设健康发展的重大隐患和社会的一大公害，干部群众反映强烈。2009年7月起，县委县政府组织开展集中整治非法经营房地产专项行动，共清理出违法建筑3595户79万平方米。坚持从实际出发，根据不同性质，妥善处理有关问题。一方面，严厉打击非法经营房地产犯罪活动，严肃查处违法建设背后的腐败行为，立案查处工程建设领域违法违纪党员干部29人，处理科级干部6名。另一方面，本着依法规范和让利于民的原则，妥善处理违法建筑问题，防止产生新的社会矛盾。对已购买违法建设用房居住的，只要不严重影响规划或无重大安全隐患的，在提供具有法律效力的住房质量安全检测报告后，予以依法完善产权手续；对严重影响规划或有重大安全隐患的，一律予以拆除，并由县委县政府出台办法给予合理安置；对群众为解决居住难而违法建房的，在依法给予行政处罚后完善产权手续。通过采取正确的措施，既规范了市场秩序、严肃了法纪，又保护了广大群众的利益。

（六）尊重历史，把握政策，妥善处理国企改革改制遗留问题。过去，由于国有企业改革改制不彻底，工伤补助、住房补助、医疗保险政策落实不到位，下岗、失业、退休人员群体上访、重复上访、越级上访现象相当突出，影响社会的和谐稳定。针对这个问题，县委县政府对全县30家改革改制的国有企业进行摸底调查，并逐个查明原因。坚持从实际出发，制定《瓮安县原国有企业改革改制遗留问题的处理办法》，按照“同一时期、同一政策、就高不就低、让利于民”的原则，由县财政投入资金2600余万元补助缴纳破产企业养老保险金。同时，将国企改革改制职工纳入旧城改造和新区开发的总盘子考虑，采取多种方式妥善解决职工的养老、住房等遗留问题，消除不稳定因素。

四、创新党建工作，夯实基层组织，深入推进基层党风廉政建设

针对基层组织凝聚力不强、作用发挥不好、不善于领导科学发展等突出问题，瓮安县委认真探索基层党建工作的新路子、新方法，健全组织机构，创新工作机制，加强队伍建设，推动民主监督，有力促进了基层党风廉政建设的深入开展。

（一）完善机构设置，统筹全县城乡党建工作。为适应经济社会发展的需要，瓮安县委大胆创新和优化基层组织。一是搭建“大党建”工作平台。将县直机关工委、县远教办、县委党建办、县党代表联络办、县委组织部组织科、党员服务中心等机构及职能进行整合，成立县委基层组织局，内设综合、农村党建、综合党建3个科室，落实人员编制15名，负责统筹管理城乡党建工作。二是优化农村党组织设置。按照“小村并大、弱村并强”的思路，全面启动撤村并村工作，将全县247个村（居）合并为97个。按照“就近、灵活、方便”的原则，突破传统的行政村党组织设置模式，在新合并的村设立党总支，在原行政村设立党支部，在党员相对集中的村寨或村民组设立党小组，进一步优化农村党组织设置，有效解决撤村并村后党员管理难、集中难以及党组织活动开展难的“三难”问题。加大村级组织经费投入，将村干部基本报酬和村级办公经费纳入财政预算，大幅提高村干部待遇，增强了村干部的工作积极性。三是扩大党组织覆盖面。以“支部+协会”“支部+公司”等模式，在14个非公有制经济组织中建立党支部，初步实现非公有制经济组织和社会组织中党组织的全面有效覆盖。

（二）创新工作机制，激发干部为民服务激情。按照“科学、实用、管用”的原则，进一步建立健全党建工作机制，出台了《瓮安县委管理干部任前公示办法》《关于进一步完善乡（镇）党委领导班子工作机制的意见》《关于切实加强基层干部队伍建设的意见》等制度，真正从政治上关心、工作上激励、生活上关爱基层干部，最大限度地激发广大基层干部的工作激情。一是完善党员表达机制，推行党代表大会代表常任制。在部分乡镇试点取得成功的基础上，制定了《瓮安县扩大乡（镇）党的代表大会常任制试点工作意见》，在全县23个乡镇全面推行党代表常任制工作。2009年9月，全面启动了县党代表常任制工作。二是创新选拔任用制度，落实干部群众的知情权、参与权、选择权、监督权。先后两次采取“公推直选”方式选拔7名科级领导干部，通过“公开选聘”方式选聘县乡团委兼职副书记58名、县乡妇联兼职副主席49名，通过“竞争上岗”方式选拔县公安局40名中层干部，通过“直荐直选、三荐两票一选、公开招考”等方式选好配强村级领导班子，树立良好的选人用人导向，得到广大党员干部和群众的认可。三是改进党建扶贫机制，增强

机关干部为民服务的积极性和主动性。县委从县直单位、事业单位抽调68名干部组建23个农村党建扶贫工作队，到乡镇专抓党建工作。对党建扶贫队员实行“双转入双考核一调离”管理机制，即组织关系、工资关系转入党建扶贫乡镇；由县委、乡镇党委双重考核；当年未完成工作任务的党建扶贫队员，须继续留在乡镇抓党建扶贫工作，第二年仍未完成工作任务的，调离原单位到乡镇工作。目前，党建扶贫工作队先后创办各类助民增收示范项目18个，为帮扶村争取项目14个40多万元，制订村级发展规划8个。

（三）加强干部培训，增强服务科学发展能力。一是抓年轻干部培养。选拔16名综合素质好、业务能力强、群众评价高、发展潜力大的年轻干部到综合部门担任常务副职，从县直机关选调23名年轻科级干部、45名30岁以下的优秀干部到乡镇和村实践锻炼，选派5名年轻干部到省直机关挂任处长助理。二是抓“一把手”培训。组织138名正科级干部到上海大学、温州、昆山、华西村等地进行学习考察，开阔视野，提升综合素质。三是抓科技人才培训。每年从各行各业中精选200名科技人才进行专业培训，造就一支稳定的科技创业人才队伍，为经济社会发展提供智力支持。四是抓新型村官培训。整合县乡两级培训资源，采用案例教学、模拟教学和现场观摩等方式，加强对村级干部及村级后备干部的培训，年度培训课时不少于40学时，努力提升基层干部执政能力和致富能力。五是抓普遍培训。2009年邀请省内外知名专家教授举办30余场（次）专题讲座，12000余人（次）干部受训。

（四）加强民主监督，促进权力公开透明运行。一是在重大项目中实行义务监督员制度。为督促新增中央投资项目的落实，成立了专项督查组，聘请126名义务监督员负责对解决农村行路难、吃水难和致富增收难等95个项目开展了14轮次督查，涉及资金2.03亿元，确保了工程进度、质量和资金安全。二是在旧城改造和新区建设中实行透明拆迁制度。严格执行“两公告一登记”制度，即土地征收公告、征地补偿方案公告和征地补偿登记，增加工作透明度，扩大群众知情权。召开村民大会，通过民主选举监督员参与征地拆迁全过程，营造和谐拆迁的良好氛围。三是积极探索基层民主议事决策机制。在农村“一事一议”奖补试点工作中实行“三议三公开”制度，即村民商议、村“两委”审议、村民代表决议、内容公开、流程公开、结果公开，激发群众参与公益事业建设、加强民主管理的热情，形成有人想事、有人干事、有人帮事、有人管事的浓厚氛围。

五、严格考核奖惩，促进责任落实，真正发挥党风廉政建设责任制的龙头作用

为了真正发挥党风廉政建设责任制的“龙头”和“抓手”作用，瓮安县结合基层党建工作创造性地拓展责任制的内容和领域，加强和完善反腐倡廉领导体制和工作机制，不断强化主体责任，强化履责过程监督，强化干部问责机制，有力促进了惩防体系建设各项任务的落实，有力促进了党风廉政建设和反腐败工作的开展，有力促进了经济社会的又好又快发展。

（一）实行责任连带制，形成党政齐抓共管责任体系。一是部门党风廉政建设实行县级领导分管连带制。每年年初，县委书记与县委常委、县长与副县长分别签订责任状，规定年内分管的部门或单位班子成员2人以上因违纪违法受到党政纪处分的县领导，必须向县委作出书面检查，同时将书面检查情况上报州委州政府备案。二是乡镇党风廉政建设实行包保连带制。将全县23个乡镇划分为4个片区，由四大班子主要领导包片，副县级领导

及县直部门包乡镇。包保责任纳入年度目标管理，凡所包保片区或包保乡镇党风廉政建设抓得不好的，包保县级领导个人绩效考核和包保部门年终目标受连带，不得参与评先选优。通过责任连带，确保县级领导干部分管工作和部门业务工作抓到哪里，党风廉政建设就跟进到哪里。

（二）实行督查通报制，促进反腐倡廉任务的落实。把县直部门分成3个组，23个乡镇分成6个片区，分别由县纪委常委分组分片联系和督促检查，把握工作进度，指导工作开展。为有效防止突击完成任务、工作走过场等现象，县纪委监察局认真履行组织协调和监督检查职责，将日常督查、半年检查与年终检查结果分别计分，作为年度考核依据。根据督促检查情况及时发出通报，并把通报表扬和通报批评情况作为年度考核加分和减分的依据。2010年4月，县纪委监察局对认识不到位、责任不明确、工作流于形式、资料收集管理不够规范的县农办、瓮安一中等5个单位进行了全县通报批评，并责令被通报批评的单位党风廉政建设第一责任人向县党风廉政建设领导小组作出深刻书面检查。

（三）实行一票否决制，切实提高责任考核的刚性。建立《瓮安县领导干部绩效考核试行办法》《瓮安县乡镇、县直机关目标考核试行办法》，对副科级以上干部和乡镇、部门实行绩效目标考核，并严格兑现奖惩。将“一票否决”指标明文写进党风廉政建设责任状，规定凡贯彻落实重大决策部署落实不力造成严重影响的，党政班子成员有违纪违法行为受到党政纪处分的，本单位或下属单位2名以上干部职工有违纪违法行为受到党政纪处分的，党风廉政建设和反腐败工作考核总评分在80分以下的部门和乡镇，年度目标综合考核执行“一票否决”，单位和领导不得参与评先选优，并扣发全体职工年终基本奖。2009年，县建设局、县农办、县旅游局和木老坪乡因执行党风廉政建设责任制不力，被“一票否决”并受到处罚。通过“一票否决”，强化了各单位抓党风廉政建设的自觉性和主动性。

（四）实行领导干部问责制，强化抓反腐倡廉建设的自觉性。坚持“有职必须忠于职守、有权必须秉公用权、有责必须严格问责”，加大责任追究力度，切实增强领导干部“一岗双责”的意识。凡是领导干部管辖范围内的党风廉政建设工作发生重大问题的，不管是否是当事人，是否直接参与，只要负有“失教”“失察”“失管”和“失误”中的任何一种责任，都要予以追究。在追究对象上，坚持实事求是的原则，严格准确地实施责任追究。下级违纪的，追究上级责任；集体违纪的，追究主要领导责任；工作失职的，追究分管领导责任；抓责任制不力的，追究主要领导责任。2008年下半年以来，先后有127名领导干部被问责，其中给予纪律处分73人，组织处理42人，诫勉谈话、批评教育41人。

在这次调研中，瓮安各方面的变化和前后巨大反差让调查组的同志陷入了沉思。两年前，“6·28”事件给瓮安蒙上了“干群关系如水火、社会治安一团糟”的阴影；两年后，瓮安又如凤凰浴火，涅槃重生，以一个“奋进、开放、平安、和谐”的崭新形象展现在世人面前。化危为机、变乱而治，通过狠抓党风廉政建设促进经济社会发展，瓮安为县域治理提供了一个可资借鉴的良好范本。当前，我们正处于经济社会转型和加速发展、各种矛盾和问题凸显的关键时期，必须清醒地认识到，群体性突发事件的发生，绝不只是瓮安一个地方在改革发展中遭遇的“阵痛”。任何地方在改革发展过程中，都会面临这样那样的社会矛盾和问题，如果听任矛盾和问题不断积累而不及时主动采取措施进行纾解，矛盾和问题必然会以集中暴发的形式释放出来。在改革发展触及“深水区”的今天，没有矛盾是不可能的，回避矛盾是不可行的，矛盾解决不了是不可信的。瓮安党风政风民风的快速转变告诉我们：只有从历史到现实、从社会大环境到本地小环境、从干部监督到社会管理、从制度建设到制度执行等各个层面，深入查找影响党员干部作风、影响经济社会发展的突出问题和薄弱环节，在此基础上，见微知著、举一反三，因地制宜、对症下药，调整工作思路，突出实践特色，创新工作方法，解决实际问题，切实提高反腐倡廉建设的科学化水平，推动经济社会又好又快发展，以反腐倡廉建设的实际成效取信于民，方是一条通向善治良治的有效途径。

（载于黔纪办通报，2010 年 8 月 18 日）

“清廉瓮安”建设营造县域经济发展良好氛围

为深入贯彻党的十八大精神，确保全县 2016 年在贵州率先全面建成小康社会，瓮安县总结“6·28”事件的教训和近年来“由乱到治”的经验，决定以建设“清廉瓮安”为抓手，着眼“为民、务实、清廉”，加快构建具有瓮安特色的惩防体系，探索更加有效的廉政建设工作机制，以良好的党风带政风促民风，全面加快县域经济发展步伐。

瓮安县委 1 月 28 日出台了《关于推进清廉瓮安建设的实施意见》，规划今后三年全县推进惩防体系建设的“路线图”和“施工图”，明确全县抓好作风建设、廉政文化建设、体制制度创新、监督制约强化、不正之风治理、发展环境优化、滥权必究惩治、素质能力提升等八大工程。并按照 2013 年树立导向、全面启动，2014 年丰富载体、拓展延伸，2015 年完善提升、形成品牌的目标任务，用三年时间构建具有瓮安特色的惩治和预防腐败体系，实现政府依法施政、廉洁高效，司法公正权威、公平正义，权力公开透明、监督有效，干部清正廉洁、群众拥护，市场管理规范、竞争有序，资源优化配置、效益最大，行业廉洁从业、诚信经营，公民诚实守法、崇尚廉洁，腐败现象得到全面有效遏制，党政机关、司法机关和党员领导干部廉洁度显著提升，人民群众对反腐倡廉成效满意度显著提高。

（一）强化领导，明确职责

瓮安县委把建设“清廉瓮安”作为全县今后三年党风廉政和反腐败工作的总抓手、总目标，成立由州委常委、县委书记沙先贵同志任组长的建设“清廉瓮安”工作领导小组，负责指导、协调“清廉瓮安”建设的系统工程。各乡镇和办事处党委（党工委）、县直各部门党委（党组）也分别成立了以书记任组长的领导小组，制订相应的实施方案，把“清廉瓮安”建设融入业务工作的全过程，在全县形成了齐抓共管、上下联动推进的工作机制。

（二）开展廉政访谈，树立敬廉崇洁风尚

瓮安县委充分发挥领导干部在建设“清廉瓮安”中的主导作用。在 2012 年对 86 名乡镇（办事处）、县直部门“一把手”约谈的基础上，2013 年 1 月，出台《关于开展“一把手廉政访谈”活动的通知》，分期分批开展“一把手廉政访谈承诺活动”，在县电视台、瓮安周讯、县人民广播电台专门开设访谈专栏，首批 28 名部门、乡镇“一把手”上电视紧密结合本人思想实际谈反腐倡廉建设的认识和本部门本乡镇廉政风险防控措施，作廉政公开承诺。通过访谈，进一步督促领导干部自觉做勤政廉政的标杆。3 月，第二批 28 名“一把手”廉政访谈承诺活动正在进行，为在全县营造敬廉崇洁的社会风尚起到了良好的带头作用。

（三）推进述职述廉、廉政保证和财产公示制度

在3月的县纪委十一届三次全会上，首次组织52名党的“一把手”在会上作党风廉政建设责任制和个人廉洁自律情况报告，并进行了民主测评。在全县600余名副科级领导干部中实施勤政廉政保证金制度，将勤政廉政考核与经济赏罚挂钩，按职级每月由个人交纳不同数额的资金到县财政局勤政廉政保证金专户，以每年度交纳的保证金为计算基数，按逐年递增的方式对任期满届后未受到党政纪处分的干部进行奖励，依据处分轻重对受党政纪处分的干部勤政廉政保证金进行相应扣罚。从4月起，瓮安县委对拟提拔任用的正、副科级干部（含领导职务和非领导职务）个人财产收入进行公示，置于纪检监察机关和社会有效监督之下。

（四）规范职能职责、队伍建设和业务办理

今年1月，瓮安县委、县政府调整各纪工委监察分局领导班子，实行纪工委监察分局工作联系制。全县垂管部门和公、检、法纪检监察机构维持原有管理体制，县经济开发区和国有资产营运投资有限责任公司、工业园区投资开发有限责任公司、文化旅游发展有限责任公司、城镇建设投资开发有限责任公司、水务投资有限责任公司、交通建设投资有限责任公司等6大投资公司的党风廉政建设和反腐败工作由第四纪工委监察分局专门负责，逐步实现“三重一大”事项督查制度化、提醒常态化，同步完善了经济开发区和6大投资公司人员、职责、资源三个档案，分别明确了1名副科级领导负责本单位党风廉政建设工作。按照全县《关于加强乡镇和街道纪检组织建设的实施意见》，在乡镇纪检组织建设上，突出了“职能职责规范化、队伍建设规范化、业务办理规范化”三个规范化建设，从2013年起，全县乡镇纪委、街道纪工委经费参照政法机关（镇4人、乡3人）标准纳入县级财政专项单列预算。

（五）突出抓好警示教育，保持廉政教育常态化

今年春节前夕，瓮安县四家班子领导带头到县反腐倡廉警示教育基地接受警示教育。为了充分发挥好警示教育基地以及猴场会议会址的勤政廉政基地的教育功能，3月，县纪委、县检察院联合下发了《关于开展反腐倡廉警示教育活动的通知》，明确专人负责组织相关人员按时参加警示教育活动并撰写心得体会。人大代表、政协委员、县直部门、乡镇干部1000余人先后接受警示教育。同时，在省道马遵线、久铜线沿线10个乡镇（办事处）全面推进廉政文化进农村、进社区、进企业、进学校、进机关、进家庭的“六进六增”活动，努力在示范先行的基础上，逐步形成基本覆盖全县，具有瓮安特色的廉政教育模式。

（六）工作取得的成效及亮点

“清廉瓮安”建设从特色惩防体系入手，在工作中强化督查、重视监管、突出惩治，按“为民、务实、清廉”的要求有效促干部作风转变，广大干部进一步树立了良好工作形象，形成了为民真诚服务的态度，提高了工作办事的效率。全县令行禁止、风清气正，干部真干、群众拥护，“清廉瓮安”促进县域经济良性发展的氛围初步形成。

一是“五治”活动立竿见影。根据中央“八项规定”和省委、州委、县委的有关规定，在全县开展治庸治懒治散治赌治奢“五治”活动，分别成立由县委常委任组长的4个工作组，采取集中宣传教育、深化制度建设、强化监督检查、严肃责任追究等措施，从思想上、源头上、机制上根治“庸、懒、散、赌、奢”五种不良风气。1月18日，县工信局

五统一矿产品税费征收的1名临时协管员，上班时间在都匀港龙新会所打麻将，被全县通报批评，待岗学习2个月，调离局岗位。4月2日，县纪委对县住建局、工信局派驻县行政服务中心的3名工作员在上班时间网购、在办公场所试穿衣服、与他人聚集议论网购物品违反工作纪律的行为给予了警告处分，并公开曝光。从4月起，瓮安县把已入驻服务中心人员的人事、工资、组织关系纳入行政服务中心进行集中管理，督促中心人员不断提高服务水平和服务质量。今年一季度，共为群众办理各类审批、许可等服务事项53416件，得到了广大群众和到县的投资者的肯定和好评。

二是勤俭节约减少支出。今年1月，瓮安县出台《厉行勤俭节约反对铺张浪费的通知》，规定除重要外事、招商活动外，其他公务接待一律不搞宴请。各乡镇和办事处按照规定，接待一律安排在食堂，每人每餐都不超过15元标准，村（社区）实行了零接待。全县各乡镇（办事处）、各部门公务接待费和公务用车运行费比2012年下降20%和10%，车辆购置费预算零增长，会议预算经费比上年压减20%，超过部分在2014年预算中直接予以压减。今年“两会”和县纪委全会会务经费与上年相比节约13万元，比上年降低27%。

三是基层纪检亮点凸显。瓮安县21个乡镇（街道）纪委（纪工委）、24个部门纪检组、县公安局纪委、县直机关纪工委大胆实践，勇于创新，今年共申报创建了47个工作亮点。其中：猴场镇围绕廉政文化“六进六增”示范点创建工作，提出打造猴场“历史文化古城、红色文化名城、龙狮文化艺城、苗族文化疆城、生态文化新城”亮点；县公安局以加强公安队伍管理，实现“零违纪”来打造工作亮点；珠藏镇突出干部谈心谈话活动打造“零违纪、零违规”单位；瓮水办事处通过“白天工作、夜间读书”，将纪检工作延伸量化考核到干部个人、工作组、村、站所；建中镇采取公推直选选举村务勤廉监督委员会村民自治组织，积极打造“工作监督零盲点、民主监督零距离、合理诉求零重访、服务群众零缝隙、两委干部零违纪”。

四是中心工作全面推进。瓮安县委、县政府对今年确定的十项重点工作涉及的103个项目工作，实行效能监察“全覆盖”，按月进行量化考核。制定了《瓮安县2013年十项重点工作督查考核方案和评分细则》，把目标考核和督查检查作为纪检监察机关服务中心、推进县域经济发展的重要抓手。目前，全县第一季度的目标量化督查除草塘古邑区建设、文体五馆等9个项目推进略有滞后外，其他项目推进正呈现良好态势。山东金正大生态股份有限公司投资59.6亿元建设的瓮安磷资源循环经济产业园，基本完成一期项目磷酸车间、复混肥车间的基础建设，即将完成110千伏变电站建设，预计今年5月底一期项目建成投产；深圳芭田生态工程股份有限公司投资68亿元的聚磷酸等高新复肥及配套化工项目，现已完成场地平整工作量的80%，正同步购进生产设备，局部转入厂房建设阶段。全县一季度完成地区生产总值11亿元，同比增长22.5%；全社会固定资产投资总额26.5亿元，同比增长79.8%；社会消费品零售总额2.36亿元，同比增长23.5%；财政总收入4亿元，同比增长58.42%；地方财政收入3亿元，同比增长82.4%；招商引资实际到位资金39.16亿元，同比增长42.85%，主体指标按照州县要求时序进度，全面实现了“开门红”。

五是作风建设得到群众普遍认同。3月14日，瓮安县纪委监察局在高水乡召开群众代表大会，变“上访”为“下访”，向群众通报“来信反映2012年1月高水乡2006、2007年烟水工程项目补助费足额兑现问题”的调查处理情况，高水乡党委、政府因工作不力、监管不到位给群众造成损失，现场向群众主动认错，在群众现场监督下退还了被占用的烟水池新增原材料补助费和后期整改资金近2万元。与会群众表示，已过去五六年的事情，钱也不多，有的人都忘记了，也没抱多大希望，没想到乡里还给我们赔礼道歉，知足了。3月26日，北部新城项目指挥部、工投公司和招商局3名同志因上班时间闲聊QQ、看电影行为，被县经济开发区通报批评、待岗1个月、罚款500元，同时在县电视台公开曝光。群众对给予干部职工的违纪处罚表示认可，对公开曝光干部职工的违纪行为表示赞赏。

（载于《黔南信息》，2013年4月8日）

瓮安：民生特派组争做百姓贴心人

民生实事直接关系到人民群众的切身利益，办好民生实事，是践行党的群众路线的具体举措。今年3月初，贵州省瓮安县成立5个民生特派组，按照“谁调查谁负责”的原则，采取“入户调查、电话询问、邻里访问、拍照应证、签字核对、问题调查”的工作方式，对今年10件民生实事开展专项督查，为保障民生筑起一道坚实的铜墙铁壁，被老百姓亲切地称为“贴心人”。

集中查处了一批案件。民生项目督导特派组成立以来，开展监督检查50余次，接到群众举报20件（次），其中来信10件（次），来访15件（次），来电3件（次），网络举报2件（次），立案3件、5人。查处了瓮安县2008至2012年石漠化治理工程草食畜牧业项目实施情况和补助资金兑现过程中严重侵害群众利益的案件，立案调查干部2人，收缴截留项目补助资金35.3万元，并对相关责任人进行诫勉谈话、批评教育，向瓮安县发改局下发监察建议书，责令对发展草食畜牧业项目中存在的问题进行整改和加强监督，对补助资金未兑现到位的受益户所完成工程量进行实地查看验收后将结果报县监察局。同时，对玉山镇村干部涉嫌乱收费及村级财务管理混乱、村务不公开问题立案调查，对县中医院乱收费、违规收费问题开展初核。

保障了群众合法权益不受损害。2014年3月以来，各民生项目监督特派组对2010年以来全县实施的6552户农村危房改造项目开展专项督查，采取逐户走访、户户见面、拍照取证等方式，对全县农村危房改造情况，重点是农村危房改造资金安排、户数落实等情况进行专项督查。截至目前，共走访调查农村危房改造户5119户。针对危房改造工作中发现的问题，将在下步工作中进行重点调查处理。

（载于新华网，2014年7月7日）

黔南瓮安强化同级监督　县委常委会定期向纪委全会述廉

“我没有利用职权让亲属在瓮安从事经商活动”；“本人没有在矿山、开发项目、餐饮娱乐场所等投资入股或占干股”；“我任职期间勤勤恳恳，没有跑官要官，没有利用职权为亲属谋取利益”……

今年3月3日，瓮安县召开的十一届四次纪委全会上，瓮安县委常委会和34名副县级领导干部向县纪委全委会述廉，并现场接受25名县纪委委员以及部分人大代表、政协委员、党风政风监督员不记名评价投票。开展县委常委会以及副县级领导干部向县纪委全会述廉，这是瓮安县充分发挥纪委全委会作用，加强对同级党政班子成员监督，强化领导干部“一岗双责”意识，贯彻落实党的十八大和中纪委十八届三次全会精神和加强党内监督、规范权力运行的一次制度创新。

在述廉大会上，县委常委会班子就一年来履行党风廉政建设情况，向县纪委全委会作了述廉报告。同时，34名副县级领导干部报告了执行《廉政准则》“8个严禁、52个不准”的落实情况，并逐项说明了个人收入、婚姻、配偶子女从业、房产、投资、出国（境）等情况。县纪委委员还就有关党风廉政建设热点问题向县委常委会班子成员进行现场询问，并从满意、基本满意和不满意3个档次对述廉对象进行评议。

此次述廉评议，县纪委将评议结果装进领导干部个人廉政档案，如实向州委、州纪委报告，作为领导干部评奖评优、选拔任用、培养教育的重要依据。对述廉评议对象超过半数票得“不满意”者，上级将采取组织处理。

“授予纪委‘尚方宝剑’，增加了监督‘底气’，探索了一条党内同级监督的新路子，走出了同级监督从制度规定到具体措施的关键一步。”参加述廉的领导干部普遍认为，县委常委会班子和副县级领导干部向纪委全委会述廉，为纪委大胆履行同级监督职责提供了制度支持和政治保障，有力推进了把权力关进制度的笼子，从源头上筑牢了领导干部“不敢腐、不能腐、不想腐”的思想堤坝。

“上级监督太远，同级监督太软，下级监督太弱。特别是作为党内监督专门机构的纪委，既接受同级党委领导，又负责监督同级党委，难免会存在监督乏力的现象。”瓮安县纪委以推进“清廉瓮安”建设为总抓手，创新形式开门述廉，在同级纪委全委会监督党政班子成员廉洁从政上，迈出了第一步，也为打造“阳光政府”奠定了坚实基础。

按照瓮安县委出台的《中共瓮安县委关于严格落实党风廉政建设党委负主体责任和纪委负监督责任的实施意见（试行）》的规定，县委常委会、县人大党组、县政府党组、县政协党组将按此规定每年年底向县纪委全委会进行述责述廉。瓮安县纪委还将在今后的述廉工作中，逐步拓宽渠道，采取电视播、网上晒等方式打造“阳光政府”，建设全方位、多角度的监督网络，使述廉活动成为消毒、杀菌、保鲜、促廉的重要举措，扎实推进干部清正、政府清廉、政治清明的“清廉瓮安”建设目标。

（载于贵州省纪委监察厅网站，2014年11月7日）

瓮安推行违纪案件公开审理新模式

本报讯（特约记者　陈辉碧）近日，瓮安县纪委监察局公开审理2名干部违反廉洁自律案件。

今年，瓮安县纪委监察局推行案件公开审理新机制，改变过去闭门定夺的办案模式，将案件审理置于阳光下。公开审理按照公审准备、征求意见、审前告知、聘请助辩、核准身份、现场调查、当场辩论、审理总结等8个环节进行。审理中，被调查人聘请的助辩人就案件的违纪事实、证据、定性等向纪检监察部门进行申辩，查辩双方对簿公堂。

截至目前，瓮安县纪委监察局公开审理了5件、9人违纪案，无一人上诉。每一起公开审理都邀请被调查人所在单位乃至整个行业系统、基层干部、群众旁听审理整个过程，扩大了监督面。通过身边事教育警醒干部，达到查处一个案件，教育一批干部，以案示警、以案促廉的目的。

（载于《贵州日报》，2014 年 11 月 15 日）

管住“小事小节”　规范举止行为

——瓮安出台 293 条“负面清单”推进作风建设常态化

以往，党员干部在公共场所吸烟，存在家庭暴力、邻里纠纷、不按期交纳物业管理费等等，大家都普遍认为这是寻常事、家事、私事，小问题都没有得到及时查纠，由此长期叠加，小变大、单变双，最终养痈遗患、积重难返。而现在，党员干部只要有以上行为，广大群众只需要用手机拍下现场图片或者视频，上传到瓮安县“两个责任”落实与干部作风日常监督平台上，纪检监察机关就会及时跟进，对照新出台的 293 条“负面清单”展开调查核实，轻者提醒谈话，重者组织处理。

纪律是治党之重器，良规是善治之前提。瓮安县 8 月 21 日出台 293 条“负面清单”，配合互联网用“科技+制度”，全覆盖、零容忍的监督网络，用纪律管住大多数，规范党员干部“小事小节”，使党员干部知行止、存敬畏、守纪律、讲规矩，避免其堕入违纪违法犯罪的深渊。新举措瞬间成为坊间热议的话题，引起不小震动。

管住党员干部“小事小节”

今年年初，瓮安县把握好“树林与森林”的关系，在从“查违法”转向“盯违纪”、从盯少数向盯多数转变、从查大要案向抓早抓小转变的基础上，最终于 8 月 21 日出台《瓮安县党员干部正风监督指标负面清单》，发动社会力量对党员干部政治纪律、组织纪律、工作纪律、生活纪律、廉洁纪律等 8 小时内外不可作为的限制性行为规范进行全天候监督。

该清单共 293 条，从精细化、精密化上下功夫，在操作性、务实管用上下功夫，汇聚了中央要求、群众期盼、现实需要，将关口前移，突出抓早抓小贯穿于清单始终。比如：大到散布、发表诋毁或丑化有关党的现行方针政策，这是严重违反对党忠诚的基本操守和政治规矩；小到公共场所吸烟、开车违反交通规则等“细枝末节”，其本质是与身份极不相符，损害了党员干部形象……这些违规违纪违法行为，都将根据情形进行四种谈话和组织处理，并扣除相应的权重分，使纪律成为不可触碰的“高压线”。

“坚决摒弃‘违纪只是小节、违法才去处理’的惯性思维，将纪律和规矩挺在法律前面，抓早抓小，防微杜渐，有病就治，这才是对党员干部的真正爱护，对党纪的切实维护。”瓮安县委常委、县纪委书记王华表示，瓮安县出台“负面清单”，最大限度减少了监督管理的死角和盲区，规范党员干部日常行为，真正实现了让违纪违规行为无处遁形。

让纪律和规矩发力生威

如何让“负面清单”发挥刚性约束力，防止重制度、轻执行现象发生？

瓮安县采取扣分制，每扣 1 次分，平台将向其本人及主管领导发送短信提醒。一年内累计扣分达一定分值的，将给予提醒谈话、警示谈话、训诫谈话、诫勉谈话、组织处理、学习教育等，以此消除一些干部“大错不犯、小错不断”的消极做法，实现“累错重责”，形成更为完整的问责链条，促进干部改作风、纠陋习，使党员干部真正敬畏纪律、遵守纪律，推进作风建设常态化。

对副县级领导干部的处理。一年内累计扣分达3分的，其本人向县纪委、县委组织部作出书面说明；达5分的，由县纪委书记进行警示谈话；达8分的，由县委主要领导进行训诫谈话；达10分的，县委作组织处理，并将相关情况报州纪委、州委组织部。因疏于监督管理，分管部门班子成员发生相关行为被扣分，累计2人次以上（含2人次），累计被扣分4分、6分、8分的，追究主体责任，依照上列顺序分别进行书面说明、警示谈话、训诫谈话。

对部门及乡镇（办事处）主要领导的处理。本人发生的行为，一年内累计扣分达3分的，由所属纪工委进行提醒谈话；达5分的，由县纪委常委领导、县委组织部部委领导共同进行警示谈话；达6分的，由县纪委书记、县委组织部部长进行训诫谈话；达8分的，由县委主要领导进行诫勉谈话；达10分的，县委作组织处理。因疏于监督管理，直接管辖的下属发生的行为被扣分，累计2人次以上（含2人次），累计被扣分达5分、7分、9分、11分的，追究主体责任，依照上列顺序分别进行提醒谈话、警示谈话、训诫谈话、诫勉谈话。

对其他科级领导及非领导职务的科级干部的处理。本人发生的行为，一年内累计扣分达3分的，由单位主要领导进行提醒谈话；达4分的，由所属纪工委进行警示谈话；达6分的，由县纪委常委领导、县委组织部部委领导进行训诫谈话；达8分的，由县委、县政府分管领导进行诫勉谈话；达10分的，县委作组织处理。因疏于监督管理，直接管辖的下属发生的行为被扣分，累计2人次以上（含2人次），累计被扣分达4分、6分、8分、10分的，追究主体责任或监督责任，依照上列顺序分别进行提醒谈话、警示谈话、训诫谈话、诫勉谈话。

对一般党员干部职工的处理。发生《党员干部作风正风监督指标负面清单》及违反其他作风有关规定的行为，由所在单位纪委（纪工委、纪检组）对照党员干部作风正风监督指标负面清单》对当事人进行扣分。累计扣分达2分的，由科所站室负责人进行提醒谈话；达4分的，由单位分管领导进行警示谈话；达6分的，由单位纪委（纪工委、纪检组）进行训诫谈话；达8分的，由单位主要领导进行诫勉谈话；达10分的，单位党委（党工委、党组）协商组织人事部门作组织处理。

除上述处理外，一年内累计扣分达5分以上的，在全县进行通报批评，并在县电视台曝光；一年内累计扣分达8分以上（含8分）以及需要承担主体责任、监督责任的领导干部，由县纪委、县委组织部、县人社局在县委党校开班组织集中学习1周。同时，对党员干部违反作风有关规定及“负面清单”列举的行为达到给予党政纪处分或涉嫌违法犯罪的，按照相关规定移交纪检监察部门、司法部门依纪依规依法处理。

“让纪律和规矩发力生威，使‘咬耳朵’‘扯袖子’‘红红脸’‘出出汗’成为常态，既体现了惩、又体现了治，既是治标、又是治本，最终才能真正实现全面从严治党。”瓮安县委有关负责人表示。

（载于《贵州商报》，2015年8月23日）

瓮安党风廉政建设实现网上留痕责任可追

本报讯（记者　陈治宽）近日，瓮安县正式启用新的党风廉政平台信息化系统，全面推进党委主体责任和纪委监督责任落地生根。

该平台由瓮安县与上海同济大学共同研发，将该县细化的党委（党组）9项主体责任和纪委（纪检组）5项监督责任等清单演化为具体工作流程，将纪律作风等有关制度固化到系统程序，构建起责任分解、监督检查、责任追究的完整链条。

为让党委落实主体责任“看得见”“摸得着”，做到没得“推”和“推不脱”，系统对县委的9项主体责任进行“菜单式”层层细化分解，上至县委书记，下至科室部门，该清单明确了主体责任具体内容、落实责任的工作任务、开始时间、完成时间等，实现了网上留痕、责任可追。每月初，平台会自动提醒责任人本月要重点履行哪些责任，月底如果工作还未完成，平台会自动亮“红灯”提醒催促，任务必须做到月（年）结日清，有效防止了“庸、懒、散、慢、浮”现象发生。

为充分发挥群众的监督作用，最大限度地减少监督管理的死角和盲区，该县还按照“负面清单”建起了干部正风监督网络平台，规范党员干部日常行为。将纪律作风等有关制度固化到网络系统程序，涵盖政治纪律、组织纪律、生活纪律、工作效能等7大项293小项。清单内容不仅涉及散布、发表诋毁或丑化有关党的现行方针政策，还包括公共场所吸烟、违反交通法规等“细枝末节”，并针对每小项设置了权重分，专门开发了手机“随手拍”APP软件，让群众能将随手拍到的公职人员违规违纪的图片上传平台，纪检监察机关及时跟进并展开调查核实。

瓮安县委书记蒋映生表示，启动监督网络平台，目的是迅速推动“党委主体责任、纪委监督责任”落地生根，进一步规范党员干部行为，实现干部清正、政府清廉、政治清明的目标。

（载于《贵州日报》，2015年9月13日）

一条明责履责追责问责全链条

近年来，瓮安县将现代管理理念与互联网、大数据、4G等最新信息技术融合，以落实“两个责任”为核心，探索研发了“两个责任”落实与干部正风监督网络平台，构建了分解明责、监督履责、追责问责的完整链条，有效推动全面从严治党落到实处。

推行电子清单　实现明责精准化

瓮安围绕中央和省委有关要求，结合本地区实际，将党风廉政建设主体责任和监督责任分别按照班子责任、班子主要负责人责任、班子成员责任进行菜单式分解，并通过年度工作计划、电子清单方式转化为工作流程，明确具体任务、完成时限、完成标准以及检查和监督的主体，让责任分解无缝隙、可操作、可检查、可考核，较好地解决了基层责任不明、分工不清的问题。同时，围绕上级各项作风规定，结合当前干部作风建设中存在的突出问题，制定党员干部作风纪律负面清单，涵盖了“六大纪律”293小项，明确党员干部在日常工作、生活、社交中等的限制性行为规范。

在落实“两个责任”方面，平台将分解每一项任务赋予相应的权重。月初，通过手机短信自动提醒责任人本月要重点履行哪些责任，责任主体只有按标准、按步骤、按时限完成规定工作，系统才予以认定；月底前，对未按照要求完成任务上传的，平台将亮“黄灯”发短信给责任人提醒催促，实现“掌上看，照着办，平台在计算”。

推行一月一评　实现监督动态化

对照电子清单，瓮安实行月考评制，评分计入年终考核，消除了过去年终考评“一锤定音”弊端，有效解决传统考核中突击补资料应付等问题。该县要求，责任主体必须及时按平台每月发布的工作任务、内容、标准、时限，将阶段工作资料上传到平台，确保工作完成在实时。平台建立每个责任主体的月工作台账，按照百分制对工作情况自动考评打分，系统生成月考核结果，并通过手机短信向其主管领导通报，情节严重的将向县委领导通报，督促履责。今年以来，全县各级党委（党组）及其主要负责人、班子成员上传履行“两个责任”工作资料2836份，纪检干部共上传监督工作纪实3877条（份）。截至目前，有3个单位未及时上传相关资料考评为零分，5个单位未完成工作任务考核未及格被亮红灯。

平台建立了四级触碰预警墙，对照负面清单，对党员干部身上的小问题给予累计积分，当累计分值达到预警底线时，平台会提醒纪委对当事人给予提醒谈话、警示谈话、训诫谈话、诫勉谈话、待岗学习教育、组织处理等6种类型的处理。

推行即扫即拍　实现问责常态化

瓮安利用平台一改过去单一的监督方式，将纪委、组织部门的监督，与党员监督、群众监督、社会监督结合起来，使党员、干部、群众随时随地随机举报违纪违法情况，让监督无处不在。系统设置了手机随手拍“APP”，只要用手机扫描在县官方网站公布的监督二维码，通过实拍图片上传到平台举报违纪违规行为，纪检监察机关将在第一时间调查核实处理，并向举报人反馈。为解决如何明确和追究领导责任和监督责任这个问题，在每一个问题线索被核实确认后，根据问题来源、组织结构和分管关系将自动确认相应的领导责任和监督责任，并进行扣分以及短信提醒。

平台还专门为县委、县纪委领导开发了“领导驾驶舱”功能，可随时调阅全县各单位及个人落实主体责任和监督工作的情况。同时，全面采集和展现全县主体责任落实的相关数据，利用大数据技术，对问责案例进行深度分析，挖掘违规违纪行为的共同特征和深层原因，为推动党风廉政建设和反腐败斗争提供参考依据。

（载于《贵州日报》，2015年12月4日）

这里的群众还记得

瓮安，贵州省中部的革命老区。80年前，红军长征四过瓮安，在猴场召开的“猴场会议”被周恩来总理称为“伟大转折的前夜”。伟大的革命足迹，为瓮安留下了宝贵的精神财富。在猴场会议纪念馆，一幅幅纪念图片、一件件珍贵文物，把我们带回了硝烟弥漫的革命战争年代，馆长王维飞向我们讲述了一个个感人的故事。

贺龙军长护校

城关一小叫“城南小学”的时候，贺龙军长过瓮安，不让人打扰学校，还下令部队护校，在城关一小校史上留下一段难得的佳话。

1936 年 1 月 24 日，红二、六军团下属四师师长卢冬生指挥部队由北门打进瓮安县城，守敌县保安中队长王承赞部及民团 300 多人溃不成军，弃城向平定营方向逃窜。

红军进驻县城后，打富济贫，开仓放粮。是夜，红军住在县城，其中有几十个红军准备住进城南小学。当时，学校课程因战乱时断时续，红军攻打县城的时候，受国民党反动宣传的影响，学校师生大都疏散躲藏起来，学校里只留下了少数几名教师。

奇怪的是，几个红军走进校门没几步，就被喊了回去。老师们壮着胆子想出去看看情况，刚走近校门就听一个红军操着外地口音喊他们。他们见红军和气，脸上挂着笑容，便和红军搭话。红军问：“你们这个学校有多少老师？多少学生？”老师们见红军好说话，都争着和红军搭话，还问红军为什么不住进学校来，学校的课桌可以当床，比睡在屋檐下、湿地上安逸。红军听了，笑着回答：“住进学校可不行。我们卢师长跟贺龙军长说过这个事情，贺军长下了命令，红军在哪里都不能打扰学校，说学校是培养革命火种的地方，红军打了天下，要好多有文化的人来建设，所以住在哪里都不准住进学校。贺军长还叫我们师长派我们班来保护学校呢！”

老师们听说了红军为“城南小学”护校的事，心里热乎乎的，忙张罗为红军烧开水泡苦丁茶、抬板凳。第二天，红军就过穿云寺、茅坡场，打平越县（今福泉市）去了。

“络腮胡子”借针

1934 年腊月，经常有一些伤兵或掉队的红军战士经过瓮安。

一天中午，罗老汉正准备上山打柴，刚走到家门口，迎面走来一个长有络腮胡子的人。来人面带笑容地问：“老乡大哥，你有针吗？能不能借我用一用？”罗老汉连声说：“有，快请家里头坐。”在交流中，罗老汉得知了对方是红军战士。那个红军用完针，就还给了罗老汉。罗老汉留他吃饭，他死活不肯，说要赶队伍。罗老汉偷偷把针别在他的背包上，希望他以后用得上。

没想到第二天一早，那个红军又回来了，他是回来还针的。他对罗老汉说：“大哥，你的心意我领了，但这根针我不能带走。我们红军不拿群众的一针一线，这是纪律。”罗老汉说：“红军同志，一根针不值什么钱，你就留着用吧！”但是，那个红军最终也没有收。

睡在屋檐下的红军

一位老大娘曾经亲口讲述了这样一个故事。在她八九岁的时候，有一年过年那天早上，很多人从她家门前过，据人们说，那是在躲红军。

一天，只有老大娘和她的母亲在家，她的父亲帮人干活还没回来。看着别人跑，她的母亲很着急，坐也不是，站也不是，老在屋前屋后转来转去，嘴里念叨着：“朗个（怎么）还不回来？朗个还不回来？”因为她的父亲没有回来，她和母亲没有跑。

中午，红军来了，排着长长的队伍。那时，老大娘家只有两间烂茅草棚，她和母亲不敢出去，就在家里躲着。一天一夜都没有红军去老大娘的家。

第二天天一亮，老大娘的母亲担着水桶去挑水，打开门，跨出去，一脚踩在一个肉乎乎的东西上，吓了一跳。低头一看，原来是踩在了门槛下的一个红军身上，老大娘的母亲吓得要死。那时，妇女的地位低，女人踩到男人身上，肯定脱不了干系。可是，那个红军醒了连忙爬起来，笑了笑，让到一边，还说了一句“对不起”。

老大娘跟在母亲身后，抬眼一看，屋檐下睡着很多红军，对门家的屋檐下也一样。当时老大娘不明白，红军为什么大冷天睡在外面不住家里。后来才明白，红军有纪律规定，不能侵扰老百姓。

透过一个个故事我们看到，在艰苦卓绝的革命战争年代，中国共产党领导着人民军队，始终把群众放在首位，在漫漫二万五千里长征路上，尽管食不果腹、衣不遮体，却始终把纪律牢记于心，不拿群众一针一线，爱民护民，赢得了广大人民群众的信任和支持，最终取得了中国革命的伟大胜利。（安纪轩）

（载于《中国纪检监察报》，2016 年 11 月 11 日）

瓮安县“清廉瓮安”建设情况调研报告

按：2013 年以来，瓮安县着力营造“山清水秀”的政治生态环境，推出“清廉瓮安”八大工程建设，通过三年的改革实践与探索，实现了从“瓮安不安”到“清廉瓮安”的嬗变。为深入了解该县在“清廉瓮安”建设中的做法，近期，省委政研室会同黔南州委政研室就此开展了调研，形成了《瓮安县“清廉瓮安”建设情况调研报告》，现刊发，供参考。

“6·28”事件以后，瓮安县委、县政府痛定思痛，历经 3 年的努力，一扫阴霾，一举摘掉打黑除恶一票否决县等 6 顶“帽子”。2013 年，县委审时度势，在十一届三次全体（扩大）会议上提出建设“清廉瓮安”目标，力争三年内，通过实施“作风建设系统工程、廉政文化建设工程、体制制度创新工程、监督制约强化工程、不正之风治理工程、发展环境优化工程、滥权必究惩治工程、素质能力提升工程”八大工程，努力打造一个风清气正、公平正义、幸福美好的政治生态环境。近三年来，该县以“实用强”的管理体系、“零容忍”的反腐倡廉理念、“全方位”的社会监督网络、“极严厉”的惩治腐败手段，构建了惩治和预防腐败体系，效果明显。老百姓都说，“政治生态比以前好了，民生欠账变少了，干部作风变实了，党和政府威信变高了，幸福感增强了。”在全国加大反腐案件查办中，该县发案率不升反降。风清气正的良好政治生态环境，已成为群众赞许的一张亮丽名片。近期，调研组就此开展了调研，现报告如下：

一、主要做法

党的十八大对党的建设主线作了新概括，旗帜鲜明地提出坚决反对腐败、建设廉洁政治。瓮安县立足实际、大胆改革创新，逐步形成了“严格执纪、重在教育、源头预防”多管齐下的党风廉政建设工作格局。调查问卷数据显示，群众对政府的满意度达 99.8%，创下历史最高值。

（一）科学制定责任监督机制。党的十八届三中全会明确指出：“落实党风廉政建设责任制，党委负主体责任，纪委负监督责任，制定实施切实可行的责任追究制度”。如何让党风廉政建设只是纪委的事这个错误而惯性的思维得到彻底扭转？瓮安县切实按照“三转”

要求，针对主责不清、责任不明的问题，2014年6月，率先在全省、全州出台《严格落实党风廉政建设党委主体责任和纪委监督责任的实施意见（试行）》，厘清了党委9项主体责任、纪委5项监督责任、7项保障性制度。通过紧紧抓住党风廉政建设责任制这个“龙头”，不断完善措施办法，层层签字背书，推动各级党委（党组、党工委）充分履行党风廉政建设主体责任，建立和健全“三个机制”。一是健全领导机制。成立了以县委书记、各党组织书记任组长的党风廉政建设工作领导小组，切实加强全县党风廉政建设的组织领导。二是落实责任机制。对具体工作、具体问题厘清了县委主体责任、纪委监督责任、有关部门直接责任，健全责任分解、检查监督、倒查追究的“责任链”。三是建立完善考核机制。将党风廉政建设作为年度综合目标管理考核的“重头戏”，年末将考核情况与各单位评先选优和个人年度目标考核挂钩。

在工作调研过程中，县纪委发现部分党委（党组）在主体责任怎么抓、抓什么上，依然没有找到清晰方向和有效抓手。2014年末，县纪委与上海同济大学共同研发了“瓮安县落实‘两个责任’和正风网络监督平台”，监督平台对党委、党组、个人在本年、本季、本月规定完成党风廉政建设的工作进行逐条细化，通过系统对工作完成情况记录在案，成为年终考核依据之一。另外，党员干部在诚实守信、社会公德、遵章守纪等方面做得怎么样，关乎瓮安的形象。对此，该监督平台增加了近300项“负面清单”进行量化。如，党员干部开车不遵守交通规则闯红灯受到交警部门处罚，将录入系统自动生成，这些都将成为干部今后提拔任用的参考依据。

监督平台的产生，实现了主体责任的指标量化、结果运用具体化、手段多样化“三化”目标。一是创立了设定和分解机制，解决了过去责任不明、责任不清的问题；二是创立了监督机制，解决了过去纪检监察机关监督同级党委不到位、手段软的问题；三是创新了考评机制，解决了过去党风廉政建设工作流于形势的难题，保证了主体责任落地生根。

（二）积极探索各级干部监督举措。在工作中，普遍存在“上级监督太远，同级监督太软，下级监督太弱”的问题。特别是作为党内监督专门机构的纪委，既接受同级党委领导，又负责监督同级党委，难免会存在监督乏力的现象。瓮安县纪委探索出了县委常委会向县纪委全会述廉，人大、政府、政协和法院、检察院党组、各乡镇（街道）党委接受县纪委全会评议，通过这种形式有效解决了同级党委监督难的问题。一是县委常委会向县纪委全会述廉。每年的县纪委全会，由县委副书记代表县委常委会就一年来履行党风廉政建设情况，向县纪委全委会作述廉报告，并现场接受县纪委委员以及部分人大代表、政协委员、党风政风监督员不记名评价投票。此举为纪委大胆履行同级监督职责提供了制度支持和政治保障，有力推进了把权力关进制度的笼子，从源头上筑牢了领导干部“不敢腐、不想腐、不能腐”的思想堤坝。二是改革对同级党政班子成员监督方式。要求副县级领导干部严格执行《廉政准则》规定的“8个严禁、52个不准”内容，并逐项就个人收入、婚姻、配偶子女从业、房产、投资、出国（境）等作述责述廉述德。县纪委委员就有关党风廉政建设热点问题向县委常委会班子成员进行现场询问，并对述廉对象进行满意、基本满意和不满意3个档次评议，评议结果装进领导干部个人廉政档案，如实向州委、州纪委报告，作为领导干部评奖评优、选拔任用、培养教育的重要依据。三是改革“一把手”监督举措。第一，规范“一把手”权力。县委出台硬性规定，要求党政正职做到“六个不直接分管”，即不得直接分管人事、财经（务）、工程项目建设、大宗物品采购、行政审批、行政执法等事项，并要求党政正职每半年必须将个人“三公”消费情况在党委（组）会上进行通报。第二，搭建廉政平台“晒”访谈。瓮安县纪委联合县电视台开辟《“一把手”廉政访谈》栏目，全县各级各部门、各乡镇（街道）“一把手”上电视谈廉政、作廉政承诺，把党内监督、舆论监督、新闻监督、群众监督结合起来，进一步强化监督效果，充分发挥党政主要负责人的带头引领作用，进一步营造“廉荣贪耻”的社会氛围。四是新任干部“晒”财产。防止领导干部利用职务之便谋取私利，及时掌握新任科级领导干部个人财产收入来源是否合法、增值变化是否正常，瓮安县将个人财产收入置于纪检监察机关和社会有效监督之下，警诫、约束领导干部，切实维护公共权力的纯洁性，从做好源头治理和预防腐败工作，制定了《科级干部拟提拔人选财产申报公示规定（试行）》，要求拟提拔对象如实填写《财产收入情况申报表》亮家底。实行个人自审、单位复审、组织重审、群众监审四层审核，对有意错报、瞒报、漏报的，经查实不得提拔任用。这样既有效防止了“带病提拔”现象的发生，又能让公众了解干部任前的廉洁状况，提高了群众参与监督的热情。

（三）建立健全责任追究体系。一是狠抓制度整风肃纪。中央“八项规定”出台以后，瓮安县把执行中央“八项规定”作为常规动作，将违纪行为纳入纪律审查和纪律处分的重点，加大执纪监督和公开曝光力度，出台《瓮安县影响工作作风和作风效能问责办法》，对违纪行为上追一级，进一步强化主体责任的落实，严格责任追究制度，有效提升了单位“一把手”抓作风建设的力度。二是推行公开审理试点改革。瓮安县纪委监察局全面推行党政纪案件公开审理新机制，走出了一条以案说纪，以案教育的新路子。公开审理中，被调查人聘请的助辩人就案件的违纪事实、证据、定性等向纪检监察部门进行申辩，查辩双方对簿公堂，这不仅有效维护了党员的合法权益，更控制或者避免了冤、假、错案的发生率。公开审理还邀请案件当事人所在系统的主要领导、分管领导和一般党员干部参加旁听，达到了审理一人，震慑一处，教育一片的效果。此举改变了过去闭门定夺的办案模式，将审理过程袒露于阳光之下。三是重点查办损害群众利益案件。调整设立 4 个民生项目监督工作指导组、13 个民生项目监督特派组，出台《关于在全县党政机关实行监督巡查的暂行办法》，开展专项巡查。各民生特派组重点查处廉租房、保障性住房、农村危房改造、家电下乡补贴资金管理使用情况等问题，斩断伸向群众利益的“黑手”。截至目前，立案 42 人、党政纪处分 31 人、移送司法机关 21 人（其中 1 人为监察对象），达到了以查促教、以查促管、以查促防和查处一案、教育一片、治理一方的效果。同时，推行党务政务公开，斥资 15 万元在 13 个乡镇和街道办事处群众工作中心安装了阳光政务查询机，方便群众直接查询惠民项目款物发放等公开公示情况，接受群众监督。

（四）切实筑牢基层干部“防腐墙”。瓮安县出台《村（居）干部违反廉洁和履行职责若干规定责任追究办法（试行）》，《办法》分别就责任追究、调查处理、结果运用、纪律监督等方面进行了细化和规范。其中，责任追究对履职不力、贪污敛财及黄赌毒迷信等 53 项内容作了明确规定，凡存在以上问题，纪检监察机关将对村（居）干部进行责任追究；对影响较大、情节严重的，还将追究分管领导和主要领导的责任。处理视情节轻重分别给予警示谈话、公开检讨、撤罢免职等，凡受到警示谈话以上处理的，取消当年各类评先评优资格，并与全年绩效考核工资挂钩，最多可扣发 50%，对拒绝整改或辞职的，依法予以罢免，并停发所有报酬待遇。用制度约束+责任追究，打造权责统一、教育惩戒结合的防控机制，从源头上堵住基层干部贪腐漏洞。瓮安县还出台《村级集体经济组织收款收据管理的规定》，列举54种村（居）干部问责情形和25条权力清单，规范了村级票据管理，促进了农村基层干部廉洁履行职责。

二、成效及启示

（一）党风廉政建设是推动发展，促进社会和谐的重要保证。党员干部的不正之风和违法违纪现象，破坏社会稳定，影响社会和谐。这些不正之风和腐败现象所引发的矛盾，必须通过党风廉政建设来解决。瓮安县党风廉政建设的实践证明，开展党风廉政建设可以提高党员干部的廉洁自律意识，及时发现和解决影响科学发展的突出问题、规范权力运行、纠正损害群众利益的不正之风、严肃惩处腐败分子，有利于保持党员队伍纯洁性和形成良好党风政风，有利于维护群众的切身利益和捋顺群众情绪，有利于建立和谐的党群干群关系和消除社会不和谐因素，从而优化经济发展环境，促进经济持续快速健康发展。数据显示，2014年，瓮安县国民生产总值22361元，比2013年增加4152元，同比增长22.8%；城镇居民人均纯收入从2013年的20017元增加到2014年的21891元，同比增长9.4%；农村人均纯收入从2013年的6492元增加到2014年的7519元，同比增长15.8%。2014年同步小康实现程度92.5%。

（二）党风廉政建设要注重预防，抓好预防才是惩治腐败的最低成本。党风廉政建设必须要惩防并举，抓好预防，注重建设，这是党风廉政建设工作的根本。实践表明，案件影响的不单是党员干部受处分和资财损失，更重要是对党委政府形象的损害，对社会公平正义的损害。比如，该县猴场镇原计生服务站工作人员林安建，在2012年至2013年期间，因参与各种赌博，最终将“黑手”伸向公款，挪用公款20多万元，最终被判处有期徒刑7年，受到开除党籍、开除公职处分。分管领导周某超、梁某、吴某卫在林安建一案中，因工作疏忽失职、资金监管不力，按照“一案双查”规定受到政纪处分。近年来，瓮安县注重源头预防，坚持惩防并举，采取访谈约谈、述责述廉、一案双查等多重手段，以教育、制度、监督和惩治相结合的方式，在挽救干部的同时也重拳查处了极少数腐败分子。

（三）党风廉政建设必须依靠群众，才能取得事半功倍的效果。党风廉政建设必须要动员群众，相信群众，依靠群众。在日常工作中，纪检监察机关应该多听群众呼声，实践证明，群众举报是反腐败信息来源的主渠道。从这几年查处的案件来看，线索来源几乎全部是群众举报的。因此，瓮安县采取“一把手”公开述责述廉述德、公开信访举报电话、聘请农村基层党风政风义务监督员、加大民生监督等措施，努力拓宽群众参与反腐倡廉建设的渠道，关注群众呼声，认真做好信访举报工作，效果明显。据统计，瓮安县纪检监察机关2013年至2015年共收到信访件（包括来电、来信、来访）296件，其中群众来访220件，占总数的74.3%。

（四）党风廉政建设必须增强权力运行的透明公开，强化监督。透明公开是权力腐败的天敌，也是反腐败最有力的武器。只有将权力关进制度的“笼子”，将权力置于社会监督之下，才能减少腐败，保证权力的纯洁性。瓮安县大力推行权力公开、政务公开，保障群众的知情权、参与权和监督权，出台了《村居干部违反廉洁和履行职责若干规定责任追究办法（试行）》《瓮安县村级集体经济组织收款收据管理的规定》，打造防控机制，从源头上堵住基层干部贪腐漏洞。同时，安装阳光政务查询机，方便群众直接查询惠民项目款物发放等公开公示情况，接受群众监督。新提拔科级干部“晒”财产，从源头防止了“带病提拔”现象的发生，又增加了群众监督热情。这些措施确保了领导干部廉洁从政，使掌权者不敢肆意妄为。

（五）党风廉政建设必须以改革精神推进机制制度的创新。以改革创新精神推进党风廉政建设，必须与时俱进、开拓创新。当前，党风廉政建设面临许多前所未有的新情况新问题，需要我们更新思想观念，用新的眼光审视、判断和分析新形势，以改革创新精神加强党风廉政建设的各项工作，创新工作思路和方式方法，找出从源头上防治腐败的对策和办法，不断取得党风廉政建设的新成果。瓮安县在探索党风廉政建设主体责任方面主动作为，由县纪委细化“两个责任”，建立网络监督平台，为如何抓、抓什么找到了突破口，得到了省纪委的高度评价。黔南州纪委在瓮安的基础上，最终形成了党风廉政建设主体责任和监督责任“5+1”文件。实践告诉我们，面对新形势下的党风廉政建设，只有敢于担当、大胆创新，才能保证党风廉政建设取得新成效。

三、几点建议

瓮安县“清廉瓮安”建设是该县作为一项系统工程规划和开展的，时间跨度三年，兼具了落实中央、省委改革和基层创新的许多亮点。但从调研情况看，还存在从改革角度系统总结不够、宣传不够、改革试点成果转化不够等问题，针对这一情况，提出如下几点建议：

（一）加大成果转化和运用。由州委纪律检查体制机制改革专项小组牵头，组织力量，从落实中央、省委纪律检查改革相关制度和基层创新着手，全面总结“清廉瓮安”经验，提升为理论成果，复制推广全州，让瓮安试点改革经验成果运用最大化。

（二）加大宣传力度。统筹各类媒体力量，多个层面做好宣传，让群众感受到实实在在的政治生态转变成果，增加群众获得感，进一步密切干群关系。

（三）加大创新拓展。由州纪委监察局具体指导瓮安县进一步加大改革创新，并从中寻找出加大纪检监察工作，服务党委中心工作和改革大局的内在规律，进一步抓好制度完善工作，巩固好改革成果。

（载于《决策参考》，2015 年 10 月 16 日）

四、重要文件摘编

中共瓮安县委
关于对县纪委、监察局合署办公方案报告的批复

中共瓮安县委（批复）〔1993〕1 号

县纪委、监察局：

你们送来《关于县纪委、监察局合署办公方案报告》收悉。经县委常委 1993 年 5 月 3 日研究，原则同意你们合署办公方案，望你们按程序抓紧上报并组织实施。

特此批复

中共瓮安县委

1993 年 5 月 4 日

中共瓮安县委关于严格落实党风廉政建设党委主体责任和纪委监督责任的实施意见（试行）

瓮党发〔2014〕10号

党的十八届三中全会《决定》指出，落实党风廉政建设责任制，党委负主体责任，纪委负监督责任。为严格落实党风廉政建设党委主体责任和纪委监督责任（以下简称“两个责任”），根据《党章》《中国共产党党内监督条例》和《中共中央关于全面深化改革若干重大问题的决定》等有关规定，结合我县实际，制定本实施意见。

一、统一思想，明确目标要求

（一）深化思想认识。落实“两个责任”，是深入推进党风廉政建设和反腐败工作的关键，对于保证我县全面深化改革顺利进行，实现“创建全省经济强县、推进改县建市、率先全面建成小康社会”具有十分重大的意义。全县各级党组织和纪检机构要深刻认识加强党风廉政建设和反腐败工作的极端重要性，准确把握“两个责任”的基本内涵与具体要求，以高度的政治责任感坚决把各项规定和制度要求落到实处。

（二）把握指导思想。坚持党要管党、从严治党，以完善责任体系为支撑，以健全体制机制为重点，以创新载体抓手为突破，着力构建党风廉政建设权责对等的责任分解体系、科学规范的责任机制、完整闭合的责任追究链条，促进全县各级党组织和纪检机构认真履行职责，以良好的党风政风促进经济社会健康发展。

（三）明确目标任务。要坚持以厘清领导班子责任、主要负责人责任、领导班子成员责任作为重点，形成认识到位、责任明晰、履职尽责的主体责任落实体系。各级纪检组织要认真履行党内监督专门机关的职能，全面落实监督责任，突出主业主责，转职能、转方式、转作风，切实履行好监督执纪问责职责。要坚持把完善责任考核、责任追究等制度作为重点，加强督促检查，形成有错必究、有责必问的“两个责任”问责追究体系。

二、全面落实党委主体责任

（一）党委的主体责任。各级党委（党组、党工委）要切实担负统一领导、直接主抓、全面落实的责任，把反腐倡廉工作纳入经济社会发展和党的建设总体布局，列入领导班子、领导干部目标管理，统一研究部署、统一组织实施、统一检查考核。改革和完善落实党风廉政建设责任制和惩防体系建设工作领导小组职能，督促各职能部门充分履职，督促下级党委（党组、党工委）履行主体责任，形成齐抓共管、各负其责的工作格局。主要包括：

1. 加强组织领导。研究部署党风廉政建设工作目标，落实责任分工，定期听取反腐败工作情况汇报，主要负责人每年至少进行2次党风廉政建设情况的专题调研，每半年至少召开1次责任制和惩防体系领导小组会议，研究制订工作计划、目标要求和具体措施，解决具体问题，推进工作落实。

2. 加强督促检查。主要负责人要切实管好班子、带好队伍，坚持原则、敢抓敢管，克服好人主义，督促领导班子成员以及下级领导班子抓好廉洁从政，履行好党风廉政建设主体责任。其他班子成员加强对分管部门、分管领域党员干部的经常性教育管理，检查督促分管部门及其负责人廉洁从政、改进作风、履行党风廉政建设职责情况，形成责任传导机制。

3. 选好管好干部。严格执行《党政领导干部选拔任用工作条例》，健全科学的选人用人机制，加强对干部选拔任用工作的监督，坚决整治和严厉查处选人用人上的不正之风和腐败问题，实行干部“带病提拔”责任倒查制。每年至少召开一次干部监督工作联席会议，研究解决干部监督中存在的突出问题。

4. 抓好作风建设。严格落实“八项规定”，坚持不懈解决“四风”突出问题，强化执纪监督问责，建立和完善作风建设长效机制。领导干部必须严格遵守廉洁自律各项规定，教育、管理好亲属和身边工作人员，带头树立清正廉洁的良好形象。牢固树立群众观念，切实维护群众利益，以党风带政风促民风。

5. 领导和支持查办案件。领导和支持执纪执法机关依纪依法安全文明办案，及时听取办案工作情况汇报，协调解决重大问题。支持和强化反腐败协调领导小组更好地发挥作用。加大案件查办力度，做到有案必查、有腐必惩、有贪必肃。坚持抓早抓小、防微杜渐，对党员干部身上的问题早发现、早教育、早查处。

6. 深入推进源头治理。贯彻落实各级惩治和预防腐败体系建设工作规划，扎实开展党性党风党纪教育和廉政文化建设，贯彻落实党风廉政建设法规制度，切实加强廉政风险防控，构建不想腐、不能腐、不敢腐的长效机制。

7. 强化权力制约和监督。积极构建决策科学、执行坚决、监督有力的权力运行体系，坚持用制度管权管人管事，加强内控机制建设，完善问责机制，全面公开工作职责、决策程序、办事规则、办事结果，推动权力阳光运行，强化权力运行全过程监督。

8. 严格责任制考核。加强对党风廉政建设责任制检查考核工作的组织领导，县委常委带队且全程参加年度检查考核，听取考核情况汇报，对考核中发现的问题限期整改落实到位，并追究相关人员的直接责任和领导责任，考核结果作为领导班子和领导干部评先任用的重要依据。

9. 加强党内监督。加强对党内监督工作的领导，认真执行党内监督的各项制度，落实好民主生活会、重要情况通报和报告、谈话和诫勉、述职述廉、报告个人有关事项等重要工作制度，及时研究解决党内监督工作中的重要问题。积极探索有效途径，加强对各级党组织领导班子及其成员，特别是主要负责人的监督。

（二）党委领导班子成员的主体责任。各级党委（党组、党工委）领导班子成员必须高度重视党风廉政建设和反腐败工作，牢固树立不抓党风廉政建设就是严重失职、抓不好党风廉政建设就是不称职的意识，敢于负责，勇于担当。主要负责人是党风廉政建设第一责任人，必须坚持党风廉政建设和反腐败重要工作亲自部署、重大问题亲自过问、重点环节亲自协调、重要案件亲自督办，做到“履行好领导责任，强化组织推动，加强教育监管，保持清正廉洁”（详见附件1）。其他班子成员对分管范围内的党风廉政建设负主要领导责任，根据工作分工认真履行“一岗双责”，做到“落实分管职责，开展廉政教育，重视作风建设，自觉接受监督，加强反腐治本”（详见附件2）。

（三）县委各主要工作部门，县人大常委会、县政府、县政协、县法院、县检察院党组的主体责任。县委各主要工作部门（县委办公室，县委组织部、宣传部、统战部、政法委），县人大常委会、县政府、县政协、县法院、县检察院党组要履行好抓党风廉政建设和反腐败工作的责任和义务，把党风廉政建设的要求融入部门工作职能职责，勇于担当，高度负责，切实带头履行好党风廉政建设主体责任。（详见附件 3）

三、全面落实纪委监督责任

各级纪检组织协助各级党组织加强党风廉政建设。根据上级纪委的决策部署，结合本地区本部门本单位实际，向党委（党组、党工委）提出党风廉政建设和反腐败工作的建议；在党委（党组、党工委）统一领导下，发挥反腐败组织协调作用，整体推进惩治和预防腐败各项工作；协助党委（党组、党工委）将党风廉政建设和反腐败工作任务分解到各部门，加强检查考核，促进各项任务落实。主要包括：

（一）维护党的纪律。坚决维护党章和其他党内法规，严格执行党的纪律，严肃查处违反党纪行为，严明党的各项纪律，加强对党的路线方针政策、决议决定执行情况和重大决策部署落实情况的监督检查，确保政令畅通。

（二）加强对作风建设情况的监督检查。认真落实作风建设监督检查有关规定，加大执纪检查力度，严肃查处违纪违规行为，及时通报、曝光典型案例，形成强大震慑。

（三）查处违纪违法案件。畅通信访举报渠道，领导干部定期接待来访群众，认真调查处理举报的问题。坚持以零容忍态度惩治腐败，切实解决发生在群众身边的腐败问题。案件查办以上级纪委领导为主，线索处置和案件查办在向同级党委（党组、党工委）报告的同时必须向上级纪委报告。充分发挥反腐败协调领导小组的作用，加强执纪执法机关协作配合，建立健全腐败案件及时发现、有效查处机制，提高办案综合效果。

（四）发挥党内监督专门机关作用。协助党委（党组、党工委）加强党内监督，组织协调党内监督工作，加强对同级党委、人大、政府、政协领导班子及其成员的监督，加强对审判机关、检察机关、人民团体以及党组织关系在本地的机关事业单位的监督，加强对下级党委（党组、党工委）政府领导班子及其成员的监督，加强对党员领导干部特别是主要领导干部履行职责和权力行使情况的监督。

（五）加强反腐倡廉制度建设。协助有关主体责任部门进一步清理、修订和完善党风廉政建设相关制度，不断健全反腐倡廉制度体系，提高制度执行力，确保制度落实。

各纪工委（监察分局）、乡镇纪委和街道纪工委、部门纪检组要明确职责定位，聚焦中心任务，转职能、转方式、转作风，从根本上把监督责任履行好。（详见附件 4）

四、落实党委主体责任、纪委监督责任的保障措施

（一）实行“签字背书”。各级党组织和纪检组织对承担的党风廉政建设责任进行“签字背书”，按照“一级抓一级、层层抓落实”的要求，抓好党风廉政建设责任书的签订工作，实现责任书签订全覆盖。主体责任人和监督责任人要对本地、本部门党风廉政建设进行责任分工、任务分解、年终工作总结报告等具体责任行为进行审阅，提出审阅意见并签名，作为党风廉政建设责任制工作考核和追责的依据。

（二）建立“两个责任”报告制度。各级党组织主要负责人每年初以书面形式分别向上一级党委和纪委报告上年度履行党风廉政建设主体责任的情况。各级纪检组织每年初要以书面形式，向同级党委和上级纪委报告上年度履行监督责任情况。

（三）开展述责述廉。每年底，县委常委会、县人大常委会党组、县政府党组、县政协党组以书面形式向县纪委全会进行述责述廉；党委（党组）主要负责人要向县委全委会

进行述责述廉，集中报告本人履行党风廉政建设责任、个人廉洁自律等情况，由全委会委员进行现场质询和测评。

（四）推行党政正职述评制度。下级党政正职每年底要将述廉报告及时报上级纪委，接受纪委委员审阅、评议，纪委要及时将评议的结果进行反馈，并对存在问题及时提出整改要求。运用民意测评、问卷调查、第三方调查等方式，全面了解群众对党委主体责任落实情况的评价，评价情况纳入干部考核评定结果，作为奖惩依据。

（五）完善廉政谈话制度。党政主要负责同志与领导班子成员和下级党政主要负责同志，领导班子成员与分管联系部门主要负责同志每年廉政谈话不少于1次，把廉政谈话作为党风廉政建设责任制检查考核、述职述廉、任职前教育的重要内容和必经程序，提醒督促落实党风廉政建设主体责任。

（六）完善纪委约谈制度。对在党风廉政建设责任制检查中发现问题较多、群众来信来访反映较多、民主测评满意度较低、违纪违法案件较多的单位，由纪委负责同志约谈有关班子成员，指出存在的问题，提出严肃批评，并责令整改到位。纪委（纪工委）主要负责人要定期或不定期对下一级党委和部门主要负责人、纪检机构主要负责人、同级纪委委员进行约谈，听取主体责任落实情况，收集约谈对象对党风廉政建设和反腐败工作的意见建议。

（七）严格责任倒查追究制度。对不认真履行主体责任和监督责任，导致不正之风长期滋长蔓延，或者出现重大腐败问题而不制止、不查处、不报告的，进行责任倒查，实行“一案双查”。在查办违纪违法案件的同时，一并调查发案单位“两个责任”是否落实到位，对责任单位既追究第一责任人的责任，又追究直接主管领导成员的责任，还追究参与决策的班子其他成员的责任，把集体责任与个体责任捆绑起来，做到有错必究、有责必问。（详见附件5）

五、加强领导，确保责任落实

（一）强化组织领导。各级党组织要把落实“两个责任”列入重要议事日程，层层传导压力、一级抓好一级。各级党风廉政建设责任制领导小组要经常研究、督查“两个责任”落实情况。纪检组织要及时向党委（党组、党工委）汇报上级纪委有关部署要求，主动与有关部门沟通协调，切实解决落实“两个责任”中遇到的困难和问题。

（二）创新工作方法。紧紧围绕落实“两个责任”，注重工作方法，创新工作举措。分级分类建立台账，实行台账式管理、项目化推进，一项一项抓好落实。强化工作评估，适时组织开展落实“两个责任”情况评估，对照职责任务，进一步查漏补缺，强化工作措施。县委和县纪委要加强对下级党组织和纪检组织落实“两个责任”工作的具体指导。各级党组织、纪检组织要认真总结工作中好的经验和做法，及时上升为制度机制，确保落实“两个责任”具体化、程序化、制度化。

（三）营造舆论氛围。加大宣传力度，加强统筹协调，健全协作机制，广泛宣传全县各级各部门落实“两个责任”的经验做法、先进典型和明显成效，着力营造良好的舆论氛围，以强大的宣传声势凝聚共识。面向社会开展履行“两个责任”公开承诺，自觉接受社会监督。

附件：1. 瓮安县党风廉政建设主体责任工作任务分解表（领导班子）

2. 瓮安县党风廉政建设主体责任工作任务分解表（领导班子成员）

3. 瓮安县党风廉政建设主体责任工作任务分解表（县委主要工作部门）

4. 瓮安县党风廉政建设监督责任内容分解表

5. 瓮安县党风廉政建设“两个责任”责任追究一览表

附件 1：

瓮安县党风廉政建设主体责任工作任务分解表

（领导班子）

<table>
<tr><th rowspan="2">主体责任单位</th><th colspan="2">内容</th></tr>
<tr><th>共性责任</th><th>根据工作职能职责分解的责任</th></tr>
<tr><td>县人大常委会党组</td><td rowspan="5">1. 深化作风建设。带头弘扬党的优良作风，反对特权思想和特权现象，毫不放松地贯彻落实好中央“八项规定”、《党政机关厉行节约反对浪费条例》和省委“十项规定”、州委“九项规定”、县委“八项规定”。
2. 严格按照规定选拔任用干部。建立健全本部门干部人事管理制度，研究制定防止和纠正选人用人上的不正之风和腐败问题的措施。
3. 强化对权力运行的制约。研究本部门加强人、财、物和行政审批、资金管理等重点领域和关键环节的监管制度，从源头上防治腐败。
4. 加强领导班子自身建设。落实民主生活会、述职述德述廉等党风监督制度和领导干部廉洁从政相关规定。主要负责人要从严律己，管好自己，带头执行改进作风和廉洁自律各项规定，切实发挥表率作用。</td><td>1. 依法履行工作监督和法律监督职责，促进“一府两院”依法行政、公正司法，确保权力规范行使。
2. 引导人大代表发挥监督作用，强化对“一府两院”的监督。
3. 依法组织选举和任免干部，坚决防止代表选举和干部任免上的不正之风和腐败问题。</td></tr>
<tr><td>县政府党组</td><td>1. 坚持依法行政，健全完善制度，做到用制度管权管人管事。
2. 全面推行政府及其部门权力清单制度，进一步深化政务公开，完善行政权力公开透明运行系统，接受社会监督。
3. 加强监督检查，坚决纠正损害群众利益的问题。
4. 强化审计监督，确保资金安全高效使用。
5. 全力支持执纪执法机关查办腐败案件，督促相关部门积极协助开展案件调查。</td></tr>
<tr><td>县政协党组</td><td>1. 加强民主监督，促进权力正确规范运行。
2. 引导政协委员发挥监督作用，强化对权力运行的监督。
3. 健全完善制度，做到用制度管权管人管事。
4. 依章程组织选举和任免干部，坚决防止委员选举和干部任免上的不正之风和腐败问题。</td></tr>
<tr><td>县法院党组</td><td>1. 健全完善工作制度，推进公正廉洁高效司法，切实维护群众利益。
2. 充分发挥审判职能，严厉惩治腐败，及时移送案件线索。
3. 全力支持法院纪检监察组织履行监督职责，坚持从严治警，严肃查处法院系统腐败案件。</td></tr>
<tr><td>县检察院党组</td><td>1. 健全完善工作制度，推进公正廉洁高效司法，切实维护群众利益。
2. 充分发挥检察职能，坚决惩治和预防职务犯罪，及时移送案件线索。
3. 全力支持检察院纪检监察组织履行监督职责，坚持从严治警，严肃查处检察院系统的腐败案件。</td></tr>
</table>

附件2：

瓮安县党风廉政建设主体责任工作任务分解表

（领导班子成员）

责任主体	责任内容
主要领导	党委（党组、党工委）书记是党风廉政建设第一责任人，要牢固树立“不抓党风廉政建设就是严重失职”的意识，强化责任担当，带头履行好主体责任。 1. 履行领导责任。积极推进本地、本部门党风廉政建设工作，做到“四个亲自”（重要工作亲自部署、重大问题亲自过问、重点环节亲自协调、重要案件亲自督办）。 2. 强化组织推动。及时传达上级有关党风廉政建设和反腐败工作的部署要求，结合实际进行专题研究和安排部署，坚持做到专门研究、责任分解、明确职责。 3. 加强教育监管。坚持原则，敢抓敢管，加强对领导班子成员及下一级党组织主要负责人的教育监管，管好班子、带好队伍，督促领导班子成员、下级领导班子廉洁从政、履行好“一岗双责”职责。每年至少给党员干部讲一堂廉政党课。 4. 保持清正廉洁。严格执行“三重一大”集体决策制度，带头落实“一把手末位表态”和不直接管理项目、不分管财务、不参与大宗物资采购的规定。以身作则，管好自己，管好亲属及身边工作人员，作廉洁从政的表率。
领导班子成员	领导班子成员要根据工作分工，严格落实“一岗双责”要求，对职责范围内的党风廉政建设负主要领导责任。 1. 落实分管职责。牵头组织对自己责任范围内的党风廉政建设任务进行研究，采取可行措施按时推进任务落实。每年至少要对分管部门的党风廉政建设工作进行1次以上安排部署，听取2次以上分管部门有关党风廉政建设情况的汇报。 2. 开展廉政教育。对分管部门、分管领域党员干部加强经常性教育，认真落实谈话制度，每年结合工作实际与分管领域主要负责人进行1次提醒谈话。 3. 重视作风建设。深入贯彻落实中央、省、州、县关于改进工作作风、密切联系群众有关规定，采取有效措施主动查纠管理范围内存在的“四风”“吃拿卡要”“庸懒散慢浮贪”等方面突出问题。 4. 自觉接受监督。严格执行《廉政准则》和《瓮安县科级干部报告个人有关事项实施办法》，管好配偶、子女、亲属和身边工作人员，自觉接受组织和群众监督。认真执行民主生活会、述职述廉、党风廉政建设个人履职情况报告等制度。 5. 加强反腐治本。把党风廉政建设要求融入到分管工作中，积极指导分管领域查找廉政风险，健全管理制度，落实防范措施。

附件 3：

瓮安县党风廉政建设主体责任工作任务分解表

（县委主要工作部门）

<table>
<tr><th rowspan="2">主体责任单位</th><th colspan="2">主体责任内容</th></tr>
<tr><th>共性责任</th><th>根据工作职能职责分解的责任</th></tr>
<tr><td>县委办公室</td><td rowspan="5">1. 深化作风建设。带头弘扬党的优良作风，反对特权思想和特权现象，毫不放松地贯彻落实好中央八项规定、《党政机关厉行节约反对浪费条例》和省委十项规定、州委九项规定、县委八项规定。
2. 严格按照规定选拔任用干部。建立健全本部门干部人事管理制度，研究制定防止和纠正选人用人上的不正之风和腐败问题的措施。
3. 强化对权力运行的制约。研究本部门加强人、财、物和行政审批、资金管理等重点领域和关键环节的监管制度，从源头上防治腐败。
4. 加强领导班子自身建设。落实民主生活会、述职述德述廉等党风监督制度和领导干部廉洁从政相关规定。主要负责人要从严律己，管好自己，带头执行改进作风和廉洁自律各项规定，切实发挥表率作用。</td><td>1. 牵头商县纪委监察局研究起草全县党风廉政建设工作计划、目标要求、具体措施、考核方案，报县委研究审定后实施，按照党风廉政责任制进行责任分解，协调各部门按照计划推动落实工作任务，牵头组织开展考核工作。
2. 牵头商县纪委监察局研究起草全县党风廉政建设的规章制度，报县委研究审定后实施，建立健全教育、监督、惩处并重的反腐倡廉制度体系。</td></tr>
<tr><td>县委组织部</td><td>1. 严明组织人事纪律，坚决防止选人用人上的不正之风和腐败问题，强化对选拔任用干部工作的监督，办理有关干部选拔任用问题的审查和调查核实工作。
2. 与县纪委配合强化对党员干部的党性党风党纪教育和日常监督管理，着力解决群众反映强烈的突出问题。
3. 抓好领导干部从业限制规定和报告个人有关事项制度的落实。
4. 强化党风廉政建设责任制考核结果的运用，作为领导班子和领导干部业绩评定、选拔任用的重要依据。
5. 加强基层党组织建设，积极督促各级基层党组织全面推进党务公开。</td></tr>
<tr><td>县委宣传部</td><td>1. 加强政治思想教育，突出理想信念、宗旨意识、遵纪守法和廉洁从政教育，筑牢党员干部的思想防线。
2. 以社会主义核心价值观的学习宣传为主线，深入开展党风廉政建设宣传和廉政文化创建工作，树立宣传廉洁从政典型，传播正能量，形成反腐倡廉的浓厚氛围。
3. 加强舆论监督和涉腐涉纪舆情信息工作。</td></tr>
<tr><td>县委统战部</td><td>1. 组织引导党外人士发挥监督作用，促进权力正确规范运行。
2. 加强对党外人士的宣传教育，引导党外人士自觉同消极腐败现象作斗争。
3. 督促引导各民主党派和工商联加强党风廉政建设。</td></tr>
<tr><td>县委政法委</td><td>1. 强化对政法部门执法活动的监督，切实解决政法部门及干警损害群众利益的突出问题。
2. 积极推进司法领域权力运行监督制约机制建设，促进公正廉洁高效司法。
3. 加强与纪检监察机关的协作配合，严肃查处司法领域的腐败案件。</td></tr>
</table>

附件 4：

瓮安县党风廉政建设监督责任内容分解表

<table>
<tr><th>责任主体</th><th>监督对象</th><th>监督的主要内容</th><th>监督权限</th></tr>
<tr><td>县纪委</td><td>县委、县人大、县政府、县政协领导班子及其成员；县委、县政府各职能部门；审判机关、检察机关、人民团体以及党组织关系在本县的机关事业单位；下级党委政府、部门领导班子及其成员。</td><td>监督检查所监督的对象关于本地、本单位党风廉政建设工作计划、部署的贯彻实施情况；党员干部的教育和管理情况；贯彻落实法规制度、从源头上防治腐败情况；党风政风建设情况；县委协调相关部门支持纪委开展执纪监督和查办案件工作情况等。</td><td rowspan="3">1. 召开、参加重要会议。组织召开党风廉政建设、纪检监察工作会议，参加党委（党组、党工委）会、领导班子民主生活会、研究“三重一大”事项等会议，根据工作需要参加其他有关会议。对会议研究的“三重一大”等重大事项，必须有纪（工）委书记、纪检组长明确表态发言，提出的意见和建议，如无正当理由应予采纳。研究“三重一大”事项的会议，必须事先通知所属纪工委（监察分局）列席，列席会议人员行使监督权和建议权，但不行使表决权，对会议过程实施监督。
2. 重要情况知悉处置通报。对所辖、派驻部门的重大事项和工作决策具有知情权、参与权、监督权，对涉及党风廉政建设工作的有关重要问题具有建议权、协调权、处置权；根据工作需要，组织开展巡察活动，有权了解相关情况，查阅有关会议、财务和文件资料，单位必须积极配合，如实提供。
3. 严格纪律监督。加强对党的路线方针政策、决议决定执行情况和上级重大决策部署贯彻落实情况的监督检查，确保政令畅通。严格执行党的各项纪律，严肃查处违反党纪行为。
4. 深化作风督查。加强对各项作风纪律规定贯彻执行情况的监督检查，严肃查处违反作风建设规定的典型案例，对典型案例及时通报曝光。
5. 强化警示教育。纪工委（监察分局）有权对所负责或联系单位党政领导班子及其成员、副科级及以下干部职工，纪（工）委书记、纪检组长有权针对重点岗位人员、新任中层干部及一般干部职工的轻微违纪问题进行打招呼谈话和提出整改建议，进行任前廉政谈话、勤政廉政约谈、诫勉谈话和质询。
6. 严肃查办案件。落实查办腐败案件以上级纪委为主的要求，实行线索处置和案件查办在向同级党委报告的同时必须向上级纪委报告制度。严格审查和处置党员干部违反党纪政纪、涉嫌违法的行为，严肃查办腐败案件。
7. 实行问责追究。认真贯彻执行党政领导干部问责的制度规定，对在工作中不履职或不正确履职，造成不良影响和严重后果的，严肃进行问责，层层追究责任。</td></tr>
<tr><td>各纪工委
监察分局</td><td>所辖部门党组织、领导班子及其成员、中层干部、党员职工。</td><td>监督检查所监督的对象贯彻执行党的路线、方针、政策、决议和国家法律、法规、规章制度的情况；贯彻落实科学发展观、民主集中制和维护党的政治纪律情况；组织开展纠正部门和行业不正之风工作情况；“三重一大”事项决策情况；领导班子成员执行党员领导干部报告个人事项规定情况等。</td></tr>
<tr><td>乡镇纪委
街道
纪工委
各部门派
驻纪检组</td><td>所在乡镇（街道办事处）、部门及所属党组织、党员领导干部、工作人员、所在部门任命的其他人员。</td><td>监督检查所派驻部门落实党风廉政建设责任制及主体责任的情况；遵守和执行上级有关规定的情况；贯彻民主集中制，执行“三重一大”的情况；开展反腐倡廉教育情况；召开班子民主生活会情况；干部人事选拔任用工作情况；执行厉行节约有关规定和“三公”经费使用情况；党务、政务公开情况；作风建设、行政效能、绩效管理情况等。</td></tr>
</table>

附件 5：

瓮安县党风廉政建设"两个责任"责任追究一览表

追究主体	责任追究方式	责任追究内容
党委（党组、党工委）及班子成员	违反或未能正确履行党风廉政建设责任制主体责任，有右列情形之一的，根据《中国共产党章程》《中国共产党纪律处分条例》《中华人民共和国行政监察法》等法规，采取责令作出检查、通报批评、约谈、诫勉谈话等方式进行责任追究，涉嫌违纪违法的，按干部管理权限依法查处。	1. 对本单位、本部门的党风廉政建设工作领导不力，以致职责范围内明令禁止的不正之风得不到有效治理，造成不良影响的。 2. 对上级党委和纪委交办的党风廉政建设责任范围内的工作不传达贯彻、不安排部署、不督促落实，或者拒不办理的。 3. 对本单位发生的严重违纪违法行为隐瞒不报、压案不查的。 4. 疏于管理，致使领导班子成员或直接管辖的下属发生严重违纪违法问题的。 5. 违反规定选拔任用干部，或者用人失察、失误造成恶劣影响的。 6. 放任、包庇、纵容下属人员违反财政、金融、审计等法律法规，弄虚作假的。 7. 违反规定私设"小金库"的。 8. 在物资设备采购、基建工程等工作中违反规定，失职、渎职造成不良影响或重大经济损失的。 9. 对上级交办的重要控告申诉或违法违纪案件，不认真办理、不及时向上级领导机关报告，造成严重后果的。 10. 授意、指使、纵容下属人员阻挠、干扰、对抗监督检查或案件查处，或者对办案人、检举控告人、证明人打击报复的。 11. 其他违反党风廉政相关规定造成一定后果的。
各级纪检机关	对不正确履行监督职责，情节轻微的，责令批评教育、限期改正；情节较重的，责令作出检查、诫勉谈话、通报批评或者调整工作岗位；有右列情形之一的，对直接责任人及有关领导依照相关法规作出处理。	1. 参与研究"三重一大"工作中，发现违纪问题，未能及时提出纠正意见和建议的。 2. 不按规定报告、不如实报告或隐瞒不报有关重要情况、举报线索和问题的。 3. 对管辖范围内的案件不及时组织核查、调查的。 4. 违反办案程序规定造成涉案人员伤残、死亡等严重后果的。 5. 对违反作风建设有关规定发现后不制止、不查处，造成不良影响的。 6. 其他因工作失职造成严重后果的。

中共瓮安县纪律检查委员会　中共瓮安县委组织部　瓮安县监察局
关于进一步规范纪检监察机构干部任免审批程序的通知

瓮纪办〔2011〕138 号

各乡镇党委，县直有关部门党组（党委）：

为进一步加强纪检监察干部管理，推动纪检监察机关干部任免工作制度化、规范化、程序化，根据《党章》、国家行政监察机关规定和中纪委、中组部以及省、州委组织部有关文件精神，结合我县纪检监察干部管理实际，现对各乡镇纪委副书记、派驻部门监察室主任的任免审批程序通知如下：

一、总体要求

按照《中共中央办公厅转发〈中共中央纪律检查委员会关于重申和建立党内监督五项制度的实施办法〉的通知》（中办发〔1997〕5 号文件）的规定，凡各乡镇纪委副书记、纪委委员，派驻县直部门监察室主任的提名、任免和调动，各乡镇党委和部门党组（党委）必须征得县纪检监察机关的同意后，按干部管理权限和规定的程序进行，任免或调动通知必须报上级纪检监察机关备案。

二、任免审批程序

（一）乡镇纪委换届时，乡镇纪委副书记、纪委委员候选人由乡（镇）党委考察提出，经县纪委、县委组织部同意后报县委审批，选举结果报县委的同时，抄报县纪委。

（二）乡镇党的代表大会闭会期间调整乡镇纪委副书记、纪委委员的，由乡（镇）党委考察并提出意见，报经县纪委研究后批复，再按现行的干部管理程序由乡镇（党委）任免，任免通知抄报县纪委备案。

（三）派驻部门监察室主任的调整，由部门党组（党委）考察并提出意见，报经县监察局研究后批复，再按现行的干部管理程序由部门党组（党委）任免，任免通知抄报县监察局备案。

凡未按以上程序任免的乡镇纪委副书记、纪委委员和派驻县直部门监察室主任，一律无效。

三、任免材料报送办法和要求

上述上报县纪委、监察局审批和备案的干部任免事项，须附所在单位党委（党组）正式请示文件（任免通知文件）、《干部任免审批表》《考察材料》（或《现实表现》）等一式二份，报送县纪委办公室（干部室）。

2011 年 12 月 18 日

关于转发中共贵州省纪委《关于贯彻落实中央纪委〈关于加强乡镇纪检组织建设的指导意见〉的实施意见》

瓮纪办〔2012〕47 号

各乡镇（街道办事处）、纪委（纪工委）：

现将中共贵州省纪委《关于贯彻落实中央纪委〈关于加强乡镇纪检组织建设的指导意见〉的实施意见》转发给你们，请结合实际认真贯彻执行。

中共贵州省纪委关于贯彻落实中央纪委《关于加强乡镇纪检组织建设的指导意见》的实施意见

2011 年 6 月，中央纪委下发了《关于加强乡镇纪检组织建设的指导意见》（以下简称《意见》），对健全乡镇纪检组织、发挥职能作用、加强干部管理、推进改革创新和提供工作保障等方面提出了明确要求，是当前和今后一个时期指导乡镇纪检组织建设的重要文件，对于推动农村基层党风廉政建设和反腐败工作具有重大的意义。各级党委、政府和纪检监察机关要认真贯彻执行。为贯彻落实好《意见》，结合我省实际，提出以下贯彻实施意见。

一、高度重视和切实加强乡镇纪检组织建设

1. 乡镇纪检组织是党的基层组织和纪检系统的重要组成部分，是协助乡镇党委开展农村基层党风廉政建设和反腐败工作的重要组织保障，在推动农村基层党风廉政建设，维护群众利益，化解社会矛盾，维护社会稳定方面，具有重要的作用。全省各级党委、政府和纪检监察机关要充分认识乡镇纪检组织建设的重要性和紧迫性，切实采取有力措施，不断提高乡镇纪检组织建设水平。

2. 加强乡镇纪检组织建设，要坚持以邓小平理论和“三个代表”重要思想为指导，深入贯彻落实科学发展观，紧紧围绕“加速发展、加快转型、推动跨越”的主基调，服从服务于农村经济社会发展，适应深入推进反腐倡廉建设的需要，整合资源力量，明确工作职责，完善工作制度，健全乡镇纪检组织，保障干部配备，强化监督职能，改进作风形象，提供工作保障，为深入推进农村基层党风廉政建设和反腐败工作，提供坚强的组织保证。

二、进一步健全和完善乡镇纪检组织

3. 规范乡镇纪检组织设置。乡镇纪委是经同级党的代表大会或党员大会选举产生的机构，在乡镇党委和县级纪委双重领导下开展工作。乡镇纪委由书记、副书记和委员组成，一般按3至5名配备，其中应有人专职从事纪检工作。乡镇纪委书记可以由同级党委副书记或党委委员担任，由同级党委委员担任的，其委员职务排序在资历相同的委员前面。乡镇纪委设专职副书记，原则上由具有公务员身份的党员干部担任，可兼任乡镇监察室主任，不再兼任其他职务。乡镇纪委委员可由乡镇相关机构负责人担任，原则上要任满一届。

4. 选好配强乡镇纪委书记、副书记。坚持德才兼备、以德为先的用人标准选配乡镇纪检干部，注重选拔政治过硬、公正廉洁、熟悉农村社情民意、在群众中威信较高的优秀干部担任乡镇纪委书记、副书记。乡镇纪委书记的提名、任免，由县级纪委与组织部门协商后，报县委决定或进行选举。乡镇纪委副书记的任免，要征得县级纪委同意。乡镇纪检干部应具有大学专科以上学历，一般应具备相关工作经历或专业背景。乡镇纪检干部队伍应保持相对稳定，有计划地推进干部交流。乡镇纪委书记原则上应干满一届。乡镇纪委书记、副书记任职满10年的必须交流，任职5年以上的要有计划地进行交流。新任乡镇纪委书记一般应异地交流任职。

三、充分发挥乡镇纪检组织的职能作用

5. 乡镇纪检组织的主要职责。督促农村基层党组织和党员干部遵守党章和其他党内法规；检查党的路线方针政策和决议、决定在农村基层的执行情况；协助乡镇党委加强农村党风廉政建设和反腐败工作。在乡镇行政区域内，开展党员干部反腐倡廉教育；对党员干部行使权力和廉洁自律情况进行监督；受理群众信访举报，调查处理党组织和党员违纪案件；受理党员的控告和申诉，保障党员权利；指导所辖纪检组织的工作和村务监督机构的工作；完成上级纪检监察机关交给的其他工作任务。

6. 乡镇纪检组织要突出重点，围绕乡镇中心工作，加强农村党风廉政建设，推进惩治和预防腐败体系建设。加强对各项强农惠农政策和便民利民措施落实情况的监督检查，加强对扶贫资金项目、其他涉农项目和专项资金管理使用情况的监督检查，加强对推进党务公开、政务公开、村务公开情况的督促检查，切实纠正损害群众利益的突出问题。建立健全对农村集体资金、资产、资源等管理使用情况有效监督的制度。加强农村廉政文化建设、加强对乡镇领导班子成员和基层站所、村党组织、村民委员会负责人的监督，加强对乡镇、村民主选举的监督，严肃查处党员干部违纪违法案件，保证农村基层干部廉洁履行职责。

7. 乡镇纪委书记应把主要精力放在纪检工作上，着力抓好农村基层党风廉政建设和反腐倡廉工作，分管的其他工作应与纪检工作相关。乡镇纪委书记参与乡镇党委工作决策、干部任免、项目安排和大额度资金使用等重要事项决定前的酝酿协商。乡镇纪委副书记列席乡镇党委相关会议。

四、建立健全乡镇纪检组织工作机制

8. 健全议事规则。坚持集体领导和个人分工负责制，凡涉及纪检工作的重大问题，应由纪委全体成员集体研究讨论决定，乡镇纪委书记、副书记、纪委委员要合理分工，细化工作职责。

9. 健全监督检查制度。要把制度建设贯穿于农村基层党风廉政建设的各个环节，加强监督检查，查找管理漏洞，健全规章制度，规范操作程序，提高农村基层权力运行的透明度，坚决纠正损害群众利益的行为。

10. 健全信访和查办案件工作制度。进一步规范信访、案件检查、案件审理等工作流程，依法及时合理解决群众反映的问题，把矛盾化解在基层，依纪依法查处农村基层党员干部违纪违法案件。

11. 建立请示报告制度。要定期向同级党委和县级纪委报告工作。凡属乡镇纪检工作的重大问题，要及时向县级纪委、乡镇党委请示报告。

五、加强对乡镇纪检干部的管理和教育培训

12. 建立健全乡镇纪检干部管理机制制度。坚持把思想政治建设放在首位，突出抓好纪律作风和职业道德教育，进一步提高乡镇纪检干部的执行力、战斗力和担当力。乡镇纪检干部要牢固树立遵纪守法、服务群众的意识，自觉遵守政治纪律、工作纪律、办案纪律、保密纪律和廉政纪律，做到“五严守、五禁止”，树立良好的形象。对作风不实、履行职责不到位的，进行批评教育；对不适合从事纪检工作的，予以调离；对违纪违法的，严肃查处。

13. 建立健全乡镇纪检干部培训机制制度。坚持分级分类和全员培训的原则，认真开展培训工作。省级纪检监察机关对换届后新任乡镇纪委书记进行集中培训。市、县两级纪检监察机关对乡镇纪委书记、副书记开展轮训和专题培训。不断拓宽培训渠道，创新培训方式，进一步增强培训的针对性和实效性。建立健全乡镇纪检干部调训和自主选学相结合的干部参训机制，鼓励干部在职自学。坚持和完善选派部分优秀乡镇纪检干部到上级纪检监察机关挂职锻炼制度，有计划选派乡镇纪检干部到上级纪检监察机关参与办案、跟班学习。地方财政要提供必要的乡镇纪检干部培训经费保障。

14. 建立健全乡镇纪检干部激励机制。对长期在乡镇特别是边远贫困乡镇工作，且工作成绩突出的乡镇纪委书记、副书记要提拔重用，优秀的要作为上级纪检监察机关干部的重要来源，推荐到上级党政部门任职。注重维护乡镇纪检干部的合法权益，地方党委和纪委要理直气壮地为乡镇纪检干部履行职责壮胆撑腰，严肃处理打击报复纪检监察干部的行为。注重树立和宣传乡镇纪检干部先进典型，充分发挥典型的示范带动作用。在评选表彰活动中，坚持向乡镇纪委和乡镇纪检干部倾斜。建立县级纪委和乡镇党委主要负责人与乡镇纪检干部定期谈话谈心制度，了解思想工作情况，帮助解决实际困难和问题。

六、进一步加强对乡镇纪检组织建设的领导

15. 各级党委、政府和纪检监察机关要高度重视乡镇纪检组织建设。省、市级纪检监察机关要加强调查研究，加强协调沟通，加强工作指导，督促检查有关政策措施落实情况。

各级组织、编制和财政部门要大力支持配合，确保加强乡镇纪检组织建设的干部配备、人员编制和经费保障等政策措施落实到位。

16. 加强乡镇纪检组织建设，县级党委负主要责任，乡镇党委和县级纪检监察机关负直接领导责任。县级党委、政府要按照党风廉政建设责任制的要求，把加强乡镇纪检组织建设摆上重要议事日程，纳入农村党风廉政建设总体规划，作为责任制考核的重要内容，切实抓好各项任务的落实。

17. 建立完善乡镇纪检组织工作考核机制。县级纪检监察机关要加强对乡镇纪检组织和纪检干部履职情况的年度检查，加强工作实绩的考核，把考核结果作为干部选拔任用，奖惩的重要依据。乡镇纪委书记、副书记每年应向县级纪委常委会述职述廉，接受评议。

18. 推动农村基层纪检组织建设改革创新。适应农村党风廉政建设的需要，积极稳妥推进农村基层纪检组织建设创新。不断探索加强乡镇行政监察工作的方式和方法，在乡镇纪委加挂监察室的牌子，加强对乡镇干部的行政监察。加强村级纪检组织建设，行政村党组织应设纪检委员，设党委的行政村可以设立纪委。

19. 建立完善乡镇纪检组织工作保障机制。各级党委、政府要积极创造条件，为乡镇纪委开展工作提供必要的物质条件。乡镇纪委所需工作经费列入乡级年度财政预算，单独列支、予以保障。乡级财政确有困难的，地方财政给予补助。工作经费标准参照当地政法机关预算标准核定。认真落实乡镇纪检干部享受规定的办案人员补贴，要按照新的标准不折不扣地执行。乡镇党委、政府要保证乡镇纪委有牌子，有专门的谈话室，有必要的办公办案设备，主要包括：电脑、复印机、传真机、打印机、照相机、录音笔等。有基本的交通保障，并根据经济社会发展不断改善。

各市级纪检监察机关可结合实际，制定具体的实施办法。城市社区及街道办事处纪检组织建设，参照本意见执行。

中共瓮安县纪委
瓮安县监察局
2012年4月10日

关于印发《中共瓮安县纪委监察局纪律规定和内部管理制度》的通知

瓮纪办字〔2012〕7号

各常委、委局各室、各纪工委监察分局：

《中共瓮安县纪委监察局纪律规定和内部管理制度》已经委局领导同意，现印发给你们，请遵照执行。

为进一步加强队伍建设，规范内部管理，委局对相关纪律和内部管理制度进行了修订和完善，新修订的纪律和制度如下。

一、廉洁自律守则

（一）严于律己。不利用职权和工作之便为本人或亲友谋取工作安排调动、录用提拔、经商办企业等方面的不正当利益。

（二）减少应酬。在社交活动中保持必要的警惕，不接受可能影响公正执行公务的宴请或参加用公款支付的旅游、娱乐活动，不违反规定收受现金、有价证券、支付凭证和其他礼品馈赠。

（三）克己奉公。不向工作联系单位、涉案单位或个人借用、索要交通、通信工具以及其他物品或者报销各种应由个人及家属支付的费用。

（四）公私分明。不得动用办案收缴的赃款赃物、通讯工具和其他物品，不用公车学习驾驶技术或者违反规定动用公款、公物、公车办私事，不在外出执行公务时携带亲属探亲访友、旅游观光或办理其他个人事务。

（五）勤俭节约。自觉抵制不良风气，不讲排场、比阔气、贪图享乐、奢侈浪费。不在外出执行公务时提出超标准接待等不正当要求或者参与同纪检监察干部身份不符的活动。

二、工作纪律

（一）全体干部职工要服从组织、服从领导，努力完成组织、领导安排的工作任务和职责范围内的工作。

（二）严格遵守作息时间，不迟到，不早退。

（三）坚持文明办公。办公时间不闲聊，不大声喧哗，举止端正，言论文明。要坚守工作岗位，集中精力办公，提高办事效率。

（四）热情接待来信来访群众和联系工作的同志，办事认真负责，不搪塞应付。

（五）细致周密地做好各种会务工作，既诚恳热情、又节俭周到地接待上下、内外人员。对需要安排食宿的，由办公室做好安排，并按照业务对口原则，由委局分管领导和相关业务室负责接待。

（六）保持清洁卫生。委局各办公室内各种物品、用具、资料放置要有秩序，妥为保管，不损坏，不遗失。要注意经常打扫卫生，原则上办公室要坚持每天清扫一次，保持优良的工作环境。

（七）切实做好安全保卫工作，每天下班前应关好门窗，各种文件要妥善保管。

（八）按照县委县政府及委局的安排和要求，认真做好节假日值班工作，值班人员遇有紧急情况和重大事宜，及时向领导汇报，并尽职尽责、主动细致地处理。

三、办案纪律

（一）牢固树立法治观念。维护党纪政纪的严肃性，坚持依法依纪查处各类案件。

（二）不准瞒案不报、压案不办或隐瞒、歪曲事实真相，或办人情案、关系案。

（三）不准私自单独会见违纪嫌疑人员及其亲属，为其通风报信，出谋划策，开脱责任；不准泄露案情和工作机密。

（四）不准在办案中先入为主，主观臆断，变相体罚、逼供、诱供。

（五）不准截留、挪用、私分暂扣和没收的钱物，或以个人名义存储；不准利用办案之机，通过涉嫌违纪的单位和人员为本人、亲友办理私人事项；不准利用办案之机，收受他人的钱物；不准向被调查人及其亲友，或者涉嫌违纪的被调查单位私自借用交通工具、通信工具和其他物品或报销各种费用。

四、保密纪律

（一）严格遵守《保密法》和纪检监察机关保密规定。纪检监察工作的保密范围主要是检举、控告有关党的组织和党员干部、行政监察对象违反党纪政纪，未经核实处理或正在核实处理，公开后会给党和国家带来损害的事项；泄露后会妨碍违纪案件的检查和处理，导致违纪者逃亡、行凶、自杀、串供、毁证、匿赃的事项；尚未公布的人事安排、纪检监察工作的重大部署、重要的综合性情况和统计资料；查处违纪案件的工作计划、请示、报告、内部讨论情况、办案过程中搜集掌握的各类证据，以及未公布的调查报告、处理决定、内部通报等纪检监察档案资料。

（二）不在公共场所和家属、子女、亲友面前谈论国家秘密和纪检监察机关秘密。

（三）不在私人交往中泄露国家秘密和案件情况。

（四）不私自抄录、复印秘密文件、资料。

（五）不携带秘密文件和案卷到宿舍和公共场所。

（六）不用普通电话和互联网传递国家秘密事项。

（七）不用明码电报和不加密传真机及电子信箱传输秘密文件、资料。

（八）不准打听、了解职责范围内不应该知道的国家秘密或案件情况。

（九）未经批准不向任何单位和个人提供正在办理的案件情况。

（十）不准擅自泄露、扩散有关举报材料的内容，私自向被举报人透露举报人的情况和举报材料的内容。

（十一）发现泄密问题要及时向领导报告，并立即采取补救措施，防止扩散。

五、议事规则

（一）议事原则

坚持民主集中制的原则，凡涉及委局需要研究的重大事项，必须经纪委常委会集体研究决定，少数服从多数，下级服从上级。

（二）议事形式

1. 纪委常委会议。根据工作需要随时决定召开。也可以召开常委扩大会议或纪委全委会。会议由书记召集和主持，也可由书记委托副书记或在家主持工作的负责人召集和主持，会议议题报经书记确定，办公室做好会议记录。研究的主要内容包括：传达上级纪委和县委的重要文件、重要会议精神和重大工作部署，研究贯彻落实意见；讨论常委会向全委会和党代会的工作报告及提请全会审议的重要事项；研究确定全县党风廉政建设和反腐败斗争的工作部署和重大决策；讨论县纪委向县委的重要请示、报告和县纪委的重要文件及其他材料；讨论县纪委、县委交办的重大事项办理意见；讨论决定下级党组织、纪检监察组织请示报告的重要事项；讨论决定管理权限范围内案件的立案和处理；审议乡镇（街道办事处）、县级机关部门纪委、纪检组与同级党组织处理意见有分歧的案件和经县委、县纪委审批的申诉案件；研究加强常委班子自身建设和机关自身建设的重要问题；讨论县纪委审批权限范围内干部的任免事项；讨论决定委局机关干部任免及干部、职工的调动；讨论其他需要常委会审议的重要事项。

2. 工作例会。原则上每周二召开一次，由委局领导及各室主任参加，由书记召集（主持）或经书记委托副书记召集（主持）会议，办公室做好会议记录。主要内容是汇报、交流和布置工作。

3. 组织纪律。凡涉及委局集体研究决定的，属于保密未予公开的重要事项不得泄密和外传。

六、学习制度

（一）学习时间。原则上每周二为委局机关干部职工集中学习时间，特殊情况不能如期进行的，另行安排。

（二）学习内容。邓小平理论、“三个代表”重要思想、《党章》等党纪政纪条规；党的路线、方针、政策，上级纪检监察机关和县委、县政府的工作部署要求、重要文件；纪检监察业务和经济社会管理等方面的知识。

（三）学习形式。以委局集中学习为主，同时采取各室、纪工委监察分局组织学习、个人自学及邀请有关领导、专业技术人员上课等形式。

（四）学习组织。委局集中学习，由委局领导或党支部书记主持，办公室安排学习内容、负责检查督促和登记工作；各室（纪工委监察分局）集中学习，由室主任（纪工委书记或监察分局局长）组织。

（五）学习纪律。全体机关干部职工必须按时参加，因故不能参加学习的，必须事先向组织学习的委局领导请假，无故不参加学习的，累计3次按旷工1天处理。

七、请假制度

（一）干部职工因私请假外出一律实行书面申请登记制度，一般干部职工办公时间临时短时间半天内外出，须向本室主任请假；外出1天内的，须向分管领导请假，在办公室备案；外出2天（含2天）以上的，须向主要领导请假，办公室备案；常委、室主任请假1天以内须报分管领导批准，2天（含2天）以上须报主要领导批准。

（二）干部职工因公外出，须向分管领导和办公室说明去向、时间，以便于联系。

（三）正常休假，按有关规定执行，由办公室收集意见汇总提出休假方案，报分管领导审核并经主要领导批准后执行。

八、收发文制度

（一）收发

1. 收文实行一个口子进，凡上级下发及各单位、各部门报送的文件、材料等，由办公室负责登记；发文实行一个口子出，委局上报和下发的文件、材料等，由办公室负责发送。

2. 办公室应按规定时间发送文件、材料等，防止耽搁、滞留。给委局领导的信件、材料及控告、申诉信件等，要直接送委局领导和有关室启封。

3. 办公室要加强对文件的管理。委局干部借阅文件均应登记签字，借阅密级文件一般要求当天归还，逾期不还者，办公室应予催还，确需延长借用时间的，应在当天归还办公室保管，第二天再办理续借手续。

（二）办文

1. 收到各类文件应立即登记、编号，重要或时间要求紧的文件，立即送批；原则上收文由办公室负责人签批意见后再送领导阅示，其中涉及各室的文件除办公室签批意见外，还要由各室负责人签批具体处理意见，再送委局领导阅示；办公室负责人不在时，可直接送委局领导阅示。

2. 文件阅批、传阅和办理完毕，办公室应及时分类归档备查。

（三）发文

1. 委局文件、材料都应在委局打印室打印排版，文件、材料行文清晰，格式规范，稿面整洁。

2. 一般性文件、材料应在领导签发后 2 天内打印发出，重要文件、材料或急需使用的，应在当天打印发出。

3. 委局文件、材料一般由办公室装订，各室文件、材料由各室装订。

4. 未经领导同意，外单位文件、资料不得在本委局打印、复印。

（四）印章

1. 纪委监察局印章由办公室保管，各室印章由各室自行保管。

2. 盖纪委印章须经书记或副书记批准，盖监察局印章须经局长或副局长批准，盖各室印章由各室主任批准，制发公文加盖印章，凭领导签批意见用印。

3. 印章要妥善保管，如有遗失，要追究责任。

九、公务接待制度

（一）各类公务接待、加班就餐等，事前须报告办公室，由办公室负责向分管财务的领导请示后统一安排并签单。未报告或未经批准擅自安排、私自签单的一律不予核销。

（二）省、州和兄弟县（市）领导及来宾需要接待的，要由办公室统一负责安排食宿。

（三）各类公务接待严格按照对口接待原则控制陪同人员，涉及各室业务的由分管领导和室主任出面陪同，乡镇（街道）纪委（纪工委）干部因工作关系需就餐的，由其所联系的室主任作陪。

十、财务管理制度

（一）财务管理工作制度

1. 按照国家财经制度、法规要求，委局机关各项财务收支活动都应纳入财政部门统一管理、统一核算，并接受监督。各项支出均应严格遵照行政单位经费规定执行。

2. 认真组织会计核算，办理会计业务；及时清理债权、债务，正确编制会计报表。

3. 委局机关各项开支均应取得真实合法的原始凭证，原始凭证必须由经办人签名，按规定程序审批后报销。出差或因公借款须经领导批准，任务完成后及时办理报账手续。原始凭证格式由财务部门统一规定。

4. 加强资金管理，不得“坐支”，加强支票管理，出纳、会计、分管财务的领导各司其职，互相监督制约。

5. 财务人员要以身作则、奉公守法，认真贯彻国家各项改革措施，既要维护国家和集体利益，又要维护干部职工切身利益。

6. 会计人员应做好会计档案管理工作，每年要及时将各类会计账、证、表等资料分类装订，立卷归档。

7. 单位各项支出报销时间遵照财政规定的报账时间，每月 6—25 日为报账日（国家法定假日除外）。

（二）财务开支审批制度

严格执行财务开支“联签”审批制，各类开支由经办人签署事由，再由主管财务的领导审核、分管财务的领导审批同意后方可报销，支出票据只有一方签字的不予报销。

1. 报批制度

（1）委局机关各项开支按财政规定实行计划管理，每月 10 日前将本单位用款计划报县财政部门审批。

（2）委局向政府请示增拨各种经费的报告，一律交财务备案，并按资金的用途核算。

（3）严格执行办公用品采购制，凡需要购买金额较小、按规定可不经政府采购办集中采购的日常办公用品、物品的，须报办公室审查后，由办公室统一安排采购，凡事前未报告或报告未经批准擅自采购的一律不予核销。

（4）购买物品、订阅报刊、杂志以及日常修缮等必须凭税务部门统一监制的正式发票报销，非正式发票或非行政事业单位收据均不予核销。

（5）1000 元以上的各项开支，必须通过银行转账结算。

2. 审批权限

（1）5000 元（含 5000 元）以上的大额资金支出，必须经县纪委常委会研究，5000 元以下的资金支出报分管财务的领导批准同意后支出。

（2）职工因公外出，必须严格遵照国家机关、事业单位工作人员差旅费开支的规定执行。借支差旅费的人员，必须由本人填写借款单，注明目的地、事由及计划天数，核定借款金额，经领导审核、批准后，方可在财务上借款；返回后应在一周内按审批程序报销。

（3）符合探亲条件的职工，其探亲差旅费按规定予以报销。

（4）严格控制机动车运行费用支出。燃油统一用油卡加油，实行一次性购买，分期领用，特殊情况下需现金加油的，必须事前向办公室报告，否则不予核销；实行定点保险，由财务和办公室统一办理；实行定点维修，驾驶员不得随意在非指定地点维修，修理前必须向办公室书面报告维修计划，修理费超过 200 元以上的，事前须征得分管领导同意，报销时按正常报批程序结算并附修理明细表。

（三）财产物资管理制度

1. 委局机关所有机动车辆实行集中管理，统一调配制度。各室和纪工委监察分局用车需提前报告办公室，由办公室根据实际情况填写派车单，并登记出车情况，驾驶员不准私自出车或将车子外借，私自出车发生事故，一切后果自负。委局机关和纪工委监察分局人员原则上不准公车私用，如遇特殊情况，须经办公室报分领导批准后，方可派车。节假日要将车辆入库管理。

2. 固定资产统一由办公室指定专人进行管理，应建立健全管理账卡，对报损、报废、调出、变卖以及增加或减少的固定资产应由使用人或管理科室提出书面申请，财务室按审批权限报批。财务室应定期对固定资产进行清查、核实。

3. 加强公有财产管理，实行有价登记，丢失的由使用人照价赔偿。工作人员调离时，必须在财务上结清账目，交清所有公物后，再办理有关调离手续。

4. 购进低值易耗品、材料时，要做好登记入账工作，采购和保管签字交接，做到账物相符。各室及纪工委监察分局领用时，领用人员必须履行登记手续，年终汇总对账。

5. 严格违纪资金收缴管理，违纪资金收缴一律按“收支两条线”的规定认真执行，经办人不得向交款人出示白条，不得将收缴后的违纪资金坐支、垫支、更不准挪用公款。收缴的违纪物资要随收随交办公室，实行交管登记管理，不得将收缴的物资借工作之名私用。

（四）福利制度

医药费、养老金、公积金、独生子女费等，按国家规定执行。

十一、档案管理制度

（一）档案室内不准存放易燃物品，严禁烟火，做好防霉、防虫、防尘、防潮、防盗、防光等工作。定期打扫卫生，保持档案室清洁卫生。

（二）委局内部因工作需要调阅档案，办公室和相关室做好借阅登记；外单位借阅档案，应凭单位介绍信，经分管领导同意可在档案室内查阅，档案一般不外借。

（三）严守党和国家机密，不得翻阅和抄录与利用无关的档案材料，如需复制或借出，须经分管领导同意，用完及时归还。

（四）要爱护档案资料，不得污损、涂改、圈划、折叠、剪裁档案，不得在档案材料上做任何标记和符号，确保档案完整无损。

（五）调借档案必须登记，归还或收回时应点交清楚，及时注销。

十二、瓮安廉政网管理制度

（一）健全组织机构。成立网站管理工作领导小组，组长由分管宣教工作的领导担任，成员由各室负责人组成。宣教室负责协调网站管理，并指定专人经常对网站运行进行检查、维护和保密安全工作。

（二）建立信息发布审批制度。网站上发布的信息必须严格遵守党的路线方针政策和法律法规，内容健康，且履行如下程序：拟发布信息室提出申请—报分管领导批准—由宣教室专人发布。各室主任为提供信息责任人，应及时为本网站提供各种发布信息。

（三）建立信息发布日志。网站管理人员负责记录每次信息发布的内容和时间，做好发布信息审批表及原始材料的归档工作。新闻更新原则上每个月 1 次以上，其他内容视情况随时更新。

（四）认真办理网上投诉。信访室负责及时做好网上投诉的接收、登记、呈报和反馈工作。同时，根据保密制度，做好对举报人的保密工作。

十三、惩罚制度

对未遵守本纪律规定和内部管理制度，并给工作带来影响的违纪行为，视其情节轻重，参照上级纪检监察机关有关纪律规定和《国家公务员暂行条例》第七章有关纪律规定，经纪委常委会研究，予以批评教育、纪律处分或扣除十三月奖金。

中共瓮安县纪委监察局办公室

2017 年 7 月 18 日

中共瓮安县纪委　瓮安县监察局
关于印发《纪工委监察分局相关工作制度》的通知

瓮纪办〔2012〕76 号

各乡镇（街道）纪委（纪工委），县纪委监察局机关各室，县纪委监察局一、二、三、四纪工委监察分局：

《纪工委监察分局相关工作制度》已经县纪委常委会研究同意，现印发你们，请遵照执行。

纪工委监察分局管理试行办法

第一章　总　则

第一条　为了规范纪工委监察分局的工作，加强领导和管理，充分发挥职能作用，促进反腐倡廉建设工作整体推进，根据《黔南州完善县级纪检监察派驻机构统一管理的实施意见（试行）》和《瓮安县派驻纪检监察机构统一管理工作实施方案》的要求，结合工作实际，制定本办法。

第二条　纪工委监察分局是县纪委监察局的下设机构，直接受县纪委监察局领导并经授权履行纪检监察职能。

第二章　工作职责

第三条　纪工委监察分局所辖部门和联系单位：

第一纪工委监察分局：负责县发展和改革局、县工业和信息化局、县财政局、县农村工作局、县林业局、县水利局、县审计局、县人力资源和社会保障局、县供销合作社联合社、县投资促进局、县委组织部、县委统战部、县工商联、县机构编制委员会办公室、县离退休干部工作局的纪检监察工作；联系县法院、县检察院、县公安局的纪检监察工作。

第二纪工委监察分局：负责县教育局、县司法局、县国土资源局、县文体广电旅游局、县卫生和食品药品监督管理局、县人口和计划生育局、县民政和民族宗教事务局、县信访局、县档案局、县委政法委、县残联、县科协、县文联、县计划生育协会、县红十字会的纪检监察工作；联系县垂管部门及县属企事业单位的纪检监察工作。

第三纪工委监察分局：负责县交通运输局、县统计局、县环境保护局、县住房和城乡建设局、县安全生产监督局、县城市管理局、县水利水电工程移民局、县委宣传部、团县委、县妇联、县总工会、县委党史研究室、县委党校、县老年大学的纪检监察工作；联系县委办、县人大办、县政府办、县政协办的纪检监察工作。

第四纪工委监察分局：负责经济开发区（工业园区）和5个投资公司：贵州瓮安经济开发区（瓮安银盏工业园区管理委员会）、县国有资产营运投资有限责任公司、县工业园区投资开发有限责任公司、县文化旅游发展有限责任公司、县城镇建设投资开发有限责任公司、瓮安水务投资有限责任公司的纪检监察工作。

第四条　纪工委监察分局履行以下职责：

纪工委监察分局在县纪委监察局的直接领导下开展工作，履行党的纪律检查和行政监察两项职能。

第一、二、三纪工委监察分局主要职责是：

（一）加强对驻在部门领导班子及其成员贯彻落实科学发展观、贯彻落实中央重大决策部署和维护党的政治纪律、贯彻执行民主集中制情况的监督，保证中央政令畅通。

（二）加强对领导班子及其成员执行廉洁自律和党风廉政建设责任制规定情况的监督，促进领导干部勤政廉政。

（三）加强对驻在部门“三重一大”等重要事项研究、决策、执行的监督，强化对权力运行的监督制约。

（四）加强对驻在部门领导班子成员执行党员领导干部报告个人事项规定情况的监督。

（五）加强对涉嫌违纪线索的查处工作。

（六）承办县纪委监察局交办的其他事项。

第四纪工委监察分局主要职责是：

（1）加强对工业园区及5个投资公司领导班子及其成员贯彻落实科学发展观、贯彻落实中央重大决策部署和维护党的政治纪律、贯彻执行民主集中制情况的监督，保证中央政令畅通。

（2）加强对领导班子及其成员执行廉洁自律和党风廉政建设责任制规定情况的监督，指导和推动党风党纪宣传和教育，促进领导干部勤政廉政。

（3）加强对工业园区及5个投资公司“三重一大”等重要事项研究、决策、执行的监督，强化对权力运行的监督制约。

（4）加强对领导班子成员执行党员领导干部报告个人事项规定情况的监督。

（5）受理对工业园区和5个投资公司及其管理的党组织、党员、监察对象违反党纪政纪行为的控告、检举、申诉及根据县纪委监察局的安排查办所辖单位及系统党组织、党员和监察对象违纪违法案件。

（6）督促所辖单位及系统认真组织开展廉政风险防控工作，加强作风建设，着力构建惩治和预防腐败体系。

（7）指导和监督工程建设招投标工作。

（8）完成县纪委监察局交办的其他工作。

第五条　纪工委监察分局履行职责时要加强与所辖部门的沟通协调和配合，采取参加会议、进驻督查、专项检查、调查研究、巡视巡察等措施，对所辖部门进行监督检查。

第六条　在履行监督职责过程中，有下列情况的，纪工委监察分局要及时向县纪委监察局报告，并根据县纪委监察局的要求向所辖部门党政领导班子主要负责人通报：

（一）直接收到反映所辖部门党政领导班子及其成员违反党纪政纪问题的信访举报。

（二）发现所辖部门党政领导班子及其成员严重违反有关制度、涉嫌违反党纪政纪问题及其他非正常情况。

（三）纪工委监察分局在履行监督职责中提出纠正意见，所辖部门无正当理由不纠正的。

（四）县纪委监察局要求报告的其他事项。

第七条　纪工委监察分局按规定向县纪委监察局报告发现的情况和问题时，可以提出工作建议。

第八条　纪工委监察分局在履行监督职责过程中发现问题，除必须向县纪委监察局报告以外，应当及时向所辖部门党政领导班子提出纠正意见或建议。

第三章　工作权限和程序

第九条　县纪委监察局与纪工委监察分局是领导与被领导的关系。

第十条 纪工委监察分局与所辖部门的关系：

（一）纪工委监察分局与县纪委监察局各业务室是协作与配合的平行关系，业务工作接受各室的指导。

（二）纪工委监察分局与所辖部门是监督与被监督的关系、监督主体与责任主体的关系。同时，接受所辖部门党组织和干部群众的监督。

（三）县直各部门党政主要负责人是本单位党风廉政建设工作的第一责任人，对本单位的党风廉政建设工作负全面责任。派驻纪检组长协助单位党政主要负责人具体抓党风廉政建设工作。

第十一条 纪工委监察分局的工作权限：

（一）纪工委监察分局必须派人参加所辖部门研究涉及“三重一大”的党组会议，列席行政办公会议。对会议研究的重大事项，必须明确表明意见和态度。

（二）纪工委监察分局对所辖部门的重大事项和工作决策具有知情权、参与权、监督权，对涉及党风廉政建设工作的有关重要问题具有建议权和报告权。

（三）经县纪委书记或分管副书记批准，纪工委监察分局对所辖部门党员和干部违反党纪政纪的问题进行初核，并提出处理建议，需要立案调查的，由县纪委监察局研究确定。

第十二条 所辖部门召开下列会议，应提前通知相应的纪工委监察分局：

（一）党组或行政领导班子研究党风廉政建设工作会议；

（二）领导班子民主生活会；

（三）研究部门人事安排、职称评定、评选先进的会议；

（四）研究全局性工作部署、重要改革事项、大额度资金安排、项目审批、工程建设的会议；

（五）其他需要参加的会议。

第十三条 所辖部门应及时向纪工委监察分局报送下列文件、资料：

（一）党风廉政建设和行政监察工作方面的相关文件、资料；

（二）领导班子民主生活会报告及整改措施；

（三）部门干部任免、奖惩、选聘等方面的文件、资料；

（四）建设项目招投标方案、预决算执行情况及单位大额度资金安排使用情况；

（五）其他需要报送的文件、资料。

第十四条 所辖部门必须将下列有关情况及时报送相应的纪工委监察分局：

（一）本部门发生的重大事故、突发性事件、违纪违法案件；

（二）收到有关对本部门及其所属党组织、党员和干部的检举、控告；

（三）拟提拔干部征求纪工委监察分局的意见；

（四）干部职工个人重大事项；

（五）其他需要报送的重要事项。

第十五条 纪工委监察分局根据工作需要，对社会上出现的热点、难点问题和群众反映强烈的问题，结合所辖部门的履职情况，对所辖部门实施重点巡查和专项巡查。

巡查结果视问题性质而作相应处理，问题较轻的，由派出机构向其下达巡查整改意见书或对其主要负责人进行诫勉谈话；问题严重的，由纪工委监察分局提出处理意见和整改建议，经县纪委监察局研究后对其进行责任追究；对确有违纪事实，并需要追究党政纪责任的，报经县纪委监察局批准，立案调查处理。

第十六条　纪工委监察分局依照有关规定，报经县纪委监察局批准，可以对所辖部门处理不当的问题，提出改变或纠正处理的建议。有关党组织、单位和个人没有正当理由必须执行。

第十七条　纪工委监察分局应加强与所辖部门的工作联系，建立健全信息交流、情况通报、相互协作各项机制，及时了解、掌握所辖部门的党风廉政建设和反腐败工作情况，以及所辖部门机构设置、人员配备、职责范围、业务内容等方面的基本情况。

第四章　派出机构管理

第十八条　纪工委监察分局分系统联系派驻部门，成员分散驻点，集中办公，业务工作和人员调度由县纪委监察局统一领导、安排。

第十九条　纪工委监察分局的日常工作由纪工委书记负责。涉及重要工作、重大事项，主要负责人要向县纪委书记或副书记请示、报告。

第二十条　县纪委监察局机关各室负责对纪工委监察分局的业务指导。各室与纪工委监察分局之间需要共同组织实施的工作，请示县纪委监察局分管副书记，经分管副书记协调后，共同组织实施。

第二十一条　派驻纪检组长为所属纪工委委员，担任驻在部门党组成员，在同级干部中排名靠前，协助驻在部门抓纪检监察工作。未派驻纪检组长的部门，由纪工委负责监管。

第二十二条　派驻纪检组长的编制、行政关系、工资关系、福利待遇、党团组织关系等仍保留在驻在部门。派驻纪检组长的编制要从驻在部门总编制中予以明确，实行单列专用。

第二十三条　纪工委监察分局的干部任免、交流和管理按干部管理权限进行办理。县纪委监察局对纪工委监察分局的工作进行绩效考评和年度工作考核。

第五章　工作制度

第二十四条　日常工作联系制度。

（一）纪工委监察分局要定期不定期向县纪委书记或副书记报告工作开展情况。根据工作需要，可提请县纪委监察局机关内设室参与实施或组织开展相应职能工作。

（二）重要事项及时报告制度。纪工委监察分局对所辖部门党风廉政建设方面的重大问题，要及时报告县纪委监察局。

（三）纪工委监察分局根据县纪委监察局工作部署，结合实际，制订年度计划，认真组织实施，加强督促检查，确保工作落实。纪工委监察分局每月向县纪委监察局报告一次工作任务完成情况。

第二十五条　工作例会制度。

纪工委监察分局工作例会每月召开一次，由纪工委书记召集，纪工委监察分局全体人员参加。主要学习贯彻上级有关会议、文件精神；总结和通报所辖部门纪检监察工作开展情况；安排部署近期工作。

第二十六条 联席会议制度。

纪工委书记每半年召集召开一次联席会议，参加人员为所辖部门党政主要领导和纪工委监察分局全体人员。主要通报党风廉政建设和反腐败工作的进展情况，交流经验和重要信息；分析所辖部门党风廉政建设和反腐败工作的新情况、新问题；研究推进所辖部门党风廉政建设和反腐败工作的对策；研究在党风廉政建设和反腐败工作中需要协调、沟通的问题。

第二十七条 信访工作联系制度。

（一）县纪委监察局信访室负责联系、指导、督促派出机构信访工作，根据工作需要，按程序转办、交办、督办相关信访件办理情况。

（二）纪工委监察分局收到反映所辖部门副科级以上领导干部的信访件，转送县纪委监察局信访室按相关要求办理。纪工委监察分局对反映所辖部门股级以下党员干部问题的信访件，直接进行初步核实。

（三）纪工委监察分局收到对于处分不服申诉的信访件，应及时办理，并提出建议意见，提请案件审理室按相关要求办理。

第二十八条 案件检查工作联系制度。

（一）县纪委纪检监察室具体负责联系、指导、督促派驻机构的案件检查工作。根据工作需要，提出调配派出机构干部参与全县案件查办的意见建议。

（二）纪工委监察分局在县纪委监察局的领导、安排下，根据工作需要参与全县案件查办工作。

第二十九条 责任追究制度。

发生下列情况之一的，应追究纪工委监察分局负责人的责任。

（一）发现所辖部门发生重大违纪行为不制止、不查处，甚至瞒案不报、压案不查的。

（二）对于所辖部门发生的明令禁止的严重不正之风，不认真履行监督检查职责，长期失察，造成严重后果的。

（三）不按规定报告或者不如实向县纪委监察局报告有关情况和问题，造成严重后果的。

（四）不认真遵守和执行上级机关的指示、决议、决定、规定和工作部署，经指出仍不改正的。

（五）在履行公务中接受影响公正执行公务的宴请、有关单位和个人赠送的礼金、有价证券、支付凭证或贵重物品的。

（六）借履行公务之机为个人或亲友谋取私利的。

（七）有其他违反纪检监察工作纪律和办案纪律行为的。

第六章 附 则

第三十条 本办法由县纪委监察局负责解释。

第三十一条 本办法自发布之日起施行。

纪工委监察分局议事决策程序管理试行办法

第一章 总 则

第一条 为健全纪工委监察分局议事决策制度，全面履行纪检监察职能，根据省、州《关于完善县级纪检监察派驻机构统一管理工作的实施意见（试行）》的主要精神，结合工作实际，制定本办法。

第二条 纪工委监察分局必须严格执行《中国共产党章程》《中国共产党纪律处分条例》《中国共产党党内监督条例（试行）》和《中华人民共和国行政监察法》等规定，认真贯彻落实《建立健全教育、制度、监督并重的惩治和预防腐败体系实施纲要》，切实抓好教育、制度、监督、改革、创新、惩处、保护等主要工作任务的落实，加大对管辖部门权力运行的监督与制约，为我县经济社会的发展提供强有力的政治和纪律保证。

第二章 组织原则

第三条 坚持民主集中制原则。必须遵守个人服从组织、少数服从多数、下级组织服从上级组织、党的各个组织和全体党员服从中央的基本原则。

第四条 坚持集体领导和个人分工负责相结合的原则。在个人职权范围内不能处理的重要问题，应提出有情况、有分析、有措施的方案和意见，提交集体讨论决定。

第五条 严格执行保密纪律和有关规定。

第三章 议事与决策

第六条 纪工委监察分局实行纪工委委员会会议制度。纪工委委员会成员由纪工委书记、纪工委副书记（监察分局局长）、纪工委委员组成，纪工委委员为所辖部门纪检组长。根据工作需要，也可请有关人员列席会议的部分议题。

纪工委委员会由纪工委书记主持召开。纪工委书记不能参加会议时，可委托纪工委副书记（监察分局局长）主持召开，会后主持人应及时将会议情况和决定事项报告纪工委书记。

第七条 纪工委书记、副书记（监察分局局长）应带头执行民主集中制，充分发扬民主，善于集中正确意见，自觉接受监督。纪工委委员及其他派出机构人员应积极支持纪工委书记、副书记（监察分局局长）的工作，接受纪工委书记、副书记（监察分局局长）的工作安排、检查、督促和指导。

第八条 凡属纪工委委员会职责范围内决定的问题，必须充分酝酿讨论，集体作出决定。个人或少数人无权作出决定。

第九条 在集体讨论决定问题时，应畅所欲言，充分发表个人意见。个人对集体作出的决定若有不同意见，在坚决执行的前提下，可以保留意见，也可向县纪委监察局报告。

第十条 纪工委委员会会议议事范围：

（一）贯彻落实党的路线、方针、政策和县纪委监察局重要决议、指示和工作部署，研究制定贯彻落实的方案和措施；

（二）纪工委年度工作计划、工作安排部署和工作总结以及领导班子的述职述廉报告；

（三）酝酿需要提交县纪委监察局讨论决定的重大问题；

（四）按照权限对管辖部门党组织、党员和行政监察对象的检举、控告和处理不当及不服处分申诉的调查复查，提出处理建议或意见；

（五）纪工委监察分局制定出台的重要文件、规章制度的研究制定，向县纪委监察局的重要请示、文件、报告等；

（六）协调处理纪工委监察分局与管辖部门、县纪委监察局各室以及日常工作中的有关重要情况和有关事项；

（七）加强自身建设中的重要问题；

（八）其他需要纪工委委员会讨论研究决定的事项。

第十一条　纪工委委员会根据工作情况及时召开，原则上每月不少于一次。议题由委员会成员提出，收集汇总后，由纪工委书记确定或委托纪工委副书记（监察分局局长）确定。

召开会议的时间、议题应在召开会议前通知参会人员。特殊情况也可以临时通知。

第十二条　纪工委委员会会议决定的重要事项要在会后及时上报县纪委监察局备案，并负责督促抓好工作落实。

第四章　执行与监督

第十三条　纪工委书记、副书记（监察分局局长）负责对纪工委委员会作出的决定、决议的贯彻落实情况进行监督检查，及时掌握、研究和解决执行中出现的新情况、新问题。

第十四条　纪工委委员会成员要按照分工，认真履行职责，切实抓好分管工作任务的落实，以保证纪工委委员会决定、决议的贯彻执行。

第十五条　纪工委委员会决定的事项，每位成员必须坚决执行。在执行中若发现新情况、新问题，应及时报告纪工委书记、副书记（监察分局局长）；也可提出建设性的意见建议，提请会议复议。在没有重新作出决定前，不得有任何与会议决定相违背的行为。

第十六条　纪工委委员会作出的决定、决议及其成员作出的决策、决定，应接受纪工委委员会成员的询问和质询。

第十七条　对违反本规定的行为，将按照有关规定和程序予以处理：

（一）纪工委委员会及其成员不履行职责或不按组织原则办事的，应进行批评纠正。造成损失的，按有关规定追究责任。

（二）纪工委委员会成员违返议事规则和决策程序的，要及时批评纠正。造成重大损失和严重后果的，按有关规定给予党政纪处分。

（三）纪工委委员会成员泄露应该保密的会议内容、讨论情况和有关事项的，给予批评教育。情节严重的，按有关规定给予党政纪处分。

（四）对批评、检举、控告人员进行刁难或打击报复的，给予批评教育。情节严重的，按有关规定给予党政纪处分。

（五）对违反本规定的其他行为，给予批评纠正。情节严重的，按有关规定给予党政纪处分。

第五章 附 则

第十八条 本办法由县纪委监察局负责解释，自发文之日起执行。

纪工委监察分局与负责部门工作联系试行办法

为加强纪工委监察分局与所辖部门（单位）的工作联系，促进反腐倡廉建设，根据《瓮安县派驻纪检监察机构统一管理工作实施方案》的有关要求，制定本办法。

第一条 纪工委监察分局与所辖部门（单位）系监督与被监督的关系，是监督主体与责任主体的关系。各纪工委监察分局按照县纪委监察局的授权开展工作。

第二条 纪工委监察分局应加强与所辖部门的工作联系，建立健全信息交流、情况通报、相互协作等各项工作制度，及时了解、掌握所辖部门（单位）党风廉政建设和反腐败工作情况。

第三条 所辖部门（单位）的党风廉政建设工作职责：

（一）所辖部门（单位）的党政领导班子对本部门（单位）及所辖系统的党风廉政建设负全面责任；党政正职对部门（单位）的党风廉政建设负总责；纪检组长协助单位党政主要负责人具体抓党风廉政建设工作，按照“一岗双责”的要求，对职责范围内的党风廉政建设工作负直接领导责任。

（二）负责对本部门（单位）非党员且非行政监察对象的违纪问题进行查处。

（三）积极配合纪工委监察分局开展工作，落实有关党风廉政建设方面的工作任务。

第四条 所辖部门（单位）的党风廉政建设工作机构：没有设立派驻纪检组、监察室的单位，由一名班子成员分管党风廉政建设工作，具体工作明确有关科室承担；已设立纪检组、监察室的单位，由派驻纪检组、监察室承担具体工作；保留纪委和其他纪检监察组织没有改革的单位，其领导和工作机构维持不变。

第五条 工作联系的方式和内容：

（一）报送有关资料。所辖部门（单位）应及时向纪工委监察分局报送党风廉政建设和行政监察工作方面的有关文件、资料：领导班子民主生活会报告及整改措施；部门干部任免、奖惩、选聘等方面的文件、资料；建设项目招投标方案、预决算执行情况及单位大额度资金安排使用情况；其他需要报送的文件、资料。

（二）报送有关情况。所辖部门（单位）应及时向纪工委监察分局报送部门（单位）发生的重大事故、突发事件、违纪违法案件；收到有关对本部门及其所属党组织、党员和干部的检举、控告；拟提拔干部征求纪工委监察分局的意见；干部职工个人重大事项和其他需要报送的重要事项。

（三）参加相关会议。凡涉及“三重一大”问题决策的党委（党组）会议和行政办公会议、领导班子民主生活会，研究党风廉政建设工作的会议和部门（单位）人事安排、职称评定、评选先进等会议以及其他需要参加的会议，所辖部门和联系单位应提前告知纪工委监察分局，已派驻纪检组长的由纪检组长参加，对没有派驻纪检组长的由纪工委监察分局派人列席参加，对会议研究的具体事项和决策程序进行监督。

（四）开展党风廉政建设巡视。根据县纪委监察局的统一部署，对所辖部门（单位）开展巡视工作，全面检查所辖部门和联系单位的党风廉政建设情况。

（五）开展函询、质询。纪工委监察分局认为有必要，经请示县纪委书记或副书记同意，可以通过发函或当面质询的方式，要求联系单位及其工作人员就涉及党风廉政建设的问题作出解释和说明。

（六）开展专项检查。参与县纪委监察局部署的专项治理工作；开展对县委、县政府重大决策部署执行情况的监督检查；对群众反映强烈和日常监督中发现的突出问题进行专项检查。

（七）进行考核测评。根据县纪委监察局的安排部署，对负责部门和联系单位进行党风廉政建设责任制考核检查。

（八）实行问责、追责。纪工委监察分局发现所辖部门和联系单位未履行党风廉政建设工作职责，出现工作失误，或失职、渎职及其他违纪违法情形的，依照规定提出对相应责任人的处理建议。

（九）纪工委监察分局与所辖部门（单位）要加强工作联系。因工作需要，在了解情况、查阅资料时，所辖部门（单位）和相关人员要积极配合，如实提供。

第六条　本办法由县纪委监察局负责解释，自发文之日起执行。

纪工委监察分局日常工作流程管理试行办法

为健全纪工委监察分局工作制度，规范工作流程，提高工作效率，加大监督力度，促进所管部门党风廉政建设和反腐败工作。根据相关规定，结合工作实际，制定本办法。

一、月度工作情况绩效管理流程

为加强对纪工委监察分局的工作指导，增强工作的计划性，提高工作质量，纪工委监察分局必须建立和落实每月工作情况绩效管理流程。

（一）认真填写《月度工作情况绩效统计表》（以下简称《绩效表》），经纪工委书记或副书记（监察分局局长）审核把关，于每月 26 日前上报县纪委监察局审查备案。

（二）《绩效表》必须逐一列明本月主要工作及具体完成情况，下月工作安排，工作建议等，县纪委书记或副书记要审核纪工委监察分局月工作情况，了解纪工委监察分局工作事项和工作进展情况，并对下月工作提出具体要求。

（三）《绩效表》回执及存档。经县纪委书记或副书记批复的《绩效表》回执，纪工委监察分局应组织所属人员认真学习理解，研究具体落实措施，分工抓好落实。《绩效表》应及时归类存档，年底装订成册，并作为纪工委监察分局及个人绩效考核、评先评优和平时考核、年终考核的基本依据。

二、初查核实线索登记流程

（一）纪工委监察分局受理的反映管辖部门党员、党组织和行政领导违纪问题的信访线索和材料，经县纪委书记、副书记批准，决定进行初步核查的，要办理初查核实登记手续，填写《初查核实线索登记表》。

（二）注明线索来源，也是初查核实的依据。包括：

1. 转信部门或领导；

2. 转信部门要求或领导批示；

3. 要求办结时限；

4. 举报人姓名、单位及职务，无姓名的，须注明为匿名信；

5. 收信人；

6. 收信时间。

（三）确定初查核实责任人员。办理初查核实手续后，纪工委监察分局应根据所反映问题的具体情况明确初查核实人员，成立核查组。核查组人员不得少于 2 人，并明确主办人、协办人。

（四）制订初查核实方案。核查组成立后，主办人应组织核查人员认真分析所反映主要问题的线索、基本情况及涉及的单位和人员，并进行认真的分析研究，同时学习相关的政策法规。在熟悉案情和政策规定的基础上，制订详细的初查核实方案，报委局分管领导审批。初查核实方案包括：

1. 核查开始时间；

2. 预计立案或办理时间；

3. 核查目的，即所反映的主要问题和需要核实清楚的内容；

4. 核查实施步骤，包括初查核实的时间、范围、程序等。

（五）撰写初核报告。初核结束后，核查组就及时撰写初核报告，由核查组人员共同讨论定稿后，按有关规定上报。对不同意见，应在初核报告中如实反映，或附书面材料说明。

（六）材料归档。《初查核实线索登记表》及初核报告属于保密资料，必须妥善保存，按类归档，借阅或查询必须经纪工委书记或副书记（监察分局局长）批准。

三、调研工作安排登记流程

（一）为规范调查研究工作，减少工作盲目性，提高工作效率，纪工委监察分局到负责部门和县内外其他单位进行工作调研，都应填报《调研工作安排登记表》。

（二）纪工委监察分局应根据县纪检监察工作会和年度工作计划确定的工作任务，提出年度课题调研计划，报县纪委监察局批准后实施；因工作需要开展的临时性调研课题，以及根据上级有关部门和领导下达的专项调研课题，由纪工委监察分局报县纪委书记或副书记审批后实施。

（三）调研的依据及目的：

1. 调研题目：纪工委监察分局应根据上级的工作要求和负责部门的热点难点问题，确定每年的调研课题；

2. 调研依据：纪工委监察分局工作调研应以上级有关党风廉政建设的专项要求，县纪委常委会明确的年度调研工作任务，负责部门的党风廉政建设和反腐败工作的重点、难点、热点问题，以及县纪委监察局领导明确的临时性调研课题作为基本依据；

3. 调研目的：明确调研需要达到的根本要求，以及需要解决的主要问题。

（四）开展调研。根据调研任务，制订详细的调研方案，经纪工委书记或副书记（监察分局局长）批准同意后组织实施。

1. 做好资料准备：包括上级的有关规定、要求及相关文件，对调查对象的原始材料的了解范围和熟悉情况；

2. 开展调研：深入开展情况调查，可采取访谈、座谈、问卷调查、请有关单位提供相关情况等方式进行，力求情况真实准确，全面反映调研目的；

3. 撰写调研报告：在全面深入调研和了解、掌握情况的基础上，调研小组进行充分讨论、交流调研情况，研究调研报告思路，完成调研报告材料。

（五）工作成效。调研报告形成后，纪工委监察分局按规定程序送相关县纪委监察局领导阅示，按领导批示督促落实。

1. 领导对报告的批示：相关委局领导以及县委领导对调研报告的批示内容；

2. 领导采纳建议情况：所提建议被领导采纳及要求相关单位研究和落实的情况；

3. 有关单位采纳及整改情况：所提建议被相关单位采纳的内容、整改措施及整改效果；

4. 本部门对此次调研的体会及收获：对派驻工作、驻在部门党风廉政建设工作具有启发作用和指导意义的收获体会。

四、参与所辖部门重要事务活动流程

纪工委监察分局按有关规定，参与负责部门的党组或行政领导班子研究党风廉政建设工作会议；领导班子民主生活会；研究部门人事安排、职称评定、评选先进的会议；研究全局性工作部署、重要改革事项、大额度资金安排、项目审批、工程建设的会议和其他需要参加的会议。要求填写《参与负责部门重要事务活动登记表》。包括：

（一）活动基本情况。指会议活动的主题或会议名称、起始时间和结束时间、活动地点和活动的组织单位等内容。

（二）参与活动人员情况。指纪工委监察分局参与活动的人员、批准领导、外单位参与活动的人员等。

（三）参与活动的目的。指通过参加本次活动，需要了解的情况、解决的问题、讨论研究的事项、形成的相关决定等内容。

（四）活动的主要内容。指活动主要做的工作和解决的中心议题。

（五）争议重点。指会议活动中各方分歧较大、意见较难统一、经过多次研究形成统一意见或仍形成不了一致意见的内容，或者需要进一步协商统一的意见等。

（六）活动结果。指活动取得的主要成果。

（七）参与人员所提意见及建议。纪工委监察分局参与人员围绕会议主题，结合工作职责，对会议讨论的内容提出的意见和建议等。一般情况下，纪工委监察分局派员参加的活动，所提的意见或建议的主要内容，须事先征得纪工委书记或副书记（监察分局局长）同意。

（八）县纪委领导意见。县纪委书记或副书记对整个活动的指示和要求。纪工委监察分局根据意见跟踪抓好落实，或组织和协调相关部门贯彻落实。落实情况或进展情况须及时报告。

中共瓮安县纪委监察局办公室
关于印发《责任追究案件报告制度（试行）》的通知

瓮纪办通〔2015〕2号

各乡镇纪委、街道纪工委、各部门纪检组（纪委）：

《瓮安县纪委监察局责任追究案件报告制度（试行）》已经委局领导同意，现印发给你们，请遵照执行。

瓮安县纪委监察局责任追究案件报告制度（试行）

为认真贯彻落实党的十八大，十八届三中、四中全会精神，确保“三转”工作落到实处，突出纪检监察机关“监督执纪问责”主责主业，进一步彰显有腐必惩、有贪必肃的坚定决心，发挥查办案件治标促治本功效，形成干事创业、敢于担当、有为有位、风清气正的政治生态环境，改进作风，严肃纪律，促进廉政和为“清廉瓮安”建设提供坚强的纪律保证，根据《中国共产党纪律检查机关案件检查工作条例》《监察机关调查处理政纪案件办法》和《关于纪检监察机关严格依纪依法办案的意见》等规定，结合我县工作实际，特制定本制度。

第一条　坚持党委（党工委、党组）统一领导下切实履行好监督责任和办案主业。各级党委（党工委、党组）强化对权力运行的制约和监督，从源头上防治腐败；领导和支持执纪执法机关查处违纪违法问题；发挥反腐败协调小组的作用，健全查办案件的协调机制，提高有效突破案件的能力。县纪委常委会要加强对办案工作的领导、指导和组织协调，围绕中心、服务大局，正确认识和处理查办案件与服务经济社会发展、维护社会和谐稳定的关系，积极稳妥地开展办案工作，通过查办案件为推动科学发展、促进社会和谐提供保障。查办腐败案件以上级纪委领导为主，线索处置和案件查办在向同级党委报告的同时必须向上级纪委报告。领导不力、不抓不管而发生重大腐败案件和不正之风长期滋长蔓延的地方、部门和单位，实行“一案双查”，既要查清当事人的违纪违法问题，又要查清在履行党风廉政建设中的主体责任和监督责任方面的失职问题，做到“查处”功能和“问责”功能双启动。

第二条　责任追究的对象是各乡镇纪委、街道纪工委，各部门纪检组（纪委）。

第三条　及时报送发生在领导机关和领导干部中的贪污贿赂、买官卖官、权钱交易、徇私枉法、腐化堕落、失职渎职案件，严肃查办发生在矿产资源开发、土地出让、工程建设、项目审批、教育医疗、扶贫开发、执法司法等重点领域、关键环节、重点人员和群众身边的腐败案件，对违反中央“八项规定”、省委“十严禁”“十不准”的顶风违纪行为予以严厉查处，落实“一案双查”，严肃进行责任追究。责任追究的方式包括党纪政纪处分和组织处理。

第四条　党纪政纪处分按照《中国共产党纪律检查机关案件检查工作条例》《监察机关调查处理政纪案件办法》和《关于纪检监察机关严格依纪依法办案的意见》及有关规定办理。

第五条　严格按照《关于对案件报送实行规范化管理的通知》（瓮纪办通〔2015〕1号）报送。不及时报送的向县纪委常委会作出书面说明。

第六条　对乡镇纪委、街道办事处纪工委、县直各部门纪检组中办案不力、长期空白和无案源线索的，由委局联系点领导和纪工委监察分局、委局室进行督查督办。

2015年1月19日

中共瓮安县委办公室关于印发《瓮安县乡镇（街道）纪委（纪工委）书记、副书记、监察室主任提名考察办法（试行）》《瓮安县派驻纪检组长、监察室主任提名考察办法（试行）》的通知

瓮党办发〔2016〕7号

瓮安经济开发区党工委、管委会，县人武部，县旅游产业发展委员会，各乡镇党委、街道党工委，各乡镇人民政府、街道办事处，县委各部、办、委、局，县级国家机关各工作部门，各人民团体，省、州驻瓮企、事业单位：

《瓮安县乡镇（街道）纪委（纪工委）书记、副书记、监察室主任提名考察办法（试行）》和《瓮安县派驻纪检组长、监察室主任提名考察办法（试行）》已经县委研究同意，现予印发，请认真贯彻执行。

瓮安县乡镇（街道）纪委（纪工委）书记、副书记、监察室主任提名考察办法（试行）

为贯彻落实党的十八届三中全会关于“各级纪委书记、副书记的提名和考察以上级纪委会同组织部门为主”的精神，进一步规范乡镇（街道）纪委（纪工委）书记、副书记、监察室主任提名和考察工作，根据《党政领导干部选拔任用工作条例》等有关规定，结合我县实际，制定本办法。

一、提名人选条件

乡镇（街道）纪委（纪工委）书记、副书记提名人选应具备党政领导干部选拔任用基本条件和资格，敢于监督、善于监督。

乡镇（街道）纪委（纪工委）副书记、监察室主任的提名人选应当符合《瓮安县关于进一步加强股级干部管理的实施意见》（瓮委办字〔2015〕78号）中的基本条件和资格，敢于监督、善于监督。

二、提名人选范围

（一）乡镇（街道）纪委（纪工委）书记、副书记提名人选可以从纪检监察系统内和纪检监察系统外提名，注重从具有基层工作经历，履行党风廉政建设主体责任和反腐败行为表现突出的优秀干部中选拔。

（二）乡镇（街道）纪委（纪工委）书记人选，应当交流产生。

三、提名考察程序

乡镇（街道）纪委（纪工委）书记、副书记的提名和考察以县纪委会同县委组织部为主，按以下程序办理：

（一）乡镇（街道）纪委（纪工委）书记的提名，由县纪委与县委组织部沟通后，研究提出人选并书面送县委组织部。县委组织部按程序报审后，听取有关方面意见，按照《党政领导干部选拔任用工作条例》等有关规定进行推荐考察。

（二）乡镇（街道）纪委（纪工委）副书记由乡镇（街道）党委（党工委）集体研究提出人选，按照《瓮安县关于进一步加强股级干部管理的实施意见》等有关规定进行考察，并报经县纪委常委会研究批复后进行任免。

（三）乡镇（街道）监察室主任由乡镇（街道）党委（党工委）提出人选，按照《瓮安县关于进一步加强股级干部管理的实施意见》等有关规定进行考察，并报经县监察局局长办公会研究批复后进行任免。

四、其他有关问题

（一）县纪委、县委组织部和各乡镇（街道）党委（党工委）等有关方面要注意掌握乡镇（街道）纪委（纪工委）书记、副书记、监察室主任备用人选，为提名提供人员储备。

（二）本办法由县纪委、县委组织部负责解释。

（三）本办法自印发之日起施行。

瓮安县纪委派驻纪检组长、监察室主任提名考察办法（试行）

为贯彻落实党的十八届三中全会关于“各级纪委书记、副书记的提名和考察以上级纪委会同组织部门为主”的精神，进一步规范部门纪检组长、监察室主任提名和考察工作，根据《党政领导干部选拔任用工作条例》等有关规定，结合我县实际，制定本办法。

一、提名人选条件

县纪委派驻纪检组组长提名人选应当具备党政领导干部选拔任用基本条件和资格，敢于监督、善于监督。

县纪委派驻监察室主任的提名人选应当符合《瓮安县关于进一步加强股级干部管理的实施意见》（瓮委办字〔2015〕78号）中的基本条件和资格，敢于监督、善于监督。

二、提名人选范围

（一）县纪委派驻纪检组组长、监察室主任提名人选可以从纪检监察系统内和纪检监察系统外提名，注重从履行党风廉政建设主体责任和反腐败行为表现突出的优秀干部中选拔。

（二）县纪委派驻纪检组组长、监察室主任人选，一般应当交流产生。

三、提名考察程序

县纪委派驻纪检组组长、监察室主任的提名和考察以县纪委会同县委组织部为主，按以下程序办理：

（一）县纪委派驻纪检组组长的提名和考察，由县纪委与县委组织部沟通后，研究提出人选并书面送县委组织部。县委组织部按程序报审后，听取有关方面意见，按照《党政领导干部选拔任用工作条例》等有关规定进行推荐考察。

（二）县纪委派驻部门监察室主任的提名和考察，由部门党组提出人选，按照《关于进一步加强股级干部管理的实施意见》等有关规定进行考察，并报经县监察局局长办公会研究批复后进行任免。

四、其他有关问题

（一）县纪委、县委组织部和各部门党组等有关方面要注意掌握派驻部门监察室主任备用人选，为提名提供人员储备。

（二）本办法由县纪委、县委组织部负责解释。

（三）本办法自印发之日起施行。

五、先进集体

1987—2016 年瓮安县纪检监察系统获县级以上先进集体一览表

年份	先进集体名称	荣誉称号或奖项	表彰机关或部门
1987 年	中共瓮安县纪委	信访工作先进单位	中共黔南州纪委
1988 年	瓮安县纪委案件审理科	年度先进科	中共黔南州纪委
1989 年	中共瓮安县纪委	年度纪律检查先进单位	中共黔南州纪委
1989 年	中共瓮安县纪委办公室	先进单位	中共黔南州纪委
1990 年	瓮安县纪委控申室	年度纪检工作先进单位	中共黔南州纪委
1990 年	瓮安县监察局	贵州省监察系统先进集体	贵州省监察厅
1991 年	瓮安县纪委纪律监察室	1989 年纪律检查工作先进单位	黔南州纪委监察委员会
1992 年	瓮安县监察局	目标管理工作先进单位	中共黔南州纪委
1992 年	瓮安县监察局监察科	全州监察系统工作目标管理第二名	黔南州纪委监察局
1993 年	瓮安县监察局	1992 年全州信访举报、监察审理、办公室工作目标管理先进单位	黔南州监察局
1998 年	中共瓮安县纪委	案件检查工作先进集体	中共贵州省纪委
2004 年	瓮安县纪委监察局	黔南州党内法规知识竞赛组织奖	中共黔南州纪委、州监察局
2004 年	瓮安县纪委监察局	在 2003 年度全州纪检监察单项工作考核工作中，审理工作荣获第一名	中共黔南州纪委、州监察局
2005 年	瓮安县纪委监察局	先进基层党组织	中共瓮安县委员会
2005 年	瓮安县纪委监察局	2004 年度目标责任考核先进单位	
2006 年	瓮安县纪委监察局	在 2005 年度案件检查工作成绩突出获优秀奖	中共黔南州纪委、州监察局
2006 年	瓮安县纪委监察局	2006 年“清纠入股煤矿”工作特色奖	中共黔南州纪委、州监察局
2007 年	瓮安县纪委监察局	人口和计划生育综合治理工作先进单位	中共瓮安县委、瓮安县人民政府

续表

年份	先进集体名称	荣誉称号或奖项	表彰机关或部门
2007 年	瓮安县纪委监察局	在 2006 年目标管理考核工作中获三等奖	中共黔南州纪委、州监察局
2008 年	瓮安县纪委监察局	在“加大查处力度、严肃党纪、政纪”中荣获 2007 年度目标考核特色工作奖励	州纪委、州监察局、州委组织部、宣传部、电视台
2008 年	瓮安县纪委监察局	荣获 2007 年度目标考核综合奖一等奖	中共黔南州纪委、州监察局
2008 年	瓮安县纪委监察局	“创建‘勤政廉洁村’推进新形势下农村基层党风廉政建设”荣获 2007 年度目标考核特色工作奖	中共黔南州纪委、州监察局
2008 年	瓮安县纪委监察局	年度政法工作先进集体	中共瓮安县委、瓮安县人民政府
2008 年	瓮安县纪委监察局	年度目标管理考核二等奖	中共瓮安县委、瓮安县人民政府
2009 年	瓮安县纪委监察局	目标管理考核二等奖	中共瓮安县委、瓮安县人民政府
2009 年	瓮安县纪委监察局	人口和计划生育综合治理工作先进单位	中共瓮安县委、瓮安县人民政府
2010 年	瓮安县纪委监察局	年度政法工作先进集体	中共瓮安县委、瓮安县人民政府
2010 年	瓮安县纪委监察局	整脏治乱红旗单位	中共瓮安县委、瓮安县人民政府
2010 年	瓮安县纪委监察局	目标管理考核二等奖	中共瓮安县委、瓮安县人民政府
2011 年	瓮安县纪委监察局	年度招商引资工作二等奖	中共瓮安县委、瓮安县人民政府
2011 年	瓮安县纪委监察局	年度政法、信访工作先进集体	中共瓮安县委、瓮安县人民政府
2011 年	瓮安县纪委监察局	人口和计划生育综合治理工作先进单位	中共瓮安县委、瓮安县人民政府
2011 年	瓮安县纪委监察局	先进基层党组织	中共瓮安县委、瓮安县人民政府
2012 年	中共瓮安县纪委办公室	先进集体	中共瓮安县委、瓮安县人民政府
2012 年	中共瓮安县纪委	五好基层先进组织	中共黔南州委、州人民政府
2013 年	瓮安县纪委监察局	深入推进解放思想大讨论活动先进单位	中共瓮安县委、瓮安县人民政府
2013 年	瓮安县纪委监察局	先进基层党组织	中共瓮安县委
2014 年	瓮安县监察局	森林防火先进单位	瓮安县人民政府
2015 年	中共瓮安县纪委	《中共瓮安县执政纪要》《瓮安年鉴》编撰工作先进集体	中共瓮安县委、瓮安县人民政府
2015 年	中共瓮安县纪委	五好基层先进组织	中共贵州省委、省人民政府
2016 年	瓮安县纪委监察局	全州“两学一做”电视竞答演讲大赛活动一等奖	中共黔南州纪委监察局
2016 年	瓮安县纪委监察局	2015—2016 年度黔南州科学技术进步奖、二等奖	黔南州人民政府

后 记

在庆祝党的十九大胜利召开，全县人民满怀信心奔向新征程的美好时刻，《瓮安县纪检监察志》与大家见面了。她是全面记述瓮安县纪检监察历史和现状的第一部志书，在瓮安县纪委监察局的领导下，由志书编纂委员会编著。全书6章22节，加之序、凡例、概述、大事记、人物、附录、后记，共35万余字。

2014年12月，县纪委监察局决定编纂《瓮安县纪检监察志》，成立编纂委员会，2015年7月拟定篇目，征集资料、起草初稿等。后经反复校对、修改、补充、完善，2017年12月经编委会按照终审意见认真修改完善后定稿。

《瓮安县纪检监察志》在编纂过程中，得到了各级领导的关怀和大力支持。县纪委监察局班子经常指导编辑工作，从各方面为编辑提供保障；黔南州档案馆、瓮安县委组织部、瓮安县档案馆、瓮安县史志部门为查阅资料提供了大力支持；县纪委监察局各室、派驻纪工委、各乡镇纪委、街道纪工委、县直各部门纪检组积极参与，提供了许多珍贵资料。本志编纂得到了瓮安县地方志编纂委员会办公室的大力指导，安排经验丰富的专家对该书进行审阅、修改，在此谨表谢忱。

由于编辑力量和水平有限，加之时间跨度长、资料不全，虽倾尽所能，但仍难免有疏漏错讹，敬请领导、专家、学者及广大读者批评指正。

编 者

2017年12月

图书在版编目（CIP）数据

瓮安县纪检监察志：1950—2016 /《瓮安县纪检监察志》编纂委员会编. —北京 : 方志出版社, 2018.8
ISBN 978-7-5144-3250-3

Ⅰ. ①瓮… Ⅱ. ①瓮… Ⅲ. ①中国共产党—纪律检察—工作概况—瓮安县—1950-2016②行政—监察—工作概况—瓮安县—1950-2016
Ⅳ. ①D262.6②D630.9

中国版本图书馆 CIP 数据核字(2018)第 210056 号

瓮安县纪检监察志：1950—2016

编　　者：《瓮安县纪检监察志》编纂委员会
责任编辑：李志瑜

出 版 人：冀祥德
出 版 者：方志出版社
地址　北京市朝阳区潘家园东里 9 号（国家方志馆 4 层）
邮编　100021
网址　http:// www.fzph.org
发　　行：方志出版社图书经销中心
电话（010）67110500
经　　销：各地新华书店
编纂制作：四川省天隆文化传播有限公司
印　　刷：四川科德彩色数码科技有限公司

开　　本：889×1194　1/16
印　　张：22
字　　数：355 千字
版　　次：2018 年 8 月第 1 版　　2018 年 8 月第 1 次印刷

ISBN　978-7-5144-3250-3　　定价：268.00 元